Hospitality Industry Service Management

환대산업 서비스 경영

Preface

코로나는 전 세계 관광산업에 치명적인 영향을 주었다.

환대산업은 다양한 요소들에 의해 흥망성쇠를 겪게 되지만, 오르막이 있으면 반드시 내리막이 있는 법이다. 백신 개발과 치료제 보급으로 인해 조만간 코로나는 우리 곁을 떠나게 되리라 믿는다.

코로나 이후 관광산업은 다시 활기를 띠게 될 것이고, 전 세계인들의 해외여행이 폭발적으로 증가하게 되리라 확신한다. 특히 대한민국의 문화관광산업은 코로나 상황에서도 오프라인을 통해서 지구촌을 떠들썩하게 만들었다. 관광산업이 활성화되면 세계인들은 한국의 문화관광을 체험하기 위해 물밀 듯이 밀려들 것이라 예상된다.

환대산업은 굴뚝없는 산업으로서 우리의 볼거리, 먹거리, 즐길 거리, 문화, 관습 등을 외국인들에게 알리는 것은 물론 수익도 얻고 그리고 국가의 브랜드 이미지를 세계에 전파하기도 한다. 특히 브랜드 이미지는 돈으로도 살 수 없는 무한한 가치를 가지고 있다.

대한민국의 문화와 관광 그리고 국민들의 친절함은 우수한 관광자원으로 지속적으로 성장하게 될 것이다. 가장 한국적인 것이 세계적이 될 것이다.

환대산업 서비스 경영 3판을 준비하면서 우리나라의 관광산업이 더욱 발전하고 세계인을 대상으로 최고의 서비스를 제공할 수 있는 지침서가 되기 위해 최선의 노력을 하였다. 우리나라 관광산업의 과거와 현재 그리고 미래를 예상하면서 4차산업 혁명시대에서 대한민국의 미래 먹거리 산업이 될 수 있기를 희망하면서 심혈을 기울였다.

포스트 코로나 시대에는, 대한민국의 환대산업이 관광선진국으로 발돋움하는 계기가 되기를 진심으로 희망한다.

환대산업 서비스경영 3판에는 모두 14장으로 구성되어 있다.

제1장에서는 서비스 경영관리에 관한 내용으로서 서비스의 가장 근본이 되는 내용이다. 서비스의 개념, 서비스 상품의 특성, 서비스 프로세스, 서비스 청사진 등으로 환대산업을

경영자, 종사자, 그리고 공부하는 사람들이 반드시 알아야 하는 내용이다. 이는 누구나 알고는 있지만 확실하게 알지 못하거나 필수적으로 숙지해야 할 내용이라 할 수 있다.

제2장에서는 서비스 경영전략에 관한 내용으로 환대산업의 치열한 경쟁환경에서 존재해야 하고 지속적으로 성장하기 위해서는 해당 기업만의 차별화된 경영전략이 필요하다. 경영전략의 성공요건, 유형, 실행과정에 더하여 새롭게 서비스 디자인에 대한 내용을 추가적으로 구성하였다. 서비스 디자인은 환대산업에서 차별화된 서비스를 제공할 수 있는 필수적인 요소이다.

제3장은 서비스 인적자원개발에 대한 내용으로 환대산업에서 가장 중요한 요소이다.

IT 기술과 진보된 로봇기술이 발달하면서 많은 산업들이 로봇으로 대체되고 있는 과도기에 있다. 하지만 환대산업은 IT와 로봇으로 대체되는 부분은 아주 미진할 예정이다. 왜냐하면 환대산업은 인적자원이 최고의 서비스를 제공할 수 있기 때문이다. 로봇기술이 아무리 발달해도 서비스를 받는 사람은 서로의 감정을 교류할 수 있는 인적자원을 원하기 때문이다. 본 장에서는 서비스 기업의 인적자원 개발을 위한 전략적인 내용으로 구성되어 있다.

제4장에서는 내부브랜딩에 관한 내용으로 내부고객을 위한 마케팅으로 구성되어 있다. 많은 서비스 기업들이 외부고객을 대상으로 마케팅하고 친절을 강조하고 있지만, 외부고객을 만족시키는 사람은 내부고객이다. 내부고객을 만족시키지 못하면 절대 외부고객을 만족시킬 수는 없다. 따라서 내부고객을 만족시킬 수 있는 많은 노하우를 전수하는 내용으로 구성하고 있다.

제5장에서는 고객 만족·감동경영에 관한 것으로 고객의 만족과 감동을 도출해 낼 수 있는 내용이다. 수 많은 서비스 기업들 중에서 서비스 경쟁력을 가지기 위해서는 고객을 분석하고 고객의 욕구를 파악해야 한다. 또한 지속적인 고객을 확보하기 위해서는 고객 취향에 맞는 분위기, 음식, 서비스 등을 개발하고 제공하는 것이다.

본 장에서는 고객의 마음을 사로잡을 수 있는 지식과 노하우를 제공하는 내용으로 구성되어 있다.

제6장에서는 고객불만관리에 관한 내용으로 서비스 실패와 불만족 그리고 불만관리에 대해 다루고 있다. 서비스 기업에서는 인적자원이 서비스를 제공하기 때문에 서비스 실패가 없을 수 없다. 또한 좋은 서비스를 제공하더라도 고객의 마음, 성격, 상황에 따라 서비스 실패가 발생할 수 있다. 이는 서비스의 특성 중에서도 이질성으로 인해서 완벽한 서비스를

제공할 수 없는 상태이다. 하지만 서비스 실패가 발생했더라도 이를 어떻게 대처하는가에 따라 고객을 잃을 수도 충성고객으로 전환할 수도 있는 경우가 발생한다. 이에 대한 내용을 본 장에서 다루고 있다.

제7장에서는 서비스 보증과 회복관리에 관한 내용으로 서비스 실패에 대한 서비스 보증에 대해 다루고 있다. 서비스 보증은 실패에 대한 보상으로 서비스 실패를 회복으로 전환할 수 있는 대처방안이라 할 수 있다. 서비스 실패에 대한 확실한 보증이 제시되면 고객은 안심하고 서비스 상품을 구매할 수 있게 된다. 또한 서비스 기업은 서비스 회복을 관리함으로써 충성고객을 확보하고 더 나은 서비스를 제공하기 위해 노력하게 되는 것이다.

제8장에서는 고객 경험관리에 관한 내용으로 지금까지 서비스 기업들은 고객과의 관계관리를 지속하기 위해 많은 노력을 하였다. 하지만 현재의 고객들은 관계관리보다는 경험을 더욱 중요하게 생각한다. 따라서 본 장에서는 고객의 경험관리를 잘 하기 위한 내용으로 구성하였다. 고객 경험관리는 서비스 기업에 대한 전반적인 경험을 전략적으로 관리하는 프로세스이다. 이는 쌍방향 의사소통으로 많은 기업과 조직으로부터 관심과 고객 관계관리보다 한 차원 높은 전략이라 할 수 있다.

제9장에서는 서비스 커뮤니케이션에 관한 내용으로 고객과의 커뮤니케이션과 관련된 다양한 요소로 구성되어 있다. 서비스 커뮤니케이션은 고객과 종사원간에 이루어지는 커뮤니케이션으로 아주 기본적이면서도 가장 중요한 서비스 이다. 고객과의 커뮤니케이션만으로도 서비스 실패와 만족을 가를 수 있을 만큼 중요하다.

본 장에서는 서비스 커뮤니케이션을 성공적으로 수행하기 위한 심층적인 내용으로 구성되어 있다.

제10장에서는 서비스 상품과 가격전략에 관한 내용으로 서비스 상품은 무형적인 요소를 가지고 있기 때문에 표준화된 가격이 정해져 있지 않다. 따라서 서비스 상품의 가격을 결정하고 고객의 구매를 증가시키기 위한 내용을 담고 있다. 서비스 가격 설정을 위한 가격전략과 고객의 다양한 라이프 스타일과 구매 욕구를 분석하여 가격을 결정하는 다양한 전략들을 설명하고 있다.

제11장에서는 서비스 품질관리에 관한 내용으로 서비스 품질이 훌륭하다는 것은 고객이 기대하는 바를 충족시켜 주거나 기대 이상의 서비스를 제공하는 것이다. 무형의 서비스 품질은 고객의 주관적인 관점에 의해 결정되고 이를 개념화되고 측정가능하게 하여 고객의 주관성을 객관화시켜서 고객의 기대와 기업의 성과를 연결하는 것이다.

서비스 품질관리는 고객의 선택을 받기 위해서 지속적으로 고객의 기대 이상의 서비스 품질을 제공하기 위한 것이다. 본 장에서는 서비스 품질향상을 위한 평가, 측정 그리고 제언 등을 담고 있다.

제12장에서는 서비스 브랜드 전략에 관한 내용으로 서비스는 무형성이 강하기 때문에 서비스의 형체가 없고 구매전에는 경험이나 체험할 수 없기 때문에, 많은 서비스 구매고객은 서비스에 대한 브랜드에 의존하는 경우가 많다. 서비스 기업에 대한 브랜드 차별화 전략과 방법 그리고 개발전략에 대해 중점적으로 다루고 있다. 서비스 브랜드는 서비스 기업에 있어서 물리적 자산보다 더 중요한 것이 브랜드 자산이라 할 수 있다. 본 장에서는 서비스 기업의 브랜드 자산에 내용에 대해 집중적으로 다루고 있다.

제13장에서는 서비스 마케팅 전략에 관한 내용으로 서비스 마케팅과 관련된 마케팅 믹스, 시장세분화, 표적시장, 포지셔닝 전략과 관련되어 있다. 또한 고객관점의 서비스 상품 개발에 관한 서비스 마케팅 전략을 심층적으로 다루고 있다.

제14장에서는 환대산업의 4차산업 혁명에 관한 내용으로 4차산업은 모든 산업부문에서 적용되고 있다. 특히 환대산업은 타 산업보다 발빠르게 적용하고 발전시켜 나가야 할 부분이다. 4차산업은 관광산업의 구조에 많은 변화를 가져오고 있으며, 스마트관광으로 발전하고 있다. 이에 따라 4차산업혁명 시대에 우리의 현실과 방향과 변화 그리고 서비스 발전과 생태계에 대해 다루고 있다. 또한 관광산업과 첨단기술의 결합인 트레블 테크에 대한 미래 먹거리에 대해 집중적으로 분석하고 있다.

환대산업 서비스경영 3판에서는 우리나라 미래의 환대산업을 주도할 관광학도와 이들을 훌륭한 환대산업 전문가들로 육성하기 위해 불철주야 연구하시는 교수님들께 좋은 교재로 인정받기 위해 많은 노력을 하였다.

환대산업 분야의 연구자로서 우리나라 관광산업에 일조한다는 신념으로 앞으로도 더욱 인정받는 교재를 만들기 위해 열심히 연구할 것을 약속드린다.

본 교재를 출간하기까지 물심양면으로 많은 도움주신 분들에게 무한한 감사를 드린다.

2022년 1월

저자 씀

Contents

CHAPTER 02

서비스
경영전략

CHAPTER **03**

서비스
인적 자원 개발

CHAPTER 04

내부
브랜딩

CHAPTER 05

고객 만족·감동 경영

현대산업 서비스 경영

CHAPTER 06

고객
불만관리

CHAPTER 07

서비스 보증과
회복관리

CHAPTER 08

고객
경험관리

CHAPTER 09

서비스
커뮤니케이션

CHAPTER 10

서비스 상품과
가격 전략

CHAPTER **13**

서비스
마케팅 전략

CHAPTER 01

서비스
경영관리

1 서비스의 개념

일상생활에서 '서비스'라는 말을 자주 듣기도 하고 쓰기도 한다. 서비스는 주위에서 다양한 의미로 사용하기도 하는데 가령 음식점에서 공짜로 제공할 때 서비스라는 말을 사용하기도 하고, 전자 제품 등의 고장으로 인한 A/S(After Service), 그리고 손님을 대하는 자세와 태도를 말할 때 등 다양한 의미로 사용하고 있다.

서비스는 고객과 기업과의 상호작용을 통해서 고객의 문제를 해결해 주거나 만족을 이끌어 내기 위한 일련의 활동이라고 할 수 있다.

현대인의 일상에서 서비스는 없어서는 안 될 필수적인 존재가 되었다. 서비스는 삶의 그 자체이며 서비스 없이는 정상적인 일상생활을 유지할 수 없을 만큼 중요한 존재가 되었다. 현대인은 태어나기 전부터 병원 서비스를 받기 시작하여 일생을 마감할 때 장례 서비스를 받는 것으로 마무리하게 된다. 하루의 일상생활 또한 서비스로 시작해서 서비스로 마무리되는 생활을 유지하고 있다.

서비스 산업이 발달하게 되면서 고용이 증가하게 되고 부가가치가 높아지게 되면서 세계 경제는 서비스 산업을 중심으로 발전하고 있다. 최근에는 많은 기업들이 좋은 제품만으로는 장기적인 성공을 유지할 수 없다는 것을 깨닫고 있다. 질 좋은 제품은 기본적인 조건이며 이에 대한 추가적인 조건으로 소비자들이 질적인 서비스를 요구하고 있기 때문에 다양한 서비스를 제공하기 위해 노력하고 있다.

코틀러(Kotler, 1988)는 서비스에 대하여 "서비스는 고객에게 제공되는 행위와 수행이며, 본질적으로 무형성과 소유권의 이전이 안 되고, 서비스 생산과정에서 물리적 상품과 결부될 수 있으나 그렇지 않을 수도 있다."라고 정의하였다.

서비스를 생산하는 기업은 무형의 가치를 가지고 있는 서비스를 상품으로 생산하여, 경험과 편익을 필요로 하는 무형의 서비스 가치를 구매하려는 소비자들을 대상으로 하여 돈을 받고 판매하는 것을 말한다.

경험과 편익은 서비스나 상품을 구매한 후에 얻어지는 것으로서 무형의 가치를 가지게 되는 것이다. 예를 들면, 해외여행 상품을 구입하여 여행을 다녀온 후에 그에 대한 추억을 주위 사람들과 공유하고 일상생활에 복귀하여 보다 활기찬 삶을 누리게 되는 경험이나 가치를 들 수 있다.

서비스는 이렇게 다양한 이유로 인해 성장하고 있으며 서비스를 구매하는 소비자들에 의해 지속적으로 변화하면서 성장하고 있는 추세이다.

2 서비스의 특성

아담 스미스(A. Smith)는 서비스 노동이 부를 창출할 수 없기 때문에 '비생산적인 노동'으로 간주하기도 했다. 비물질적인 것은 보존이 용이하지 않아 부가 아니라고 생각했기 때문이었다. 하지만 서비스가 단지 부차적 요소가 아닌 필수불가결한 요건이 된 현대사회에서 서비스의 역할이 증대되면서 그 중요성 또한 확대되어지고 있다. 이제는 서비스에 대한 인식이 근본적으로 전환되어야 함을 알 수 있다.

전 세계적으로 GDP나 종사원 고용에 있어서 서비스가 차지하는 비중이 계속 증가하고 있다. 경제에 있어서 서비스가 차지하는 규모나 중요성이 증가함에 따라 새로운 유형의 서비스가 창출되면서 경제구조의 흐름을 새롭게 바꾸고 있다.

서비스는 제조업과 비교하여 여섯 가지의 기본적 특성을 가지고 있다. 이는 서비스 기업만이 가지게 되는 특징이라고 할 수 있으며, 서비스 기업의 특성과 문제점 그리고 대응방안에 대해 다음과 같이 정리할 수 있다.

1) 서비스는 무형의 활동이다(무형성).

무형성은 제조업과 비교하여 가장 큰 차이를 가지고 있는 것으로, 소비자가 서비스를 구매하기 전에는 직접 눈으로 보거나 만지거나 느껴볼 수 없는 것으로 형체가 없다는 것이다. 따라서 경쟁서비스와의 비교분석이나 테스트 그리고 품질의 측정이 어렵기 때문에 서비스를 구매하는 데 있어서 많은 어려움을 가지게 되는 것이다.

이러한 특성으로 인하여 서비스 상품을 소비자에게 판매하기 위해서 샘플 등을 만들어 전시하거나 서비스를 미리 체험해보거나 느낄 수 있는 단서들을 제공하기 어렵다.

서비스 기업들은 이러한 문제점들을 해결하기 위해 실체적인 단서를 제공하기 위해 노력해야 하며, 충성고객으로부터의 구전 커뮤니케이션을 전파하여 신규고객과 잠재고객을 끌어들여야 한다. 또한 강력한 기업의 브랜드 이미지를 각인시켜서 서비스 구매 시 우선적으로 선택받을 수 있는 노력을 기울여야 한다.

서비스 기업은 무형적 특성으로 인해 특허로 보장받기가 어려운 관계로 경쟁기업의 모방이 쉽게 이루어지게 되는 단점을 가지고 있다.

예를 들어, 어느 호텔에서 고객을 위한 응대서비스를 개발하여 제공하게 되면 경쟁기업에서도 이를 모방하여 쉽게 이용할 수 있다는 것이다. 이와 같이 서비스는 무형의 가치를 가지고 있는 수행(performance)의 역할을 하여 기업이나 개인이 직접적으로 소유할 수 없기 때문이다.

구매자는 서비스 제공자에게 믿음을 가져야 하며, 서비스 제공자는 고객들에게 신뢰를 바탕으로 서비스를 제공하기 위하여 다음과 같은 몇 가지 방안을 선택할 수 있다.

① 서비스의 구체성과 유형성 증대를 위해 노력해야 한다.
② 단순히 서비스의 특징을 묘사하기보다는 서비스 혜택을 강조할 수 있어야 한다.
③ 고객들의 신뢰를 증대시키기 위해 자신의 서비스에 대해 독창적이고 특징적인 브랜드를 개발하여 차별화를 할 수 있어야 한다.
④ 서비스에 대한 신뢰성을 향상시키기 위해 유명인사(스타, 연예인 등)를 이용하여 고객들이 호감을 가질 수 있도록 해야 한다.

2) 서비스는 생산과 소비가 동시에 발생한다(비분리성).

제조업의 경우 생산과 소비가 따로 분리되어 이루어지는 반면에, 서비스는 생산과 소비가 동시에 이루어지는 특징을 가지고 있다.

제조업은 공장에서 생산하여 백화점이나 매장에서 제품을 판매하는 것처럼 생산과 판매가 분리되어 있다. 이와 반대로 서비스는 생산과 판매가 하나의 장소에서 동시에 발생하게 된다.

고객들이 서비스를 제공받기 위해서는 서비스를 제공하는 장소에 반드시 있어야 하며, 고객의 주문과 동시에 상품의 생산이 이루어지고 이에 더하여 서비스라는 무형의 가치를 추가하여 고객에게 전달되어진다. 고객은 즉석에서 제공된 상품과 서비스를 소비하게 되는 것이다. 서비스는 고객이 직접 참여하게 됨으로써 시간적, 공간적 제한으로 인해 집중화된 대량생산체제를 구축하기 어렵다. 예를 들어, 호텔레스토랑에서 식사를 하게 될 경우, 고객은 직접 호텔 레스토랑에 가서 주문을 하게 되면 주방에서는 고객의 주문에 따라 음식을 만들어서 종사원이 고객에게 서비스하게 된다. 고객은 그 자리에서 음식을 먹게 되는 것으로 생산과 소비가 동시에 발생하게 되는 것이다. 또한 호텔 레스토랑은 일정한 시간과 공간 때문에 제한된 고객에게만 서비스를 제공할 수밖에 없다.

서비스 기업은 비분리성의 문제점을 보완하기 위해서는 고객과의 접점을 마주하고 있는 종사원을 선발하기 위해 신중하고 철저한 검정을 통하여 선발해야 한다. 이렇게 선발된 종사원은 기업의 정기적인 교육과 훈련으로 숙달된 종사원을 육성해야 한다. 숙달된 종사원을 많이 보유하고 있는 서비스 기업은 서비스 실패를 줄이는 효과와 동시에 질적인 서비스를 제공하게 되면서 충성고객을 확보할 수 있는 기회를 가질 수 있다.

고객과의 접점에서 이루어지는 서비스는 다음과 같은 중요한 의미를 갖게 된다.

① 서비스의 질은 제공하는 사람에 의해 결정된다.

② 고객은 서비스에 참여한 모든 사람을 볼 수 있는 것이 아니라 직접 서비스를 하는 사람만 보게 된다. 따라서 이에 의해서 서비스를 평가하게 되고 기업의 이미지를 결정하기도 한다.

3) 서비스는 개별적 특성을 가지고 있다(이질성).

제조업의 경우 투입하는 양과 질에 따라서 동일한 제품이 생산되어지지만, 서비스

의 경우 서비스를 제공하는 사람과 받는 사람 그리고 주위 환경에 따라서 느끼게 되는 서비스의 질은 다르게 나타나게 된다.

예를 들어, 고급 호텔 레스토랑에서 제공되는 서비스는 최고의 서비스로 인식되고 있겠지만 직원의 기분과 고객의 성격, 마음 그리고 주변 환경 등 고객이 느끼는 정도에 따라 서비스의 질은 달라지게 된다는 것이다. 즉, 최고의 서비스 맨이 똑같은 서비스를 제공하더라도 고객의 상황에 따라 느끼게 되는 서비스 수준은 다르게 인식되어진다. 이러한 이유로 서비스는 상황에 따라서 수준을 달리 해야 하는 특성으로 규격화하거나 표준화하는 것이 어렵다.

이와 같이 서비스의 이질성은 기업에게 기회와 위협을 동시에 제공하게 된다.

이질성이 가지게 되는 기회는 고객에 따른 맞춤 서비스를 제공하게 됨으로써 차별적인 서비스 기회를 가질 수 있다. 일반적으로 서비스는 고객의 주관적인 관점에 의해서 평가되므로 개별 고객의 욕구에 맞는 서비스를 제공함으로써 극대화를 이룰 수 있게 되는 것이다.

이와 반대로 이질성이 서비스 기업에 주는 위협은 서비스 품질을 일정한 수준 이상으로 유지할 수 있는 균일화를 하거나 표준화를 정착시키는 데 많은 어려움을 가지게 되는 것이다.

4) 서비스는 저장될 수 없다(소멸성).

제조업에서 생산한 제품은 재고로 남겨서 언제든지 판매할 수 있지만, 서비스는 재고와 저장이 불가능하다. 즉, 서비스는 일정한 시간이 지나고 나면 더 이상 판매를 할 수 없는 존재로 되는 것이다.

예를 들어, 700개의 좌석을 가진 인천발 미국행 항공기의 경우, 500명의 승객을 태우고 이륙한 비행기는 나머지 200개의 좌석을 더 이상 판매하는 것은 불가능하게 되며, 이를 재고로 남겨서 다음 비행시간에 900개 좌석을 판매할 수 없는 이치와 같게 된다.

따라서 서비스 기업은 수요의 변화에 적극적으로 대처하지 못하기 때문에 생산적인 면에서 계획에 의해 생산을 할 수 없으며, 잘못된 수요예측을 할 경우 막대한 손실이 발생할 수 있고 과소생산을 하게 되면, 수요를 충족시키지 못하게 되면서 이익의 기회를 상실하게 되는 특성을 가지게 된다.

서비스 기업에서는 이러한 문제점을 해결하기 위해서 그동안의 경험과 축적된 데이터를 통해서 수요와 공급을 적절하게 조화를 이룰 수 있는 전략이 필요하다.

이를 보다 구체적으로 보면, 유능한 직원을 확보하여 신속한 서비스를 제공하여야 하며 파트타임 등의 임시직원의 확보로 인력을 보충해야 한다. 또한 전체 직원을 대상으로 하여 여러 가지 직무에 대한 교육을 실시하여 유사시에 부서 간의 협조를 이끌어 낼 수 있는 방안을 마련해야 한다.

수요에 대한 측면으로 사전예약을 통하여 기간별 할인요금 적용이나 대기를 유도하여 수요를 재고로 보관할 수 있는 전략을 강구해야 한다.

5) 서비스는 인적 자원에 대한 의존성이 강하다(인적 의존성).

제조업의 경우 표준화된 시설과 기계 그리고 로봇에 의한 생산이 대부분이지만, 서비스는 기계나 로봇에 대한 의존성은 일부분에 해당하므로 거의 모든 부분에서 인적 서비스가 제공된다.

서비스는 고객과 종사원 간의 접점에 의해서 이루어지게 되며 고객과의 교감을 교환하는 것으로 질적인 서비스를 제공할 수 있다. 이로 인하여 서비스는 높은 인건비로 인해 고정비의 비율이 높아 수요의 변화에 민첩하게 대응하기가 어렵다. 서비스 기업은 과도한 인건비 지출로 많은 어려움을 극복하기 위해 노력하고 있다. 이에 대한 대안으로 서비스 기업의 핵심적인 부분인 고객과의 접점에 있는 부서 등을 제외한 청소, 경비, 주차 등 비 핵심적인 업무를 수행하는 부분들을 아웃소싱 (outsourcing)을 하게 됨으로써 고정경비를 절감할 수 있는 효과를 가질 수 있다.

6) 서비스는 즉흥적이고 순간적이다.

서비스는 연습이 없다. 한 번 발생된 서비스는 그것이 잘 되었든 잘못 되었든 교정이나 취소가 불가능하다. 서비스는 제공자에게는 활동이지만 고객에게는 잊지 못할 경험이 된다. 이와 같이 서비스는 일발승부의 특성을 가지게 된다. 따라서 고객과의 접점에 있는 종사원들을 대상으로 지속적인 교육과 훈련을 병행해야 하고, 종사원의 컨디션 등을 고려하여 최상의 서비스를 제공할 수 있어야 한다.

⏱ 표 1-1　서비스의 특성에 따른 문제점과 대응전략

서비스의 특성	문제점	대응 전략
무형성	・경쟁사의 모방이 쉽다. ・고객에게 샘플제공이 어렵다.	・실체적인 증거 확보 ・긍정적인 구전 ・기업이미지 향상
비분리성	・서비스 과정에 고객의 참여 ・대규모 생산의 어려움	・세심한 직원 선발 ・정기적인 교육과 훈련 ・고객관계관리 철저
이질성	・표준화된 서비스 제공의 어려움	・고객맞춤 서비스 제공
소멸성	・재고의 불가능	・정확한 수요예측과 예약을 통한 수요 확보 ・수요공급의 적절한 조화
인적 의존성	・높은 인건비	・비핵심적인 부분을 아웃소싱 (outsourcing)으로 대체

2　서비스 가치의 개념과 특성

1　서비스 가치의 개념

　가치의 개념은 객관적이고 절대적인 것이 아니라 상대적인 것으로 시간, 장소, 상황 등에 따라 변화한다. 가치가 인간의 행동에 영향을 미친다는 측면에서 보면 의견, 신념, 태도, 흥미 등 보다 더 포괄적인 개념으로 정의된다.

　서비스 가치는 다음과 같이 다섯 가지 차원으로 구분되고 있다.

　첫째, 제품의 품질, 기능, 가격, 서비스 등과 같은 실용성 또는 물리적 기능과 관련된 기능적 가치

　둘째, 제품을 소비하는 사회계층 집단과 관련된 집단적 가치

셋째, 제품의 소비에 의해 긍정적 또는 부정적 감정 등의 유발과 관련된 정서적 가치

넷째, 제품소비의 특정상황과 관련된 상황적 가치

다섯째, 제품소비를 자극하는 새로움, 호기심 등과 관련된 인식적 가치이다.

서비스 가치는 개인의 행동이나 태도 그리고 판단을 이끌어가는 신념으로 일상생활에서 크고 작은 일들에 대한 결정을 내릴 때 작용하는 판단의 기준이 되며, 한 사람이 한 가지의 가치만을 가지고 있는 것은 아니다.

고객이 서비스 상품에 대해 가지고 있는 만족은 물론 지각된 가치(perceived value)에 따라서도 서비스와 상품을 평가하기도 한다.

서비스 가치의 개념은 인간의 심리적인 관점에서 가격·품질보다는 좀 더 복잡한 개념으로 정의되어야 하므로 불분명하고 측정하기도 어렵다.

소비자들은 서비스 구매 또는 소비를 위한 자신의 직·간접적인 지불비용과 서비스로부터 얻어지는 품질을 비교함으로써 서비스 가치를 평가하게 된다. 따라서 그 평가의 결과에 따라 스스로 만족과 불만족의 정도를 결정하게 되는 것이다.

이러한 과정에서 소비자는 서비스 가치를 평가할 때 서비스 품질은 물론이거니와 지각된 가치(perceived value)도 포함시키게 된다.

고객의 행동의도에 영향을 미치게 되는 것은 서비스 가치이며, 지각된 서비스 품질과 지각된 비용이 지각된 서비스 가치를 형성하게 된다. 이런 과정을 거치게 되면서 소비자들에게 지각된 서비스 가치는 소비자의 행동의도에 가장 많은 영향을 미치게 된다.

따라서 서비스 가치는 서비스 품질과 고객만족에 많은 영향을 미치고 있으며, 서비스 기업의 수익성 제고와 재구매율을 높이기 위해서는 서비스 가치를 제고해야 한다는 결론을 내릴 수 있다.

서비스 가치를 고객의 관점에서 살펴보면 다음과 같은 결론을 내릴 수 있다.

첫째, 서비스 가치는 서비스 상품 구매와 서비스 품질의 주관적인 평가와 관련하여 직접적인 영향을 미친다는 측면에서 중요하다. 종사원의 관점에서는 서비스 제공 시 고객과의 상호작용인 서비스 접점에 영향을 미치게 된다.

둘째, 서비스 가치는 서비스 기업의 관점에서 결정되는 것이 아니며, 고객의 관점에서 결정되어진다. 따라서 서비스 가치는 고객의 성향에 따라 다르게 나타날 수 있다는 것이 특징이다.

셋째, 서비스 가치는 서비스 수용과 인지 및 경험 측면에서 정의되기 때문에 서비스 생산 그 자체가 본질적인 가치가 아니다. 인지된 서비스 품질과 같은 것이 전체 서비스 가치로 형성된다는 점에서 품질이나 가격보다 설명력이 높다.

넷째, 서비스 가치는 사용가치, 소비자가 지각하는 가치이다.

② 서비스 품질의 의의

서비스 품질이라고 하면 친절, 환한 웃음, 편안함과 같은 직감적인 것들을 연상하기 쉽지만 서비스 품질은 고객 만족과 경영 성과를 기준으로 한 종합적인 평가가 되어야 한다. 즉, 서비스 품질에 대한 평가는 고객 만족 수준의 잣대가 되며 이것은 기업 경영의 측면에서 고객과의 경영성과와 서비스기업의 경영성과 모두에 큰 영향을 미친다.

서비스 품질(Service Quality) = 인지된 서비스(Perceived service) - 기대된 서비스(Expected Service)

서비스 품질을 평가하기 위해서는 측정을 해야 하는데 그 이유는 다음과 같다.

① 서비스 품질은 주관적인 개념이 강하다

② 서비스는 전달 이전에 테스트를 해보는 것이 힘들다.

③ 고객으로부터 서비스 품질평가 데이터를 수집하는 것이 쉽지 않다.

④ 서비스자원이 고객과 함께 이동하므로 고객이 자원의 변화를 관찰해야 서비스 평가를 할 수 있다.

⑤ 고객은 서비스 생산 프로세스의 일부이며 변화 가능성이 있는 요인이다.

서비스기업이 서비스 품질을 측정하는 이유로는 개선, 향상, 재설계의 출발점이 되고, 경쟁우위 확보와 관련한 서비스 품질의 중요성이 증대되기 때문이다.

❸ 서비스 품질 유형과 중요성

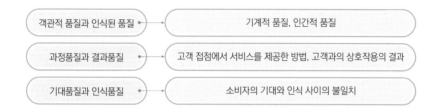

객관적 품질과 인식된 품질	기계적 품질, 인간적 품질
과정품질과 결과품질	고객 접점에서 서비스를 제공한 방법, 고객과의 상호작용의 결과
기대품질과 인식품질	소비자의 기대와 인식 사이의 불일치

서비스 품질관리의 중요성을 살펴보면 다음과 같다.

첫째, 고품질 서비스를 제공함으로 인해서 시장점유율이 증가하게 된다.

둘째, 서비스 실패나 재작업의 감소로 인해 기업의 이익이 증가하는 효과를 가질 수 있다.

셋째, 정확한 서비스와 적시 서비스를 제공함으로써 고객만족과 충성도가 증가하게 된다.

넷째, 경쟁사보다 앞선 신기술 도입을 하게 되면 서비스 품질의 경쟁우위 확보를 하게 되면서 고객점유율을 높일 수 있다.

❹ 서비스 품질의 특성

서비스 품질은 제품의 품질만 중요시되는 제조업과는 달리 소비자가 서비스를 구매하기 전에 발생되는 기대감, 서비스를 체험하는 동안 느끼게 되는 경험, 서비스를 경험한 후 느끼게 되는 만족과 불만족 그리고 모든 과정 중에 발생하게 되는 서비스 실패가 일어났을 때 소비자는 서비스 품질을 결정하게 된다.

서비스 품질을 결정하는 요소는 다음과 같다.

첫째, 소비자가 서비스를 구매하기 전에 향후 받게 될 서비스에 대해 기대를 하게 되는데, 그 기대를 기준으로 하여 서비스 품질을 결정하게 된다.

예를 들어, 5성급 호텔 레스토랑을 예약한 후, 그가 받게 될 서비스에 대해 정보와 지식을 바탕으로 하여 우선적으로 기준을 정하게 되는데 그 기준에 미치지 못하게 되면 불만족하게 되며, 기준과 비슷하거나 그 이상의 서비스를 제공하게 되면 만족이나 감동을 하게 되는 것이다.

둘째, 서비스 프로세스 과정 중에 경험하게 되는 것이 서비스 품질이다.

서비스가 진행되기 위해서는 반드시 소비자가 참여해야 하기 때문에 서비스 프로세스 중에 발생하는 모든 상황에서도 서비스 품질이 결정된다.

예를 들어, 특급호텔 레스토랑에서 식사를 경험하는 동안에 종사원의 서비스 수준이나 외모, 복장, 그리고 태도에 따라서 품질이 달라질 수 있다. 따라서 서비스 품질은 소비자의 직접적, 간접적인 접촉이나 비접촉, 어떠한 것에도 소홀하게 생각하면 안 된다.

셋째, 소비자가 서비스를 경험한 후 느끼는 감정에 의해 서비스 품질이 결정된다.

예를 들어, 서비스를 경험한 후 일상으로 돌아갔을 때, 서비스에 대한 추억과 경험들이 소중하게 여겨질 경우 그 브랜드나 상품, 서비스에 대한 충성도가 높아지게 되면서 재구매로 이어질 수 있다. 또한 주위 사람들에게 긍정적인 구전을 전파하여 잠재고객이나 신규고객 창출에도 많은 영향을 주게 된다.

넷째, 문제가 발생하였을 때에도 서비스 품질이 결정된다.

예를 들어, 서비스에 대해 불평, 불만이 발생하였을 때 소비자에게 귀 기울이면서 충분히 공감하고 소비자의 요구사항을 미리 파악하여 신속하게 대처하게 되면 충성고객으로 전환할 수 있는 계기가 된다. 하지만 그렇게 하지 못할 경우 브랜드 이미지 손상이나 나쁜 구전의 전파로 많은 손실이 발생하게 된다.

서비스 상품은 무형성이 강하기 때문에 소비자의 특성을 파악하여 그에 맞는 서비스를 제공하는 것이 최고의 서비스 품질을 유지할 수 있는 방법이 된다.

서비스 기업의 경우 기업의 이미지는 상당히 중요한 요소로 평가된다. 기업의 이미지는 특히 고객과의 접점에 있는 종사원의 서비스 질에 의해 결정되는 경우가 많다. 이는 소비자가 서비스 기업의 서비스 품질을 평가하는데도 많은 영향을 미치게 된다.

예를 들어, 좋은 이미지를 가지고 있는 서비스 기업이 사소한 실수를 범했을 경우 이를 신속하게 회복하게 되면 용서될 수 있지만, 그렇지 않은 경우는 서비스 기업에 상당한 영향을 미칠 수 있게 된다. 이는 누구나 실수를 할 수 있다 하지만 평소에 고객에게 좋은 이미지를 가지고 있는 경우와 그렇지 않은 경우는 엄청난 차이를 나타낼 수 있다는 것이다.

따라서 서비스 기업은 이미지를 향상시키기 위해서 서비스 품질의 중요성을 인식하고 이를 실현할 수 있도록 해야 한다.

3 서비스 상품의 특성

서비스 기업들의 치열한 경쟁으로 경쟁우위를 확보하기 위해서 주 서비스인 핵심 서비스와 보조 서비스에 대한 중요성을 인식하고 있다. 각 서비스 기업들은 이에 대한 비중을 증가하여 보조 서비스를 추가하거나 확장하여 차별화 전략을 세우고 있다. 서비스에는 고객과 종사원이 상품의 일부분의 역할을 하고 있으며, 고객의 만족이나 품질의 평가가 중요한 요소로 작용하게 된다.

서비스 상품은 핵심 서비스(core service)와 보조 서비스(supplementary service)로 나눌 수 있다.

- 핵심 서비스 : 고객이 구매하는 것의 본질적인 욕구를 충족시키기 위한 서비스를 말한다. 예를 들어, 호텔에 투숙하는 고객은 객실에서 편안하고 안전한 휴식을 취하는 것이며, 비행기를 타고 최종 목적지에 도착하는 것 등이 핵심 서비스에 해당한다.

- 보조 서비스 : 핵심 서비스의 이용을 가능하게 하거나 그 가치를 확장시키는 서비스를 말한다. 보조 서비스는 핵심서비스 이용을 위해 필수적인 서비스로 여겨지고 있으며 이로 인하여 핵심서비스를 더욱 가치 있게 해주는 서비스로 인식되고 있다. 보조 서비스로 인해 핵심서비스의 기능을 확대시키고 경쟁 서비스와의 차별화를 주게 되면서 가치 증대 서비스로서의 역할을 하게 된다.

예를 들어 호텔 객실의 업그레이드된 어메니티(amenity)나 항공기의 고품질 기내식 등이 있다.

① 서비스 상품의 개요

상품(product)은 제품(goods)과 서비스(service)를 포괄하는 개념으로서 제품에 인적 서비스를 추가하여 제공하는 것을 상품이라 한다.

제조업에는 생산과 소비가 분리되어 있어 소비자는 생산과정에 직접 참여하지 않아도 되지만, 서비스는 소비자가 직접 생산과정에 참여하여 주문에 의해 제품이 생산되어짐과 동시에 인적 서비스를 추가하여 소비자에게 제공되는 것이 서비스 상품의 예라고 할 수 있다.

1) 서비스 형태에 따른 상품의 분류

① 기능적 서비스, 기능적 편익제공이 필수 불가결한 서비스
- 고마움의 대상이 아닌 당연하거나 편리함의 대상으로 인식
   예 교통, 우편, 전기, 수도, 도시가스 등.

② 정서적 서비스, 기능적 서비스의 충족과 만족을 높이기 위해 제공되는 서비스
- 정서적 서비스는 제공자가 이용고객에게 행하는 인간적 행위의 총체적인 서비스
- 기능적 서비스는 정서적 서비스와 동시에 제공됨으로 인해서 함께 향상 된다.   예 승무원의 밝은 미소, 고속버스 기사의 안내방송, 접점 종사원의 친절함 등.

③ 기능 및 정서 복합 서비스

- 현대의 서비스는 기능적 및 정서적 서비스가 모두 최상의 서비스를 추구하는 복합 서비스화 되고 있다.
- 기능적 서비스를 보다 높은 수준의 서비스로 이끌기 위해서는 정서적 서비스를 제공해야 한다.

2) 서비스 행위 시점에 따른 상품의 분류

① 사전 서비스

예약, 회원제 할인, 사전구매, 전화상담 및 안내, 고객 결정 제안 등

예 영화 예매 서비스, 탑승권 예약 서비스

② 현장 서비스

상품 거래 시점에 제공되는 서비스, 준비되지 않은 서비스는 고객 불만 유발, 현장 서비스가 중요한 이유는 기능적·정서적 서비스가 함께 제공되는 시점이기 때문이다.

예 미용실 방문 고객, 대기시간, 대기시간 중 제공되는 서비스,

③ 사후 서비스

만족한 고객에 의한 재구매 유도 및 구전 효과, 개별적 마케팅 수행 가능

⏱ **표 1-2** 사전·사후 서비스의 Good & Bad

	Good	Bad
사전 서비스	· 예약을 통한 구매 정도 예측 가능 · 고객의 수요 파악 가능 · 새로운 상품의 수요창출 가능	· 지나친 서비스는 구매 강요로 인식 · 약속을 지켜야 한다는 심리적 부담감
사후 서비스	· 긍정적 구전효과 창출 · 고객불만을 미연에 방지 · 고객의 상품평가 획득	· 서비스 비용의 증가 · 향후 재구매 불확실 · 지나친 개별 서비스는 고객 정보유출의 우려

2 서비스 상품 수명주기

제품의 수명주기(PLC: Product Life Cycle)는 특정 제품이 시장에 처음 출시되어 도입, 성장, 성숙, 쇠퇴의 과정을 거쳐 시장에서 철수되는 과정의 4단계로 구성되고 있다. 서비스 수명주기(SLC: Service Life Cycle) 또한 이와 같은 단계로 구성되어 있다. 하지만 제품 수명주기와는 달리 서비스 수명주기는 어떠한 단계에서도 발전될 수 있는 계기를 가지고 있다. 새로운 서비스나 서비스의 새로운 변수가 시장에 도입되면 라이프 사이클의 변화나 연장에 새로운 자극을 불어넣을 수 있기 때문이다. 서비스에는 무형성, 비분리성, 이질성, 소멸성이라는 특성이 존재하기 때문에 제품의 수명주기와는 조금 달리할 필요성이 있다.

관광상품의 수명주기는 상품기획에서부터 매우 중요하다. 따라서 관광상품을 기획할 때는 관광상품에 대한 정확하고 구체적 내용을 파악해야 한다. 왜냐하면 관광상품 개발이나 기존 관광상품의 개량 또는 기존 관광상품의 신용도 개척 등 시기성과 방향성을 제공해 주기 때문이다.

관광상품 수명주기의 단계별 전략을 수립하기 위해서는 쇠퇴기까지 접어들게 된 주요한 원인을 다음과 같이 파악해야 한다.

첫째, 시장 포화 상태이다.

반복관광이 대체적으로 이루어지지 않은 동일관광 상품을 업체마다 중복된 상품들을 소비자들에게 제공하게 될 경우 과다공급으로서 판매가 감소하게 된다.

둘째, 신기술의 개발이다.

기존 상품보다 새로운 기술이 개발되어 도입되는 경우 기존의 관광상품은 판매가 감소하게 된다.

셋째, 경쟁성의 원인이다.

세분화된 특정 관광시장 내에서 치열한 판매경쟁으로 인해 상품판매 점유율이나 이익이 점차 분할된다.

> 예 관광경영학과 – 시장 포화 상태가 진행되다가 신기술 등장(호텔경영, 외식조리, 항공서비스, 컨벤션 등) 후에 경쟁 상태로 진행되는 경우이다.

현대산업 서비스 경영

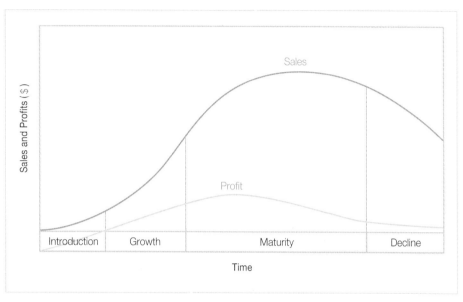

그림1-1　서비스 수명주기

서비스 수명주기는 도입기, 성장기, 성숙기, 쇠퇴기의 과정을 거치게 되며, 이에 대한 설명은 다음과 같다.

도입기　　새로운 서비스가 시장에 소개되는 단계이다. 도입기에는 경쟁자의 수가 없거나 매우 적기 때문에 시장에 빠르게 적응하여 짧은 시간에 성장기로 옮겨가는 경우가 많으며, 시장에 적응하지 못하는 서비스는 성장기와 성숙기를 거치지 못하고 곧바로 사라지게 된다.

도입기에는 차별화된 가격전략으로서 소비자의 구매를 촉진시켜서 산업 전체의 수요를 형성할 수 있도록 해야 한다. 또한 타깃 마켓에 적절한 마케팅 전략과 긍정적인 구전을 전파하는 것이 중요하다. 도입기에는 막대한 연구개발비용, 유통망 구축비용, 촉진비용 등으로 기업은 적자상태를 나타내는 것이 보통이다. 이 시기에는 참신한 아이디어와 타깃 전략이 중요하다. 효과적인 타깃팅(targeting)이 이루어지지 않는다면 소비자들로부터 관심의 대상이 되지 않을 수도 있다.

서비스 기업이 지속적으로 성장하기 위해서는 경쟁기업이 쉽게 모방할 수 없는 차별화된 서비스를 실시하여 성장기에 경쟁자를 감소시킬 수 있어야 한다.

성장기 성장기에는 판매에 있어서 매우 빠른 속도로 증가하는 단계이다. 오피니언 리더(opinion leaders)와 얼리 어답터(early adopters)들이 새로운 서비스를 이용하기 위해 빠르게 구매하는 단계이다. 점차적으로 수요가 증가됨으로 인해 시장의 규모가 확대되고 제조원가가 하락하여 가격이 조금씩 오르고 이익의 폭도 커지며 기업의 이윤이 증가하게 된다. 이러한 이유로 기존의 경쟁자와 새로운 서비스 제공자가 시장에 많이 진입하게 되면서 경쟁이 치열해지게 된다.

시장 개척자는 그들의 서비스 콘셉트에 목표를 두고 고객의 기대에 부응할 수 있도록 점검해야 하며, 핵심 서비스에 추가적인 서비스를 제공해야 한다. 또한 새로운 타깃 그룹과 유통 채널을 개발하여 고객점유율을 확보할 수 있는 전략을 수립해야 한다. 마케팅 전략의 목적은 시장점유율을 확대하는 데 있으며, 가격은 대부분 시장침투가격을 사용하게 된다. 서비스 촉진의 주요한 목표는 시장에서 자사 서비스에 대한 인지도를 증가시키는 데 있다. 따라서 이 시기에는 무한경쟁과 생존을 하기 위한 변화가 중요하다.

성숙기 안정된 매출을 유지하는 단계이지만 경쟁은 더욱 심화되고 있는 과정이다. 소비자들의 대다수를 이루고 있는 초기 다수층과 후기 다수층이 주요 고객이 된다. 이러한 경쟁으로 인해 산업의 전체적인 이익이 감소하게 되면서 경쟁력이 약한 기업은 자연스럽게 퇴출되는 단계이다.

성숙기에는 내·외적인 서비스 과정을 효율적으로 관리하는 것이 더욱 중요하다. 이것은 기업의 내부적인 자산과 능력이 관련되어 있기 때문이다. 산업 전체의 매출액은 어느 단계보다도 높은 상태이지만 판매 성장률은 점차로 감소하고 어느 시점에 이르러 수요는 정체 및 감소하게 된다. 따라서 이 시기에는 시장점유율을 확대하려 하기보다는 이윤을 극대화시켜서 쇠퇴기에 진입하지 않도록 대비해야 하는 시기이다.

성숙기 단계에서의 목표는 이익의 극대화와 경쟁기업에 대해 자사의 시장점유율을 유지시키는 데 있다. 구체적인 마케팅 믹스 전략은 치열한 경쟁에 대응하기 위해 차별화된 서비스 개발과 서비스를 제공하기 위해 노력해야 한다.

성숙기 시장의 치열한 경쟁에서 살아남기 위해서는 강력한 마케팅 전략을 개발하

현대산업 서비스 경영

는 것이 필수적이다. 경쟁 기업의 서비스를 모방하거나 추종하기만 하는 기업은 결코 경쟁에서 살아남을 수 없으므로 경쟁기업과의 차별화된 서비스를 제공하기 위해 노력해야 할 것이다. 새로운 타깃 마켓을 설정하여 서비스를 제공하고, 고객관계 유지를 잘 관리하여 지속적인 구매를 유지할 수 있도록 해야 한다.

쇠퇴기 기업의 매출이 급속도로 감속하는 단계이다. 고객의 수요가 감소하는 경향이 있으므로 불필요한 서비스를 제거하는 경향이 많다. 소비자의 대부분은 최종 수용층이다. 이 시기의 목표는 비용절감과 투자비의 회수로 볼 수 있고, 마케팅 노력의 초점은 서비스 수요가 감소되기 때문에 도입기와 마찬가지로 1차적 수요를 유지하기 위해 노력해야 한다.

이 단계에서는 기존의 라이프 사이클을 수정하여 새로운 라이프 사이클을 적용해야 하는 중요한 시기이다. 또한 새로운 외국 시장의 유입에 대처해야 할 뿐만 아니라 자국의 서비스 시장 감소에도 신중하게 접근해야 한다.

쇠퇴기에 있어서 대처해야 할 서비스 기업의 선택은 다음과 같다.

① 재활성화(rejuvenation) : 기존 시장의 다른 용도를 개발하거나 새로운 목표시장을 찾아서 서비스를 제공하는 것이다. 재활성화의 주요한 목적은 서비스의 수명주기를 다시 되돌려서 성숙기의 단계로 회복시키려는 것이다.

② 비용절감(retrenchment) : 이윤을 얻을 수 있는 서비스는 지속적으로 확장하고 투자를 하는 대신, 이윤이 적거나 적자를 내는 서비스는 불필요한 비용을 줄이는 데 영향을 주게 된다.

③ 제거(pruning) : 제공되는 서비스 중에서 판매가 많이 되거나 수익이 많은 서비스를 위주로 선택하게 되며, 고정비가 많이 들거나 이윤이 적은 서비스는 제거시키게 된다.

④ 시장 철수(divest) : 쇠퇴기에 있어서 해야 할 가장 중요한 결정이다. 성숙기가 끝나가는 시점에서 철수를 결정하는 것이 최선의 선택으로 손해를 가장 적게 볼 수 있는 시기이다. 하지만 성급한 결정으로 인해 혹시 있을지 모르는 극적인 전환점을 놓치게 되는 경우도 있을 수 있다.

⏱ **표 1-3** 서비스 수명 주기별 특징 및 마케팅 전개 방법

특 징	도입기	성장기	성숙기	쇠퇴기
판 매	낮음	고성장	저성장	쇠퇴
원 가	높음	평균	낮음	낮음
이 익	손해	점점 높아짐	높음	감소
고 객	혁신층	조기 수용자	중기 수용자	최후 수용자
경쟁자	소수	증가	다수 → 감소	감소
마케팅 목표	서비스 인지와 이용 구매자 창출	시장점유율 최대화	기존 점유율 유지, 이윤 극대화	비용절감, 수확
가 격	고가격	저가격	경쟁사에 대응할 수 있는 가격	저가격
유 통	선택적 유통	집중적 유통	더 많은 집중적 유통	선택적 유통
광 고	조기 구매자와 중간상에게 서비스 인지도 구축	소비자 대중에게 인지도와 관심 구축	브랜드 차별화와 편의를 강조	핵심적인 충성고객을 유지할 정도의 수준으로 줄임
판 촉	구매를 유도하기 위한 강력한 판촉	수요의 급성장에 따라 판촉비용 감소	자사 브랜드로 전환을 촉구하기 위한 판촉증가	최소 수준으로 감소

4 서비스 경영관리의 특성과 한계

제조업을 중심으로 시작된 경영은 1990년대 초 생산 지향적 마케팅에서 판매 지향적 마케팅의 시대를 거치면서 현재에는 사회적 책임구현의 시대로 변화되었다. 지금은 제품의 질은 기본적으로 높아야 함은 물론이고 서비스 수준에 의해 소비자들은 구매를 결정하게 된다.

🖥 그림 1-2 경영관리의 흐름

　서비스 경영관리는 무형의 가치재라는 점에서 제품의 경영관리와는 차별이 되며 관리에 있어서 다양한 변수를 고려하여 적용해야 한다.

① 서비스 경영관리의 특성

　서비스 경영관리의 특성에는 상품관리, 가격관리, 유통관리, 촉진관리가 있다. 이들은 제조업에서 실시하는 것과는 많은 차이점이 있다고 볼 수 있다. 또한 종사원 관리, 물리적 환경 및 증거관리, 서비스 프로세스 관리 등은 제조업에서 관리되지는 않으나 서비스 경영에서는 가장 중요하고 보다 철저하게 관리되어야 할 요소들이라 할 수 있다.

1) 상품관리

　서비스는 무형의 가치를 가지고 있는 특수한 상품으로서 소비자에게 경험과 편익

을 제공한다는 관점에서 상품의 관리가 이루어져야 한다. 서비스 상품이 소비자로부터 선택을 받기 위해서는 차별화된 상품으로서의 가치를 인정받아야 한다.

서비스 기업은 소비자에게 가치를 창출할 수 있는 상품, 경험 그리고 편익을 가질 수 있는 상품을 제공할 수 있어야 한다. 특히, 서비스 상품을 더욱 강조하기 위해서는 핵심서비스에 부가서비스를 추가하여 상호 보완할 수 있는 패키지(package)상품 개발을 구축해야 한다.

2) 가격관리

안정적이고 객관화되어 있는 제품의 가격과는 달리 서비스의 가격은 주관적이고 탄력적이어서 표준화된 가격을 제시하기가 어렵다. 다시 말하면 서비스의 가격은 수요의 변화에 따른 성수기와 비수기의 영향에 의해서 탄력적으로 결정되어져야 한다. 따라서 서비스 기업의 패키지 구성에 따라 가격의 차별화가 결정되기도 한다.

서비스의 가격은 객관적인 가격 기준이 없기 때문에 서비스 수준과 제공방법에 따라 달라질 수 있다. 또한 같은 업종에서도 경영방법에 따라 차이가 나타날 수 있다.

3) 유통관리

제품은 중간 유통의 단계를 거치게 되는 과정이 있는 데 비해, 서비스의 경우 수요와 공급을 직접 거치게 되는 직거래 방식을 하는 것으로 유통의 과정이 거의 없다고 볼 수 있다. 서비스업의 유통은 입지 선정, 주차시설, 예약 등 소비자에게 편리성을 제공하는 것으로 볼 수 있다. 또한 표준화된 서비스를 가맹점을 통하여 소비자들에게 편리함을 제공할 수 있도록 하는 것은 유통관리의 일환이라고 할 수 있다.

4) 촉진관리

특정 기업의 제품이나 서비스를 주어진 가격에 구매하거나 구매를 계속하도록 유도할 목적으로 해당 제품이나 서비스의 효능에 대해서 실제 및 잠재고객을 대상으로 정보를 제공하거나 설득하는 일체의 마케팅 노력이다. 즉, 서비스를 이용하려는 고객에게 좋은 서비스와 가격 등을 적절한 촉진활동을 통해서 서비스 상품의 존재와 혜택을 알리는 것이다. 이는 서비스 고객에게 유용한 정보를 제공하여 서비스 기업과 고객과의 커뮤니케이션을 원활하게 하는 마케팅 활동이라고 할 수 있다.

서비스의 특성상 무형성이 강하기 때문에 물리적 환경이나 브랜드 이미지와 같은 유형적인 요소를 강화하여 고객과의 커뮤니케이션을 활성화하는 것이 중요하다.

서비스 촉진은 고객과의 접점에서 종사원과 고객과의 커뮤니케이션이 원활하게 진행되어야 한다는 측면에서 인적 서비스를 활용한 촉진활동을 강화시키는 방안이 필요하다.

서비스 촉진을 하기 위해서는 다음과 같은 노력이 필요하다.

① 상품에 대한 강한 이미지를 가져야 한다.

② 고려 상품군이 되어야 한다. - 지속적인 자기 브랜드 강화로 상품에 대한 이미지를 심어주어야 한다.

③ 종사원을 고려한 광고를 해야 한다. - 내부고객에게도 홍보와 더불어 인식을 가질 수 있도록 해야 한다.

④ 고객에게 서비스 내용을 이해시켜야 한다.

⑤ 서비스를 평가하게 해야 한다.

⑥ 고객을 통한 긍정적인 구전을 활용해야 한다.

⑦ 정기적이고 지속적인 광고를 실시해야 한다.

⑧ 고객과 지킬 수 있는 약속만 해야 한다.

이에 대한 중요한 사항들을 확인하고 자사 서비스에 적합한 촉진전략을 추진하는 것이 중요하다.

5) 종사원 관리

서비스 경영에 있어서 종사원은 물리적 환경의 일부분이면서 서비스 상품이기도 하다. 종사원은 고객만족 여부에 많은 영향을 주기도 하며 브랜드 이미지를 향상시키는 훌륭한 마케터 역할을 하는 필수불가결한 요소이다.

서비스 기업은 적합한 종사원을 선발하여 정기적인 교육과 훈련을 실시해야 한다. 또한 종사원 개개인의 인성을 파악하여 적재적소에 배치하여 업무의 효율성을 향상시킬 수 있는 관리를 지속적으로 실시해야 한다.

서비스 실패 시 종사원이 신속하게 회복할 수 있도록 적절한 권한위임을 제공하여 고객의 만족도를 향상시킬 수 있는 방안이 필요하다.

6) 물리적 환경 및 증거관리

서비스 기업에 있어서 물리적 환경과 증거는 고객들로 하여금 구매를 촉진시키고 매출증대를 향상시킬 수 있는 역할을 하게 된다. 구체적인 물리적 환경과 증거는 건물, 내부 인테리어, 가구, 비품, 조명, 분위기, 종사원 유니폼 등 고객이 보고, 느낄 수 있는 모든 요소들을 일컫는다. 서비스는 제조업과는 달리 무형성이 강하기 때문에 물리적 환경과 증거로서 서비스의 유형화를 강조해야 한다.

또한 고객은 이들을 통하여 구매를 촉진할 수 있는 계기를 만들게 된다.

구체적인 서비스의 물리적 환경과 증거의 개념은 다음과 같다.

⏱ **표 1-4** 서비스의 물리적 환경과 증거의 개념

구분	내용
물리적 환경	시설적 환경과 감각적 환경을 나타내고 있으며, 주로 오감을 통하여 느낄 수 있는 요소로 나타난다. 예 건물외관, 인테리어, 주변요소, 공간배치 및 기능성, 사인·심벌·인공물
물리적 증거	종사원의 유니폼, 용모, 인쇄홍보물, 메뉴판, 명함, 메모지, 티켓 등

비트너(Bitner)의 물리적 환경 구성요소에는 주변요소, 공간배치와 기능성 그리고 사인, 심벌, 인공물로 제시하고 있다. 고객들이 서비스를 받기 위해 장소를 방문하였을 때 느끼게 되는 모든 요소들을 대상으로 구성되며, 이로 인하여 서비스의 품질에 영향을 미치게 되는 경우가 많다.

주위환경
- 실내온도와 습도, 조명, 소음, 음악, 냄새, 색상, 실내·외의 풍경과 전망등과 같은 환경의 배경적 특성을 가짐
- 인간의 오감에 영향을 미침

공간배치와
기능성
- 식탁의 위치, 가구 스타일, 장비와 기계의 크기, 형태 그리고 배열하는 방법과 관련성이 있음
- 기능성은 성취하려는 목표와 성취를 용이하게 하기 위한 품목들의 기능

사인, 심벌,
인공물
- 고객들에게 명시적·묵시적 정보를 제공함
- 부착된 표지판은 명시적 커뮤니케이션의 역할임

 그림 1-3   비트너의 물리적 환경 구성요소

① 주변 요소 : 물리적 환경의 배경적 특성이란 온도, 조명, 소음, 음악, 전망 등을 의미한다. 배경적 특성을 가지게 되며 인간의 오감에 영향을 미친다.

② 공간배치와 기능성 : 가구의 배치, 장비와 기계의 크기와 형태와 관련되어 있으며 기능성은 성취하려는 목표와 성취를 용이하게 하기 위한 품목들의 기능을 말한다.

③ 사인, 심벌, 인공물 : 고객들에게 장소의 명시적, 묵시적 정보를 제공하는 기능을 한다.

7) 서비스 프로세스 관리

서비스 프로세스는 p.29에서 보다 상세하게 다루고 있습니다.

② 서비스 경영의 한계

막대한 자본과 기술이 필요한 제조업에 비하여 서비스업은 사업의 진출이 쉬워서

누구나 창업을 할 수 있는 구조이므로 경쟁이 치열해지고 있다. 또한 규모의 범위와 수익의 한계로 인하여 많은 제약을 받게 되고 정확한 수요의 예측이 어려운 구조이기 때문에, 수요에 대비하여 미리 생산하여 이익을 극대화하는 데 한계를 가지고 있다.

이러한 한계들을 살펴보면 다음과 같다.

1) 진입의 용이성

서비스업은 무형성인 특성 때문에 개발된 서비스를 특허를 득하여 보호받을 수 있는 장치가 어려워 경쟁기업의 모방성이 매우 강하다. 그리고 제조업에 비해 적은 자본과 기술로 서비스업을 할 수 있으므로 치열한 경쟁으로 인해 성공하는데 있어서 많은 어려움이 존재하게 된다. 프랜차이즈 시스템의 발달로 특별한 기술이나 능력이 없어도 누구든지 시장에 진입이 가능하다.

최근 들어 세계적인 불경기에 접어들면서 대규모의 명예퇴직이나 은퇴 등으로 인해 프랜차이즈 커피 전문점이나 다양한 형태의 외식업의 창업이 증가하고 있는 추세이다. 이는 프랜차이즈 창업이 쉬워지고 사무직 등의 기술이나 경험이 없는 사람, 청년실업 등으로 많은 청년들의 창업에 의하여 과잉공급이 되면서 경쟁 또한 치열해지고 있는 실정이다.

호텔, 항공사, 변호사, 의사 등 대규모의 투자나 면허를 취득해야 하는 특별한 서비스나 어려운 면허를 소지해야만 가능한 서비스업이나 기업은 예외가 될 수 있다.

2) 규모의 한계성

제조업의 경우는 공장설비의 확대나 기계의 활용도를 높여 24시간 생산 활동에 참여할 수 있는 반면에, 서비스는 인적 의존도가 높고 한정된 공간과 제한된 시간으로 규모의 한계성을 가지고 있다. 서비스 산업의 규모의 한계성에 의해서 기업에 기여하는 수익에도 영향을 미치게 된다.

3) 수요의 불규칙성

제조업의 경우 그동안의 경험과 통계를 토대로 하여 일정한 수요를 예측할 수 있

현대산업 서비스 경영

으며, 갑작스러운 수요의 증가에도 유연하게 대처할 수 있는 반면, 서비스의 경우 탄력적인 수요에 의해서 예측을 하는 데는 많은 어려움이 따르게 된다.

서비스는 경기의 변동이나 날씨 등 여러 가지 변수에 의해서 많은 영향을 받기 때문에 정확한 수요를 예측하는 것이 어렵다. 예측하지 못한 많은 수요가 발생하더라도 제한된 공간과 서비스 인원의 부족으로 대처할 수 있는 능력의 한계를 가지고 있다.

4) 계절성

서비스는 계절적인 영향으로 뚜렷한 성수기와 비수기를 나타내고 있다. 많은 고객들이 붐비게 되는 성수기와는 대조적으로 비수기에는 수요의 부족현상으로 어려움을 겪게 되는 경우가 많다. 따라서 서비스 기업은 비수기를 극복할 수 있는 전략적인 마케팅 활동을 강화하여 제2의 성수기를 누릴 수 있는 혁신적인 방안이 필요하다.

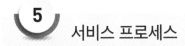

5 서비스 프로세스

1 서비스 프로세스의 개념

서비스 프로세스(service process)는 서비스가 전달되어지는 절차나 메커니즘 또는 활동들의 흐름을 의미하는데, 대부분의 서비스는 일련의 과정(process)이며 흐름(flow)의 형태로 전달된다. 서비스 프로세스의 단계와 서비스 제공자의 처리능력은 곧바로 고객에게 전달된다. 즉, 이러한 서비스 프로세스 단계와 처리능력에 의해 고객의 만족도가 결정될 수 있다는 것이다. 제조업에 있어서의 프로세스 부분은 고객에게 직접 보여주는 과정이 아니기 때문에 중요하지 않고 결과 부분인 완벽한 제품을 제공하는 것이 중요하다. 하지만 서비스는 완벽한 결과도 중요하지만 서비스가 진행되는 과정에도 고객이 참여하고 있기 때문에 철저한 프로세스 관리가 필요하다. 따라서 서비스 생산 프로세스를 설계할 때에는 프로세스에 대해서 고객이 느끼는 점들을 고객의

입장에서 생각하고, 고객의 관점에서 반영되는 방향으로 이루어져야 한다.

⏰ 표 1-5 서비스 프로세스 매트릭스 전략

		고객 참여 수준 & 고객과의 상호작용	
		낮음	높음
서비스 전달 단계의 수	낮음	원가 효율 전략 (낮은 노동 집중도/ 낮은 상호작용/ 개별화) 예 운송업, 호텔, 패스트푸드	기술적 서비스 전략 (낮은 노동 집중도/ 높은 상호작용/ 개별화) 예 병원, 수리센터
	높음	기능적 대중 서비스 전략 (높은 노동 집중도/ 낮은 상호작용/ 개별화) 예 소매 금융업, 학교 등	전문 개별화 서비스 전략 (높은 노동 집중도/ 높은 상호작용/ 개별화) 예 전문의, 변호사, 컨설턴트

서비스 산업에서는 프로세스 과정과 결과를 중요하게 하는 '곱셈의 법칙'이 있다.

서비스에 있어서 곱셈의 법칙은 고객이 서비스를 받기 위해서 진행되는 '예약 ➡ 주차 ➡ 안내 ➡ 착석 ➡ 물 제공 ➡ 메뉴 제공 ➡ 주문 ➡ 서비스 ➡ 계산 ➡ 환송' 등의 과정 모두가 중요하게 되며 이 과정에서 하나의 프로세스라도 고객이 불평을 느껴 0점을 받게 되면 곱셈의 법칙에 의해서 0점이 되는 것이다.

따라서 서비스의 프로세스 관리는 고객과 접하게 되는 처음부터 끝까지 사소한 부분이라도 만족을 느낄 수 있는 서비스를 제공해야 한다.

서비스 프로세스 설계 시 주의할 사항은 다음과 같다.
① 고객에게 초점을 맞추어라.
② 프로세스는 목적론이며 과업성과를 중시하라.
③ 전체론이며 각각의 개별 활동들은 하나의 시각에서 인식하라.
④ 적용하는 프로세스 규율은 창의성을 억제하기보다는 성과와 효율성을 제고할 수 있는 자율적 성격을 가져야 한다.

즉, 모든 프로세스는 고객에게 초점을 맞추어야 하며 고객의 입장에서 제품, 서비스 등을 관찰하고 계획해야 한다. 또한 프로세스는 실제적인 과업성과를 중시한다.

서비스 프로세스의 궁극적인 목적은 고객만족을 위한 것이라는 목적성을 가지며, 성과의 효율성을 제공할 수 있도록 자율적인 성격을 가지고 있어야 가능하다.

고객관점의 서비스 프로세스는 서비스 전, 서비스 상태, 서비스 후의 3단계로 나누게 된다.

🖥 그림 1-4　고객관점의 서비스 프로세스

소비자의 입장에서 서비스 전에는 서비스가 어떻게 제공되어질까에 대한 기대와 인식의 영향요인은 인구학적 속성이나 구전, 개인적 경험에 의한 지식으로 구성되어 있다.

서비스 상태에서는 기술에 따른 채널, 공간적 요인에 의한 접촉 채널을 통한 커뮤니케이션에서 경험이 발생하게 된다.

서비스 후에서는 서비스 전에 대한 기대와 인식을 바탕으로 하여 개인의 인지와 감성에 의해 판단되어 서비스에 대한 이미지, 감성을 가지게 된다.

그리고 서비스에 대한 재인식이 있을 수 있다. 서비스 전의 기대나 인식의 영향요인은 인구학적 속성이나 구전, 개인적 경험 등에 의한 지식이 있으며, 서비스 상태에서는 기술에 따른 채널, 공간적 요인 그리고 서비스 후에는 개인의 인지와 감성에 의해 판단되어 서비스에 대한 이미지, 감성을 최종적으로 가지게 된다.

② 서비스 프로세스 혁신

서비스의 경우 프로세스 혁신이 곧 서비스 경쟁력의 원천으로 연결된다. 서비스는 생산과 소비가 동시에 발생하는 특징을 가지고 있기 때문에 그 자체가 프로세스라고 할 수 있다. 유형상품의 경우 고객이 생산 프로세스와 분리되어 있지만 서비스는 고객이 생산 프로세스에 반드시 참여해야 한다.

서비스 프로세스 혁신의 관점에서 서비스 경쟁력 강화를 위한 방안으로는 눈에 보이지 않는 서비스 프로세스는 관리하기 어렵다는 통념을 극복해야 한다.

프로세스 혁신은 성과 향상을 위해 업무 프로세스를 근본적으로 재설계하는 것으로 마이클 해머와 제임스 챔피가 BPR(Business Process Reengineering)을 통해 프로세스 혁신의 개념을 처음으로 소개하였다. 프로세스 혁신을 통해 원가절감, 생산성 향상, 그리고 고객 만족도 제고를 추구하고 있다.

서비스 프로세스 혁신의 대상은 새로운 프로세스를 설계(design)하는 경우와 기존 프로세스를 개선(improve)하는 경우로 구분하고 있다.

프로세스 혁신은 기존 프로세스의 개선 뿐 아니라 새로운 프로세스를 설계하는 것도 포함하고 있으며, 신 프로세스의 설계는 고객의 요구사항(VOC)을 충분히 파악하는 것에서 출발한다. 신 프로세스가 실패하는 가장 큰 원인은 고객의 요구사항을 잘못 파악하거나 무시하는 경우는 실패의 지름길이라 할 수 있다. 기존 프로세스의 개선은 현재 업무의 측정과 분석을 기반으로 하여 수행해야 하는데 현재의 프로세스에 대한 충분한 이해를 하지 않는다면 효과적인 개선안을 도출하기 어렵다.

서비스 상품의 경쟁력을 강화하기 위해서는 서비스 상품 자체의 프로세스 혁신으로 서비스 품질 경쟁력을 제고시켜야 한다.

서비스 품질은 고객의 경험에 의해 결정되는데 이에 해당되는 것으로는 서비스의 신속·정확성과 서비스를 받는 분위기, 서비스 요원의 태도 및 전문성 등 이다. 서비스 수준에 대한 고객의 기대는 이전에 제공 받았던 서비스보다 더 나은 서비스를 기대하고 이러한 기대는 계속 높아지게 되므로 서비스 프로세스의 혁신이 필요하다.

서비스 프로세스 혁신을 통해 서비스 경쟁력을 강화하기 위한 제언은 다음과 같다.

첫째, 서비스에 대한 시장의 요구가 증가하고 있어 서비스 경쟁력 강화는 불가피한 상태이다. 서비스 경쟁력 강화는 서비스 기업만의 문제가 아니며 업종(제조, 비제조), 부문(공공, 민간)을 불문하고 모든 조직에서 서비스가 경쟁력을 좌우하는 요소로 자리매김하고 있다.

둘째, 업그레이드된 서비스를 제공하기 위한 대응 전략을 수립해야 할 필요가 있다. 기업들은 지금까지의 서비스 개념과는 다른 차원의 대응 전략을 마련해야 하며 단순히 고객지원용으로 서비스를 제공한다는 관점에서 벗어나야 한다. 그리고 고객의 기대를 능가하는 감동(delight)을 제공하는 것이 핵심이다.

셋째, 서비스 경쟁력 강화를 위해서는 프로세스 혁신이 필요하다.

프로세스 혁신 없이 서비스 경쟁력을 향상 시키려면 비용 증가가 수반되어야 하며, 프로세스 혁신을 통해 서비스 품질 향상과 비용 감소라는 두 가지 목표를 동시에 달성하는 것이 가능하다. 또한 발전하는 정보기술을 프로세스 혁신에 적극적으로 활용하여 시간과 공간의 제약을 극복함으로써 새로운 개념의 서비스 제공이 가능하다.

6 서비스 구매에 따른 관리

대기는 실제의 서비스 생산을 조정해 관리할 수 있고 고객의 인식에 대해 배려함으로써 관리할 수 있다. 서비스 생산의 관리는 기업이 수행하고 있는 서비스 방법을 변화시켜서 실제로 고객의 대기시간을 감소시키는 것이고, 고객의 인식관리는 실질적인 생산시스템의 변화는 없지만 고객의 지각을 변화시켜 체감 대기시간을 줄이는 것이다.

① 구매 전 과정 - 대기관리

서비스 구매 이전의 프로세스에는 '대기관리'가 중요하다. 대기란 고객이 서비스를 받을 준비가 되어 있는 시간부터 서비스가 개시되기까지의 시간을 의미하는데, 많은 사람들은 서비스를 받기 위해 기다리는 것을 부정적인 경험으로 인식하는 경향이 많다. 이에 고객들이 서비스를 받기 위해서 보내는 대기시간을 효과적으로 관리하는 것은 고객에게 만족을 제공할 수 있고, 서비스를 재구매하려는 고객에게 긍정적인 영향을 줄 수 있다.

대기관리를 효율적으로 하기 위한 **기본원칙 8가지**는 다음과 같다.
① 아무 일도 하지 않고 있는 대기시간은 무언가를 하고 있을 때보다 더 길게 느껴진다.
② 구매 전 대기가 구매 중 대기보다 더 길게 느껴진다.
③ 근심은 대기시간을 더 길게 느껴지게 한다.
④ 언제 서비스를 받을지 모른 채 무턱대고 기다리는 것이 얼마나 기다려야 하는지를 알고 기다리는 것보다 그 대기시간이 더 길게 느껴진다.
⑤ 원인이 설명되지 않은 대기시간이 더 길게 느껴진다.
⑥ 불공정한 대기시간이 더 길게 느껴진다.
⑦ 서비스가 더 가치 있을수록 사람들은 더 오래 기다리게 된다.
⑧ 혼자 기다리는 것이 더 길게 느껴진다.

이러한 원칙을 기초로 하여 소비자들의 대기관리를 철저히 수행함으로써 대기시간을 짧게 인식시키고 만족스러운 서비스를 느낄 수 있도록 다음과 같은 인식관리기법을 적극적으로 활용할 수 있도록 해야 한다.

① 매장에 들어서자마자, 서비스가 시작되었다는 느낌을 주어라.

예 병원의 예를 들면, 환자가 병원의 응급실에 찾아갔다고 가정했을 경우, 진찰의 수속과 대기시간이 매우 길게 느껴진다. 이런 경우, 환자가 침대에 누웠을 때 간단한 증상을 파악한 간호사는 환자에게 링거(linger)를 주입함으로써, 환자는 진료가 시작되었다는 것을 알게 되면서 심신의 안정감을 느끼게 되는 경우이다.

② 총 예상 대기시간을 알려 주어라.

　⑩ 서비스의 대기시간이 길어질 경우에는 대기시간에 대한 예상시간을 미리 알려주게 되면 대기를 하기 위한
　　마음의 준비를 하게 된다. 또는 대기시간을 활용하기 위한 대체 방법을 강구하게 된다.

③ 이용되고 있지 않은 자원은 보이지 않도록 하라.

　⑩ 일을 하지 않고 있는 직원은 보이지 않게 하라./ 고객과 상호작용하지 않는 활동은 고객이 볼 수 없는 곳에
　　서 수행하라./ 이러한 노력은 고객의 첫인상을 좋게 만든다.

④ 고객을 유형별로 대응하라.

　⑩ 고객의 성향/ 패턴별로 대기시간에 대한 인식을 편리하게 하는 것인데, 유통 매장의 계산대에서 보면 소량
　　현금 계산대가 한 곳에 따로 마련되어 있거나, 은행에서 ATM 기기, VIP 전용 창구, 신규 창구, 예금 등의 일
　　반 거래 창구 등이 세분화되어 있는 것이 좋은 예이다.

대기관리를 위한 서비스 생산관리 기법으로 다음과 같은 방법으로 고객의 편리함
과 만족을 실현시킬 수 있다. 또한 서비스 기법의 수요예측과 신뢰를 심어주는 계기
가 되기도 한다.

① 예약을 활용하라.

② 커뮤니케이션을 활용하라 : 비수기를 이용하여 고객을 유도하라.

　⑩ ·아웃백 스테이크 : 손님이 많지 않은 점심시간에 할인가격 설정

　　·심야영화 할인 혜택

　　·인터넷 서점 아마존 : 고객이 주문한 제품이 현재 어디쯤 배달되고 있는지 확
　　　인시켜 주는 e메일을 보내 고객의 불안감 해소

③ 공정한 대기시스템을 구축하라 : 먼저 온 사람에게 먼저 서비스하는 원칙(First in,
　First out)

② 구매 과정 & 구매 이후

서비스의 구매과정은 MOT(moment of truth)의 과정이다. MOT란 고객이 기업의 종
사원 또는 특정 자원과 접촉하면서 서비스의 품질에 대한 인식에 영향을 미치는 상
황이라 할 수 있다. MOT란 서비스 제공자가 고객에게 서비스의 품질을 보여줄 수

있는 기회로서 지극히 짧은 순간이지만, 고객의 서비스에 대한 인상을 좌우한다. 이와 같이 고객과의 접점에서 발생하는 결정적 순간이 중요한 이유는 고객이 경험하는 서비스 품질이나 만족도는 곱셈의 법칙이 적용되기 때문이다.

구매 이후 과정은 서비스 프로세스의 문제점을 확인하고 이를 보완하는 프로세스로, 각 서비스 단계별로 원인을 파악하고 이에 대해 개선할 수 있는 다차원적인 노력이 필요하다.

> 💡 파레토의 법칙(80/20법칙)
>
> 파레토의 법칙은 19세기 이탈리아 경제학자인 파레토가 국가의 부(富)의 80%가 20%의 국민에게 있음을 발견하여 '80/20법칙'으로 명명되어 사용되고 있다.
>
> 예를 들어, 어느 백화점의 고객이 100명이라고 가정했을 때, 20명의 충성고객이 백화점 매출의 80%를 올려주며 80명의 고객은 전체 매출의 20%를 차지하게 된다는 것이다.
>
> 따라서 서비스 기업은 80%의 매출을 올려주는 충성고객에 전념하여 고객관계관리를 강화하여 지속적으로 유지할 수 있도록 해야 한다.

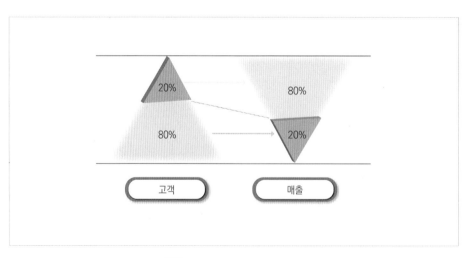

🖥 그림 1-5 파레토의 법칙

① 프로운동선수의 20%가 대회 상금의 80%를 받는다.
② 교칙위반 사례 중 80%는 20%의 학생들이 저지른다.
③ 인간관계의 가치 중 80%는 20%의 관계가 좌우한다.
④ 전화 중 80%는 20%의 사람들에게 걸려온다.
⑤ 수업의 80%를 이해하는 학생은 20%에 불과하다.
⑥ 책의 20%인 핵심내용은 전체분량의 80%에 해당된다.
⑦ 성과의 80%는 집중해서 일한 20%의 시간에서 달성된다.
⑧ 20%의 직원이 전체 생산량의 80%를 책임진다.
⑨ 어떤 회사의 총 수익의 80%는 20%의 상품으로 얻어진다.
⑩ 백화점 매출액의 80%는 20%의 단골고객이 올려준다.

Case Study 기다림은 NO, 고객 대기시간 줄여야 성공한다.

병원, 은행을 방문했을 때나 외식, 배달음식을 기다리면서 긴 대기시간 때문에 짜증이 났던 경험은 누구나 한번쯤 가지고 있을 것이다. 창업 시장에서 불변의 진리로 받아들여지는 '대기시간과 고객의 불만은 비례한다'라는 말의 의미를 다시 한번 확인할 수 있는 상황이다.

대기하는 시간이 길면 길수록, 기다리는 고객은 브랜드 자체에 대한 부정적인 이미지를 가질 수 있기에 고객 대기시간을 줄이는 것은 고객 만족의 첫걸음이라 할 수 있다. 특히 주문 후 조리 과정이 반드시 포함되는 외식업에서는 고객 대기관리는 필수요소다. 반대로 효과적인 고객 대기관리가 이미지 상승효과를 가져올 수 있다는 사실을 명심해야 할 것이다.

조리시간 단축은 가장 효과적 방법!

외식업의 경우 고객이 주문한 메뉴를 최대한 빨리 내오는 것이 최고의 고객 대기관리법이다. 고객이 궁극적으로 원하는 것은 핵심제품이기 때문이다. 예를 들어 비비큐, 굽네치킨, 훌랄라 치킨, 죠스떡볶이, 토마토도시락, 한솥도시락 등 다수의 외식업 프랜차이즈들이 원팩 시스템을 갖춘 것도 같은 이유다. 본사 직영 생산 공장에서 재료를 가공, 포장해 가맹점에 공급함으로써 조리시간을 단축시킬 수 있음은 물론 식자재보관이 용이하고 재료 손실률을 줄일 수 있는 것이 장점이다.

가맹점 자체의 기발한 발상으로 조리시간 단축에 성공한 사례도 있다. 치킨이 맛있는 맥주집 '바보스'(www.babos.co.kr) 점주는 주간 메뉴와 야간 메뉴를 다르게 구성했다. 메뉴판도 야간용이 따로 있다.

시간대에 따라 고객들이 주문하는 메뉴에 차이가 있음을 파악한 점주는 고객들이 몰리는 야간에는 조리시간이 짧고 맛에 자신 있는 메뉴들만 골라냈다. 바보스 대표 인기메뉴인 버터갈릭 포테이토는 5분~10분이면 고객 앞에 제공된다. 그는 한결 빨라진 조리 속도와, 점주 스스로가 자신 있어하는 음식으로 구성된 야간메뉴가 일 평균 100만원의 매출을 올리며 단골 고객까지 확보하게 된 비결이라고 말한다.

이미 서비스가 시작되었음을 느끼게 하라

고객의 대기 체감시간을 줄이는 것도 방안이 될 수 있다. 리챠드프로 헤어는 대기하는 고객에게 아메리카노, 홍차, 허브티, 과일 에이드 등 카페에서나 나올 법한 고급 음료를 제공하고, 네일아트 서비스까지 실시했다. 머리를 감은 후 잠시 기다리는 동안에도 목과 어깨 등 안마 서비스까지 제공, 대기 고객들의 만족도를 크게 높였다.

프리미엄 오븐치킨 전문점 '돈치킨'(www.donchicken.co.kr) 점주는 사진 이벤트로 고객들의 대기시간을 즐겁게 했다. 음식을 기다리는 고객들을 대상으로 화기애애한 모습이나 유쾌한 모습을 연출토록 해 사진을 찍어준 것. 메뉴가 나온 후에는 맛있게 먹는 모습도 촬영했다. 고객들의 연락처를 받은 후 사진을 일일이 전송해 줬음은 물론이다. 촬영된 사진을 놓고 매월 콘테스트도 열었다. 당첨된 고객에게는 영화티켓이나 도서상품권을 증정했고, 큰 호응을 이끌어냈다. 고객들은 사진 이벤트를 즐거운 놀이로 인식하고 친구와 가족까지 대동해 매장을 찾았다.

친환경 유기농 죽/스프 전문점 '본앤본'(www.bnb.or.kr) 브랜드 장점까지 부각시킨 사례이다. 고객 주문과 동시에 우엉차를 제공했다. 본 메뉴가 나오기 전 건강차를 선보임으로써 이미 서비스가 시작되었음을 느끼게 해준 것이다. 고객들은 본 메뉴를 기다리기에 앞서 건강차를 음미했고 어떤 차냐며 관심을 보이기도 한다. 매장 벽면에 친환경 유기농 재료의 장점을 홍보한 대형 포스터도 읽을거리 역할을 했다. 건강차와 홍보포스터는 고객의 대기 체감시간 축소분만 아니라 본앤본이 자랑하는 건강한 맛을 환기시키는 효과까지 가져왔다.

어플리케이션을 이용한 대기관리도 주목돼

언제 서비스를 받을지 모른 채 무턱대고 기다리는 것도 고객 불만 상승요인이다. 스타벅스는 어플을 이용해 커피를 선택, 결제한 후 매장에서 바로 커피를 받을 수 있는 서비스를 제공 중이다. 아웃백스테이크는 어플로 메뉴 안내를 실시한다. 기다리는 고객들은 어플로 메뉴를 확인할 수 있으며, 음식을 선택할 경우 결제 금액까지 표시되는 계산기능도 갖춰 예산에 맞게 메뉴를 정할 수 있다.

요가전문 교육기업 '아메리카요가'(www.americayoga.co.kr)는 교육 시간 확인 및 예약 기능이 탑재된 어플을 제공했다. 요가 교육 업체들 중 자체적 어플 제공은 아메리카요가가 유일하다고. 어플을 통해 사람들이 몰리는 교육 시간대를 확인할 수 있고, 원하는 시간에 교육을 받고 싶다면 예약까지 가능하다. 수강생들의 반응은 대만족. 빈 자리 없이 가득 찬 교육 시간에 방문해 헛걸음을 하지 않아도 되기 때문이다. 아메리카요가는 차별화된 개인 맞춤 교육과 함께 효과적인 고객 대기관리로 요가 교육 업계에서 독보적 1위를 지키고 있다.

7 서비스 패러독스

현대 사회는 과거에 비해 풍요롭고 경제적인 부를 누리며 서비스가 차지하는 비중이 높아지고 있음에도 불구하고 서비스의 품질이 악화된다는 것은 아이러니라고 볼 수 있다. 이와 같은 현상을 서비스 패러독스(paradox)라고 부른다.

서비스가 표준화되고 동질화, 획일화되면서 서비스를 함에 있어 인간성을 상실하고 기술이 복잡해져서 소비자나 종사원이 기술의 진보를 따라가지 못하는 경우가 있다. 또한 인력확보가 힘들어짐에 따라 충분한 교육 없이 종사원을 채용하는 악순환이 반복되면서 이러한 현상이 발생하게 된다.

1 서비스 패러독스의 원인

지금과 같이 경쟁이 심화되고 있는 시장 상황에서는 생존의 기반이 되는 소비자의 중요성이 강조되는 시점이다. 그러나 서비스 기업들은 '고객만족'이라는 구호만 외치게 될 뿐, 실제적인 고객을 위한 노력은 충분하게 진행되지 못하는 경우가 많다. 또한 끊임없이 노력은 하고 있지만 만족을 느끼는 고객은 많지 않다는 것이 문제이다.

'서비스 패러독스'가 나타나는 원인은 다양하겠지만 가장 대표적인 이유로 '서비스 공업화'를 들 수 있다. 다시 말하면 기업이 효율성 제고 및 비용절감을 외치면서 서비스의 인간적인 부분을 기계로 대체하게 되는 것이다.

서비스 공업화는 고객에게 정확한 서비스 제공과 소요시간 단축 그리고 기업에게는 비용절감이라는 수익개선을 이루게 하는 장점도 있다. 하지만 고객만족의 가장 중요한 요소인 인간적인 부분이 결여되어 있어 고객감동에 도달하기 어렵다는 것이다. 예를 들어, ARS 시스템은 효율성은 제고되어 있지만 기계음으로 흘러나오는 음성이나 곧바로 불편함을 호소할 수 없는 일부 고객들의 입장에서는 불만을 느낄 수 있다는 것이다.

그리고 직원들에게 '고객은 왕이다'라는 고객만족에 대한 당위성만을 강조하는 것이다. 이는 종사원에 대한 사기저하로 연결될 수 있어 오히려 소비자들이 불편함과 부담을 느낄 수 있다.

고객이 원하는 것은 무조건 죄송하다는 태도가 아니라 고객요구의 본질을 이해하고 고객과 감성적으로 공감하면서 실질적으로 문제를 해결할 수 있도록 하는 것이 중요하다.

서비스 패러독스의 원인이 되는 주요한 이유는 다음과 같이 언급할 수 있다.

① 서비스의 표준화 : 종사원의 자유재량이나 서비스의 기본인 인간적 서비스가 결여되며 풍요로운 서비스 경제 가운데 서비스의 빈곤이라는 인식을 낳게 된다.

② 서비스의 동질화 : 서비스의 차별화를 추구해야 하는 서비스에도 획일적인 서비스를 제공하고 상황에 따라 유연하게 대응하지 못하고 경직적이 되는 위험을 지니고 있다. 무리하게 서비스의 균형을 추구하다 보면 서비스의 핵심인 개별성을 상실하게 되는 것이다.

③ 서비스의 인간성 상실 : 서비스 기업의 공업화를 추구하는 과정에서 효율성만을 강조하다 보면, 인간을 기계의 부속품처럼 취급하게 됨으로써 제조업의 발전과정에서 나타났던 인간성 무시가 다시 생기게 된다. 또한 인건비 상승으로 인해 제한된 종사원의 수와 폭등하는 서비스 수요에 의해 종사원들은 정신적, 육체적으로 피곤해지며 무수히 많은 고객을 상대하다 보면 기계적으로 고객을 대하게 된다.

서비스에서는 이러한 종사원의 사기 저하나 정신적 피로가 즉각적으로 서비스 품질에 반영되기 때문에 서비스 종사원의 인간성 상실은 제조업의 경우보다 더 심각한 문제가 된다고 할 수 있다.

④ 기술의 복잡화 : 제품이 너무나 복잡해져서 소비자나 종사원이 기술의 진보를 따라가지 못하는 경우가 있다. 손쉽게 인근 업소에서 수리받던 시대는 지나가고 이제는 고객이 멀리까지 가야 되며 서비스를 받기 위해 대기하는 시간이 길어지는 시대가 도래하였다.

⑤ 종업원 확보의 악순환 : 종사원 확보가 어려워짐에 따라서 질 높은 종사원을 채용

하기가 힘들어지고 있다. 종사원을 채용하여 충분한 교육과 훈련을 하지 못한 상황에서 업무를 하게 된다. 이는 종사원의 사기를 저하시키고 문제가 발생하였을 때 대처할 수 있는 능력을 갖추지 못하게 된다. 따라서 종사원에게 제공할 수 있는 임금은 낮아지게 되고 단순 업무로서 직무를 설계해야 한다. 나아가 승진이나 이직하게 될 경우 고객은 계속해서 신입사원으로부터 서비스를 받게 되면서 자연스럽게 서비스 품질은 낮아질 수밖에 없다.

② 서비스 패러독스 탈피방안

서비스 패러독스를 탈피하는 방법으로 'SERVICE'의 의미에 맞는 재해석을 통하여 종사원의 진정한 서비스 마인드를 정립할 수 있는 훈련이 필요하다. 서비스 접점에 있는 종사원에 마케팅을 중요시할 필요성이 제기된다.

- S(sincerity, speed & smile) : 서비스에는 성의, 스피드, 스마일이 있어야 한다.
- E(energy) : 서비스에는 활기찬 힘이 넘쳐야 한다.
- R(revolutionary) : 서비스는 신선하고 혁신적이어야 한다.
- V(valuable) : 서비스는 가치 있는 것이어야 한다.
- I(impressive) : 서비스는 감명 깊은 것이어야 한다.
- C(communication) : 서비스는 고객과의 원활한 소통이 있어야 한다.
- E(entertainment) : 서비스는 고객을 즐겁고 만족시킬 수 있어야 한다.

서비스 패러독스를 극복하는 길은 고객이나 종사원 모두 사람이라는 사실을 기초로 하여 진정한 전문가들로 육성함으로써 해결방안을 찾을 수 있다. 고객 서비스는 시스템을 새롭게 구축하거나 개선하고자 할 때, 단순히 효율성 제고만을 염두에 둘 것이 아니라 고객이나 종사원들의 인적 요소가 훼손되지 않도록 시스템을 설계해야 한다. 고객과 눈높이를 맞추고 고객의 마음을 읽을 수 있는 서비스 전문가를 육성하는 훈련과 교육활동에 좀 더 관심을 가지고 지속적으로 추진해야 한다.

💡 서비스 포인트

① 서비스가 최고의 상품이다.
   · 서비스가 곧 제품의 질을 결정한다.
   · 기능, 성공, 제품의 수명보다 서비스를 디자인하라.
② 고객은 판매대상이 아니라 만족시켜야 할 대상이다.
   · 고객은 단지 상품을 구매하고 소비하는 존재가 아니라, 만족시키고 삶의 질
     을 향상시켜야 할 대상이다.
③ 소비자는 많지만 고객은 적다.
   · 시장에 걸어 다니는 모든 소비자가 나의 고객은 아니다.
   · 나의 고객은 적지만 값진 진주와 같다.
④ 눈에 보이지 않는 서비스가 기업의 운명을 좌우한다.
   · 서비스는 무형의 상품이다.
   · 눈에 보이지 않지만 무서운 잠재력을 갖는다.
⑤ 고객은 제품에 돈을 지불하는 것이 아니라 만족에 하는 것이다.
   · 만족하지 않는 고객은 구매하지 않는다.
   · 고객만족은 곧 고객의 투자요인이 된다.
⑥ 서비스의 비결은 당연하다고 생각되는 일을 제때에 하는 것이다.
   · 고차원적인 것을 만든다거나 전혀 새로운 방법을 고안하는 일이 아니다.
   · 제때에 필요하고 당연한 응대를 잘하는 일이다.
⑦ 미소를 짓지 않는 사람은 출근하지 마라.
   · 미소는 서비스와 동일하다.
   · 따뜻한 서비스는 머리에서가 아니라 따뜻한 미소에서부터 싹튼다.
⑧ 미소가 최고의 완벽한 유니폼이다.
   · 화려한 인테리어, 넓은 매장, 맛있는 음식도 종사원이 미소를 잃을 때는 거추
     장스러울 뿐이다.
⑨ 종사원 만족 없이 고객 만족은 없다.
   · 종사원은 1차적으로 만족시켜야 할 대상이다.
   · 고객을 만족시키는 힘은 종사원이 만족스러운 상태에서만 가능하다.
⑩ 종사원 만족이 서비스의 질을 향상시키는 비결이다.
   · 종사원의 질이 곧 서비스의 질이다.
   · 사람이 서비스를 낳기 때문이다.

8 서비스 청사진

1 서비스 청사진의 개념

서비스 실행의 프로세스를 개선하기 위해서는 서비스 청사진을 작성해서 검토해 볼 필요성이 있다. 서비스 청사진(service blueprinting)이란 글자 그대로 핵심 서비스 프로세스를 그 특징이 나타나도록 객관적으로 설명해 놓은 그림이다.

서비스 청사진은 소비자에게 제공되는 서비스의 전체 과정을 한눈에 볼 수 있도록 해주는 것으로, 종사원, 고객, 기업 측에 서비스 전달 과정에서 해야 하는 각자의 역할과 서비스 프로세스와 관련된 단계와 흐름 등 서비스 전반을 이해하도록 묘사해 놓은 것이다. 또한 종사원의 직무를 서비스와 연계시켜 보다 고객 지향적이 될 수 있도록 안내해준다. 즉, 서비스 전달 과정 중 잠재적 실패 가능점(potential fail points)을 통하여 실수를 줄일 수 있는 기회를 제공하여 실수가 없는 서비스를 설계하는 데 도움을 주게 된다. 서비스 청사진은 서비스 전달의 프로세스와 고객과 종사원의 역할, 가시적인 서비스 구성요소 등을 동시에 보여줌으로써 서비스를 시각적으로 제시한다. 서비스 청사진은 서비스 상품 개발에 설계와 재설계 단계에서 특히 유용하게 활용할 수 있다.

서비스 청사진을 실행하게 됨으로 인해서 다음과 같은 장점을 유발하게 되며, 이는 고객 서비스 만족에 많은 영향을 주게 된다.

서비스 청사진은 품질성과를 달성하기 위하여 여러 부서가 상호 유기적으로 움직여야 하는 경우 유용하게 사용된다. 특히 서비스 청사진은 조직 내의 여러 활동들이 어떻게 상호작용하여 현재와 같은 서비스 사이클을 구성하는지 가시적으로 보여주기 때문에 모든 내부 과정들이 고객 지향적으로 움직여야 된다는 것을 일깨워 준다.

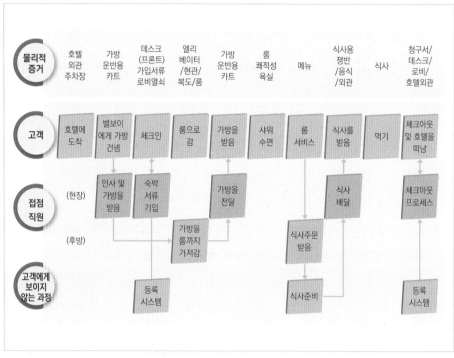

자료: Zelthaml, V., A. & Bitner. M. (1996). Service marketing, Singapore: McGraw-Hill Book Co.

그림 1-6 서비스 청사진의 실례(호텔 숙박)

2 서비스 청사진의 구성요소

서비스 청사진의 구성요소에는 일반적으로 고객의 행동, 일선 종사원의 행동, 후방 종사원의 행동, 그리고 지원 프로세스로 구성되어 있으며, 3개의 수평선에는 상호작용선·가시선·내부 상호작용으로 구분되어진다.

1) 고객의 행동

고객의 행동은 서비스 구매, 소비, 평가 단계에서 고객이 직접 수행하는 활동을 의미한다. 호텔을 예로 들면, 선호하는 호텔 브랜드 선택, 예약, 주차, 레스토랑 이용, 식사, 이용 후 평가 등의 서비스 활동을 의미한다.

2) 일선 종사원

고객의 눈에 가시적으로 보이는 종사원의 활동을 의미한다. 호텔 레스토랑에서 종사원이 제공하는 음식과 서비스 등 종사원이 행하는 모든 행동 등을 말한다.

3) 후방 종사원

후방 종사원의 행동은 고객에게 직접 보이지는 않지만 일선 종사원이 업무를 원활하게 진행할 수 있도록 후방에서 일선 종사원을 지원하기 위한 내부적 서비스이다. 예를 들면, 레스토랑 주방에서 일하는 요리사들이나 그릇 등을 세척하는 종사원 등은 일선 종사원의 좋은 서비스를 제공하는 데 많은 영향을 미치게 된다. 또한 종사원이 업무에 집중할 수 있도록 하기 위해 인사·총무 업무지원을 원활하게 지원하게 된다.

4) 지원 프로세스

접점 종사원들을 지원하기 위한 내부적 서비스로서 종사원의 친절교육을 위한 교육센터 운영, 총무, 인사 등 종사원이 질 좋은 서비스를 제공하기 위한 지원할 수 있는 부서이다.

3개의 수평선은 위의 4가지 행동들이 3개의 수평선으로 나누어지게 된다.

5) 상호작용선(line of interaction)

고객과 기업간의 직접적인 상호작용이 발생하는 것을 기준으로 한다. 외부고객과 일선 종사원 사이의 상호작용선을 통해 고객이 경험하는 서비스 품질을 인식하도록 하여 서비스 설계에 공헌할 수 있다.

6) 가시선(line of visibility)

가시선은 고객에게 보이는 활동과 보이지 않는 종사원이 활동하는 공간과의 구분이다. 청사진에서는, 가시선을 기준으로 하여 서비스의 물리적 증거를 제공받는지의 여부를 확인할 수 있다. 그리고 가시선을 기준으로 고객과의 접점 종사원과 후방 종

사원으로 구분할 수 있다. 예를 들어, 호텔 레스토랑에서 고객에게 직접 서비스를 제공하는 종사원은 접점 종사원이고, 주방 직원과 설거지 담당 직원 등 접점 종사원을 지원하는 것은 후방 종사원이라 할 수 있다.

7) 내부 상호작용선(line of internal interaction)

서비스를 지원하는 활동과 종사원의 후방활동을 구분하는 것이다. 부서 고유의 상호의존성 및 부서간 경계영역을 명확히 해주면서 점진적인 품질개선 작업을 강화한다.

❸ 서비스 청사진의 이점

서비스 청사진은 종사원, 고객, 기업의 입장에서 서비스 전달 과정 중 각자의 역할을 원활하게 수행할 수 있도록 하기 위한 것이다. 서비스 준비단계에서부터 고객이 떠나는 과정까지의 모든 과정을 쉽고 빠르게 파악할 수 있도록 묘사해 놓은 것이다.

서비스 청사진을 활용하게 되면 다음과 같은 이점을 발견할 수 있다.

첫째, 종사원들로 하여금 자신이 하는 일과 전체 서비스와의 관계를 파악할 수 있도록 하여 종사원들의 사고를 체계화시킬 수 있다.

둘째, 서비스 활동의 흐름에서 취약한 실패 가능점(fail point)을 확인하여 점진적 품질개선의 주요 목표로 삼을 수 있다.

셋째, 고객과 종사원 사이의 상호작용선을 통해 고객이 자신의 역할을 깨닫게 되며, 고객이 경험하는 서비스 품질을 알게 하여 서비스 설계에 공헌할 수 있도록 한다.

넷째, 서비스 각 요소의 원가, 이익 등 투입 및 산출물을 확인하고 평가할 수 있는 기반을 제공한다.

다섯째, 가시선은 고객이 볼 수 있는 영역과 어느 종사원이 고객과 접촉하는지를 가능하게 해주어서 합리적인 서비스를 제공할 수 있게 해준다.

여섯째, 내부 상호작용선은 부문 간의 경계와 상호 관계를 명확히 해주게 되어 점진적인 품질개선을 강화할 수 있게 해준다.

일곱째, 서비스 구성요소와 그 연결 관계를 알 수 있어 전략적 토론과 서비스 전체의 관점에서 각 부문의 고유기능을 파악할 수 있다.

여덟째, 내·외부 마케팅을 통한 합리적인 기반을 구성한다.

아홉째, 서비스 품질개선을 위한 상향적, 하향적 접근이 용이하다.

④ 서비스 청사진의 특징

① 최초에는 상품기획을 위해 개발, 이후에는 상품변경, 마켓 포지셔닝을 위한 도구로 발전하게 된다.

② 고객이 경험하게 되는 서비스 과정이고 업무수행의 지침이 된다.

③ 서비스 전달자의 경험과 서비스 전달자의 관점으로 이루어진다.

④ 역할 또는 관점이 서로 다른 사람들도 객관적이고 쉽게 이용 가능하다.

⑤ 종목을 불문하고 고객과의 상호작용을 확인하고 관리하게 된다.

⑥ 서비스 마케터들에게 필수적인 계획, 실행, 통제의 도구가 된다.

⑦ 새로운 서비스 상품 설계와 재설계의 단계에서 유용하다.

⑧ 서비스의 가장 큰 문제점인 무형성, 이질성, 동시성 등의 한계극복을 가능하게 한다.

⑨ 전체 운영시스템 중 고객에게 노출된 부분과 가려진 부분이 파악 가능하다.

⑩ 실패 가능점을 미리 식별하여 미연에 방지책이나 복구 대안을 강구할 수 있다.

⑤ 서비스 청사진의 작성 및 개발

기업에서 생산하고 제공하고 있는 모든 서비스의 수행과정들을 관리할 수 있고 통제할 수 있는 것이 서비스 청사진이라 할 수 있다. 서비스 청사진은 다음과 같이 설명할 수 있다.

첫째, 서비스가 진행되는 과정들을 그림으로 표현함으로써 서비스 단계별로 요구되는 투입요소를 빨리 파악하게 되면서, 각 단계에서 필요한 수정과 지원에 대한 통

제와 분석 그리고 개선사항 들을 알려주게 된다.

둘째, 서비스 실패가 발생할 우려가 많은 곳을 미리 파악하여, 서비스 실패를 예방할 수 있는 효과를 가지게 되면서 고객만족도를 향상시킬 수 있게 해준다.

셋째, 서비스는 시간의 제약성으로 인하여 원가요소에 많은 영향을 주게 된다. 따라서 서비스 청사진을 작성할 때 경과시간을 명확히 설정해야 한다. 또한 표준실행시간은 물론 총 허용가능시간까지도 고려해야 한다.

다섯째, 시장조사를 통하여 사용목적에 따라 청사진을 수정할 수 있으며, 서비스 기업의 특성에 맞도록 대안을 도출할 수 있다.

서비스 청사진을 작성하기 위해서는 다음의 몇 가지 단계를 거쳐야 한다.

첫째, 서비스 과정을 도식화한다.

서비스가 고객에게 전달되는 과정을 염두에 두고 이를 도식화된 그림 형태로 나타낸다.

둘째, 실패 가능점의 확인을 가능하게 한다.

전체 단계 중에서 서비스 실패가 일어날 확률이 큰 지점을 짚어내어 표시해 둔다.

셋째, 경과시간을 명확히 할 수 있다.

각 단계별 표준작업시간과 허용작업시간을 명확히 적어 넣는다.

넷째, 수익성을 분석해야 한다.

실수가 발생하거나 작업이 지연될 경우를 설정한 시뮬레이션을 통해 수익성을 분석하고, 그 결과를 토대로 표준 서비스 청사진을 작성한다.

다섯째, 청사진을 수정한다.

사용 목적별로 서비스 청사진을 해석하여 대안을 도출한다.

💡 서비스 청사진 개발 5단계

① 1단계 : 청사진에 담을 서비스 프로세스 파악
    청사진은 서비스의 다양한 서비스 수준에서 개발할 수 있으므로 청사진 개발

의 출발점에 대한 동의가 필요하다. 즉 기본적 서비스개념 수준(택배 서비스), 구체적 서비스 수준(일반택배, 특급택배 등), 서비스 세부요소 수준(화물분류, 배달 등) 등의 청사진을 개발할 수 있다.

서비스 프로세스 중 특정 단계(예, 주문처리)에서 병목현상이 생기게 되면 그 부분에 대한 세부 청사진을 만들 수 있다. 청사진에 담길 프로세스는 청사진을 개발하는 목적에 따라 결정된다.

② 2단계 : 고객 관점에서 서비스 프로세스 묘사

이 단계는 서비스를 구매하고 소비, 평가할 때 고객이 경험하는 선택과 행위를 묘사하는 것이다. 고객의 관점에서 서비스를 파악하게 되면 고객에게 어떠한 영향을 미치지 않는 프로세스나 단계를 알 수 있고, 고객이 서비스를 어떻게 경험하게 되는지를 정확하게 파악하는 것이 중요하다. 만일 세분시장 마다 경험하는 서비스가 다르다면 세분 시장별로 별도의 청사진을 만들어야 할 필요성이 있다.

③ 3단계 : 접점 종사원의 프로세스 묘사

이 단계에서는 먼저 청사진의 상호작용선과 가시선을 그은 후, 현장 종사원과 후방 종사원을 구분하여 접점 종사원의 행동과정을 정확하게 묘사한다.

④ 4단계 : 내부지원 활동의 묘사

이 단계에서는 먼저 내부 상호작용선을 긋고, 내부지원 활동을 묘사한다. 고객과 접점 종사원의 활동을 내부지원 기능과 연결한다. 이 단계에서는 고객에 대한 내부활동의 직·간접적인 영향이 분명해지게 된다. 고객과의 연결 관점에서 볼 때 내부서비스 프로세스의 중요성은 증가한다. 고객의 경험에 직접 연결되지 않는 프로세스 단계는 필요하지 않을 수도 있다.

⑤ 5단계 : 고객행동 단계별 서비스 증거 제시

마지막 단계에서는 고객이 서비스를 경험하는 단계에서 고객이 보거나 제공받는 유형적, 물리적 증거물을 청사진에 나타낸다. 각 프로세스의 사진이나 슬라이드, 비디오 등이 포함되어 있는 사진형 청사진은 이 단계에서 매우 유용하고, 서비스 증거물의 영향과 전반적인 전략 및 서비스 포지셔닝에 부합하는지를 분석하는데 도움이 된다.

CHAPTER 02

서비스
경영전략

1 서비스 경영전략의 개요

　서비스 기업들의 치열한 경쟁에서 살아남기 위해서 주위 환경요인들의 변화 등을 고려하여 그에 대한 적절한 대응책을 세워야 한다. 이러한 활동들을 경영전략이라고 말한다. 기업의 경영전략은 주로 최고 경영자에 의해 결정되어지고 수립된다.

　전략은 기업의 운명을 좌우할 수 있는 중요한 결정이 될 수 있기 때문에 신중한 계획과 결정이 필요시된다.

　전략(strategy)은 환경이 요구하는 기업 내의 필수적인 변화를 촉진시킬 뿐만 아니라 기업 내 모든 구성원들의 협동 그리고 기업이 나아가야 할 방향과 목적을 제공하는 다차원적인 개념이다.

　경영전략(business strategy)은 기업이 추구하고자 하는 목표를 달성하기 위해 경영환경 요인들의 변화를 예측하고 그에 대한 합리적이고 효과적인 대응책을 강구하여 경쟁사와의 경쟁에서 이기고자 하는 것이다.

　경영전략의 과정은 비전(vision)과 미션(mission)을 명확하게 설정해야 한다.

　비전은 급변하는 경영환경 속에서 기업이 나아가야 할 방향을 제시해주며, 이러한 비전을 장기적으로 실현시키기 위한 구체적인 목표를 설정하는 데 지침이 된다.

　미션은 기업의 정확한 목표를 세우고 자사의 내·외부 환경 분석을 통하여 선택된 전략을 실행하여 경쟁우위를 창출하는 과정을 나타낸다. 기업의 미션은 기업이 존재하는 이유를 의미하는 것으로 자사 내부의 정확한 분석과 외부환경의 기회와 위협을 분석하는 SWOT 분석을 통하여 목표를 달성하는 것을 의미한다.

　경영전략은 계획(plan)·실행(do)·통제(see)하는 과정으로서 조직의 구축 및 기업문화 창조 등과 같은 기업의 모든 시스템들이 설계되고 관리되어져야 하는 것이다. 따라서 경영전략은 사업이 지속적으로 경쟁우위를 확보하기 위해 중·장기적인 관점에서 불확실한 미래를 정확하게 예측하고, 자사의 능력과 지식을 최대한 활용하여 경영성과를 달성하고자 하는 체계적인 경영활동이다.

　기업의 전략목표는 경영전략의 실행으로 궁극적으로 얻고자 하는 결과를 말하는 데, 수익성, 생산성, 경쟁력 확보, 그리고 기술개발 등 다양한 형태로 나타낼 수 있는데, 이와 같은 경영목표들은 기업에 따라 달라질 수 있지만, 이론적인 측면에서 볼 때 '기업 가치의 극대화 또는 주주의 부의 극대화'라는 목표와 일치해야 한다.

경영전략은 대다수의 기업들이 자금이나 인적 자원 등의 중대한 의사결정을 해야 될 경우가 발생하게 될 때 경쟁기업들과의 치열한 상황에서 무엇이 자사에 유리한 경쟁우위를 줄 수 있는가를 분석해주는 구체적인 사고방법이라 할 수 있다.

글로벌 무한경쟁시대에서 기업들의 경영전략은 선택이 아닌 필수적인 상황에서 많은 기업들이 유리한 경영전략을 세우기 위해 노력하고 있다.

서비스 경영전략의 중요성에는 환경변화 대처능력, 경영자원의 효율적인 분배 그리고 기업 경영활동의 통합으로 나누고 있다.

1 환경변화 대처능력

서비스 기업은 환경의 변화에 민첩하게 대응해야 한다.

경영자는 과거의 경험과 성공에 머무르지 말고 기업 내·외부의 환경을 예의주시하면서 미래를 예측해야 한다는 것이다. 기업 내부의 경영환경이나 종사원의 교육과 훈련을 통하여 기업 경영 목표에 기여할 수 있는 능력을 부여하도록 해야 한다.

기업의 외부적인 환경으로는 세계적인 서비스 경향과 트렌드를 항상 주시하면서 경영전략 수립에 반영해야 하며, 소비자들의 욕구를 충족시키기 위한 목표를 제시해야 한다. 따라서 경영자는 장·단기적인 계획을 세워서 이를 토대로 하여 미래를 통찰하고 내·외부 환경 변화에 능동적인 경영활동을 전개해야 한다.

2 경영자원의 효율적 배분

기업의 한정적인 경영자원을 어떻게 효율적으로 배분하는가는 경영전략에 따라 달라질 수 있다. 기업은 현재의 이익을 위해서 많은 자원을 투자하기보다는 미래의

사업을 육성하기 위해서 집중적으로 투자할 수 있는 전략이 필요하다.

기업의 허용 가능한 자원을 효율적으로 장·단기적인 계획에 따라 적절하게 배분하여 미래의 먹거리를 선정하는 것이 기업경영의 장기적인 관점에서 지속적으로 서비스를 제공할 수 있다.

③ 기업 경영활동의 통합

기업의 조직은 다양한 부서와 사람들로 구성되어진다. 이는 경영자의 경영목표와 철학에 따라 구성원들의 업무 성취도가 달라지게 되는 것이다.

기업의 경영전략을 설정하고 이루기 위해서는 조직의 활동들을 전체적으로 조정하고 통합할 수 있도록 문제시되거나 중복된 업무를 제거해야 한다. 또한 조직 구성원들의 단합을 유도하여 경영전략을 실천할 수 있는 일률적인 추진력을 발휘할 수 있어야 한다.

효과적인 서비스 전략은 기업이 시장에서 경쟁우위를 확립할 수 있도록 한다. 이는 소비자의 구매욕구와 구매동기를 유발하는 방법 중의 하나이다.

서비스 전략을 가지게 될 경우 얻어지는 이점에는

첫째, 기업의 메시지를 고객에게 전달하기 위해 가장 창조적이며 효과적인 기법을 사용하게 된다.

둘째, 명확하게 규정된 서비스 전략은 기업의 향후 진로에 대한 내부고객의 중요한 판단기준이 된다.

셋째, 명확하게 설정된 서비스 전략은 조직 몰입효과를 창출한다.

효과적인 서비스 전략을 구축하기 위해 지속적이고 정확한 시장조사, 올바른 기업문화 형성, 조직원의 가치관 정립이 중요하다.

이러한 기본적인 사고는 기업의 목표 프로세스와 연결하여 고객의 욕구와 기대에 일치시켜야 한다.

② 경영전략의 성공요건

서비스 기업의 경영에 있어서 전략의 수립과 실행은 반드시 필요한 활동으로 인식되면서 진행되어 왔다. 글로벌화로 인한 변화와 불확실성으로 가득한 현재와 미래의 경영환경에서 성공하는 전략들이 가져야 할 기본원칙이 있다.

물론 모든 기업들을 성공기업으로 만들어 주는 것은 아니다. 기업들의 규모와 산업이 다르고, 고객과 시장이 지속적으로 변하고 있다. 그리고 재무구조와 핵심기술 등의 요소들의 차이가 많기 때문에 성공하는 전략과 실패하는 전략이 따로 존재하는 것은 아니다. 예를 들어, 미국 전역에 많은 매장을 갖고 있는 초대형 소매기업 월마트와 비디오 게임을 만드는 닌텐도의 전략이 분명히 다를 수밖에 없다.

하지만 수많은 시간이 흐르고 환경이 바뀌어도 변하지 않는 기본원칙은 항상 존재하기 마련이다.

기업경영과 전략에 있어서도 마찬가지이다. 기업을 성공으로 이끌어주는 많은 경영전략이 있겠지만 다음과 같은 전략으로 추진한다면 긍정적인 해답을 찾게 되리라 믿는다.

① 비즈니스 모델을 지속적으로 진화시켜라.

미시간 주립대학의 교수이자 유명한 경영전략가인 프라할라드는 "경쟁은 기업이 항상 새로운 이윤의 원칙을 확보함으로써 영속성을 확보하는 것"이라고 말한다.

경쟁에 직면하여 변화하지 않는 기업은 결코 영속성을 가질 수 없게 된다.

사업전략의 핵심이라고 할 수 있는 비즈니스 모델에 있어서 변화의 필요성은 더욱 절실할 수밖에 없다. 인터넷 기술과 글로벌화(globalization)의 보편화는 고객, 시장, 기술 등 경영환경의 변화를 가속화하는 한편 이에 효과적으로 대응할 수 있는 비즈니스 모델을 요구하고 있다. 따라서 새로운 사업의 기회와 지속적인 수익을 창출해 내는 유기적으로 진화하는 비즈니스 모델이 필요하다.

서비스 기업들은 고객과 시장의 잠재적인 요구들을 이끌어내고 충족시키게 된다면 새로운 사업의 기회로 발전시키면서 더 많은 수익창출의 기회를 만들게 될 것이다.

2 고객을 전략의 중심으로 만들어라.

기업에 있어서의 고객은 모든 비즈니스의 시작이자 최종목적이다. 고객을 중심으로 모든 활동들을 계획하고 실천하는 전략만이 기업을 성공으로 이끌어주게 된다. 고객이 직접 참여하는 전략이 필요하다는 것이다.

고객들은 여러 가지 경로를 통해서 방대한 정보와 지식들을 수집하게 되며 이로 인하여 고객의 기호와 요구는 다양화·고도화되고 있다. 따라서 기업은 끊임없이 변화하는 고객의 요구에 완벽하게 대응할 수 있는 최고의 서비스를 제공해야만 한다. 이것은 실질적으로 쉬운 과제는 아니다. 하지만 성공하는 기업은 이와 같은 환경변화를 새로운 경쟁력의 원천으로 적극 활용하고 있다.

3 네트워크로 경쟁하라.

산업과 규모를 막론하고 기업들은 더 이상 독립적인 주체들로 존재하지 못하게 된다. 인터넷을 중심으로 하는 정보 네트워크 기술의 발전은 다양한 기업들을 하나의 프로세스로 연결하고 있으며 공통의 목표를 달성하기 위해 협력하는 기업공동체로 진화시키고 있다.

이는 다른 기업들과의 상호 협력관계를 형성하며 전체 프로세스의 완결성을 도모하는 것이다. 이와 같은 기업 간의 상호 협력관계는 단순한 아웃소싱(outsourcing)이라기보다는 가상적 기업통합(virtual integration)현상으로서, 이는 확장된 기업 공동체의 개념이다.

개별기업들은 자신만의 핵심활동에 집중하는 동시에 기업 간의 상호 협력을 통해 전체 프로세스의 효율성을 극대화하여, 결과적으로 고객에게 더 많은 가치를 제공할 수 있게 되는 것이다.

현대산업 서비스 경영

4 최고의 가치로 승부하라.

현대의 고객들은 평범하고 어디에서도 존재하는 서비스에는 더 이상 감동하지 않는다. 이전에 제공되었던 진부한 서비스와는 전혀 다른 상품과 서비스로서 차별화된 것으로 고객에게 제공해야 한다는 것이다. 차별화된 서비스는 경쟁기업에서 제공하는 조금 더 나은 서비스를 제공하는 것이 아니라, 경쟁기업에서 제공하지 않는 획기적이고 감동적인 서비스를 제공하는 것을 말한다.

고객이 원하는 상품과 서비스 그리고 경쟁기업이 제공하지 않는 체험을 경험할 수 있는 것으로 고객만족을 이끌어내야 한다.

3 경영전략의 유형

기업의 경영전략 유형은 방어형, 공격형, 분석형, 반응형, 시장 지향적 전략으로 구분할 수 있다.

1 방어형(defenders) 전략

방어형 전략은 안정된 기존의 시장을 유지하기를 원하고 환경변화에 소극적이고 현상유지 형태로 대처하며, 새로운 사업기회를 찾아 환경을 분석하거나 진출하는 일이 거의 없다. 이미 확보한 세분화되고 한정된 시장에 경쟁자들이 침투하지 못하도록 기존 제품의 개량이나 차별화를 통해 안정성을 추구하는 전략이다.

방어형 전략은 기존의 소비자들을 지속적으로 유지하기 위해 안정적인 환경에서 불필요한 비용을 제거하고 표준화되고 전문화된 프로세스를 개발하여 최소한의 비용으로 시장점유율을 유지하는 데 초점을 두는 것이다.

방어형 전략은 비교적 안정적이거나 불확실성 또는 위험이 적은 환경에서 운영되는 주로 성숙한 산업에 속한 기업이 효율적인 생산(efficient production), 강한 통제메커니즘(strong control mechanisms), 연속성(continuity), 신뢰성(reliability) 등을 통해 시장에서의 위치를 방어하기 위한 방법을 모색하는 전략이다.

기업의 안일한 시장 대처방식으로 인해 시대에 뒤떨어진 제품이나 서비스를 제공하게 되면서, 소비자들로부터 외면당하는 경우를 경험할 수 있다.

② 공격형(prospectors) 전략

공격형 전략은 방어형 전략과는 정반대의 전략을 추구한다. 공격형 전략을 추구하는 기업들은 산업 내에서 적극적이고 혁신적이며 모험적인 성격을 가지고 있으며, 신제품과 서비스 개발, 그리고 혁신에 우선순위를 두고 환경변화에 신축적으로 대처한다. 고객의 수요와 욕구를 미리 조사하고 파악하여 고객들이 선호하는 제품과 서비스를 개발하여, 새로운 시장을 개척하고 선도하는 기업으로 리드하게 된다.

공격형 전략은 기존의 사업 활동을 혁신적으로 개조하여 경쟁기업에 비하여 차별화된 제품과 서비스를 제공하면서 소비자들의 선택을 받는 데 초점을 두는 것이다. 이를 위해 기업들은 분권화(decentralization)된 통제체제, 유연한 조직구조, 수직적 의사소통은 물론 수평적 의사소통이 가능한 커뮤니케이션 경로를 운영한다.

공격형 전략은 새로운 기회, 새로운 제품 또는 서비스, 새로운 시장의 창출 등을 찾기 위한 방법을 모색하는 기업이 마케팅과 연구개발에 핵심기술을 가지고 광범위한 기술과 제품유형(broad range of technologies and product types) 등을 통해 시장을 확보하고 산업 내에서 변화주도자로서의 역할을 담당하고 변화를 경쟁우위의 수단으로 삼는 전략이다. 이러한 공격적인 전략으로 인하여 그 분야의 1인자가 될 수 있는 반면에, 이에 대한 소비자의 니즈와 욕구를 잘못 파악한 경우에는 치명적인 오점을 남길 수가 있다.

3 분석형(analyzers) 전략

분석형 전략은 방어형과 공격형의 중간 형태로서 기회와 이익을 최대화하며 위험을 최소화하기 위해 철저한 분석을 하는 전략이다. 분석형 전략은 현재 시장에서의 점유율을 계속 유지하면서 새로운 시장과 제품의 기회를 어떻게 찾을 것인가를 항상 염두에 두고 틈새시장을 개척할 수 있는 기회를 찾아야 한다.

이를 위해 기업들은 과도한 위험은 피하며, 기존 제품 또는 서비스의 효율성을 유지하고, 새로운 비즈니스 활동을 추구할 수 있을 정도로 유연성을 유지해야 한다.

이는 기술적인 측면에서도 마찬가지로 기술적 탄력성과 안정성의 균형을 유지하고 저비용구조를 유지할 수 있는 핵심기술을 개발하여 사용한다. 아울러 관리제도 측면에서도 방어형과 공격형을 동시에 추구하는 이중구조로 된 조직을 지니고 있다. 분석형 전략은 상대적으로 안정적이고 환경변화에 대처하는 기업과 안정된 사업을 운영하는 기업이 방어적 입장에서 기존의 한정된 기술과 제품을 통해 기존 고객을 유지하면서, 공격적 입장에서 새로운 제품이나 신시장 개척을 동시에 추구하는 전략이다.

4 반응형(reactors) 전략

반응형 전략은 외부환경에 대한 통제력이 약하고 외부경쟁에 맞설 능력이 부족하며, 내부통제 메커니즘도 효율성이 결여되어 체계적인 전략을 추진하지 못하여 항상 불안정한 상태에 있다.

이런 전략을 추구하는 기업은 일관성 있는 전략이 없는 기업들로서 불규칙적이고 일시적이며 단기적인 지향성을 가지고 환경변화에 반응하는 경향이 있는 기업들이다. 따라서 반응형 전략은 전혀 일관된 전략을 갖지 않으며 환경에 적합한 전략을 수립하기보다는 기회와 위협에 아무렇게나 반응하는 전략이다.

5 시장 지향적 전략

시장 지향적 전략은 철저하게 시장기회와 고객욕구를 중심에 두어야 한다. 효과적인 시장 지향적 전략은 다음과 같은 질문에 답할 수 있어야 한다.

① 우리에게 의미 있는 시장기회는 어디에 있는가?
② 어떻게 하면 시장기회를 성공적으로 포착할 수 있는가? 즉, 어떻게 해야만 고객들의 욕구를 최대한 만족시키면서 최고의 이익을 내고, 경쟁사보다 지속적으로 차별화할 수 있는가?
③ 시장 중심적인 전략을 추구하기 위해서는 어떤 내부적인 조치가 필요한가?

독일 서북부의 귀터슬로(Gütersloh)라는 마을에 본사가 있는 베텔스만은 지난 60여 년 동안 성경책을 찍어내는 출판사에서 세계적인 종합미디어 회사로 발전해왔다. 이 회사는 서적, 잡지, 텔레비전, 음악, 인터넷 등의 다양한 사업영역을 갖고 있다. 1998년 초에 랜덤하우스를 인수함으로써 세계 최대의 영어서적 출판사가 됐다. 1948년 이후 최근까지 베텔스만은 매년 평균 약 22%씩 성장해왔다. 이 동안 한번도 외형이 줄어든 해가 없었다고 한다.

우리나라의 대표적인 식품회사인 CJ는 식품산업의 한계를 느끼고 오락산업, 생명공학, 유통 등으로 사업영역을 넓히고 있다.

시장변화와 추세에 늘 관심을 기울여야 하는 것은 물론 자사의 시장을 정의하고 발전시키는 것(제품, 고객집단, 지역)도 시장 지향적 전략에서 중요한 부분이다.

예를 들어, 패션이라는 편익을 제공하는 스위스의 시계상표 스와치와 독일의 안경 할인점 체인 필만(Fielmann)은 시장을 새롭게 정의하고 혁신적인 시장전략을 구사함으로써 그전에는 없었던 새로운 세분시장을 창출해냈다. 이들은 이렇게 함으로써 시장상황을 근본적으로 바꾸어 놓았다.

스웨덴의 가구회사 이케아(IKEA)와 미국의 커피숍 체인 스타벅스는 기술혁신이나 기술력이 아닌 철저한 고객지향정신을 바탕으로 새로운 시장을 만들어 냈고, 그들이 창출한 시장에서 많은 이익을 올리고 있다.

성공적인 시장 지향 전략의 특징은 다음과 같다.

첫째, 시장의 추세 및 고객의 욕구를 파악 또는 창출하고, 회사의 모든 활동을 철저하게 시장의 흐름과 고객의 욕구에 맞춘다.

둘째, 명확하고 시장 지향적인 사업을 정의하고 시장에 적합하게 포지셔닝한다.

셋째, 고객들이 얻고자 하는 핵심가치를 알아내고 그들을 위해 그것을 창출, 제공함으로써 경쟁사보다 훨씬 높은 경쟁우위를 확보한다.

넷째, 빨리 배우고 적응하는 능력을 배양한다.

⏰ 표 2-1 Miles & Snow의 전략 유형

전략 유형	특징(목표)	주요 내용
방어형 전략	안정된 기존 시장 유지, 효율성 추구 (안정과 능률)	• 경쟁에 대응하기보다는 경쟁이 미약한 틈새시장(niche market)을 유지함. • 경쟁자들보다 저가격을 강조함. • 현재의 제품이나 기술에 직접적인 영향을 미치지 않는 한 산업변화에 주의를 기울이지 않음.
공격형 전략	적극적, 혁신적, 모험적 (융통성)	• 산업 내에서 경쟁자에 비해 혁신을 주도하며, 많은 제품과 서비스를 보유하며 정기적으로 조정함. • 신제품 개발에 있어서 시장선도자로서의 위치를 갖고 있으며, 그러한 노력이 모두 수익으로 나타나지 않을 수도 있음. • 환경에 경쟁자보다 가장 먼저 반응. • 산업 내에서 회사행동은 종종 새로운 경쟁을 유발시키며, 예상되는 혁신을 신속하게 수용하나 모든 분야에서 강점을 유지하고 있지 않음.
분석형 전략	경쟁자를 주시하면서 대응준비, 모험적, 선도적이지 못함. (안정과 융통성)	• 안정적이며 선별적인 제품 또는 서비스로서 경쟁을 하지만 장래성이 좋다고 생각될 때는 신중한 시장분석과 대응을 함. • 항상 주요 경쟁자를 예의주시함으로써 신속하게 대응할 준비를 하나, 신제품 개발에 있어서 경쟁사보다 가장 먼저 나서지 않음. • 산업 내에서 혁신에 대해서는 유사하거나 저원가 제품을 제공함으로써 대응
반응형 전략	일관된 전략이 없음	• 일관된 시장정책이 없고 경쟁자에 비해 기존의 제품과 시장을 유지하는 데 있어서 적극적이지 않으며, 위험감수를 하지 않음. • 환경의 압력이 있은 후에야 그것에 반응하며 뚜렷한 전략이 없음.

자료: Bobbins, S. P.(1983). Organization theory: The structure and design of organizations. New Jersey. Englewood Cliffs, Prentice-Hall.
　　　정현대(1999). 전략유형과 상황요인이 성과측정치의 선택에 미치는 영향. 계명대학교 대학원 박사학위 논문.

4 경영전략의 실행과정

기업은 변화의 시대에서 미래를 예측할 수 있어야 하며 경영철학을 반드시 반영해야 한다. 환경은 기업 번영의 기회를 제공하며 경영진은 이 기회를 바탕으로 하여 경쟁우위를 차지할 수 있는 경쟁수단을 개발한 후 효율적으로 경영자원을 투입하여 최대한의 가치를 제공할 수 있도록 해야 한다.

기업의 경영전략은 조직의 구성원들이 기업의 장기적 방향과 예상되는 경영성과를 결정하는 행위인데 이런 행위는 진지한 전략의 수립, 적절한 실행과 전개된 전략의 평가를 통하여 구체화 될 수 있다.

1 환경에 대한 진단의 평가

기업의 환경진단과 평가는 오늘날 중요한 전략적 기능이 되고 있다. 경영환경은 모든 기업에게 기회와 위협을 동시에 제공하고 있다. 기회는 기업에 부가가치 창출의 목표를 달성 또는 초과할 수 있으며, 위협은 기업목표의 달성을 저해하거나 기업의 생존마저 위협하는 상황을 말한다. 서비스 산업 내에서 경쟁이 치열해질수록 기업의 매출과 이윤이 증가하는 데 많은 어려움을 가지게 된다. 따라서 기업은 가격인하, 광고, 고객서비스 향상 등을 통하여 경쟁우위를 확보하고자 한다.

환경과 환경진단이란 개념은 역동적인 환경하에서 경영전략의 전반을 이해하는데 매우 중요하다. 변화를 예측하고 그 변화에서 기회를 선점하여 경쟁에서 주도적 기업이 되는 것이 오늘날의 경영을 대변한다.

2 전략의 수립

경영전략은 한 가지 사고방식이지만 전략수립(strategy formulation)은 하나의 과정이다. 전략수립은 경영진이 기업의 미래 방향을 수립하는 데 관여하는 행위이다. 기업은 경영환경을 진단하면서 경쟁을 위한 계획을 시작하는 것이다.

마케팅 분야가 지속적으로 발전하고 있는 상황에서 가장 중요한 개념 중의 하나가 목표시장(target market)이다. 목표고객시장에서 새로운 전망이 떠오르고 있는데 이것을 개별고객시장이라 한다. 개별고객시장이 암시하는 바는 고객들이 점점 개별적인 행동양상을 보인다는 것이다. 고객들은 점점 자기들의 욕구에 부합하는 서비스기업의 특화된 상품과 서비스를 요구하며 그들의 이런 욕구에 가장 적합한 상품과 서비스만을 구매하게 된다.

서비스 기업의 핵심가치는 구성원 간에 중요한 개념으로 여겨지고 있으며, 이것을 바탕으로 하여 그들은 공동의 목표를 달성하기 위해 함께 노력하게 된다.

③ 전략의 선택

전략선택(strategy choice)의 개념은 기업목표를 달성하기 위해 기업들이 경쟁수단의 개발에 집중하는 것이다. 여기에서 선택이란 단어는 전략선택의 개념을 이해하는 데 결정적인 역할을 한다. 그 의미로는 경영진이 어떻게 경쟁해야 하는가를 지속적으로 선택해야 하며, 전략은 반드시 상호 일치의 원칙에서 말하는 환경진단의 결과에 의해 선택되어야 한다.

경쟁수단은 기업이 속한 환경에서 경쟁하기 위해서 선택하는 상품과 서비스의 포트폴리오(port polio)라고 정의한다.

전략유형에는 마케팅의 기능을 강조하고 있는 차별화(differentiator), 혁신자(innovators), 가격주도자(price leaders), 판매의 풀 앤 푸시(pull and push selling) 그리고 이미지 경영(image management) 등으로 분류하고 있다.

그리고 운영을 강조하고 있는 전략 유형은 통제자(controllers), 자원보존자(resource conservers)와 효율집중(focused efficiency)으로 나누어진다.

경쟁수단에 대한 투자인 전략선택은 반드시 개별고객시장 혹은 고객의 기업에 대한 장기적인 경제적 가치와 같은 개념에 의해 주도되어야 한다.

4 전략의 실행

기업이 어떤 경쟁수단에 투자할 것인가를 결정한 후 결정에 대한 실행을 효과적으로 전개하기 위해서는 반드시 자원을 배분해야 한다. 전략실행(strategy implementation)은 경영자원의 배분과정이라고 할 수 있으며, 경영자원은 자본, 인력과 원재료로 정의된다. 따라서 전략실행은 기업의 모든 자원을 기업목표와 일치하게 하여 순조롭게 기업목적을 달성하는 것이다.

기업의 모든 행위와 과정이 어떻게 전략실행에 영향을 미치는가에 대한 체계적인 관점은 반드시 기업의 현재 장점과 단점을 바탕으로 하여 이루어져야 한다. 최고경영자는 자사의 장점을 더욱 발전시키고 고객을 위한 투자를 지속적으로 유지해야 한다. 또한 고객을 기반으로 한 단점을 정확하게 파악하여 보완하는 데 노력하면서 경쟁기업의 장·단점 역시 정확하게 파악하고 있어야 한다.

5 장·단기 목표의 설정

자사 기업의 장점과 단점을 완전하게 파악하게 되면 이를 발전시키고 보완하며, 기업의 장·단기 목표를 수립하는 절차를 설정하는 데 노력해야 한다.

전략실행 과정에서 가장 중요한 평가기준의 하나는 대부분의 기업목표가 핵심역량 및 경쟁수단과 일치되어 있는가를 확신할 수 있어야 한다.

기업 목표의 일상적 목표는 경쟁수단의 성과에 따라 설계되어야 한다. 그리고 일상적 목표 외에 예외적인 목표가 있다.

기업의 목표는

첫째, 반드시 측정 가능한 것이어야 한다.

둘째, 반드시 시간을 고려해서 설정해야 한다. 6개월에서 1년 정도의 단기 목표와 3년 이상의 장기 목표를 세워서 이룰 수 있는 과정을 실행해야 한다.

셋째, 실현 가능한 것이어야 한다. 기업의 재정상황과 자원 그리고 능력을 고려하여 새로운 상품과 서비스를 시장에 내놓아야 한다. 짧은 기간 내에 투자에 대한 수익이 발생하지 않을 경우 투자를 포기해야 하는 것은 경영자가 결정해야 할 몫이다.

6 평가

평가는 전략실행과 완수를 확신하는 데 중요한 역할을 한다. 전략의 전반적 결과와 개별적 경영성과 파악 등 기업의 몇 가지 수준에서 행해질 수 있다.

전략실행 과정에서 가장 중요한 요소는 지속적으로 평가되는 것이다. 평가는 각 경쟁수단의 성과에 치중해야 하며, 목표에 비추어 각 경쟁수단의 가치창출 능력을 측정할 수 있어야 한다.

Case Study 디즈니랜드의 성공사례

1. 디즈니랜드에 대해

『디즈니랜드 방문을 환영합니다. 여기는 모두의 낙원입니다. 여기에서는 나이 드신 분이 과거의 아름다운 추억을 더듬어 체험하고, 젊은이들은 미래에 대한 도전을 맹세하게 되지요. 디즈니랜드는 미국을 창조한 이상과 꿈, 그리고 냉엄한 현실을 근간으로 해서 전세계 사람들의 행복과 영감(inspiration)의 원천이 되고자 합니다.』

1955년 7월 17일 LA 디즈니랜드 개장식에서의 월트 디즈니의 연설에서처럼 디즈니랜드는 남녀노소를 불문한 모든 사람들에게 동심과 환상을 심어주는 꿈의 세계이다. 최대의 규모와 최다 입장객을 자랑하는, 세계 최고의 테마파크인 디즈니랜드를 설명하는 데는 그 설립자인 월트 디즈니에 관한 이야기를 하지 않을 수 없다. 월트 디즈니(Walt Disney, 1901.12.5~1966.12.15)는 미국 시카고에서 출생하여, 가난한 어린 시절을 보냈다. 1923년 할리우드로 나가, 형 로이와 손잡고 《이상한 나라의 앨리스》, 《토끼와 오즈월드》 등의 시리즈를 만들었으며, 그 뒤 《미키 마우스》시리즈를 최초의 유성만화영화로 발표하여 크게 성공하였다. 1937년 말 최초의 장편만화 《백설공주》를 완성하여 크게 흥행하였으며, 1938년 본격적으로 영화회사를 출범시켰다. 이어서 《피노키오》, 《판타지아》 등의 장편을 발표하였다. 그 이후 장편만화 이외에 《보물섬》(1950)으로 시작된 극영화와 《사막은 살아 있다》 등의 기록영화에서, 차차 동물실사(動物實寫) 필름에 의한 드라마 구성으로 옮겨가고, 나아가 텔레비전 프로그램에도 진출하였다. 1955년 LA에 대규모 유원지 디즈니랜드를 완성하였으며, 1964년 뉴욕 세계박람회에서 어트랙션을 담당하였다. 1966년 폐암으로 인해 66세의 나이로 생을 마감했다.

1948년에 미국에서 주휴 2일제가 정착하기 시작했던 것을 계기로 월트 디즈니는 테마파크를 조성하고 싶어하였다. 이름은 '미키마우스 공원'이었고, 할리우드 북부에 있는 스튜디오의 한쪽인 자기회사 소유의 땅 19만 8천평이 후보지였으며, 간단한 부지계획까지 작성되었었다고 한다. 그 후 그의 꿈은 과거, 현재, 미래를, 혹은 환상과 모험과 휴식의 나라 등 여러 곳을 기차로 도는 테마파크 구상으로 확대되어 나갔다. 이렇게 여러 곳을 순회하는 디자인 개념은 자신의 경험을 바탕으로 한 기차로부터 출발된 것이었다. 월트 디즈니는 청소년기에 철도원으로 일한 적이 있었는데 그에게 철도의 세계는 낭만으로 충만한 것이었다. 즉, 대규모 테마파크의 구상의 원점도 기차이고, 기차를 공원 주위로 달리게 하고 싶다는 집념이 있었기 때문에 결국 디즈니랜드가 탄생되었던 것이다.

월트 디즈니(社)는 1955년 7월 미국 캘리포니아주 남서부 애너하임에 세계 최초의 테마파크인 디즈니랜드를 개장한 이래 1964년에 이르러 플로리다주 올랜도를 대상부지로 선정하고 1971년 세계 최대의 규모인 월트 디즈니 월드(WDW)를 개장하였다. 그 후, 1982년 10월에 EPCOT센터를 개장하였으며, 1983년 동경 디즈니랜드를 개장하였고, 1992년 4월 프랑스 파리에 유로 디즈니랜드를 개장하였다. 1994년을 기점으로 총매출액이 100억 달러를 넘어선 월트 디즈니사는 영화사업, 디즈니랜드 운영, 캐릭터 상품 판매 등으로 연결되는 복합사업의 전개로 세계 1위의 문화사업체로 지명도를 확보하는 데에 이르렀다.

2. 디즈니랜드의 강점 : 디즈니랜드의 철학

디즈니랜드의 콘셉트는 〈가족과 연예〉이고 환상과 향수의 세계인데, 그것은 전부 월트 디즈니의 성장과정, 가정환경, 그리고 사고방식에서 비롯된 것으로, 여러 가지 자료를 통해 그러한 것들을 고찰해 보면, 디즈니랜드의 3가지 숨은 철학을 알 수 있다.

우선 첫 번째로 교육에 관한 철학이다. 월트 디즈니는 자신이 잠재적으로 가지고 있는 숨은 능력을 일깨워주기도 하고, 끌어내기도 해서 좋은 개성을 신장시키기도 하는 것을 교육이라고 생각하였다. 테마파크는 교육의 기능이 숨겨져 있어야만 손님의 재방문을 이끌어낼 수 있다. 실제로 월트 디즈니는 그것을 실천하고 있다. 스토리성이 있는 공간, 세심하게 신경 쓴 건물과 매력물, 색체 감각, 청결한 환경, 순수한 동심을 느끼게 하는 연출 등이 그 예라고 할 수 있다. 손님들은 즐기는 규칙을 자연스럽게 이해하고 즐기는 가운데서 무언가를 발견하고 무엇인가에 마음이 움직이게 되어 그것들이 훌륭한 추억거리가 된다. 디즈니랜드가 생각하는 교육은 손님들에게 무한한 상상력을 제공하는 것이며, 이 철학을 바탕으로 운영해 오고 있는 것이다.

두 번째는 애국심(위대한 미국)이다. 애국심은 향수의 효과를 불러일으키는 커다란 요소이다. 그것은 어린 시절 습관적으로 친숙해진 향수라고도 불리는 세계와 위대한 자신들의 조국이라고 하는 생각이 지배적인 분위기이기도 하다. 손님들이 공원과 일체되어 발산하는 미국인의 기질은 손님들끼리 연대감이라고 하는 편안함을 부여하고 있다. 실제로 월트 디즈니는 미국 국가의 신봉자이며 강한 애국자였다. 디즈니랜드에도 이러한 사상은 일관되어 있다. 디즈니랜드를 찾는 많은 손님들은 꿈과 이야기의 나라에서 향수

현대산업 서비스 경영

를 느끼고 있지만 사실은 '멋진 미국', '우리들의 긍지 드높은 미국'을 무의식적으로 느껴 이해하고 마음 속으로 공감하고 있는 것이다.

　세 번째 숨은 철학은 현실탈피에 있다. "나는 사람들이 공원에 있는 동안 그들이 살고 있는 현실세계 를 보는 것을 원치 않는다. 나는 그들이 다른 세계에 와 있는 것처럼 느끼기를 바란다."고 한 바 있다. 이 와 같이 디즈니랜드는 마치 별세계에 와 있는 듯한 느낌으로 바깥 세계를 볼 수도, 생각할 수도 없도록 만들어야 한다는 기본원칙에 입각하여 만들어진 가족을 대상으로 한 새로운 개념의 위락공간으로 탄생 된 것이다. 예를 들면, 디즈니랜드 내에는 화장실이 없는 것을 꼽을 수 있다. 이것은 현실 속의 모든 것을 잊은 채 디즈니랜드의 즐거움만을 만끽하게 하려는 철학을 잘 드러낸 예이다.

5　서비스 디자인의 이해

1　서비스디자인의 개념

1) 서비스디자인 정의

　서비스 디자인(Service Design)은 서비스의 품질과 서비스 제공자와 그 고객 사이의 상호작용을 개선하기 위해 서비스의 인력, 인프라, 통신 및 구성요소를 계획하고 구 성하는 활동이다. 직접적으로 직원들의 경험을, 간접적으로는 고객의 경험을 향상시 키기 위해 사람, 소품(물리적 또는 디지털), 과정 등의 비즈니스를 기획하고 조직화하는 활동을 말한다.

　대부분의 마케팅 분야 연구자들은 서비스를 행위, 과정, 상호교류, 제공자가

　수요자에게 제공하는 행위(Activity) 또는 혜택(Benefit)등으로 정의하였다. 그 외에 물 리적 제품과 대치되는 서비스의 정의는 무수히 많다.

　서비스디자인은 고객이 원하도록 유용하며 사용가능 하도록 조직을 위해서 효율 적이고 효과적으로 개선하거나 혁신하는 것을 돕는 일이다.

　Birgit Mager는 서비스의 질 즉, 제공자와 고객 그리고 고객 경험 사이의 상호작

용을 개선할 목적으로 인프라, 서비스 커뮤니케이션과 물질적 요소와 사람들을 기획하고 조직하는 프로세스라고 정의하였다.

성균관대학교 서비스 융합디자인 협동과정에서는 서비스디자인을 관계자에게 가치를 제공하기 위해 새로운 행위를 창출하거나 기존의 행위를 변경하는 것으로 행위(Activity) 디자인으로써 다음의 3단계로 확장 정의하였다.

① 서비스디자인이란 서비스수요자, 제공자 등 서비스에 연계된 다양한 이해관계자의 행위를 디자인 즉, 새롭게 창출 혹은 변경하는 것이다.

② 이들 행위는 행위를 수행하는 주 행위자, 피 행위자, 제3자 등의 행위 관련자, 행위의 대상, 행위에 이용되는 도구, 그리고 행위 동사로 표현되는 행위 자체 및 행위 상황 등의 행위 요소(Activity Elements)로 구성되어 있다. 행위의 디자인은 각 행위 요소의 디자인을 포함한다.

② 행위 상황(Context)은 행위의 목적, 행위에 관련된 사물의 구조, 행위 수행의 물리적 상황 및 행위 수행의 심리적 상황 등 구체적으로 표현된다. 따라서 행위 요소인 행위 상황, 즉 이들의 구체 상황 요소(Context Elements)의 디자인은 행위 디자인에 포함된다.

2) 서비스디자인 원리

Stickdorn과 Shneider가 이들의 저서인 'This is Service Design Thinking'에서 2010년 정의하였던 서비스디자인의 주요 원리는 다음과 같다.

① 사용자 중심적(User-Centered) : 서비스는 고객의 관점에서 경험되어야 한다.
② 공동 창조적(Co-creative) : 모든 이해 관계자들은 서비스디자인 개발과정에 포함되어야 한다.
③ 연속적(Sequencing) : 서비스는 상호 연관된 행위의 연속형태로 시각화 되어야 한다.
④ 고객에 대한 인식반영(Evidencing) : 무형의 서비스지만 물리적 요소들로 시각화 되어야 한다.
⑤ 전체적(Holistic) : 서비스의 전체 환경이 고려되어야 한다.

그러나 Stickdorn이 공동저자들과 발표한 문헌에서 2017년에 새롭게 정의한 서비스디자인의 원리는 다음과 같이 변화되었다.

① 인간중심(Human-Centered) : 한 서비스에 의해 영향을 받는 모든 사람들의 경험을 고려해야 한다.

② 공동작업(Collaborative) : 다양한 배경과 기능을 담당하는 이해관계자들을 서비스디자인 과정에 적극적으로 참여시켜야 한다.

③ 반복적(Iterative) : 서비스디자인의 실행은 반복적이고 실험적인 방식으로 진행된다.

④ 사실적(Real) : 니즈와 아이디어는 현실에서 발견되고 프로토타입(prototype)화 되어야 하며 무형의 가치는 물리적이거나 디지털의 실체로 입증되어야 한다.

⑤ 전체적(Holistic) : 서비스는 전체 서비스와 비즈니스 전반의 모든 이해관계자들의 니즈를 지속적으로 해결해야 한다.

위의 원리들은 디자인 과정의 기술적인 방법과 그 방식을 어떠해야 하는지를 잘 나타내주고 있다. 무엇보다 새로 정리된 원리에서는 서비스 수요자만이 아닌 모든 서비스와 관련된 이해관계자들과 단계들을 반복하며 함께 결과물을 만들어가는 것이 매우 중요함을 보여주고 있다.

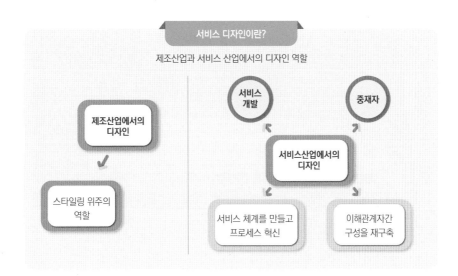

결국 서비스 디자인의 방법론은 어떻게 위의 원리들을 더 효과적으로 적용하여 결과를 내도록 할 것인가를 고려하는 것이다. 따라서 서비스디자인의 과정은 서비스를 이용하는 대상과 관련된 모든 관계자가 함께 참여하는 co-creation 형태로 진행하되 충분한 반복과정을 통해 정보를 공유하고 확인하는 것이 가장 중요한 핵심인 것을 알 수 있다.

3) 서비스 + 디자인의 개념

서비스는 서비스 또는 용역은 물질적 재화 이외의 생산이나 소비에 관련한 모든 경제활동이다. 서비스가 많은 비중을 차지하지만 고용에 비해 부가가치가 떨어진다.

서비스디자인의 종주국은 영국이다. 영국은 교육, 금융, 관광에 엄청난 투자를 한다. 서비스디자인의 학문이란 것이 공공중심으로 움직이기 시작했고 그래서 서비스디자인이 나오게 된 이유이기도 하다.

서비스디자인의 예를 살펴보면 다음과 같다.

① jetblue (저비용 항공사) : 젊고 해피한 이미지를 주는 메세지를 잘 나타내고 있다. 색상이 젯블루의 이미지를 밝게 나타내 준다.

② 그리고 젯블루의 광고 EVEN MORE SPACE/ EVEN MORE LEGROOM

Even More® Space

Get a leg up (and out) with up to 7" more legroom, early boarding & more.

Stretch out and relax with up to 38" of legroom, early boarding (all the better to nab that overhead bin),¹ plus the fast lane to the security checkpoint.

단순히 얼마 정도 좌석간의 간격을 넓혔어요.

③ 도이체 뱅크 내부

딱딱하게만 생각했던 은행을 카페의 분위기로 만들었다. 이것이야말로 서비스디자인의 대표적인 예라고 생각한다.

고객의 관점에서 생각하여 기존에 있던 관점을 (고객의 입장에 맞추어) 비틀어 버리는 것이다. 서비스는 고객들이 받으니까 고객의 입장에서 서비스를 디자인한다라는 의미로 받아들이면 된다.

사진 출처 : 위키피디아

정리해보면 다음과 같다.

디자인만 잘한다고 해서 디자인 하는게 아니고, 기존의 것을 예쁘게 만든다고 해서 서비스를 바꿀 수 있는게 아니다. 경험을 해 보았을때 고객이 볼 수 있는 관점을 생각해서 그것을 토대로 디자인 하는 것이 바로 서비스디자인이다.

경험은 사람 + 과정 + 장소 + 제품 이 모든 것이 합쳐 졌을 때 나오는 것이다.

서비스 디자인을 할때는 모든 것을 고려해 보아야 한다.

② 서비스디자인의 배경 및 특징

1) 서비스디자인의 배경

현대 산업의 패러다임은 제조 산업에서 서비스 산업으로 이동하고 있으며, 이러한 패러다임의 변화로 공급자 중심의 힘이 사용자 중심으로 자연스럽게 변화해오고 있다. 이러한 변화는 제조·서비스 산업의 지원 산업이라 해도 과언이 아닌, 디자인 산

🖳 **그림 2-1** 디자인 영역의 확대(Stefan Moritz, 2005)

업에도 영향을 미쳐, 심미성을 위주로 제품의 외형을 아름답게 만들던 좁은 의미의 디자인에서, 서비스를 유형화하고 소비자의 경험을 아름답게 하는 디자인으로 그 범위가 확장되었다.

과거 디자인의 역할은 가치 사슬(Value Chain)상에서 제조과정에만 국한되었으나, 현재는 전 과정으로 확장되었다. 이러한 변화에 따라 디자인의 연구 영역도 다양해졌으며, 단순히 제품의 외관을 아름답게 만드는 것만이 아니라 사용자의 제품 및 서비스 경험을 긍정적으로 만드는 컨설팅영역으로 그 활동 범위가 확대 되었다.

더욱이 고도 경쟁으로 인해 혁신적 제품 및 서비스를 요구하는 지금의 시장 상황에서는 과거의 효율성 관점의 경영 컨설팅으로는 혁신적 상품을 만들어내기가 어려워졌으며, 이를 타개하고자 창의적 사고가 활발한 디자인 분야의 디자인 컨설팅 영역이 부상하게 되었다. 이러한 디자인 컨설팅 분야의 대표적 학문이 서비스디자인이며 서비스디자인은 현재 각광받는 문제 해결 방법론이다.

⏰ 표 2-2 경영 컨설팅과 서비스디자인의 비교

구분	경영 컨설팅	서비스디자인
초점	기업 중심	기업-고객 균형
관점	경영자원의 선택과 집중을 통한 경쟁우위 확보, 프로세스 효율화, 표준화	고객의 잠재 니즈 발견, 이해관계자의 욕구발견, 표준화
도구	3C분석, 5Forces Model, BPR(Business Process Reengineering), 6 Sigma 등	고객관찰, 스토리보드, 퍼소나, 고객여정 매핑, 서비스 블루프린팅 등
사고방식	논리적 사고	다자인 사고
결과물	보고서 (적용을 위해서는 추가개발 필요)	시각화된 보고서 (즉시 적용가능한 결과)
대표기업	Mckinsey, Boston Consulting Group, Accenture 등	IDEO, Engine, Live/works, Desingthinkers 등

서비스디자인의 시작은 1982년으로 거슬러 올라간다.

제품과 같은 물리적 요소와 서비스와 같은 비 물리적 요소를 통합한 디자인을 제안함으로서 최초로 서비스디자인을 디자인의 연구 영역으로 확장하였다. 이후 본격적으로 서비스디자인이라는 용어와 함께 서비스디자인 연구가 진행된 것은 쾰른 국제디자인대학의 교수 Michael Erlhoff(1991)가 서비스디자인을 디자인의 한 분야로 소개하면서 부터이다.

1990년대는 서비스 디자인연구 분야에 있어 개념을 확립하고 연구 범위를 정하는 기초 연구가 진행된 시기였다. 서비스디자인 영역이 활기를 띠게 된 것은 2000년대부터이며, 대표적인 서비스디자인 기업들은 이때 설립되었다.

최초 기업은 2001년 설립한 서비스디자인 전문기업 live | work이다. 이후 2004년 글로벌 서비스디자인 산학 네트워크인 '서비스디자인네트워크(SDN: ServiceDesign Network)'가 설립되면서 세계적으로 더욱 활성화되게 되었다.

1990년대와 달리 2000년대의 서비스디자인 연구 분야는 대체로 서비스디자인 프로세스와 방법론·도구 개발이 주를 이루고 있다.

2) 서비스디자인 정의와 차별성

서비스디자인의 정의는 아직까지 세계적으로 통일되지는 못하고 있다.

이러한 이유로 연구자와 기업별로 다양한 정의를 내리고 있으나, 공통적으로 사용자를 중심으로 관련 이해관계자와 함께 서비스의 접점(Touch Point)을 디자인하여 하나의 서비스 꾸러미(Package)로 제공된다는 점은 동일하다고 볼 수 있다.

서비스디자인은 소비자를 중심으로 소비자의 서비스 경험상의 문제점과 필요를 충족시켜줄 수 있는 새로운 서비스 컨셉을 제안하고 개발하는 연구 분야로 서비스의 컨셉, 프로세스, 전략, 제공 기업의 인적 자원, 생산 라인까지도 포괄하고 있다. 이러한 서비스디자인의 특성으로 서비스디자인은 서비스와 관련된 모든 차원과 관련 조직까지도 포함한다. 즉, 서비스디자인은 서비스 전 과정에서 소비자를 만나게 되는 서비스 접점마다 그 상황에 처한 모든 사람(사용자·제공자)과 관련 물리적 요소들이 서비스 구성에 맞게 하나의 유기적인 시스템으로서 구성되며, 이렇게 구성된 접점마다의 서비스는 서비스 모듈화 되어 커다란 하나의 서비스 패키지가 된다.

현대산업 서비스 경영

⏱ **표 2-3** 서비스 디자인의 정의

구분	정의
서비스디자인 협의회	서비스디자인이란 고객이 서비스를 통해 경험하게 되는 모든 유·무형의 요소(사람, 사물, 행동, 감성, 공간, 커뮤니케이션, 도식 등) 및 모든 경로(프로세스, 시스템, 인터랙션, 감성로드맵 등)에 대해 고객 중심의 맥락적인(contextual)리서치 방법을 활용하여 이해관계자간에 잠재된 요구를 포착하고 이를 창의적이고 다학제적, 협력적인 디자인 방법을 통해 실체화함으로써 고객 및 서비스 제공자에게 효과·효율적이며 매력적인 서비스 경험을 향상시키는 방법 및 분야
한국디자인진흥원	고객이 서비스를 순차적으로 이용하면서 접하게 되는 접점에서 경험하는 서비스 가치를 모든 이해관계자가 협력하여 디자인함으로써, 서비스의 내용을 구체화하고 고객에게 더 매력적인 경험을 제공하기 위한 일련의 활동
리브워크 (Live | work)	고객이 다양한 경험을 할 수 있도록 시간의 흐름에 따라 사람들이 다다르게 되는 다양한 터치포인트를 디자인하는 것
위키피디아	서비스디자인은 서비스제공자와 고객, 고객경험 사이에 질을 높이기 위해 사람과 인프라, 커뮤니케이션 또한 서비스를 구성하는 물질적인 것을 계획하는 활동
인터렉션 디자인 코펜하겐 연구소	서비스디자인은 신흥 현장경험을 통해 무형 및 유형매체의 조합을 사용하여 좋은 생각을 창출하는 것

서비스디자인 패키지는 기본 서비스디자인 핵심 컨셉(대안)을 바탕으로 만들어지며, 이 핵심 컨셉을 바탕으로 하는 핵심 대안(아이디어)을 통해 접점별 서비스 모듈(세부대안)이 구성되게 된다.

서비스디자인은 이러한 일련의 과정속에 속하는 모든 물리적 증거들과, 인적자원 및 비 물리적 증거들을 만들고 제공하게 되는 조직들까지도 서비스디자인의 개발 범위가 된다. 이는 단순히 문제점만을 해결하는 서비스 개선에 서비스디자인의 목표가 있는 것이 아니라, 문제를 해체하고 이를 재구성하여 서비스혁신을 이루고자 하는데 서비스디자인의 목표가 존재하기 때문이다.

이를 위해 서비스디자인은 문제를 해체하고 재구성하는 과정에서 기업의 하부단인 인적 자원 및 구조, 생산 라인 등의 인프라까지도 혁신의 대상이 된다.

🖳 그림 2-2   서비스디자인의 목표

또한 서비스 디자인은 서비스를 경험하는 사용자가 해당 서비스를 경험하는 과정인 고객 여정 속에서 해당 서비스를 만나게 되는 접점마다 긍정적 경험을 할 수 있게 하여 사용자의 만족도를 높이고자 한다. 이를 위해서는 기본적으로 하나의 커다란 서비스 핵심 컨셉(핵심 대안)을 바탕으로 접점마다 서비스(세부 대안)로 전체 서비스가 구성되게 된다. 이와 같은 사용자의 전체 서비스 경험을 설계하는 것이 서비스 디자인이다.

이러한 서비스디자인의 핵심 대안(아이디어) 및 세부 대안(아이디어) 구성은 서비스디자인 사례들을 통해 확인할 수 있다.

대표적인 서비스디자인 사례인 덴마크의 MAX 은행은 '고객과의 관계를 최고로 높이는 카페형 은행'을 핵심 대안(아이디어)으로 선정하고, 사용자가 접하는 모든 접점마다 세부 대안(아이디어)을 설계하였다. 세부 대안(아이디어)들로는 카페형 은행

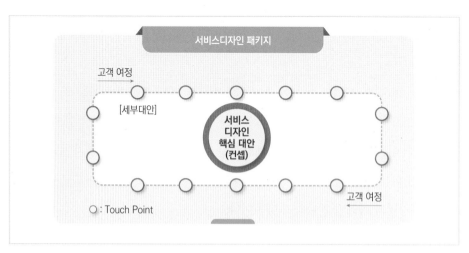

🖳 그림 2-3   서비스 디자인 결과물 개념도

컨셉에 맞게 모든 창구를 없애고 은행 인테리어를 카페 형태로 변경하였으며, 직접 창구로 찾아가는 형태의 서비스가 아니라 은행원이 고객이 앉은 테이블로 직접 찾아와 은행 서비스를 제공하였고, 다양한 은행의 정보를 담은 브로슈어를 제작하여 비치함으로 정보 접근을 용이하게 하였다. 또한 은행의 홈페이지 디자인을 변경하여 사용자의 편의성을 보다 증진 시켰다. 이러한 세부 대안 (아이디어)의 선택 및 개발은 핵심 대안(아이디어)의 컨셉 내에서 이루어져 사용자의 서비스 경험을 증진시켜 준다.

국내 서비스 디자인 사례인 부산 파라다이스호텔 또한 '고객 만족을 최우선으로 생각하는 프리미엄 호텔'을 핵심 대안(아이디어)으로 선정하고 이를 위한 세부 대안(아이디어)으로 간편한 온라인 예약 서비스와 부산역 Pick-up 서비스, 산책을 즐기고자 하는 사용자를 위한 워킹화 무상 대여 서비스, 체크아웃 라운지 이용 서비스, 짐을 호텔에서 역으로 이동시켜주는 부산역 레일 데스크 서비스 등을 제공하여 큰 성과를 달성하였다. 이러한 세부 대안(아이디어)들은 고객 만족을 최우선으로 하는 프리미엄 호텔을 핵심 대안(아이디어)으로 하여 구성된 세부 대안(아이디어)들로 사용자의 서비스 경험을 증진시켜 준다.

자료 : 부산 파라다이스호텔 서비스디자인 사례

이러한 서비스디자인의 핵심 대안(아이디어) 및 세부 대안(아이디어) 구성은 모든 서비스디자인의 결과물에 적용되는 것은 아니며, 경우에 따라 핵심 대안(아이디어)을 기반으로 하는 단일 제품 및 서비스가 도출되기도 한다. 그러나 대부분의 서비스 디자인의 결과물은 위와 같이 핵심 대안(아이디어)과 세부 대안(아이디어)으로 구성된 패키지

형태로 제안되고 있다. 이와 같은 서비스디자인의 대표적인 특징으로는 '사용자 중심' '공동 창작' '순서 정하기' '증거 만들기' '총체적 관점' 5가지가 있다.

다음의 5가지 원칙은 서비스디자인 차별성을 잘 나타내 준다.

첫째, '사용자 중심'은 서비스를 사용자 입장에서 디자인하라는 것이다. 사용자가 서비스를 처음 만나는 순간부터 해당 서비스와 관련된 활동 및 물적 증거와 쇠퇴기까지, 전체 수명주기상의 사용자경험을 중심으로 서비스를 개발하는 것을 의미한다. 이러한 사용자 중심 서비스 설계를 위해 서비스디자인에서는 다양하고 많은 소비자 분석 도구 및 방법(IDI 등)을 보유하고 있으며, 이들의 적극적 활용을 통해 사용자에게 적합한 대안(아이디어)들을 도출해내고 있다.

둘째, '공동 창작'은 모든 이해관계자가 서비스디자인 개발에 참여해야 하는 것으로, 서비스디자인의 큰 특징 중 하나이다. 기존의 서비스 개발방법들은 소비자의 니즈를 알기 위해 다양한 방식의 소비자 분석을 실시하기는 하였으나, 대부분 정보 습득을 위한 외부적 활동에 그쳤다. 그러나 서비스디자인은 서비스와 관련된 모든 이해관계자를 서비스 개발 전 과정에 참여시켜 의견을 공유하고 문제를 같이 풀어나감으로서 모든 이해관계자들의 합의를 도출해 낼 수 있다.

특히 서비스를 직접 제공하는 서비스제공자와 협력사·개발사의 참여는 이러한 합의 도출에 매우 유용하며, 이들의 참여로 조직의 근본적 문제도 서비스디자인으로 풀어나갈 수 있다.

이러한 서비스디자인에서 분류하는 이해관계자는 크게 고객(Customer), 서비스 제공자(Service Provider), 이해관계자(Stakeholder), 서비스디자이너(Service Designer)로 분류된다.

이 분류 중 이해관계자는 개발된 서비스를 협력하여 함께 서비스하는 협력사와 해당 서비스를 제공하는 발주사로 분류할 수 있을 것이다. 이와 같은 분류는 일차적(Primary) 이해관계자 분류(주주/소유주·종업원 주주·일반 고객·연고 구매고객·신입직원·고령/장기 근속자·소수인종·은퇴자·종사자 가족·공급자·기업 인근거주자·자연환경·동식물·미래세대)를 바탕으로 서비스 디자인 이해관계자로 분류하였다. 이러한 다양한 이해관계자의 참여는 서비스 디자인이 혁신적 문제해결 하는데 일조하고 있다.

현대사회의 서비스 경영

셋째, '순서 정하기'는 전체 서비스가 한편의 연극이나 영화처럼 서로 밀접하게 연관되어 시각화되고 서비스된다는 것으로, 이는 서비스디자인이 사용자의 경험을 중시하는 첫 번째 특징과도 일맥상통한다. 이는 서비스디자인이 사용자가 서비스를 경험하는 시작부터 끝까지 모든 접점마다의 서비스 모듈을 바탕으로 이들의 흐름이 모여 하나의 서비스 패키지를 형성하기 때문이다.

넷째, '증거 만들기'는 무형의 서비스를 유형의 서비스로 유형화하는 특징을 의미한다. 기본적으로 서비스는 무형의 특성을 띠고 있어, 서비스의 품질 유지 및 서비스 자각이 매우 어렵다. 이러한 문제를 극복하고자 서비스디자인은 모든 서비스의 접점마다 다양한 형태의 시각화 작업을 수행함으로서 서비스의 지각과 품질 유지를 유도하고 있으며, 이러한 시각화 및 유형화는 디자인학을 기반으로 하는 서비스디자인에는 큰 장점이 된다.

다섯째, '총체적 관점'은 서비스디자인이 서비스의 모든 환경을 고려한다는 것을 의미한다. 서비스디자인은 관련된 모든 이해관계자가 참여하여 서비스를 개발함으로서, 사용자가 직접적으로 만나는 접점 이외의 서비스 백 스테이지(Service Backstage)까지도 서비스디자인의 영역으로 인지하고 문제를 해결한다. 이러한 특성으로 인해 서비스디자인은 발주사 및 협력사의 내부적 환경 및 인적자원의 교육 등 다양한 분야의 컨설팅을 수행하며, 이를 통해 서비스와 관련된 모든 무형적·유형적 차원까지도 디자인하게 된다.

3) 서비스디자인 유형 분류

서비스디자인은 민간 조직(기업 등)을 위한 서비스 개발뿐만 아니라 공공조직(국가 등)을 위한 서비스 개발 또한 활발히 이루어지는 분야이다.

서비스디자인의 유형을 크게 민간서비스 와 공공서비스로 분류하기도 한다.

민간서비스(Private Service)는 기업이 이윤 추구를 목적으로 소비자 개인이 만족할 만한 제품 및 서비스를 제공하는 활동을 의미한다. 즉 소비자가 개인의 필요에 의해 돈을 지불하고 구매하여 사용하는 모든 제품 및 서비스가 이에 해당 된다고 볼 수 있다. 이러한 민간서비스는 극히 배타적인 것으로 구매자와 구매자의 동의를 얻은 일

부 사용자에 의해 소비되는데, 대부분의 영리기업이 이 민간서비스 제공자에 속한다고 볼 수 있다.

반면 공공서비스(Public Service)란 공익을 만족시킬 목적으로 공익단체에 의해 수행되는 활동이다. 이러한 공공서비스는 사회 전체의 공정한 이익을 목적으로 하기 때문에 민간서비스와는 매우 다른 성격을 가지고 있다.

공공서비스는 공공기관이 재화와 서비스를 생산·제공하는 것뿐만 아니라, 이를 시행하기 위해 행해지는 모든 정치적, 행정적 활동들까지도 포괄하는 개념으로, 다음의 몇 가지 점에서 민간서비스와 구분 된다.

첫째, 민간서비스의 경우 서비스의 양과 질에 대한 측정이 용이 한데 비해 공공서비스의 경우 측정이 매우 어렵다. 그 원인은 민간서비스의 경우 소요자원의 부담자와 생산자가 대체로 동일한 반면 공공서비스의 경우 소요자원을 사회 구성원이 공동 부담하고 정부가 생산과 관리를 전담하여 비용과 산출이 분리되기 때문이다.

둘째, 공공서비스는 국가자원의 사회 배분적 성격을 가지고 있다. 공공서비스의 경우 국민 복지적 차원에서 사회 전체 형평성의 원칙이 경제적 효율성에 우선되는데 반해, 민간서비스의 경우 경제적 효율성이 최고 우선되기 때문이다.

4) 서비스 디자인의 특징

서비스디자인이 다른 디자인과 차별되는 이유를 다시 정리하면 <표 2-4>와 같다.

⏱ 표 2-4   서비스 디자인의 차별성

1	고객 중심적 사고로 고객의 경험까지 모두 반영하고, 종합적인 관점에서 접근한다.
	서비스 특유의 특징을 잘 살린다.
2	고객의 경험은 서비스 인터페이스(Service Interface)에 의해 일어나는데 이것은 고객의 마음속에 있는 정신적인 개념이다.
3	디자인과 경영, 공학 등 다양한 전문가가 함께 참여해야 하는 공동창작 작업이다.
4	쌍방향성을 가지며 항상 진행형이다. 장기적이고 지속적인 관점에서 실행되더라도 지속적인 개선을 위해 모니터링 해야 한다.
5	서비스 개선 및 서비스 혁신을 목표로 한다.

서비스 디자인의 6가지 특징은 다음과 같다.

① 인간 중심 : 서비스에 영향을 받는 모든 사람들의 경험을 고려해야 한다.

② 협업 : 다양한 배경과 역할을 담당하는 이해관계자들이 디자인 프로세스에 활발히 참여해야 한다.

③ 반복 : 반복적인 실험과 검증을 통해 접근해야 한다.

④ 순서 : 관련 행동들이 순차적으로 시작되어야 한다.

⑤ 실제 : 요구사항을 실제 리서치에서 발견되어야 하고, 프로토타입(prototype) 역시 실제 현실에서 구현되어야 한다.

⑥ 전체 : 전체 서비스와 비즈니스의 관점에서 이해관계자의 요구사항을 만족시켜 줘야 한다.

💡 서비스디자인의 6가지 요소는

① systems : 서비스 시스템 및 인프라에 대한 전체적인 시각

② journeys & time : 경험은 시간에 따른 여행

③ touch points : 인간 접촉, 물리적 환경 및 커뮤니케이션을 포함하는 상호작용

④ people : 고객 및 제공 업체의 모든 구성원

⑤ packaging propositions : 가치 정립

⑥ achieving value : 공급자와 고객 모두의 목표 달성

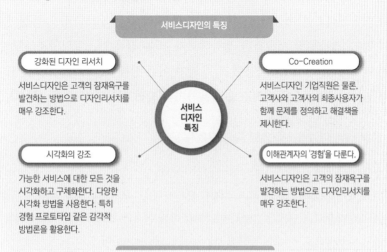

서비스디자인의 특징

강화된 디자인 리서치
서비스디자인은 고객의 잠재욕구를 발견하는 방법으로 디자인리서치를 매우 강조한다.

Co-Creation
서비스디자인 기업직원은 물론, 고객사와 고객사의 최종사용자가 함께 문제를 정의하고 해결책을 제시한다.

서비스 디자인 특징

시각화의 강조
가능한 서비스에 대한 모든 것을 시각화하고 구체화한다. 다양한 시각화 방법을 사용한다. 특히 경험 프로토타입 같은 감각적 방법론을 활용한다.

이해관계자의 '경험'을 다룬다.
서비스디자인은 고객의 잠재욕구를 발견하는 방법으로 디자인리서치를 매우 강조한다.

서비스의 특성으로 인한 서비스디자인의 특징을 살펴보면 다음과 같다.

① 무형성

서비스는 기본적으로 눈에 보이지 않으며 형태가 없다. 제품처럼 만지거나 볼 수 없으므로 서비스의 가치를 객관적으로 표현하거나 평가하는 데는 항상 어려움이 따른다. 서비스의 무형성(intengibility)은 두 가지 의미가 있다.

실체는 보이나 만질 수 없는 객관적인 의미에서의 무형성과, 보거나 만질 수 없기 때문에 생각이 제한된다는 주관적 의미의 무형성이다.

> 💡 **서비스의 무형성으로 인한 디자인 특징**
>
> 서비스는 눈에 보이지 않는다. 서비스 자체는 보이지 않지만, 구체적인 가치를 사용자에게 전달하기 위해서는 서비스가 눈에 보이도록 해야 한다. 그렇다면 보이지 않고 형태가 없는 서비스를 어떻게 가시화할 수 있을까? 서비스에 사용되어 거쳐 가는 인공물을 통해 서비스를 가시화할 수 있다. 예를 들어 인공물은 사람들이 서비스를 사용하면서 접하게 되는 앱 화면이 될 수도 있고 종이 티켓이 될 수도 있고 제품의 LCD 화면이 될 수도 있다.

② 이질성

서비스는 사용자와 환경에 따라 각기 다른 특성을 가진다. 누가 언제 어디에서 어떻게 서비스를 제공하고 사용하느냐에 따라 같은 서비스라도 품질이 일정하지 않다. 레스토랑 서비스를 생각해보자. 비록 같은 레스토랑일지라도 언제 어떤 맥락에서 서비스를 사용했고, 우리가 어떤 상태였는지에 따라 무척 다른 경험을 하게 된다. 같은 서비스도 사용자마다 달리 해석할 수 있는 것이다.

> 💡 **서비스의 이질성으로 인한 디자인 특징**
>
> 동일한 서비스일지라도 사용자별 그리고 맥락별로 느끼는 서비스가 모두 다르다. 서비스 경험 디자이너로서 사용자에게 일관성 있는 서비스를 제공해주기 위해서는 시스템적으로 접근하는 것이 필요하다. 이는 곧 서비스에 대한 전체 설계를 의미하며 대표적으로 서비스 청사진(service blueprinting)이 있다.

③ 불가분성(생산과 소비의 동시성)

제품의 경우 생산과 사용(소비)이 분리될 수 있다. 미국 브랜드인 아이폰이 중국의 폭스콘(Foxcon)에서 생산되는 것처럼 생산과 사용이 분리될 수 있다. 반면 서비스는 생산과 사용이 동시에 같은 장소에서 이루어진다. 이처럼 서비스의 생산 시점과 사용 시점이 분리될 수 없는 속성을 불가분성(inseparability) 이라고 한다.

💡 서비스의 불가분성으로 인한 디자인 특징

사용자와 서비스는 분리해서 생각할 수 없다. 서비스에서 사용자는 없어서는 안 될 존재다. 따라서 서비스를 디자인할 때 사용자와의 접점(touchpoint) 관리가 필요하다. 사용자와의 접점이란 사용자가 서비스를 경험하는 과정에서 개인이 거치는 물리적 인공물, 인적 상호작용, 커뮤니케이션 등의 모든 요소를 의미한다. 접점은 물리적 위치와 같은 특정한 장소나 공간, 제품, 웹사이트 화면과 같은 정보, 대면 커뮤니케이션 등 다양한 형태로 나타날 수 있다. 사용자가 서비스를 경험하면서 거치는 모든 접점을 파악함으로써 사용자를 더욱 잘 이해하고 통합적인 사용자 경험을 선사할 수 있다.

④ 소멸성

서비스는 사용하지 않으면 사라진다. 이를 서비스의 소멸성(perishability)이라고 한다. 사용자는 서비스가 제공되는 그 시점에 존재하지 않으면 서비스를 경험할 수 없다. 서비스가 제공하는 가치는 한시적이다.

💡 서비스의 소멸성으로 인한 디자인 특징

서비스가 제공할 수 있는 가치는 순간적이고 그때 뿐이다. 따라서 서비스를 디자인할 때 기억에 남는 경험을 제공할 수 있는 서비스에 대한 고민이 필요하며, 이것은 서비스 경험 디자인의 중요한 목적 가운데 하나이다. 서비스를 사용하고 나서도 오랫동안 잊히지 않는 그런 경험을 제공해줄 수 있어야 한다.

서비스는 무형성, 이질성, 불가분성, 소멸성이라 특징을 갖는다. 서비스는 눈에 보

이지 않기에 경험하기 전까지는 서비스의 가치를 알 수 없으며(무형성), 어떤 사용자가 어떤 맥락에서 서비스를 경험하는지에 따라 서비스의 가치가 달라질 수 있다(이질성). 또한 서비스의 제공자와 사용자가 같은 시점에 존재하지 않으면 서비스를 경험할 수 없다(불가분성). 그리고 서비스를 해당 시점에 경험해야 서비스의 가치를 받을 수 있다(소멸성). 서비스가 제공하는 가치를 받기 위해서는 서비스를 사용하는 사람들과 제공하는 사람들의 경험이 중요하다.

해외사례로 본 서비스디자인의 이해

잔돈은 넣어두세요 "Keep the change" [IDEO]

뱅크오브아메리카는 은행의 고객들이 신규 계좌를 개설하도록 하는 문제에 당면하여 새로운 혁신 기회를 찾기 위해 IDEO의 문을 두드렸다.

아이가 있는 주부들을 타겟으로 삼은 IDEO와 뱅크오브아메리카 혁신팀은 조사를 위해 미국 대륙을 횡단하며 아틀란타, 볼티모어 그리고 샌프란시스코 지역의 고객 운영방식을 관찰했다. 그들은 타겟 고객을 포함한 수 많은 사람들이 종종 그들의 재정 업무를 빠르고 편리하게 처리하기 원한다는 사실을 발견했고, 더 나아가 대부분의 고객들이 보유 자금, 혹은 의지력의 부족으로 돈을 저축하기 어려워한다는 것을 알았다. 여행에서 얻은 정보를 가지고 다양한 각도의 브레인스토밍 과정을 거친 후 IDEO와 뱅크오브아메리카의 멤버로 구성된 혁신팀은 고객들의 기존 습관을 사용하여 해결책을 찾게 되는데 그것이 바로 "잔돈은 넣어두세요"였다. 그 서비스는 뱅크오브아메리카의 비자 체크 카드로 지불하는 물건값의 거스름돈을 받지 않고 그 차액을 고객의 저축 계좌에 바로 입금해주는 형태였다. 서비스가 주는 편리함과 편의성은 지금도 장기간 돈을 절약하기 원하는 고객들에게 환영받고 있다.

환대산업
서비스 경영

CHAPTER 03

서비스
인적 자원 개발
(HRD: Human Resource Development)

1 인적 자원 개발의 개념

'인사(人事)가 만사(萬事)'라는 말이 있다. 좋은 인재를 적재적소에 배치하는 것은 만사를 순리대로 돌아가게 하는 가장 기본적인 방법이라는 의미이다. 인적 자원관리는 구성원들로 하여금 자발적이고 적극적으로 조직의 목적에 기여하도록 하는 철학과 이를 실현시키는 제도 및 기술체계이다. 이는 사람과 직무를 유기적으로 결합시키는 기업의 조직적 관리활동이라 할 수 있다.

급변하는 기업환경은 인사관리에 일대변혁을 일으키고 있으며, 조직 관리자는 인사관리와 사업성과를 동시에 책임져야 하는 환경에 직면하고 있다.

인적 자원 관리, 즉 HRM(Human Resource Management)에 대한 중요성이 인식되고 있는 상황에서 경쟁기업에 대해 지속적인 우위를 점하기 위해서는 양질의 다양한 자원을 확보해야 한다. 특히 인적 자원 기업이 최고의 가치를 유지하기 위해 반드시 확보해야 하는 기업 성장의 원천인 것이다.

현대적 의미에서의 인적 자원 관리는 조직의 구성원들이 자발적으로 조직의 목적 달성에 기여하도록 함으로써 조직의 발전과 함께 개인의 안정과 발전도 아울러 달성하도록 하는 것으로 조직에서 사람을 다루는 철학과 그것을 실현하는 제도 및 기법의 체계라고 할 수 있다.

서비스 기업이 지향해야 할 인적자원관리의 방향은 다음과 같다.

첫째, 서비스 기업의 인적자원관리는 인간 중심적이어야 한다.

서비스 종사원의 경제적, 문화적 그리고 교육적 수준이 향상됨에 따라 종사원의 의식수준이 향상되었으며, 고객과 직접적으로 접촉하는 서비스 종사원의 역할은 매우 중요하다. 따라서 종사원의 개인 지향적인 측면에서 욕구를 충족시켜 줌으로 인해서 직무만족을 하게 되고 이는 곧바로 고객만족으로 연결되면서 결국 기업의 이익으로 이어지게 된다.

둘째, 서비스 기업의 인적자원관리는 행동 지향적이어야 한다.

인간이 보유하고 있는 잠재적 능력은 주어진 환경에 따라 욕구, 태도, 만족이 달라

현대산업 서비스 경영

지고 만족수준에 따라 업무수행에 대한 창의성도 높아지게 된다. 전통적인 인사관리에서는 종사원이 수행하는 업무의 절차나 규칙의 확립에 중점을 두었지만, 현대적 인적자원관리는 종사원의 능력개발과 능동적인 기능발휘를 통해 성과를 거두는 것을 목표로 하는 행동적, 실천적 의미를 포함하고 있다.

셋째, 서비스 기업의 인적자원관리는 미래 지향적이어야 한다.

서비스는 서비스 제공자, 고객 또는 시스템 내의 다른 고객 등 사람의 관여가 매우 높다는 특징을 가지고 있다. 따라서 서비스 품질적 우위와 고객만족을 목표로 하는 서비스 기업은 서비스 접점에서 종사원의 역할을 매우 중요시 하고 있다. 이는 서비스가 보다 인간지향적인 경향이 높다는 것을 입증하는 것이다. 서비스 기업은 전통적인 관념에서 탈피하여 미래지향적인 사고로 보다 효과적인 인적자원관리를 지향해야 한다. 서비스 기업의 인적자원관리는 인간 중심적, 행동 지향적, 그리고 미래 지향적으로 나아가야 한다.

인적 자원 개발이란 인적 자원과 개발의 합성어이다. 인적 자원은 조직이 고용한 사람을 말하며, 개발이란 이런 인적 자원을 육성, 발전시키는 것이다.

조직 업무의 향상과 직무수행의 개선 및 개인의 성장과 발전 가능성을 도모하기 위해 특정기간 동안 제공하는 조직화된 학습경험이다.

인적 자원의 개념은 인적 자원 활용(승진, 평가, 전임, 보상), 인적 자원 계획(충원, 선발, 훈련, 경력증진), 인적 자원 개발(훈련, 교육, 개발)의 세 분류를 포함하고 있다.

인적 자원 개발의 궁극적인 목적은 조직이 지속적으로 성장할 수 있도록 조직 구성원들의 업무수행 활동을 개선시킬 수 있는 변화를 이끌어 내는 것으로서 어떠한 형태에서든지 경영성과에 이바지해야 한다.

인적 자원 관리 목적을 중심으로 정의해 보면, 기업의 성과를 달성하고 협력하는 공동체를 이루는 데 필요한 인재를 확보하고, 평가, 개발하며 보상, 유지하기 위해 계획과 실행 및 평가하는 프로세스라고 할 수 있다.

인적 자원 개발의 특성을 살펴보면 다음과 같다.
첫째, 인적 자원 개발을 하는 대상이 인적 자원이다.

　다른 자원의 요소와는 달리 인적 자원은 통합적인 인격체로서 주체적인 능동성, 인간적인 존엄성, 잠재적인 능력의 개발성, 전략적 성과요인으로서의 속성을 지니고 있으므로 인적자원 개발 담당자는 인적 자원 개발의 효과성 제고를 위해서 다양한 속성들을 이해할 수 있는 탁월한 능력을 가지고 있어야 한다.

　둘째, 인적 자원 개발의 주체와 객체가 인간의 관계로 형성되면, 서로의 상호 관계는 인간적, 사회적 관계로 이루어지게 된다. 따라서 인적 자원 개발 관리체계의 정립과 제도의 실행은 사회문화적 전통과 관행, 그리고 환경적 요인의 영향을 가장 많이 받게 되는 관리영역이다.

　셋째, 인적 자원 개발은 노동이 지닌 속성과 노동력의 매개가 이루어지는 노동시장의 특성을 잘 이해해야 한다. 왜냐하면 노동이 매개되는 노동시장은 수요와 공급의 연결 형태에 따라 노동시장의 유형과 특성을 달리하기 때문이다.

 인적 자원 개발의 구성요소

　인적 자원 개발의 기본적인 구성요소는 인적 자원 기본구성 3요소인 개인 개발, 경력 개발, 조직 개발, 그리고 수행 관리 요소를 포함하여 4가지 구성요소로 이루어진다.

1 개인 개발

　단기적 결과로 개인에 초점을 맞추며 공식적 또는 비공식적 학습활동을 통한 개인의 성장과 발전에 역점을 두게 된다. 현재 직무에 적합한 개인의 지식, 기술, 태도, 역량 등을 향상시키기 위한 모든 학습활동으로 경영자와 임직원을 대상으로 이루어진다. 개인 개발의 목적은 직원들 개인의 지식, 기술, 역량을 향상시키며 현재 직무에서 행동을 개선하여 직원의 요구뿐만 아니라 조직의 요구에 부응할 수 있도록 하는데 있다.

개인 개발 향상을 위해 필요한 촉진전략 방향으로는

첫째, 조직 구성원 개인의 강점을 강화하고 약점을 관리하는 방향으로 기본철학의 전환이 필요하다.

둘째, 학습조직을 형성함으로써 효과적인 지식관리를 위한 끊임없는 변화의 시도와 지속적이고 전략적인 과정으로 학습을 직무와 통합하거나 병행하여 체계적인 사고능력을 기른다.

셋째, 실천학습으로 문제제기와 반성과정을 통해 경험과 지식을 축적하고, 기술적 또는 새로운 질문으로 창조적 지식을 창출한다.

넷째, 학습을 직무에 적용하여 학습전이로 인한 개인 개발을 촉진한다.

2 경력개발

장기적인 결과로는 개인에 초점을 두며 개인과 조직 상호 간의 경력구상을 위한 구조화와 계획적인 활동 또는 노력이다. 경력 개발에서 개인은 경력관리를 통하여 두 경우가 서로 조화되어 나타나는 과정을 의미하며 개인과 조직의 상호 협력에 의해서만 성공적으로 진행될 수 있다. 경력개발의 초점은 개발활동에 있으며 이는 개인의 능력을 향상시키는 동시에 조직의 변화와 수행역량을 증진시킨다.

경력개발의 목적은 개인의 욕구와 조직의 요구가 경력을 통해 성과를 향상시키며 궁극적으로는 조직의 유연성을 증대시키는 것이다. 조직 구성원의 직무수행에 대한 태도 변화를 통해 직무수행 만족도의 향상으로 생산성을 증진시키는 데 있다.

3 조직 개발

장기적인 결과에 초점을 두어 구조, 체계, 문화를 변화시키는 것이다. 즉, 조직의 변화를 위한 학습이라고 정의할 수 있다. 조직 개발의 목적은 조직의 지속적인 효과성, 수행능력, 경쟁력 강화 향상 및 조직의 지속적인 성장에 있다.

이처럼 조직 개발은 지속적이며 장기적인 과정으로, 성공을 위해서는 최고 경영진

의 전폭적인 지지가 요구된다.

조직 개발의 최고 가치는 조직의 효과성과 수행능력을 향상하는 것으로 조직 구성원들이 업무 수행과정 속에서 단지, 자원이 아닌 인격체로서의 기능을 할 수 있는 기회를 제공하는 데 그 가치가 있다.

④ 수행 관리

단기적 결과로 조직에 초점을 두고 있으며 수행공학의 핵심요소이다. 조직의 체제를 개선함으로써 수행증진, 성과향상을 위한 체계적인 접근이라고 할 수 있다. 수행공학의 대상으로는 종사원, 일터, 그리고 업무 활동이다. 즉, 대상이 종사원에서 개인으로 일터에서 환경으로 업무에서 조직으로 발전하는 것이 수행공학의 발전 형태이다.

수행공학의 모델은 조직의 결핍된 것을 진단하고 개선하려는 활동이다. 수행관리의 핵심 3요소는 직무분석, 직무설계, 과업분석으로 나누고 그 내용은 다음과 같다.

① 직무분석(job analysis)

직무분석은 인적자원관리의 시발점으로서, 종사원의 채용, 배치, 이동, 승진, 승급 등 인사관리 활동의 효율적인 수행에 필요한 직무의 정보자료를 수집하는 과정이라 할 수 있다. 따라서 직무분석은 기업 내 종사원이 담당하고 있는 각 직무의 성질 및 내용과 직무 수행상의 필요요건에 관한 직무정보자료를 수집하고 분석하는 과정으로서, 그 결과를 일정한 문서로 작성하는 일련의 절차 내지 과정이라고 할 수 있다.

또한 직무분석을 통하여 직무를 수행하는데 요구되는 지식, 능력, 기술, 경험, 책임 등을 감안하여 종사원의 전체적인 업무능력을 평가하기 위한 것이다.

직무분석과 구별되는 직무기술서(job description)는 직무분석을 통하여 얻은 직무에 관한 자료와 정보를 직무의 특성에 중점을 두고 정리, 기록한 문서이며, 직무표식(job identification: 직무명, 직무번호, 소속부서명 등), 직무개요(job summary: 다른 직무와 구별될 수 있는 직무 수행의 목적이나 내용의 약술), 직무내용(job content), 직무요건(job requirement: 직무 수행에 필요한 책임, 전문지식, 정신적, 신체적 조건 등)을 기술한다.

직무기술서(job description)는 직무 자체에 대한 정보를 기록하는 것이다. 직무의 성격은 어떤지, 직무에 요구되는 지식과 기술은 무엇인지, 직무의 전체적인 방향은 어떠한지 등을 기록하는 것이다. 이는 직무에 적합한 인재를 채용하기 위한 기초자료가 되기도 하며, 인재를 채용한 후 해당직무를 충분히 설명하기 위한 자료로 사용하기도 한다.

이를 종합해보면 직무분석은 업무를 맡은 사람을 평가하기 위한 것으로 이해하면된다.

② 직무설계(job design)는 기업 내 각 직무의 분석, 평가를 통한 직무의 합리적 편성과정으로서, 산업의 고도화 및 직무의 다양화와 노동형태의 변화에 따른 종사원의 직무 불만족 해소 및 소외감의 극복을 위해 제기된 직무수행의 변화과정으로 작업과 단위 직무내용 및 작업방법을 변경하는 것이다.

③ 과업분석(task analysis)은 사용자들이 어떤 일(task)을 어떻게 수행하는지를 관찰하여 이를 분석하는 것이다. 과업분석은 어떠한 시스템, 즉 제품 혹은 서비스를 사용자 중심 디자인을 개발하기 위해 사용자에게 실제적으로 주어진 일을 자신의 욕구를 충족시키기 위해 사용할 때, 특정 방법이나 목적, 요인을 가지고 어떻게 수행하는 지를 관찰하게 된다. 이를 바탕으로 어떤 목적을 사용자의 시각에서 개발하도록 하는 방법이다.

보다 구체적으로는 이러한 분석을 통하여 전체적인 목표를 위해 어떠한 과업이 필요하며, 어떻게 단위별 세부적으로 과업을 규명할 수 있는지를 설계할 수 있다. 이러한 과업수행을 분석하여 효과적인 수행을 측정하고 개선할 수 있다. 또한 시스템을 구성하는 인적자원에게 부여할 직무의 분석과 정의를 위한 방법이기도 하다.

수행관리의 목적은 조직의 수행요소를 확인하고 수행개선활동을 규명하며 업무분석을 통해 필요조건을 명시하여 과업의 기대수준을 설정하는 것이다.

인적 자원 개발의 태동은 세계적으로는 18세기 산업혁명과 더불어 새로운 노동자 계급 탄생 시점부터라고 해도 과언이 아니다. 국내에서는 1957년 미8군 내 한국인 종사자들을 위한 훈련과정의 개설부터라고 예측할 수 있다.

21세기는 인재확보 전쟁(the war for talent)시대이다. 20세기가 경제전쟁의 시대였다면, 21세기는 두뇌전쟁의 시대라고 할 수 있다. 두뇌전쟁에서 살아남기 위해서는 창의, 스피드, 지식이 중요하며 이는 결국 '사람, 인재(人材)의 문제'로 귀결된다.

더욱 더 치열해지는 시장경쟁 속에서 생존하려면 인적 자원이 얼마나 중요한지는 21세기 인적 자원 관리의 화두(話頭)이다.

향후 기업의 경우 역시 조직이 보유하고 있는 구성원인 사람, 즉 인적 자원을 어떻게 관리하고 개발하느냐에 따라 향후 그 성패가 결정된다. 무엇보다 기업은 구성원의 역량을 개발하고 스스로의 잠재력을 최고로 발휘할 수 있도록 체계적인 인적 자원 관리시스템과 교육개발에 더욱 힘을 쏟아야 한다. 어떠한 기업에도 경영의 주체는 사람인 만큼 인적 자원 관리와 개발이 뒤따르지 않는 기업의 개선이나 발전을 기대할 수 없기 때문이다. 기업의 측면에서는 인재확보 및 유지전략이 그 기업의 생존과 직결되는 문제이므로 기업의 사활이 걸려 있는 문제라고 할 수 있다.

경영이란 결국 돈, 기계, 설비, 정보 등 모든 자원 중에서 사람이 주체가 되어 매니지먼트(management)하는 것이기 때문이다. 'Good to great'의 저자 짐 콜린스 교수는 'First who(사람 먼저) … then what(다음에 해야 할 사업)'으로 표현하였다. 기업경영도 인재를 어떻게 확보하고 개발하느냐에 따라 그 성패가 결정된다고 볼 수 있다. 즉, 인적 자원을 잘 관리하고 개발하는 기업은 계속 번창하지만 그렇지 못한 기업은 쇠퇴할 수밖에 없다.

Case Study 잡 크래프팅 하라!!!

'원하는 직장에, 원하는 업무를 맡아, 원하는 환경에서 일하는 사람이 얼마나 되겠는가? 99.9%가 자신이 꿈꾸던 일과는 다른 일을 하게 된다.'

이는 직장인들이라면 거의 모든 사람에게 적용되는 현실이다. 원하던 회사가 아니거나 회사 안에서 적성과 다른 업무를 맡아 힘들어하는 직장인이 어디 한 둘인가?

잡 크래프팅이란 직장인 스스로 자신의 환경을 변화시켜 업무를 의미 있는 일로 바꾸는 활동이다. 잡 크래프팅을 하면 직장인은 일의 가치를 높여 주도적으로 일할 수 있고, 경영자는 조직의 성과를 극대화할 수 있다.

잡 크래프팅의 세 가지 방법으로는,

첫째, 일의 의미와 가치 찾기다. 디즈니랜드 청소부들이 자신의 일을 단순히 청소가 아닌 '행진이나 공연연출을 위한 무대 만들기'로 정의하고 일에 몰입한 사례는 유명하다.

둘째, 일의 범위와 난이도 조정이다. 일이 힘들다면 무엇이 문제인지 파악하고 해결하는 데 힘을 써야 한다. 정 견딜 수 없다면 이직이나 전직이 대안이지만 바꾼 일도 생각 외로 마음에 들지 않을 수 있기 때문이다.

마지막 방법은 고객 및 동료와의 관계 재설정이다. 회사라는 조직에 속한 만큼 동료와 일을 함께 해야 하는 것은 피할 수 없다. 회사 문제를 터놓고 상의할 수 있는 동료 한 명만 있어도 직장 생활 만족도는 크게 오른다.

잡 크래프팅이 성공하려면 회사동료의 신뢰와 지원이 필수적이다. 나만 편하려는 것이 아니라 조직과 동료에게도 가치가 있다는 공감을 얻어야 한다는 것. 그렇지 않으면 이기적인 사람이라는 딱지가 붙으므로 균형을 추구하는 지혜가 필요하다.

(자료 : 한국경제, 2014. 7. 14)

인적 자원을 관리해야 하는 중요한 요소는 다음과 같다.

① 조직 내의 많은 문제가 근본적으로 인간문제이다.

② 타 기업이 모방할 수 없는 기업 고유의 핵심역량이다.

③ 지식정보사회에서도 경영의 요체는 사람관리이다.

④ 사회적 압력에 대해 효과적으로 대처하도록 한다.

⑤ 기업경영의 글로벌화를 달성하는 데 핵심적인 관건이다.

기업조직의 구성요소는 크게 물적 요소와 인적 요소 두 가지로 구성되어 있다.

물적 요소(physical factors or physical resources)는 기업의 유형적인 자산으로 볼 수 있는 토지, 건물, 기계, 원재료 그리고 자본 등으로 이루어져 있다. 이들은 자연법칙이나 일정한 계량적 원리에 의해 관리되어진다.

인적 요소(human factors or human resources)는 무형적인 자산으로 볼 수 있는 인간자원으로 구성되어 있다. 인간은 감정을 가지고 있고 도덕적, 사회적, 인격적 존재라는 특징의 소유자이다. 따라서 인간은 여타의 자원에서 볼 수 없는 여러 가지의 능력, 즉 조정하고(coordinate), 통합하고(integrate), 판단하며(judge), 예상하는(imagine) 능력을 가지고 있다.

⏰ 표 3-1 인적 자원 관리의 변화 방향

구 분	전통적 인적 자원 관리	21세기 인적 자원 관리
인사 철학	• 인적 자원을 비용으로 인식 • 장사논리	• 인적 자원을 투자로 인식 • 기업 및 경영논리(기업가, 경쟁자)
경쟁 요소	• 만 명이 한 명 또는 만 명을 먹여 살리는 시대 • 규모 등 하드웨어가 기업 경쟁력의 원천	• 한 명이 만 명을 먹여 살리는 시대 • 핵심인재 등 소프트웨어가 기업 경쟁력의 원천
노동 시장	• 사람이 좋은 회사와 직업을 필요 • 평생직장, 이직에 대해 부정적	• 회사가 우수 인재를 필요 • 평생직업, 노동시장 유동성 증대
필요 인재상	• 주어진 틀 내에서 잘하는 인재 • 다수의 충성스러운 평균적 인재	• 신 비즈니스 틀을 창조하는 인재 • 전문성과 열정을 갖춘 핵심인재
채 용	• 순혈주의, 국내 인재 중심 • 신규 졸업자 대량 채용, 획일적 고용관계	• 혼혈주의, 글로벌 인재 확보 • 상시/중도 또는 직종별 채용, 고용계약의 다양화
승진, 승격	• 연공서열적 직급 운영	• 성과와 역량에 기초한 발탁인사 • 직책중심의 승진관리
인력 운용	• 정규직 중심의 일원적 관리 • 업무의 내부화	• 핵심인력과 비정규직 등 차별화 • 분사와 아웃소싱 활성화
노사 관계	• 대립적 갈등관계	• 생산적 협력관계

현대사회에서는 물적 자원이 고갈되고 기술의 발달과 함께 고도의 지식, 기능을 가진 인력이 요구되고 있다. 또한 노동력이 풍부하게 공급된다는 사고도 바뀜에 따라 인적 자원에 대한 관심이 높아지게 되었다.

인적 자원 관리 담당자는 종사원의 헌신과 역량향상, 종사원의 장기적 성장을 위한 경력설계, 안전증대, 경영층에게 종사원의 의견전달 등 역할을 수행하게 된다. 이를 위해서는 향후 인적 자원 관리 부문에 필요한 권한과 책임뿐만 아니라 세부 활동까지 제시하여 각 역할 간의 균형유지에 힘써야 한다.

기업이 성과를 향상시키는 데 있어 인적 자원의 관리를 여러 관점에서 살펴보게 된다. 이에는 인적 자원 관점, 조직과 구성원의 관점, 경쟁우위 원천 관점에서의 중요성을 알아보고자 한다.

첫째, 인적 자원에 대한 이해도에 따라 조직의 가치창출에 영향을 미치는 정도가 달라질 수 있다. 기업의 인적 자원에 대한 인식의 정도와 관리방법에 따라 인적 자원의 능력이 결정되어 진다. 다시 말하면, 인적 자원을 기업의 자산이나 자본으로 인식하게 되면 조직의 가치를 증대시키기 위해 우수인재의 확보를 비롯하여 모든 인사활동을 하기 위해 아낌없는 노력과 투자를 하게 된다. 이는 인적 자원의 개발성 측면을 고려하면 이에 소요되는 지출은 비용이 아닌 투자가 된다는 것이다.

둘째, 인적 자원 관리를 제도화해서 좋은 성과를 나타나게 하는 방법의 구상은 조직체는 물론 관리대상인 구성원 모두에게 중요하다. 왜냐하면 인적 자원 관리의 목표는 개인의 욕구와 조직의 욕구를 동시에 충족시키는 목표일치성(congruence)에 있기 때문이다.

셋째, 인적 자원을 경쟁우위(competitive advantage) 원천으로 보는 시각의 변화는 전체 경영활동에서 그 중요성을 인지하게 된다. 인적 자원은 조직의 고객을 만족시키는 주체적인 자산으로서 기업의 경쟁우위를 결정하는 핵심역량이다.

1 인적 자원관리

기업의 인적자원관리는 기업 활동의 성과를 좌우하는 활동이다. 기업이 자금과 기

계, 원료 등의 생산요소를 결합하여 가치를 창조하는 것은 이를 결합하는 인간의 정신적, 육체적 능력에 의한 것이며, 이들 성과는 개인의 능력이나 노력이 아니라 기업에 참가한 많은 상이한 활동을 하는 사람들의 협동에 의해 이루어지는 것이다.

이와 같이 인간이 조직을 통하여 각자의 능력을 발휘하는 과정을 적절히 기업 전체의 역할로 통합하는 것은 경영성과를 높이는데 불가결하면서도 가장 어려운 기능 중 하나이다. 그래서 외국의 어떤 경영자는 "경영은 물건을 관리하는 일이 아니라 사람을 관리하는 일이다"라고 강조하기도 했다. 이런 표현은 경영에서 인간 활동의 관리가 핵심이 된다는 것을 강조하고 있다. 기업의 규모나 업종에 따라 다르기도 하지만 어려움의 차이가 있을 뿐 그 중요성의 차이는 없다.

기업이 인적자원관리를 잘함으로써 기업의 성과를 높인다면 이는 바로 기업의 기본적인 기능, 즉 고객에게 보다 좋은 재화나 서비스를 보다 좋은 조건으로 제공하는 결과를 가져오게 되며, 이는 사회의 복지 수준을 높이는 기본방향이 된다. 그 결과 기업의 투자자들에게도 적합한 이윤을 제공할 수 있다.

기업에서 인적자원관리가 기업에 참가한 사람들에게 일하는 보람을 가지고 자신의 능력을 키우고, 그것을 직무를 통하여 발휘함으로써 기업도 발전하고 개인들도

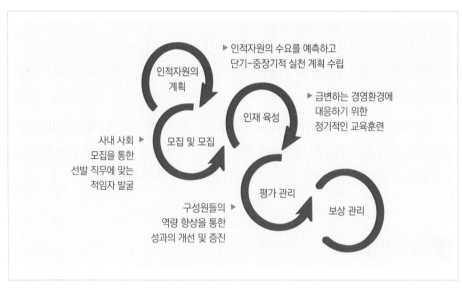

🏛 **그림 3-1** 인적자원관리 프로세스

경제적으로 만족하게 된다. 사회적으로도 원만하고 안정된 인간관계를 형성하면 보다 완성된 인간으로서 발전할 바탕을 만들 수 있다. 이렇게 볼 때 기업의 인적자원관리는 기업 자체의 목적뿐만 아니라 참가하는 사람들의 개인적인 목적도 실현하게 하는 중요한 수단이 된다.

② 인적자원계획의 중요성

인적자원은 기업이 필요한 시기에 쉽게 확보하는 것이 어려울 수 있다. 따라서 기업이 필요로 하는 인적자원을 적절한 시기에 좋은 인재를 확보하기 위해서는 공급의 어려움에 대한 대비를 철저하게 계획해야 한다. 학력이 좋고 좋은 대학을 졸업하였다고 무조건 좋은 인재라고 할 수는 없다. 좋은 인재는 기업이 원하는 인재상과 목표와 비전을 잘 이해하고 수행할 수 있는 인적자원이 좋은 인재라고 할 수 있다.

또한, 즉각적인 인적자원 공급의 문제를 해결하기 위해 지역대학과 연합하여 기업형 인재를 양성하고 육성하는 것이 시간과 비용을 줄이면서, 업무수행을 하는데 있어서 최대한의 시행착오를 줄이게 된다.

기업의 수요인력 충원이 체계적인 과정으로 인력수요 예측을 바탕으로 장·단기적인 인력계획이 필요하며, 시스템적 운영으로 최적의 인적자원을 확보하면서 공급의 어려움을 제거하는 것이다.

1) 인적자원 계획의 주체

① 인적자원 관리부서(인사기획부서)는 각 분야(본부 등의 조직단위)에서 필요로 하는 인력을 상세하게 확인하기 어렵다.

② 일선 관리자는 필요한 인적자원을 정확하게 파악이 가능하며, 언제 어느 시점에 어떤 인재가 공급이 되어야 하는지를 파악하고 있다. 따라서 필요한 인적자원에 대한 정보를 인적자원 관리부서에 전달함으로써, 부서에 필요한 인적자원 계획을 수립할 수 있도록 건의해야 한다.

③ 최고경영자는 조직 전체의 비전과 전략에 맞추어서 필요한 인적자원을 판단하고 결정하는데 있어서, 늦추게 되거나 축소하는 것은 서비스 실행에 있어서 매우 큰 손실로 이어질 수 있다.

2) 인적자원 계획시 주의할 점

인적자원 계획시 중요한 고려사항을 살펴보면 다음과 같다.

첫째, 현재 조직의 인적자원 구성에 대한 명확한 이해가 필요하다.

현재 조직이 보유하고 있는 구성원들의 역량 파악과 구성원들의 인원 수, 특정업무 수행이 가능한 적절한 인원 파악이 중요하다. 또한 구성원의 역량 정보를 체계적으로 수집 및 분석해야 조직의 필요한 인적자원 파악이 가능하게 된다.

둘째, 조직이 미래에 나아가고자 하는 방향을 알고 있어야 한다.

기업의 조직임원 모두가 기업의 비전 달성을 위한 필요한 인적자원에 대한 이해가 필요하다. 또한 전략 실행을 위해 필요한 인적자원의 역량과 인원을 알고, 언제 어떻게 선발할 것인지를 알아야 한다.

3) 인력과잉 해소방안

🖥 그림 3-2 인적자원계획 과정

인적자원의 과잉은 기업과 조직에 있어서 비용과 인력의 낭비가 심각해질 염려가 있다. 반대로 인적자원이 부족한 상황이 되면 서비스 실패와 기존 인력의 불평과 불만으로 인해 좋은 서비스를 제공할 수 없게 된다. 따라서 수요와 공급간 gap에 대한 파악이 필요하다.

인력과잉 해소방안에 대한 내용은 다음과 같다.

① 자연감소 : 구성원들의 사퇴·은퇴 후 채용을 진행하지 않는 것이다.

② 채용동결 : 채용동결이 장기화되는 경우 중간관리자 부족 현상이 발생할 수 있다.

③ 재교육 : 재교육을 통해 타 업무를 진행할 수 있도록 유도하는 방법이 있다.

④ 명예·조기 퇴직 : 정년에 도달하지 않은 구성원을 자발적인 의사에 따라 퇴직시키는 제도로서, 대상자에게 이익이 가는 경우 상대적으로 빠르게 진행될 수 있다.

- 장점으로는 인사 적체가 해소되고 신규 인력채용으로 인한 조직 활성화 가능성, 인건비 절감, 인적자원의 재배치가 가능하게 된다.
- 단점으로는 유능한 인적자원을 잃게 되는 경우가 발생하게 되고, 노사관계가 악화되는 경우가 발생할 수 있다.

⑤ Down Sizing : 경쟁력 강화를 위해 대규모의 인적자원을 계획적으로 감축하게 되는 경우이다. 장점으로는 인건비가 절감되고 기술발전으로 발생된 유휴노동력을 해소할 수 있다. 유의할 사항으로는 장기적으로 부정적인 결과를 초래할 가능성이 있다.

Case Study   디즈니랜드의 내부 마케팅

디즈니랜드는 매년 2,500만명이 방문하는 세계적인 명소이다. 이렇게 많은 방문객을 끌어들이고 있는 원동력은 여러 가지 볼거리도 있지만 무엇보다도 공원의 청결함과 디즈니랜드 직원의 친절하고 다정한 태도이다.

디즈니랜드는 우선 '고객은 옳다'라는 생각에 그 뿌리를 두고 있다. 조그만 어트랙션(attraction) 시설을

건설할 때도 언제나 이 시설에 대해 고객은 어떻게 생각할 것인가를 미리 염두에 둔다. 그리고 고객이 사진촬영을 하면 고객의 요청 없이도 다가가 대신 찍어주어 사진에 전 가족이 나오게 하는 것은 디즈니랜드 직원의 몫이다. 손님이 많아 팝콘을 정신없이 파는 동안에도 손님이 가까운 화장실을 묻는다면 팝콘 팔던 것을 중지하고 위치를 상세히 말해준다. 어떤 질문에도 고객의 어떤 행동에도 디즈니랜드 직원은 미소를 띠며 친절하게 응대한다.

디즈니랜드는 디즈니 직원이 합심하여 만들어간다는 말이 틀린 말이 아니다. 디즈니의 임원들조차도 일 년에 한 번씩은 티켓이나 팝콘을 팔며 손님을 대한다. 또한 사원을 되도록 해고하지 않고 다른 작업장으로 전근시키는 것을 원칙으로 하고 있다. 이는 사원을 디즈니 고객으로 인식하기 때문이다.

디즈니에서는 고객을 고객이라 부르지 않고 손님(guest)이라고 부르며, 놀이시설을 놀이시설(rides)이라 부르지 않고 어트랙션(attraction)이라 하며, 청원경찰은 안전을 위한 안내자(security host), 운전기사는 운전 안내자(transportation host), 식당 직원은 음식점 주인(food and beverage host) 등으로 부른다.

이는 한 마디로 전 직원이 디즈니의 주인(host) 역할을 한다는 것이다. 또한 모든 사원을 직원이라 부르지 않고 쇼 무대의 배우(cast member)라 호칭하며 사원이 작업을 수행하고 있는 것을 일이라 하지 않고 무대에서 공연이 있다고 말한다.

이는 전 직원이 합심하여 디즈니랜드 쇼를 연출한다는 것을 의미한다. 이러한 결과로 인하여 디즈니랜드는 과거 6년간 매출이 2배 이상 늘었고 이익은 5배가 증가하였다.

 전략적 인적 자원 관리

국경을 초월한 무한경쟁의 세계화, 국제화의 경영환경에서 국가와 기업 및 모든 조직들이 지속적인 성장과 생존을 위해서는 원하는 인재를 확보 및 유지하여 지속적인 생산성을 확대해 가야 한다. 이러한 관점에서 인재는 무한경쟁의 지식사회에서 기업 경쟁력의 생존력이라 할 수 있다.

기업에서 핵심적인 지식을 가진 인재들의 자발적인 역량 발휘가 사업의 성공요인이 되며 인재들이 성과 향상에 몰입하는 매력적인 회사를 만드는 것을 추구하는 소프트(soft)한 경영 메커니즘, 생산에서 전략으로, 전략에서 조직으로, 조직에서 사람이 중요시되는 인재육성이 중요하다.

인재관리 패러다임의 변화가 지속적으로 이루어지고 있다. 이는 양적 요소인 생산수단으로서의 노동에서 질적 요소인 지적 자산의 인식으로 변하고 있으며, 직장인의 개념에서 개개인의 시장가치 제고가 중요한 직업인 개념으로 변화하고 있다.

전략적 인적 자원 관리는 경영자가 인적 자원 관리시스템의 구성요소의 상호 간, 조직구조, 통제시스템, 문화, 조직의 전략 및 목표와 일치하도록 설계하는 과정이다. 기업이 전략적으로 인적자원을 확보하기 위해서는 조직에 어떠한 능력을 가진 인재가 필요한지, 필요한 인원 등을 계획하는 것이 중요하다. 또한 각 부서에 필요한 적절한 인원과 능력 등의 요소들을 파악하여 계획에 포함시켜야 한다.

우수한 인적자원의 육성은 모집과 선발, 훈련과 개발, 업적평가와 피드백 그리고 보상관리를 통하여 기업에 기여할 수 있는 인재를 개발할 수 있다. 그 내용은 다음과 같다.

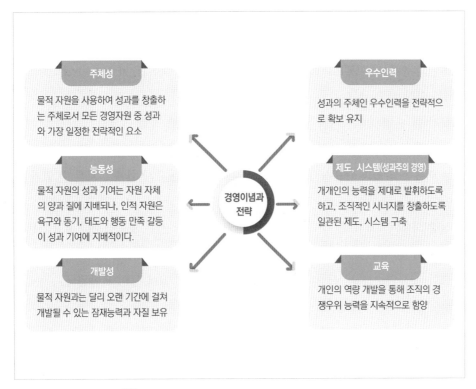

주체성
물적 자원을 사용하여 성과를 창출하는 주체로서 모든 경영자원 중 성과와 가장 일정한 전략적인 요소

능동성
물적 자원의 성과 기여는 자원 자체의 양과 질에 지배되나, 인적 자원은 욕구와 동기, 태도와 행동 만족 갈등이 성과 기여에 지배적이다.

개발성
물적 자원과는 달리 오랜 기간에 걸쳐 개발될 수 있는 잠재능력과 자질 보유

경영이념과 전략

우수인력
성과의 주체인 우수인력을 전략적으로 확보 유지

제도, 시스템(성과주의 경영)
개개인의 능력을 제대로 발휘하도록 하고, 조직적인 시너지를 창출하도록 일관된 제도, 시스템 구축

교육
개인의 역량 개발을 통해 조직의 경쟁우위 능력을 지속적으로 함양

🖥 그림 3-3　인적 자원 개발의 경영이념과 전략

1 모집과 선발

경영자는 종사원을 모집하고 선발하기 이전에 인적 자원 계획의 수립과 직무분석을 실시해야 한다. 인적 자원의 계획화는 경영자가 인적 자원에 대한 그들의 현재 및 미래의 수요를 예측하기 위해 참여하는 모든 활동을 포함하고 있다.

모집은 경영자가 개방된 직책에 대한 자격이 있는 지원자의 집단을 개발하기 위해 수행하는 모든 활동을 말한다. 선발은 경영자가 특정의 직무를 수행할 수 있도록 직무 지원자의 상대적 자격요건과 그 잠재력을 결정하는 과정이다.

2 훈련과 개발

조직의 구성원들이 직무를 효과적으로 수행하고 새로운 책임을 완수하여 변화하는 환경에 적응하는 데 필요한 지식과 기술을 갖추도록 하는 것이다.

훈련의 종류에는 OJT(On the Job Training: 직장 내 교육)와 OFF JT(Off the Job Training:직장 외 교육)가 있다.

직장 내 훈련(OJT)은 가장 널리 쓰이는 훈련방법으로 직접 근무하는 직장 내에서 훈련을 실시하는 방법이다. 이를 현장훈련이라고도 한다. 이 방법이 가장 많이 이용되는 이유는 방법의 단순성과 비용이 저렴하게 들고, 필요시 쉽게 실시할 수 있기 때문이다.

직장 외 훈련(Off JT)은 직장이나 현장을 떠나 외부의 전문 교육장소나 교육기관에서 훈련이 실시되는 방법이다. 이 훈련에는 강의실 훈련을 비롯하여 비디오와 영화, 발표회, 사례연구, 기타 시뮬레이션과 프로그램에 의한 교육 등이 포함된다.

3 적재적소의 배치

배치(placement)는 인적자원에 대해 수행해야 할 직무를 부여하는 것을 의미하며,

이동(transfer)은 일단 배치된 종사원을 필요에 따라 현재의 직무에서 다른 직무로 바꾸어 재배치하는 것이다. 인적자원의 배치 결정에서 중요한 점은 다수의 직무와 개인 간의 관계를 조화롭게 연결하여 개인의 만족감을 높이고 기업의 목표를 달성할 수 있도록 해야 한다. 또한 엄격한 선발과정을 거쳐 직무에 배치된 종사원에 대해서도 권태기를 느끼기 이전에 재배치 등 직무이동의 조치가 필요하다.

인적자원의 배치와 이동은 다음과 같이 네 가지 원칙을 이행해야 한다.

첫째, 적재적소의 원칙이다.

종사원이 가지고 있는 능력과 개인의 성격을 고려하여 적절한 직무에 배치함으로써 업무를 수행하는데 있어서 최대의 능력을 발휘할 수 있도록 해야 한다.

둘째, 능력주의 원칙이다.

종사원이 충분한 능력과 성과를 발휘할 수 있도록 하며 개인의 능력개발을 위해 교육과 훈련을 지속적으로 실시하여 업무수행에 효율적으로 활용할 수 있도록 지원해야 한다.

셋째, 인재육성주의 원칙이다.

종사원의 능력발휘를 최대화하기 위해 능력개발 및 경력개발을 통해 종사원의 잠재적인 능력을 발견하고 육성하도록 하여 기업에 필요한 핵심인력으로 육성할 수 있도록 지원해야 한다.

넷째, 균형주의 원칙이다.

종사원 개인과 기업 전체적인 면에서 조화를 이룰 수 있는 공평하고 평등한 배치를 함으로써 종사원들의 사기진작을 도모하여 업무를 성실하게 수행할 수 있도록 해야 한다.

4 인사고과와 승진

인사고과는 종사원의 능력과 성과를 평가하여 이들의 내재적 유용성을 평가하는 것을 의미한다. 인사고과의 목적은 적정한 인력을 적소에 배치하고 인적자원의 능력

을 개발하고 종사원들의 성과를 측정하여 보상에 반영하는데 있다.

또한 인사고과는 장·단기 인력계획의 수립과 종사원의 근로의욕을 자극하는데 많은 영향을 미치게 된다. 인사고과는 공정한 평가에 의해 종사원의 승진과 승급의 기준으로 사용할 수 있으며 다음과 같은 특징을 가지고 있다.

① 인사고과는 기업 내 사람을 대상으로 한다.
② 인사고과는 사람과 직무의 비교를 원칙으로 한다.
③ 인사고과는 상대평가로 실시한다.

인사고과는 특정목적에 맞도록 조정함으로써 객관성을 확보한다.

인사고과는 기업의 필요성과 고과목적에 따라 적절한 평가항목을 설정할 필요가 있다. 예를 들어 종사원의 보상을 목적으로 하는 인사고과의 경우 실제의 직무성과를 대상으로 할 수 있으며 종사원의 승진을 목적으로 평가하는 경우는 보다 장기적인 지표에 의해 평가하는 것이 합리적이다.

최근 서비스 기업에서 활용하고 있는 인사고과의 추세는 상급자에 의한 평가보다 수평적 평가와 하급자에 의한 상급자 평가 등 다면적 평가방법을 사용하고 있다. 이러한 평가방법은 서비스기업의 경우 팀워크나 조직 분위기 조성, 종사원의 임파워먼트 확대에 중요성을 두기 때문이다.

승진은 현재 담당하고 있는 직무보다 책임과 권한이 더 많은 상위의 직위로 이동하는 것이다. 승진은 권한과 책임의 증대뿐만 아니라 위신의 증대, 급여나 임금의 증가 등이 뒤따르는 것이다.

승진 및 승급은 공정하고 객관적인 인사고과제도의 운영을 전제로 실시해야 한다. 조직 내에서의 발전이라는 관점에서 승진과 승급은 조직구성원의 만족감과 직무의욕을 고취시키는 역할을 하는 동시에 동기부여 수단이 된다.

승진제도에는 직무중심의 능력, 경험, 숙련 등에 따라 직무승진제도, 근무연수, 학력, 경력, 연령 등 사람중심의 연공서열 승진제도, 직무중심의 합리성과 연공서열의 인적 요인 두 가지를 절충한 자격승진제도 및 대용승진제도 등을 들 수 있다. 승진제도는 조직의 구조를 변화시킬 수 있는데 종사원의 사기저하나 불만족, 유능한 인재의 유출을 피하기 위해 조직구조를 개편하는 경우도 있다.

현대산업 서비스경영

5 업적 평가와 피드백

구성원에 대한 기대와 비교하여 그들의 업적을 측정하고 기록하고 평가하여 구성원들에게 피드백(feedback)시키는 일련의 과정으로서 이는 구성원의 여타 인적 자원의 관리활동에서 결정적인 기준이 되므로 신중하게 실행되어야 한다. 업적의 평가는 종사원의 직무에 대한 성과와 조직에 대한 기여도의 평가이다.

6 보상관리

기업이 종사원의 공헌과 성과에 대한 대가로 지급하는 모든 것을 말하며, 여기에는 대표적으로 임금과 상여금 그리고 복리후생과 관련된 급여들이 포함되어 있다.

1) 임금의 수준

임금(wage)은 근로자가 사용인에게 노동력을 제공하고 이의 반대급부로 사용인으로부터 수령하는 금품의 일체를 말한다. 임금은 종사원에게는 생계유지와 사회적 욕구충족의 수단으로 사용되며, 기업 측면에서는 비용요소인 반면에 생산성 요소로서의 중요성이 있으며, 사회적으로는 사회의 번영과 안정의 척도로서 그것을 뒷받침하는 요소로 중요성을 갖는다.

임금 수준은 기업의 인건비 지불 총액을 그 기업의 종사원 수로 나눈 일인당 평균임금액을 말한다. 임금 수준은 사회의 경제적 환경과 노동시장의 상태, 경쟁회사의 임금과 노동조합이나 정부의 각종 법규를 고려하여 정해지며 내부적인 경영전략이나 생산성, 기업의 재정상태 등에 의해 영향을 받게 된다.

2) 복지후생

복지후생은 종사원이나 그 가족들의 생활수준 향상이나 삶의 질 향상을 위하여 정규임금 이외의 간접적인 제 급부를 말한다. 즉, 종사원의 건전한 노동력의 확보와

기업의 유지, 발전을 통한 생산성의 향상 및 근로조건의 개선, 근로생활의 질 향상, 노사관계의 안정화 등의 목적으로 이루어진다. 이는 종사원에 대해 지급되는 노동의 대가로서의 임금이 아니라, 정규로 지급되는 임금 이외의 보상적인 성격으로 부가적 급부라고 할 수 있다. 복지후생은 종사원의 경제적인 안정과 그들의 삶의 질(quality of life)을 향상시키기 위한 보상의 형태이다.

국가 사회보장차원에서 정부가 기업에 대하여 법률로 명시하여 실시를 강제하고 복지후생제도를 하는 법정복지후생제도를 실시하고 있다.

우리나라의 기업들은 법적으로 보장하는 복지제도인 4대 보험으로 의료보험, 연금보험, 산업재해 보상보험, 고용보험을 기본적으로 종사원들에게 제공해야 한다. 그리고 이러한 법정 복지후생제도 외에 각 기업에서 결정하는 다양한 복지제도를 제공하게 되는데 이는 기업의 재정상황과 종사원의 복지를 향상시키기 위한 것으로 기업의 경영상황에 따라 다르게 적용된다.

3) 노사관계

노사관계는 노동력을 제공하는 노동자의 집단인 노동조합과 노동력을 사용하는 사용자 집단 간의 관계, 즉 노동자와 사용자와의 양자 관계를 의미한다.

노사관계는 근본적으로 협동적 관계와 대립적 관계라는 양면성을 띠고 있다. 생산적 측면에서 보면 협동적 성격을 띠고 있지만, 성과분배 측면에서는 대립적 관계를 가지고 있다. 또한 기업조직에서 생산목적을 달성하기 위해 근로자는 종사원으로서 경영자의 명령이나 지시에 복종해야 하는 반면, 고용조건의 결정, 운영 및 경영참여 등의 면에서는 대등한 관계가 법적으로 보장되어 있다.

4) 단체교섭제도

단체교섭제도는 경영참가제도, 경영협의회제도 그리고 노사협력제도의 대표적인 것으로 기업에 노동력을 제공하는 근로자의 단체인 노동조합을 말한다.

노동조합은 단결권, 단체행동권을 배경으로 하여 노동력을 고용하는 입장에 있는 사용자와 노동력의 거래조건, 즉 임금, 근로조건 및 기타 근로조건을 일괄하여 결정하는 과정을 행한다.

서로 협의가 되지 못해 쟁의행위가 발생하며 쟁의행위에는 파업(strike), 태업(sabotage), 불매운동(boycott), 준법투쟁 등이 있으며, 이에 대항하는 기업 측의 행위로는 직장폐쇄(lock-out) 등이 있다.

7 서비스 종사원의 역할 모호성

1) 역할 모호성의 정의

관리자나 상급자가 무엇을 원하며 그 기대를 어떻게 하면 충족시킬 수 있는가를 모르는 정도를 말한다. 종사원이 자신에 대한 기대는 물론 성과가 어떻게 측정, 평가되는지도 알지 못하는 것이다. 정보나 훈련 부족으로 업무수행이 어려우면 역할에 대한 모호성이 발생하게 된다.

2) 역할갈등의 정의

역할갈등은 양립될 수 없는 두 가지 이상의 기대가 개인에게 동시에 주어졌을 때 발생한다. 고객과 접촉하는 종사원은 기업과 고객을 연결하여 양자의 요구를 동시에 만족시켜야 하기 때문에 담당자는 직무에서 역할갈등을 느끼게 된다.

3) 역할갈등의 발생원인

역할갈등이 발생하는 원인은 다음과 같은 상황에서 발생할 수 있다.

첫째, 서비스 표준이 제대로 의사소통이 되지 못할 때 발생할 수 있다.

둘째, 서비스 표준이 우선순위 없이 너무 많이 존재할 때 발생할 수 있다.

셋째, 서비스 표준이 성과측정, 평가, 보상시스템과 연결되어 있지 않을 때 발생할 수 있다.

넷째, 서비스 표준이 존재하지 않거나, 직원 상호간에 원활하게 커뮤니케이션 되지 않을 때 발생할 수 있다.

다섯째, 성과에 대한 기대를 분명히 모르거나, 기대를 충족시킬 방안을 모르거나 또는 직무행위의 성과를 모를 때 발생할 수 있다.

여섯째, 개인이 역할과 관련된 충분한 정보를 가지고 있지 않을 때 역할의 갈등이 발생할 수 있다.

4) 역할갈등의 개선방안

역할갈등을 해소하고 원활한 업무수행을 하기 위해서는 다음과 같은 방안으로 탈피할 수 있다.

첫째, 하향적 의사소통과 교육 훈련으로 역할갈등을 개선할 수 있다.

둘째, 종사원의 역할을 명료하게 설정하고 정확하게 확립해야 한다.

셋째, 서비스 표준의 우선순위를 명확하게 설정해야 한다.

넷째, 핵심 서비스 표준의 측정과 보상으로 공정하게 진행될 수 있게 조치해야 한다.

다섯째, 종사원에게 성과에 대한 기대를 확실하게 인지시켜야 한다.

💡 인재 관리 10대 원칙

다음에서 제시되는 10가지 원칙은 인재 확보라는 거창한 구상에서 전략적 현실로 바꿔놓기 위한 새로운 전략이라 할 수 있다.

1. 진정한 의미에서 사람을 우선적으로 하라.

 '사람은 우리의 기업에서 가장 중요한 자산이다'라는 말은 기업들이 진정으로 실천할 사항이나, 어떻게 시간을 투입해야 하는지에 대해서는 심각하게 생각하지 않았다. 사람을 우선으로 생각한다고 할 때의 '우선'에는 특별한 의미가 있다. 이는 곧 '사람문제'를 올바르게 처리한다는 것이다.

2. 완전히 몰두하라.

 인재 찾기에서 가장 중요한 특징을 꼽는다면 관심 혹은 소요된 시간이다. 인재를 찾고자 한다면 많은 시간과 노력 그리고 투자를 해야 한다. 기업이 좋은 인재를 유입하기 위해서 최선의 노력을 기울여야 한다.

3. 최고의 인재를 찾아라.

최고의 기업을 만들기 위해서는 최고의 인재를 찾아야 한다. 이것은 관리직이든 생산직이든 동일하게 적용되는 원칙이다. 훌륭한 인재는 어느 수준에 미치지 못하는 사람들을 호의적으로 대하지 않으므로 직원들에게 혜택을 베풀어야 한다.

최고의 인재는 쉽게 발견되지 않을 뿐만 아니라 쉽게 만들어지지 않는다. 직원들의 능력과 업무를 원활하게 수행하기 위해서 아낌없이 투자하는 것이 중요하다.

4. 잔류인원을 추려내라.

NFL 팀에 새로운 감독이 영입되면 이 신임 감독이 셋 이상의 코치를 잔류시키는 경우는 거의 없다고 한다. 신임 감독은 자신의 새로운 방침으로 팀을 새로운 분위기로 바꿔놓기 위해 노력한다. 감독은 경기에서 승리하기 위해 코치와 선수 진영에서 새로운 인재를 찾는다. 새로운 지도자가 영입될 경우 기존 멤버들을 모두 퇴출시켜야 할까? 물론 그렇지는 않다. 하지만 연공서열에 따라 혹은 서로 결탁해 진급하는 식으로 돌아가는 기업이 외부에서 새로운 인재를 영입할 경우는 종종 그렇다. 따라서 새로운 리더가 데려오는 신참자의 수는 다르더라도, 새 리더가 자신의 사람을 선택하는 권리만은 반드시 보장해 주어야 한다.

5. 무형자산에 초점을 맞추어라.

훌륭한 리더는 단순한 통계숫자보다 분명히 지목할 수 있는 어떠한 요소들을 찾는다. 인재들에게서 약간의 능력이 부족하더라도 철저하게 무장된 정신력과 충만된 자세만 있으면 어떠한 어려운 상황이라도 극복해서 이겨낼 수 있다.

6. 평가를 진지하게 하라.

기업의 예산을 평가할 때처럼 철저한 과정을 통하여 인재를 평가하는 시스템을 갖추어야 한다.

7. 보상하라.

직원들에게 막대한 급료를 제공하면 인재확보 전쟁에서 절대 이길 수 없다. 종사원에게 있어서 가장 중요한 것은 기회이다. 각 개인에 있어서 좋은 기회가 주어지면 비상한 용기를 발휘하게 되고, 이에 따라 충분한 보상을 받게 된다. CEO로서 조직에 변화가 이어지기를 기대한다면 조직 구석구석을 잘 살펴 우선 선두가 될 사람을 찾도록 한다. 마음속에 오랜 갈망과 열정을 담고 있는 예비 혁명가들은 다른 구성원들이 따를 수 있는 길을 뚜렷이 알고 있을 것이다.

8. 최고의 기준을 설정하라.

뛰어난 사람을 채용하라. 그들이 원대한 과업을 성취할 수 있도록 격려하라. 그리고 불합리할 정도로 높은 기준을 설정하라. 이 원리는 스포츠에서, 공연장에서, 발레에서 모두 적용되고 있다.

9. 인적 기술에 보상을 제공하라.

사람을 잘 다루는 사람이 있는가 하면, 그렇지 못한 사람도 있다. 인재관리에 성공하기를 바란다면, 인재개발 기술이 뛰어난 직원에게 승진 혜택을 주어야 한다. 이들은 부드럽지는 않다. 사실 이들 가운데 가장 뛰어난 사람들은 대단히 강인하며 지나칠 만큼 성과 지향적이다. 이들은 가능한 한 최고의 인재를 모으는 일에 집중한다. 또한 종사원 가족을 배려하는 일과 지역사회의 관심사에도 기꺼이 시간을 투자한다. 사람들은 자신을 기분 좋게 해주는 리더와 조직에 이끌리며 그러한 곳에 몸담기를 원하고, 그곳에서 최고 수준의 능력을 발휘한다.

10. 리더가 될 기회를 창출하라.

리더를 만들어 내는 방법은 직원들에게 리더가 될 기회를 제공하는 것이다. 좋은 인재를 찾아서 그 사람에게 어떤 일의 책임을 부여해보라. 평균적인 복합 프로젝트일 경우 문제의 연속이라고 할 수 있다. 이 말은 곧 리더십을 발휘할 기회가 대단히 많다는 뜻이다. 해당 프로젝트를 여러 개의 소과제로 나누어서 신기술에 대한 해박한 지식과 약간의 패기를 갖춘 사람을 발탁해 책임을 부과해 보라. 여기에서 발탁된 사람의 나이가 24살이라고 가정했을 때 어리다고 문제가 되지는 않는다. 왜냐하면 리더십과 나이는 아무런 관계가 없기 때문이다.

5 서비스 기업의 인사관리시스템

1 모집관리

모집(recruitment)은 선발을 전제로 하여 직무수행에 적합한 능력 있는 종사원을 조직 내부로 유인하는 과정이다. 모집은 조직체의 목적달성에 기여할 수 있는 인력의 공급원천을 개발하는 한편 조직체에 관심을 가지고 일할 수 있는 기회를 만들어가는 과정이라고 할 수 있다.

기업이 존속하고 성장하기 위해서는 우수한 인력을 확보하기 위한 기업의 이미지 향상과 일하기 좋은 직장이라는 인식을 주어서 선호하는 기업의 면모를 갖추어야 한다. 좋은 인재를 확보하기 위한 모집활동의 주요 영향요인에는 모집규모, 근로조건과 임금, 새로운 전략의 개발로 요약할 수 있다.

① 모집의 규모

대기업의 경우 모집의 규모가 크고 모집활동과 관리절차가 매우 복잡하다. 그리고 그에 소비되는 비용과 시간 관리적 업무절차에 대해 소비되는 부분이 상당히 크다고 할 수 있다. 상대적으로 규모가 작은 중소기업의 경우 필요시 수시로 채용하는 경우가 많다. 지금처럼 불경기가 지속되는 경우에는 대기업 역시 대규모의 모집보다는 필요한 인력을 인력전문기업이나 인재 pool을 이용하여 채용하는 경우가 늘어나고 있다.

② 근로조건 · 임금

근로조건과 임금 그리고 복지혜택 등의 요인에 따라 우수한 인재의 확보와 이직에 많은 영향을 미치게 된다. 기업에서 제공하는 근로조건과 환경, 인적 자원에 대한 다양한 복지혜택은 직무에 대한 만족감을 제공하면서 업무의 효율성과 이직에 대한 욕구를 감소시키는 데 많은 영향을 미치게 된다. 이러한 요소들은 기업의 우수한 인재모집활동에 직접적인 영향을 미치게 됨으로써 기업이 성장

하는 데 크게 작용하게 된다.

③ 새로운 전략의 개발

글로벌화로 인한 기업의 성장 영향으로 다양한 인재들 모집의 필요성이 제기되고 있다. 따라서 모집활동에 대한 새로운 전략이 개발되어야 하는 것은 당연하다. 새로운 전략개발은 현재의 직무에 맞는 인재를 확보하기보다는 미래 기업의 사업에 적합한 인재를 확보하는 전략이 필요하다.

이러한 개발의 원천과 우수 노동력의 확보전략에 초점을 맞추면서 이들을 장기적으로 유지 발전시킬 수 있는 방안이 확보되어야 한다.

1) 내부 모집활동

조직의 인력은 수시로 변하기 마련이다. 인력의 변화는 퇴직, 이직, 승진, 배치전환, 휴직, 질병 등으로 변동한다. 또한 조직의 확장이나 새로운 기술도입 등 조직의 변화 등에 의해 변하게 되는데, 가능한 내부 인력으로 충원하는 것이 바람직하다고 볼 수 있다. 하지만 내부 인력의 한계로 인해 외부 인력의 충원도 중요한 요소라고도 볼 수 있다.

① 내부 모집의 장점

- 종사원의 고과기록으로 정확한 능력을 인지할 수 있다.
- 종사원의 사기를 높여주고 동기부여를 할 수 있다.
- 시간과 비용을 절감할 수 있다.
- 환경적응에 대한 시간을 줄일 수 있다.
- 능력개발을 촉진시킬 수 있다.

② 내부 모집의 단점

- 내부 직원들 간의 승진경쟁으로 인한 불편한 관계가 조성된다.
- 조직에 변화가 없어 조직의 경직과 침체의 위험이 있다.
- 모집범위가 제한되어 유능한 인재 확보가 어렵다.
- 연고주의로 파벌주의를 형성할 수 있다.

2) 외부 모집활동

외부 인력의 대상은 광고, 전문고용알선기관, 학교, 대학, 전문단체 그리고 자발적인 응모자를 포함한다.

① 외부 모집의 장점

- 외부 인력의 유입으로 새로운 지식과 정보를 제공한다.
- 새로운 조직 분위기를 조성하게 된다.
- 다양한 경험을 가진 인재를 확보할 수 있다.
- 모집범위가 넓어 우수한 인재를 선택할 수 있다.

② 외부 모집의 단점

- 많은 비용과 시간이 소요된다.
- 업무에 적응하기 위한 시간과 노력이 필요하다.
- 내부 직원의 사기가 저하된다.
- 기존 직원과의 갈등이 발생할 확률이 높다.

2 교육훈련

1) 교육훈련의 의의

기업환경의 변화와 기업규모의 확대 그리고 경영활동이 동적이고 전문화되고 있는 과정에서 경영성과를 향상시키기 위해 인적 자원에 대한 육성 개발이 필요하다. 인재 육성 개발에는 대상의 직무 특성이나 권한과 책임 그리고 역할 등에 따라 교육, 훈련, 개발의 개념으로 사용되고 있다. 이에 대한 정의는 다음과 같다.

교육(education)은 직무에 필요한 기초적 전문지식은 물론 일반교양 교육을 포함하며, 인간의 전체적인 잠재능력을 개발하기 위해 정기적인 관리가 필요하다. 또한 교육으로 인한 인간적, 보편적, 장기적인 면은 물론 지식의 향상과 그에 대한 다양한 결과를 기대할 수 있다.

훈련(training)은 새로운 직무를 맡게 되는 신입사원 훈련이나 현직 종사원을 대상으로 하여 필요한 업무능력을 수행할 수 있는 수준에 도달할 때까지 끌어올리는 것이다. 훈련은 인간관계의 개선을 주목적으로 하기 때문에 교육에 비하여 그 한계와 범위에 대한 한계가 있다고 볼 수 있다.

개발(development)은 교육과 훈련을 포함하는 광범위한 개념으로 주로 경영자의 능력개발과 관련시키는 경우가 많다.

교육훈련은 신입사원의 회사와 업무에 대한 빠른 적응, 신기술과 기법에 빠른 적응, 종사원의 다양한 기술과 능력습득, 그리고 종사원의 직무만족 등에 효율적인 효과를 주게 된다.

서비스 인적 자원에 필요한 교육훈련으로 기대되는 것으로는

① 종사원의 잠재적인 능력 개발

② 정기적인 교육으로 서비스의 질 강화

③ 서비스 직무에 필요한 지속적인 교육훈련

④ 조직의 비전과 가치의 확산을 위한 교육훈련

⑤ 자기계발로 인한 직무만족

2) 교육훈련의 필요성

교육훈련은 기업의 관점에서 종사원의 능력을 향상시키게 되면서 개인의 능력과 생산성을 높일 수 있으며, 이로 인한 조직의 성과를 달성할 수 있게 한다.

종사원의 입장에서는 지식과 기술의 습득으로 인해 자신의 능력을 향상시키게 되어 성장 욕구나 성취 욕구를 충족시키게 된다. 이러한 관점에서 볼 때, 기업의 경쟁력은 인적 자원에 의해서 발전할 수 있고 차별화된 경쟁우위를 확보할 수 있게 된다.

교육훈련의 필요성은 직무기술과 연관되어져야 하기 때문에 직무분석에서 이루어지는 직무요건이 명확하게 이루어져야 한다. 교육훈련의 일반적인 필요성은 기업 차원에서 교육훈련의 목표를 설정할 때 구체화되어야 함을 인식할 수 있다.

교육은 종사원에게 객관적인 지식을 습득시키는 것이고 훈련은 현재를 중심으로 한다. 개인의 현재 직무에 초점을 맞추어 주관적인 경험을 강화하여 즉각적으로 업

무에 적용될 수 있도록 특정한 능력과 기술을 강화하는 것이다.

모든 종사원을 대상으로 하는 서비스 교육훈련을 실시함으로써 얻어지는 효과는 다음과 같다.

첫째, 교육을 통하여 전반적인 정보나 규정 등에 관한 기본적인 내용과 개인이 담당해야 할 직무에 관해 파악할 수 있다.

둘째, 교육훈련을 통하여 서비스에 대한 이론적인 내용은 물론 실습을 병행하여 실무에 직접적으로 활용할 수 있도록 한다.

셋째, 종사원들의 자발적인 참여는 자신의 잠재능력을 찾아낼 수 있으며, 성취감과 업무의 효율성을 가지게 됨으로써 직무에 만족감을 가지게 된다.

넷째, 개인의 능력 향상으로 인해 내부이동이나 승진의 기회를 가질 수 있다.

3) 경력개발

경력(career)은 특정직무나 직종과 관련된 지식과 전문성, 경험 및 삶의 과정으로 정의된다. 경력개발(career development)은 개인의 특정 직무나 직종과 관련된 능력과 전문성 및 자기발전 능력의 개발, 설계과정 또는 축적과정이라고 정의한다.

경력개발은 직원의 미래 업무 수행에 필요한 지식, 기술, 역량 등을 개발하기 위해서 개인과 조직이 함께하는 활동이다.

경력개발은 직원들에게 만족을 주어 그들로 하여금 조직에 대하여 최대한의 공헌을 할 수 있는 직위(position)로의 이동인 점에서 전환배치와 비슷하다. 하지만 경력개발이 다양한 작업 및 직무환경을 통해 직원의 능력개발을 목적으로 한다는 점에서 전환배치와는 다르다.

경력개발은 개인의 능력개발과 조직의 경력관리상에서 여러 가지 의미를 가지고 있으며, 그 내용은 다음과 같다.

첫째, 경력개발은 직원의 능력을 개발시키는 교육훈련으로서의 의미를 가지고 있다. 즉, 조직은 경력개발을 통해 자기계발을 유도할 수 있는 장점이 있다.

둘째, 경력개발을 동기부여의 기법으로 사용한다.

조직은 경력개발을 통해 직무의 반복적 수행에서 오는 단조로움(권태감)을 벗어나

게 할 수 있으며, 보다 나은 직무 또는 다른 종류의 직무로 전환시켜 줌으로써 동기부여를 시키는 매우 유용한 기법이다.

셋째, 조직은 경력개발을 통해 적재적소의 인사관리를 할 수 있다.

직원은 경력개발을 통해 자신의 능력발휘와 다양한 능력의 함양으로 미래의 관리자로 양성될 수 있는 기회를 가질 수 있다.

경력개발은 기업이 필요로 하는 우수한 인적 자원을 확보하고 효율적으로 배치하여 성취동기를 관리하는 활동이다.

경력개발은 종사원들에게 자기발전을 위한 목표가 된다. 종사원들은 목표달성을 위해 보다 높은 충성도를 발휘하게 된다.

결과적으로 경력개발은 종사원들에게 조직과 직무에 대한 만족감을 높여주며, 직무성과를 향상시킴으로써 조직 욕구와 개인 욕구를 달성시키고 조직의 유효성을 높일 수 있다.

③ 인사고과 관리

1) 인사고과의 의의

인사고과는 업적평가라고도 하는데, 종사원의 현재 능력과 잠재능력을 평가하는 방법이라고 할 수 있다. 평가방법에는 직무평가와 인사고과가 있다.

직무평가는 직무 자체의 중요성을 평가하는 것이지 직무를 맡고 있는 사람을 평가하는 것이 아니다.

인사고과는 업무를 담당하는 사람, 즉 종사원의 업적과 능력 그리고 장래성 등을 평가하는 것이다.

2) 인사고과의 중요성

인사고과의 중요성은 능력개발, 업적향상, 종사원의 처우에 대한 중요한 기초자료로 활용하게 된다.

첫째, 인사고과는 종사원의 능력개발을 촉진하는 자료로 활용하게 된다.

기업은 일정한 기간 동안 종사원에 대한 능력과 적성, 그리고 업적과 업무태도 등에 대한 정보를 수집하게 된다. 이 정보를 통하여 종사원의 업무에 대한 적성과 효율성 등을 파악하여 그에 필요한 지식과 기술 등을 교육하여 종사원의 능력개발을 촉진하는 자료로 활용한다.

둘째, 인사고과는 업적 향상을 위한 자료로 활용하게 된다.

경영자는 개인이 수행한 업무의 능력이나 자질을 토대로 하여 업무수행 결과를 평가하게 된다. 이러한 업무에 필요한 능력이나 자질을 냉정하게 평가하여 정확하게 알려줌으로써 취약한 부분에 대한 보충으로 인해 훌륭한 업적을 달성할 수 있는 기회를 제공하게 된다.

셋째, 인사고과는 종사원의 처우 개선을 위한 자료로 활용하게 된다.

현대의 기업들은 개인의 능력에 의해서 승진이나 보수가 결정되는 추세로 전환되고 있다. 특히 성과급 제도를 우선시하는 기업의 경우 임금, 승진 그리고 인사이동 등을 결정하는 데 있어서 인사고과는 매우 중요하다.

④ 인적 자원 관리의 환경

인적 자원 관리는 여러 가지 상황에 의해서 좌우되는 경향이 많다. 따라서 기업 차원에서는 다양한 변수와 사회적 여건 등을 고려하여야 하며, 이에 대한 환경에 빠르게 적응하고 변화를 두려워 해서는 안된다. 인적자원관리에 대한 변수는 경제여건의 변화, 노동시장 특성의 변화, 노동력구성의 변화, 가치관의 변화, 정부의 개입 그리고 기술발달과 혁신으로 구분된다.

1) 경제여건의 변화

인적 자원 관리와 관련되는 기업의 경제여건 변화는 기업의 경쟁력 확보를 위해 추진되는 글로벌화 내지 세계화 추세로 인하여 인적 자원 관리에도 많은 영향을 주고 있다. 기업들은 글로벌화에 적합한 인재를 확보하기 위해 다양한 형태의 인재 선

발방법을 고안해 내고 있다. 그에 대한 인적 자원 관리에도 많은 변화를 주기 위해 노력하고 있다.

2) 노동시장 특성의 변화

인적 자원 관리에서의 노동시장의 유연화이다. 급변하는 경영환경 속에서 기업이 생존하기 위한 방법으로 경영의 유연성이 필요하다. 그중에서도 인적 자원의 유연성은 가장 중요한 요소라고 할 수 있다. 종사원들의 욕구와 기업의 요구를 적절히 조화시키는 것이 중요한데 이에는 다운사이징, 리엔지니어링, 비정규직 등이 있다.

3) 노동력 구성의 변화

인적 자원 관리에 영향을 주는 노동력의 구성 변화는
① 노동력의 중·고령화 현상
② 교육수준의 향상과 고학력 실업의 증대
③ 산업구조 측면에서 사무직, 관리직의 수 증가
④ 여성 노동인력의 증가현상 등이다.

4) 가치관의 변화

오늘날의 경제적 규모와 세계에서의 경쟁력 확보가 근로자들의 가치관을 형성하는 데 있어서 많은 영향을 주게 되었다. 기성세대들 경우는 한번 들어간 직장에서 오랫동안 열심히 일하는 사람이 존경받고 성실한 사람으로 인식되었다고 한다면, 지금의 MZ세대들은 신분이나 직위에 구애받지 않고 일에 대한 자부심과 성취욕이 강한 특징들을 가지고 있어 기업들도 이러한 요소들을 감안하여 인적 자원을 관리하는 데 있어서 변화되어야 할 부분이다.

5) 정부의 개입

우리나라의 노동시장 관련 법규는 직업안정이라는 국가목적을 달성하기 위해 기업의 인적 자원의 확보, 개발 그리고 유지 측면에 많은 영향을 미치고 있다.

또한 개별적 근로관계법인 근로기준법, 최저임금법 등 인적 자원 관리의 제 기능인 인적 자원의 확보, 개발, 보상, 인력 유지에 대해 제약을 가하고 있다.

6) 기술발달과 혁신

최근의 정보기술의 발달은 기업의 제품 및 서비스 생산에 많은 영향을 미치고 있다. 과거 단일품종 대량생산 체제에서 현재는 다품종 소량주문 생산체제로 변화되는 과정에 있다. 이는 정보기술의 발달과 IT 기술이 진화되면서 소비자들의 욕구 변화는 물론 소비자들의 편의를 추구하는 제품과 서비스를 개발하는 데 혁신적인 역할을 하고 있다.

5 인적 자원 관리의 트렌드

IMF 경제위기 이후 우리나라 기업에서 나타나고 있는 인적 자원 관리 제도상의 변화들은 과거의 연장선상에서의 점진적인 변화라기보다는 새로운 혁신의 성격에 가깝다. 이러한 혁신적인 제도 변화를 이끌어내고 있는 인적 자원 관리의 변화를 살펴보면 다음과 같다.

첫째, 연공주의에서 능력·성과 위주로 변화하고 있다.

학력, 연령, 근속연수 등을 중심으로 하는 연공주의 위주의 인적 자원 관리가 진행되어 왔다. 하지만 경제체제의 변화와 경영환경이 변화되면서 보다 효율적인 인적 자원 관리의 필요성에 의해서 변화가 일어나면서 개인과 팀별 위주의 능력과 성과 위주의 인적 자원 관리로 변화하고 있는 것이다.

능력과 성과 위주의 변화가 일어나면서 가장 큰 변화는 임금제도이다. 개인과 팀의 능력과 성과에 따라 임금을 차별화하는 제도인 연봉제의 선택이다. 연봉제는 동일한 직급에 속하는 종사원의 임금이 연공에 따라서 지급되는 것이 아니라 능력이나 성과에 따라 차별적으로 적용되고 매년 개인의 능력과 성과에 따라 개별적인 협상을 통하여 연봉이 결정되는 것을 말한다. 또한 승진이나 승급의 경우도 이에 따라 능력이나 성과를 우선시 하는 기업들이 증가하고 있다.

둘째, 평생직장에서 평생직업으로 변화하고 있다.

21세기에 들어서면서 지식과 정보통신의 발달로 혁신이 곳곳에서 일어나고 지식을 기반으로 하는 산업이 확대되면서 거의 모든 분야에서의 고용형태가 변화하고 있다. 특히 정년까지 근무하는 정규직 이외의 다양한 형태의 비정규직 근로가 확산되었으며, 기업에서는 구조조정이 일상화되면서 모든 상황이 달라지게 되었다.

이러한 변화 속에서 근로자 개인은 특정 분야에서의 전문적인 지식을 기반으로 하는 새로운 형태의 고용을 찾게 되었다. 이에 새로운 직업관을 가진 사람들은 자신이 평생의 직업을 자율적으로 결정하고 설계하여 나가는 경력자로서 변화하고 있다.

셋째, 직업생활과 가정의 조화로 변하고 있다.

현재와 미래의 직장인들의 직업생활에 대한 주요한 변화가 예측되고 있는 것이 직업생활과 가정의 조화로 진화하고 있다. 개인 근로자들은 더 이상 조직인이 아닌 경력인으로 거듭나면서 직업생활의 질과 가정의 일을 우선으로 한다는 것이다.

물론 조직에 입사해 고용관계를 맺고 있는 근로자가 금전적인 욕구가 없다고 말할 사람은 없다. 하지만 사회문화적 수준과 근로자의 교육수준의 증대로 인해 수입이 일정 수준에 이르게 되면 그들이 필요로 하는 것은 매우 다양해지기 마련이다.

기업들의 인적 자원 관리의 주요 대상으로 하는 것이 종사원과 가족이 함께 이용할 수 있는 복리후생, 근로시간 단축 및 탄력적인 근로시간, 정형화된 업무보다는 자율적이고 창의적인 직무, 그리고 근거리의 직장 등은 직업생활과 가정의 조화를 추구하는 개인 근로자들의 특성을 잘 보여주고 있다.

6 인적 자원 개발 발전방안

기업에서의 인적 자원 개발전략은 단기적 관점에서의 인재경영을 탈피해야 하며 기업의 중·장기적인 비전전략과 연계된 경영전략의 하나로 인식전환이 요구된다. 조직의 역량을 강화하고 나아가 기업의 수익성 제고에도 기여해야 한다.

인적 자원 개발전략의 발전방안은 다음과 같다.

현대산업 서비스경영

① 장기적인 비전 정립

② 경영전략과의 연계성 확보 및 강화

③ 인사와 경력개발과의 연계시스템 구축

④ 교육비에 대한 인식의 변화

⑤ 체계적인 교육훈련 시스템의 확보

⑥ 최고 경영층의 지속적 관심과 교육

⑦ 조직 내 인적 자원에 대한 개발과 유지 프로그램 강화

⑧ 지속적인 성장과 생산성 강화에 기여

 Case Study 사우스웨스트 항공사의 고객만족과 내부고객 관리

　'손님은 왕이다'가 보편화된 세상에 어찌된 영문인지 공공연하게 '종업원이 왕이다'라는 항공사가 있다. 그러면서도 고객만족도는 어느 항공사보다 높다. 오렌지와 빨강 등 다채로운 색깔의 기체, 돌고래 그림이 그려진 여객기로 미국 서해안을 누비고 있는 저비용 항공사의 선두주자이다.

　이 항공사는 홈페이지에 경영이념과 함께 '종업원들에게'라는 두 종류의 메시지를 올려놓고 있다.

　경영이념에서는 "따뜻한 마음가짐, 친숙함, 개개인의 긍지, 그리고 회사정신을 중시하며 고객에게 최고의 서비스를 제공하는 것입니다."

　회사는 종업원들에게 배움과 성장의 기회를 평등하게 보장하고 안정된 노동환경을 제공할 것을 약속합니다. 사우스웨스트 항공의 기업가치 향상을 위해 창조성과 혁신성을 장려합니다. 또한 무엇보다 회사는 종업원에게 관심을 갖고 존경하고 배려함과 동시에 종업원들도 이와 같은 태도로 모든 고객에 대해

접할 것을 기대합니다. 이것을 가리켜 '고객 제2주의, 종업원 제1주의'라고 한다.

고객이 아닌 종업원이 왕이라고 해서 고객을 아무렇게 생각하는 것은 아니다.

종업원을 만족시키는 것으로 종업원 스스로가 고객에게 최고의 만족을 제공한다는 논리이다. 이렇듯 사우스웨스트 항공사는 고객관리와 만족에서 창의적이고 고객 지향적인 정신으로 유명세를 타고 성공한 저가 항공사의 대표적인 경우이다.

하지만 그 이면을 바라보면 고객을 이토록 중시하는 경영이 모두 내부고객, 즉 종업원에 대한 관리와 안정된 노동환경이 있었기 때문에 가능한 것으로, 고객만족을 위해서는 먼저 내부고객을 관리해야 한다는 사실이다.

환대산업
서비스 경영

내부 브랜딩

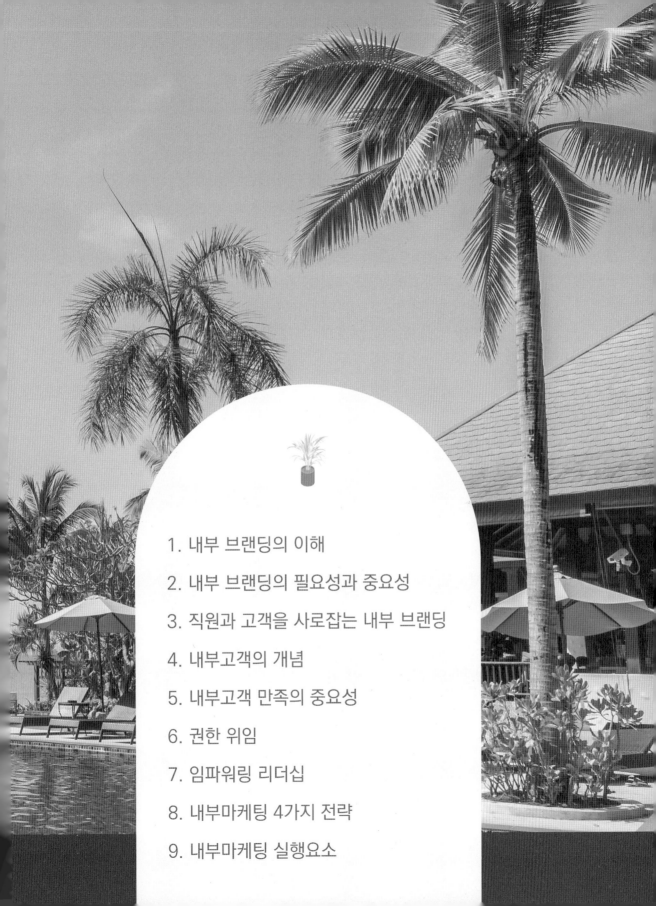

1 내부 브랜딩의 이해

1 브랜딩이란

브랜드는 고객의 마음속에 깊은 인상을 남기는 속성을 말하는 것이며, 다른 제품과 구별하는 모든 것이다. 사용자가 상품이나 서비스에 대해 자연스러운 감정을 느끼도록 하며, 이 감정은 다른 서비스와 차이를 만들어 상품에 특별함을 부여한다.

브랜딩은 브랜드를 소비자에게 알리고 경쟁사와 차별화해 성공하게 하는 과정이다. 즉 브랜드라는 특별함을 만드는 과정이 브랜딩이다. 그렇지만, 브랜딩은 원래 차별성을 위한 활동은 아니었다.

2 브랜딩의 역사

브랜딩은 A사에서 나온 상품, B사에서 나온 상품, C사에서 나온 상품같이 소유자를 구별하기 위함이 기원이었고, 구별을 위한 수단이었다.

대표적인 예시로는 명품으로 자신과 타인을 차별화하는 것이다.

브랜딩은 브랜드간 구별의 시작점이자 차별성이다. 브랜딩은 소비자의 선택을 이끌어 낸다.

3 브랜드의 브랜딩이 갖는 힘

A, B, C와 같은 업종의 브랜드가 있는데, A라는 브랜드가 사회적인 평판 및 인지도가 높았고, 제품 품질도 좋았던 기억이 있다면 소비자는 다음 선택에 있어 결정적인 요소가 된다. 재 구매한 브랜드가 다른 브랜드에 비해 가격이 다소 높더라도 A브랜드는 그럴만한 이유가 있다는 생각을 한다.

사람이 사람을 믿고 신뢰를 하듯 소비자와 브랜드도 신뢰를 바탕으로 관계가 이루어진다. 한번 구매했던 제품이 큰 문제가 없다면 지속적으로 해당 브랜드 제품을 이용하며, 사람들은 브랜드를 신뢰하고 선택함으로써 구매에 있어 의사결정에 소비하는 에너지와 피로감을 최소화시킬 수 있다.

생각하고, 고민해야 할 것들이 안 그래도 많은데 제품을 구매할 때마다 브랜드마다 비교하는 일은 피곤한 일이다.

브랜드는 현대인들의 피곤한 삶을 좀 더 편안하게 살 수 있도록 만들어준다.

단순히 제품과 서비스를 신뢰하는 상징을 넘어 현대의 브랜드는 소비자의 신념을 대변하고 소비자가 자신과 동일시되는 수단이기도 하다.

브랜드가 표방하는 철학, 가치, 비전에 공감하고, 해당 브랜드가 자신을 수식할 수 있다고 판단하면 그 브랜드를 사용하며 자신을 표현한다.

예를 들면, 동물실험을 하지 않는 화장품을 애용하고, 재활용품으로 만든 가방을 사용하며, 신선한 식재료만 취급하는 온라인 쇼핑몰을 활용하는 행위가 모두 이 표현의 연장선에 닿아 있다.

2 내부 브랜딩의 필요성과 중요성

1 내부 브랜딩의 필요성

외부적 요소도 중요하지만 기업 브랜드를 브랜드답게 만드는 것은 결국 내부 구성원이다.

브랜드는 내부 구성원들에 스며들어 그들의 문화가 되고 생활이 될 때 더욱더 큰 힘을 발휘한다. 내부 브랜딩이란 기업의 브랜드 정체성을 직원들이 내면화하는 것을 의미한다. 일반적으로 알고 있는 고객들이 바라보는 기업에 대한 이미지를 뜻하는 외부 브랜딩의 반대 개념으로 친환경을 추구하는 기업이라면 직원들 역시 동일한 가

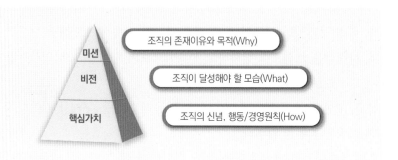

미션	조직의 존재이유와 목적(Why)
비전	조직이 달성해야 할 모습(What)
핵심가치	조직의 신념, 행동/경영원칙(How)

치관을 내면화하는 것이다. 동일한 가치관을 통해 직원은 자연스럽게 평상시에도 분리수거를 철저하게 지킨다든지, 대중교통을 이용한다든지, 일회용 사용을 줄이는 등의 노력을 하게 된다.

고객을 설득하기 전에 자기 직원들부터 설득해야 한다.

제품과 서비스를 제공하는 기업들이라면 먼저 내부고객들을 설득해야 한다. 우리 제품/서비스는 어떤 점들이 좋다! 라는 말을 하기 위해 많은 브랜드들이 고군분투하며, 내부 고객들을 설득할 때 얘기하는 내용이 실제로 그러할 때 확신이 생기며 내부 고객은 외부 고객을 설득할 가능성이 높아진다.

친환경을 강조하는 브랜드인데, 직원들이 환경을 생각하지 않는 행동들을 보인다면 고객들은 그 기업의 브랜드에 공감하지 못할 것이다.

직원이 사랑하지 않는 브랜드라면 어떤 고객이라도 충성도를 가지기 어렵기에 기업의 가치관을 직원에게 내면화하는 것이 중요하다.

내부 브랜딩의 핵심을 직원이 진정으로 브랜드를 이해하고 사랑하는 것이다. 기업 가치관을 내면화하여 업무를 볼 때도 일상생활을 할 때도 가치관이 묻어나올 수 있도록 하는 것이다.

내부 브랜딩이 중요할 수 밖에 없는 이유는 회사의 비전과 목표를 정확히 인지하고, 직원들이 같은 방향으로 나아가 회사의 발전에 더 큰 기여를 할 수 있기 때문이다.

또한, 명확한 내부 브랜딩을 통해 의사 결정하는 속도가 빨라진다. 예를 들어, '고객을 최우선으로 생각하라'라는 명확한 메시지 전달이 지속적으로 진행되었다면, 직원들도 기업의 대표, 임직원들의 결정 방향을 유추할 수 있고, 회사의 가치관에 맞는 방향으로 행동을 하면, 그 방향으로 가기 위해서는 어떤 일을 해야 하는지 알기 때문에 효율적인 업무가 가능하게 된다.

기업에서 전달하는 메시지가 짧고 간단할수록 일관된 행동을 보일 수 있다.

❷ 내부 브랜딩의 중요성

첫째, 빠른 의사결정이 필요한 시대에 일관된 고객 경험 제공을 위한 대안 중의 하나이다. 트렌드의 변화 속도가 빨라짐에 따라 고객 접점에서의 즉각적인 의사결정이 필요해지고 과거와 같은 보고체계로는 이러한 흐름을 따라 잡을 수 없게 되었다. 따라서 내부 브랜딩을 통한 전 직원의 자사 브랜드 이해를 높여야 빠른 고객대응과 일관된 고객경험의 축적을 동시에 이룰 수 있다.

둘째, 직원들의 브랜드 리얼리티 측면에서 브랜드 이미지에 영향을 줄 수 있기 때문이다. 거의 모든 사람들이 자신만의 개인 미디어를 가진 현재 환경에서 기업의 경영활동이 과거보다 쉽게 외부에 노출될 수 있다.

내부 브랜딩으로 회사에 대한 정확한 인식이 수반될 때 불필요한 오해로 인한 외부 전파를 막을 수 있다. 또한 자발적으로 자신의 회사를 사랑하는 구성원들이 늘어남에 따라 브랜드 진정성이 강화되는 효과를 가져올 수 있다.

셋째, HR 측면에서 장기근속과 올바른 기업문화 형성에 도움이 되기 때문이다.

내부 브랜딩을 통해 자사에 대한 이해도가 높아지고 이를 통한 브랜드에 대한 확신은 브랜드 지지 활동으로 이어지게 된다. 이는 종사원들에게 장기근속으로 연결될 수 있다. 특히 MZ세대에게는 명분이 중요한데 내부 브랜딩은 이런 부분을 채워줄 수 있는 좋은 방법이 될 수 있다.

내부 브랜딩이 활성화되기 위해서는 먼저 브랜드 철학이나 미션 및 비전이 명확하게 잘 정렬되어 있어야 한다. 내부 기준이 명확해야 조직원들이 브랜드의 존재 이유와 지향점을 쉽게 이해할 수 있고 이를 바탕으로 일관된 행동을 할 수 있다.

또한, 각 브랜드를 정확히 설명할 수 있는 내부 구성원이 함께 합의한 명문화된 브

랜드 설명문이 필요하다. 브랜드 설명문은 내부뿐만 아니라 외부 이해관계자까지 공유되기 때문에 시간이 걸리더라도 반드시 있어야 한다.

브랜드 철학과 브랜드 설명문을 만든 후에는 내부 구성원들을 대상으로 하는 사내 브랜딩 활동이 활성화되어야 한다.

회사에 처음 입사하고 받는 웰컴 키트, 내부 공간구성, 정체성이 느껴지는 사내 싸인 시스템, 사내 브랜드 홍보대사, 브랜드 철학이 반영된 CSR, 브랜드 역사관, CEO 타운홀 미팅, 브랜드와 연동된 성과보상체계 등 내부 구성원들이 브랜드를 경험할 수 있는 장치가 마련되어야 한다.

내부에서 사랑받지 못하는 브랜드가 외부에서 사랑받을 수 없다.

우리말 속담에 '안에서 새는 바가지 밖에서도 샌다'란 말이 있다. 내부에서 사랑받지 못하는 브랜드가 외부고객과 소비자에게 사랑받을 수 없다는 말과 일치하는 속담이라 할 수 있다.

3 직원과 고객을 사로잡는 내부 브랜딩

내부 브랜딩은 기업이 외부에 브랜딩하기 전에 먼저 내부 구성원에게 브랜드를 잘 이해시키고 사랑하게 만들어야 한다는 개념이다.

내부 브랜딩의 대표적인 사례로는 할리 데이비슨, 사우스웨스트 에어라인, 나이키, 스타벅스, 파타고니아 등이 있으며, 최근 스타트 업 열풍을 타고 에어비엔비, 트위터, 배달의 민족 등이 있다.

이들 브랜드의 공통점은 내부 직원들이 자기 회사 브랜드를 정말 사랑하고 적극적으로 알린다는 점과 확고한 기업철학과 독특한 기업문화가 존재한다.

1 내부 브랜딩을 위한 3단계

STEP 1. 인식
STEP 2. 공감
STEP 3. 실행

기업에서 지속적으로 전달하는 메시지가 간단하고, 명료할수록 이해하기도, 실행하기도 쉬워진다. 불필요한 메시지를 다 제외하고 꼭 필요한 메시지를 전달하는 것도 중요하다.

인식과 공감 단계를 성공적으로 진행했다면, 직원들도 본인이 선택한 기업의 가치관을 내면화하기 위한 노력을 해야 한다. 기업 가치관에 맞는 일관된 행동들을 보여야 하며, 새로운 직원을 뽑을 때에도 내부 가치관에 부합하는 직원을 채용해야 한다.

진정성을 만드는 일은 조직안에 자기다움을 살리는 일부터 시작된다. 브랜딩은 밖이 아니라 안에서부터 시작되는 것이다.

2 성공적인 내부 브랜딩

기업의 임직원들이 모두 일관성 있는 행동을 하여 브랜드의 가치관을 고객들에게 전달할 수 있다. 직원들이 적극적이고, 열정을 가지고 일할 수 있는 조직문화를 조성함으로써 성과가 개선되는 기회를 제공할 수 있는 것이다.

성공한 예로 많이 언급되는 배달의 민족은 내부 브랜딩을 성공적으로 이끈 브랜드 중 하나이다. 배민의 일하는 방식=송파구에서 일 잘하는 방법 11가지는 온라인에서도 널리 알려져 있다.

③ 성공한 브랜드들의 공통점

세계의 성공한 브랜드들에는 공통점이 있다. 내부 브랜딩이 얼마나 중요한지를 알고 있다는 것이다. 직원들은 기업 가치를 내면화하여 애사심을 높이고, 사업주는 직원들과 함께 성장하기 위한 끊임없는 노력을 해야 한다.

1) 사업주의 솔선수범

아이에게 책을 읽게 하려면 부모가 먼저 책을 가까이 하라는 말이 있다.

솔선수범, 맥도날드의 설립자 레이 클록은 항상 청결을 강조했다. 그리고 그는 행동으로 보여주었다. 매장을 방문할 때면 언제나 떨어진 쓰레기를 줍는 것부터 시작하였고, 이를 지켜본 직원이라면 당연히 청결에 대해 더욱 신경 쓸 수 밖에 없었을 것이다. 언제나 말보다 행동이 타인의 마음을 움직인다.

2) 기업 가치관 교육

내부 브랜딩의 핵심은 통보가 아닌 설득이 되어야 한다. 직원에게 끊임없이 왜 기업의 가치관을 따라야하는 건지 전달하고 이해시키는 교육이 필요하다.

3) 내부 브랜딩 제도

사내에 기업 가치를 공유하는 다양한 제도를 마련한다.

이를테면, 한 달에 한 번씩 내는 기발한 잡지광고는 구성원들에게 '배민다움'이라는 DNA를 체화시키는 방편이다. 자신이 만드는 브랜드와 서비스를 사랑하게 하는 것, 즉 내부 구성원을 팬으로 만드는 기업과 그렇지 않은 기업의 미래는 크게 차이날 수 밖에 없다.

 Case Study 송파구에서 일 잘하는 방법 11가지

1. 9시 1분은 9시가 아니다.

우리는 규율을 위해 자율적인 문화를 추구합니다. 아주 작은 약속이라도 함께 지키기 위해 노력해야 합니다.

'자유'란 무엇에 얽매이지 않고 자기 마음대로 하는 행위입니다.

'규율'이란 질서나 제도를 유지하기 위해 정해놓은 행동의 준칙이 됩니다.

'자율'이란 자신의 욕망이나 남의 명령에 의존하지 않고도 스스로의 원칙으로 자신을 통제하고 절제 하면서 어떤 일을 하는 것입니다.

우리는 작고 사소한 규율을 통해 스스로의 원칙과 규칙을 세워 일할 수 있는 자율적인 문화를 만들 어 갑니다.

2. 실행은 수직적! 문화는 수평적

조직적이면서도 자유로운 수직과 수평의 밸런스를 유지한다.

수직적인 문화든 수평적인 문화든 어느 한쪽으로 치우치는 것은 좋지 않다.

일을 할 때는 목표를 달성하기 위해 일사불란하게 움직여야 합니다.

'일'은 결정으로 시작됩니다.

'결정하는 사람'이란 결과에 책임을 질 수 있는 사람입니다.

결정한 사람을 중심으로 성과를 달성하기 위해 일사불란하게 움직여야 합니다.

하지만 인간적인 관계에서는 권위주의를 탈피해야 합니다.

권위주의는 구성원 개개인의 창의성과 자존감을 손상 시킵니다.

예를 들어 엘리베이터에 줄을 설 때 직급이 높다고 해서 양보를 하지 않거나, 양보하기를 유도해서는 안 됩니다. 과도한 의전은 권위주의를 만들고 조직을 병들게 합니다.

건강한 문화의 한 척도는 구성원들끼리 편하게 이런저런 잡담을 나누는 모습에서 찾을 수 있습니다. 상급자는 본인이 나타났을 때 구성원들끼리 편하게 이런저런 잡담을 나누는 도중 상급자가 나타나더 라도 계속 자연스럽게 이야기를 이어가는 모습에서 찾을 수 있습니다. 상급자는 본인이 나타났을 때 구성원들 사이에서 어색한 분위기가 형성된다면 스스로를 돌아봐야 합니다.

3. 잡담을 많이 나누는 것이 경쟁력이다.

잡담은 신뢰를 만들어가는 원료입니다. 잡담은 공동체의 유대감을 높이며 참여자의 마음 상태를 편안하게 만들어 줍니다. 시간이 지나면 이야기의 핵심은 기억나지 않지만 시간만큼은 기억에 남습니다.

잡담을 통해 커뮤니케이션의 벽이 낮아지면 더 편안한 분위기 속에서 보고자 이루어질 수 있으며, 간혹 엉뚱해 보일 수도 있는 아이디어도 좀 더 자유롭게 개진될 수 있습니다. 이는 조직이 건강하게 성장할 수 있는 원동력이 됩니다.

4. 쓰레기는 먼저 본 사람이 줍는다.

회사는 또 하나의 사회입니다. 물론 디자이너는 디자인을 잘하고, 개발자는 개발만 잘한다고 해서 그 회사가 더 크게 성장할 수 없습니다.

자신의 업무를 넘어서 참여하고 봉사하고 헌신해서 건강하고 강한 공동체가 되도록 힘써야 합니다. 단순히 프로젝트의 성과를 위해서만 일을 한다면, 프리랜서나 외주업체 인력의 도움을 받는 것이 더 나을 수도 있습니다.

5. 휴가나 퇴근시 눈치주는 농담을 하지 않는다.

생각 없이 던진 사소한 농담이 함께 일하는 구성원들의 사기에 큰 영향을 미칩니다. 퇴근할 때 "요즘 일이 별로 없나봐 ~" 혹은 휴가갈 때 "지금 시점에서 꼭 가야해? 눈치껏 하자~~"같은 말은 절대 삼가야 합니다.

이런 말이 꼰대의 시작입니다. 꼰대란 사전적으로 늙은이라는 말입니다. 더 넓게는 단순히 나이가 많은 것이 아닌, 과거의 이야기와 과거의 기준으로만 세상을 바라보는 마음이 늙은 사람을 일컫습니다. 휴가는 법적으로 보호되는 구성원들의 권리이며, 구성원이 회사나 상급자의 생각을 엿볼 수 있는 하나의 창입니다. 생리휴가, 장기휴가, 육아휴직, 가족 돌봄미 휴가를 신청할 때는 누구보다 본인이 더 많이 고민하고 이야기합니다. 개인적으로 어려운 일이 있어 휴가를 사용하고자 하는 구성원에게는 회사 차원에서, 그리고 상급자로서 더 도울 일이 없는지 상대의 입장에서 먼저 물어봐 주는 등 인간적인 배려심을 발휘할 수 있어야 합니다.

6. 보고는 팩트에 기반한다.

사실관계(팩트)에 기반을 둔 정보만이 올바른 의사결정을 하는 데 밑거름이 됩니다. 보고받는 사람들이 선입견이 없도록 우선 팩트에 기반한 보고를 한 뒤, 자신의 의견과 견해임을 구분해서 밝히고 덧붙여 이야기해야 합니다.

7. 일의 목적, 기간, 결과, 공유자를 고민하며 일한다.

일할 때는 반드시 그 일의 목적을 생각해야 합니다. 특히 일하는 중간 중간에도 그 목적을 상기하는 것이 중요합니다. 또한 완료 시점을 고려하며 시간을 잘 활용해야 합니다. 일의 결과는 처음 서로 예상하고 기대한 것과 어긋나지는 않는지 점검하고, 일을 마무리하기 전 이일로 영향을 받을 사람들에게 제때 공유합니다. 공유할 때는 단순 전달이 아닌 상대방이 명확히 이해했는지까지 확인해야 합니다.

8. 책임은 실행한 사람이 아닌 결정한 사람이 진다.

우리가 하는 일은, 많은 경우 실패할 확률이 높습니다. 중요한 것은 실패를 통해 계속 배워나가고, 조직과 프로세스를 정비해 나가는 것입니다.

결정한 사람은 실행하는 사람이 성공할 수 있도록 지속적인 관심과 도움을 주어야 하며, 혹여 실패했을 경우 실행자들이 용기를 잃지 않도록 격려하고, 또 그 실패가 잘못된 결정으로 인한 것이라면 그에 대해 사과해야 합니다. 다만 실행자들의 불성실함과 비도덕적인 행동으로 일이 실패했을 경우에는 그 책임을 엄중하게 물어야 합니다.

9. 가족에게 부끄러운 일은 하지 않는다.

우리는 회사의 구성원이기 이전에 성숙한 시민으로서 법규를 준수하고 도덕적인 가치를 소중히 여깁니다. 누군가에게 설명할 수 없는 일은 하지 않으며, 가족, 특히 자녀에게 양심적으로 떳떳할 수 있도록 행동해야 합니다. 도덕성을 희생하며 성과를 얻는 것은 차라리 손해를 보는 것보다 못합니다.

10. 모든 일의 궁극적인 목적은 '고객 창출'과 '고객 만족'이다.

고객 없이 회사는 존재할 수 없습니다. 회사가 학교, 병원, 종교집단, 군대 등 다른 조직과 구분되는 가장 큰 지점은 바로 고객에 있습니다. 회사에서 내려야 하는 모든 의사결정은 고객을 중심으로 접근해야 합니다.

의사결정을 할 때 고객을 배제하고 회사 간, 부서 간의 정치적인 상황을 고려해 타협하는 것은 바보 같은 행위입니다. 회사의 목적은 이익 창출이 아닌 고객 창출이며, 이를 우선한 결정을 통해서만 지속가능한 성장을 도모할 수 있습니다.

11. 이끌거나, 따르거나, 떠나거나!

일의 성공에는 리더십도 중요하지만 그것만큼 팔로어 십도 중요합니다. 오류가 없는 결정은 있을 수 없습니다. 하지만 잘못된 결정에 따른 실행도 아예 실행하지 않는 것보다는 낫습니다.

리더십을 발휘하는 사람은 복수의 구성원이 동일한 의견을 제시할 경우 토론을 통해 계획을 수정해 나갑니다. 팔로어 십을 발휘하는 사람은 개인의 편의와 이익이 아닌 프로젝트의 성공, 고객의 이익을 중심으로 의견을 제시해야 합니다. 건전한 비판과 토론이 아닌 냉소와 방관하는 자신의 모습이 보인다면 본인과 주변 구성원 모두를 위해 회사를 떠날 때입니다.

출처: 우아한 형제들

4 내부고객의 개념

서비스 기업의 종사원은 고객과 직접적으로 접점하는 접객요원이다. 내부 마케팅에서는 서비스 현장의 접객요원의 역할이 매우 중요시되고 있다.

서비스 기업에서 접점 종사원은 곧 서비스이고 이들이 마케팅 활동을 수행하는 마케터이다. 변호사, 컨설팅, 호텔, 항공사 등 인적 서비스에서 서비스 제공물은 바로 고객과 접점하는 종사원이다. 또한 고객의 인식으로는 종사원은 곧 서비스이며 서비스 기업의 대표로서 인식하게 된다.

서비스 종사원의 행동은 서비스 품질에 직접적으로 영향을 미치게 된다. 종사원의 외모나 복장, 매너, 시설, 인테리어 등을 포함하는 유형적인 요소들도 종사원에 의해 결정된다.

종사원의 만족은 고객만족의 선행조건이 되는 것으로 서비스 기업이 종사원을 사랑한다는 것은 고객을 사랑하는 것보다 더 중요하다고 할 수 있다. 결과적으로 종사원이 만족하면 애사심, 직무만족 그리고 고객감동으로 이어지는 순환과정이 된다. 이는 곧 기업의 수익이 증가하는 결과를 가져오게 되는 것이다.

서비스 기업에서 중요한 종사원의 서비스 마인드나 고객 지향성에 영향을 주게되는 서비스 제공시 발생하는 종사원의 정신적 스트레스 관리를 통하여 고객만족을 추진할 수 있는 것이 내부 마케팅이다.

이에 기업에서 추진 가능한 내부 서비스 전략 방향은 다음과 같다.

1 종사원의 갈등과 종사원 스트레스를 관리하라.

노동집약적인 산업에서는 업무와 동료 간의 갈등이 많이 발생하게 된다. 이러한 이유로 인하여 서비스 제공시 종사원의 직무만족도가 떨어지게 되면 당연히 서비스 품질에 영향을 미치게 되는 결정적인 요인이 발생되기 때문에 종사원의 갈등과 스트레스를 관리하는 것이 중요하다.

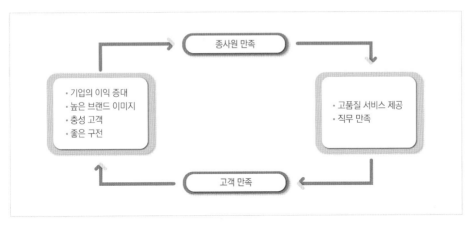

🖥 **그림 4-1** 종사원 만족과 고객 만족의 관계

　종사원이 업무 중 겪게 되는 갈등의 유형은 크게 4가지로 구분할 수 있다. 이는 종사원-역할 갈등, 종사원-조직 갈등, 종사원-종사원 갈등, 그리고 종사원-고객과의 갈등이다.

⏱ **표 4-1** 갈등의 유형별 원인과 처방

유 형	원 인	처 방
종사원 - 역할 갈등	· 직무 부적합 · 의복 규정	· 채용 시 지원자 선별에 신중을 기한다. · 지도와 훈련을 한다. · 종사원 불평토로 절차를 만든다.
종사원 - 조직 갈등	· 두 상사 딜레마	· 종사원에게 회사의 정책과 목표를 이해시킨다. · 종사원의 권한을 부여한다. · 종사원의 의사결정을 지원한다.
종사원 - 종사원 갈등	· 커뮤니케이션의 부족 · 명령체계의 부족 · 성격 간의 갈등 · 고객에 대한 경쟁 · 업무량에 대한 차이	· 갈등의 원인을 결정한다. · 다른 곳에서 정보를 구한다. · 가능한 해결책을 탐색한다. · 종사원 양측을 갈등해결계획에 포함시킨다. · 후속조치를 취한다.
종사원 - 고객 갈등	· 고객의 역할수행 부족 · 소유권 · 다양한 고객의 행동	· 고객과 종사원 양측이 제 역할을 충분히 이해해야 한다. · 새로운 고객을 지도한다. · 여러 유형의 고객들에 대한 응대태도를 교육한다.

2 직무에 적합한 사람을 고용하라.

우수한 종사원을 채용하는 것은 매우 중요하다. 종사원에게 어떠한 직무라도 맡기기 위해서 그에 맞는 적절한 교육과 훈련을 시킬 수 있다. 하지만 고객에게 친절한 태도를 갖게 하기 위해서는 개인의 인성과 적성을 세밀하게 파악하여 선발에서부터 신중하게 적용시켜야 한다. 이를 토대로 하여 기업에 적합한 인재를 채용해야 한다.

종사원의 서비스 능력은 기술이나 지식 또는 신체적 조건이나 학위 등을 의미하지만, 서비스의 성향은 가치관, 태도 등을 나타내는 것으로 남을 기꺼이 도우려는 성향, 사려 깊음, 사교성 등을 의미하기도 한다.

3 최고의 사원을 유지하라.

많은 기업에서 고객과의 접촉이 많은 직책은 일반적으로 신입사원에게 맡기고 있다. 예를 들어 영업사원, 패스트푸드 식당의 캐셔, 비행기 승무원, information desk 등의 종사원이다.

이런 직책에서 일을 잘하게 되면 승진되어 고객과의 접촉이 적은 직책으로 가는 것이 일반화된 인사관리 정책이다.

여기에는 두 가지의 큰 위험을 가지고 있다.

첫째, 기업의 성공 여부를 좌우하는 직무를 신참이나 훈련이 덜 된 종사원 손에 맡겨 두는 것이다.

둘째, 이런 직책에서 훌륭하게 해낸 종사원은 종종 승진되어 현 직책을 떠나게 되고 결국에는 능력이 부족한 신입사원에게 또 다시 넘겨진다는 것이다. 그리고 기업의 최고 사원을 오랫동안 유지하지 못하고 이직이나 퇴직으로 인한 손실로 이어져 종사원들의 사기가 저하되고, 전반적으로는 고객 서비스에 영향을 미치게 되면서 고객의 불만족이 늘어나는 경우가 발생하기도 한다.

기업은 내부 마케팅에 적극적인 관심을 기울여서 종사원에게 동기를 부여하는 환경을 조성하는 것이 중요하다.

종사원 동기부여 환경의 평가지표는 다음과 같다.

① 종사원이 인식하는 '노동생활의 질'이다. 여기에는 직무만족도, 직무의 안정성, 유능한 감독자, 공정한 행동 등이 포함되며, 노동생활의 질이 높다고 인식할수록 종사원의 동기는 강하게 인식된다.

② 종사원의 전반적인 근로의식이다. 근로의식이 낮은 종사원이 강한 의욕을 가지고 열정적으로 일하기를 기대할 수 없다.

③ 일반적인 활력수준으로 개인의 건강상태 및 심리적 안정도이다.

　피로에 누적된 종사원이 의욕적으로 일을 할 수 있을 것이라고 생각하지 않는다.

종사원의 업무에 대한 동기부여는 종사원 만족도와 상관관계를 가지고 있다. 동기부여를 제공함으로 인해서 만족도는 상승하게 되고 이는 고객을 만족시키는 데 필수적인 요소가 된다. 따라서 종사원의 성과를 정확하게 파악하고 그에 대한 넉넉한 보상을 제공해야 한다. 종사원에 대한 보상은 아주 사소한 실적도 간과하지 않고 인정하는 것이 중요하다.

⏱ **표 4-2** 종사원의 만족 유형

만족의 유형	항 목
1. 일에 대한 만족도	· 지금 하는 일이 자신을 성장시켜 주는가? · 자유재량의 폭이 넓은가? · 고객이나 타 부서의 사람에게 공헌하고 있는가?
2. 직장에 대한 만족도	· 상사와의 커뮤니케이션은 잘 이루어지고 있는가? · 동료들과 커뮤니케이션은 잘 되는가? · 결정된 일은 모두 수행하려는 결속력이 있는가?
3. 인사에 대한 만족도	· 인사평가와 처우는 공정하다고 생각하는가? · 실패를 비난하지 않고 재도전하게 해주는가? · 개인의 성장을 지원해 주는가?
4. 근로조건에 대한 만족도	· 복리후생은 충실하게 되어 있는가? · 소득수준은 일에 비해 합당한가? · 근무조건은 납득할 만한가?
5. 회사에 대한 만족도	· 경영 자세에 공감할 수 있는가? · 이 회사에 다니는 데 자부심을 가지고 있는가? · 지역사회에의 공헌 등 좋은 이미지를 가지고 있는가?

4 교육과 훈련을 실시하라.

종사원들은 기업의 전략이나 자신이 회사에서 얼마만큼 필요한 인재인가에 대한 이해가 부족한 경우가 있다. 이는 전략적 사고는 물론이고 운용수준에서까지도 서비스 노하우가 부족한 것이다. 이것은 서비스 전략의 내용에 대한 지식이 부족하거나 서비스 분야에서 마케팅 역할에 대한 이해가 부족한 경우가 많다.

최고의 서비스를 제공하는 호텔업은 고객과의 상호작용적인 서비스 품질은 물론이고 지식과 기술 모두를 정기적으로 훈련하고 교육해야 한다. 이러한 호텔의 '능력개발 프로그램'으로 인해 서비스 매너 훈련과 직무능력과 지식을 함양하여 고객을 감동시킬 수 있는 서비스를 제공하기 위해 노력하는 기업만이 우수사원을 유지할 수 있다.

5 경영지원 및 내부 커뮤니케이션을 강화하라.

기업의 경영자나 중간 관리자는 종사원들의 새로운 아이디어를 실천할 수 있도록 적극적으로 권장하고 이를 직접 업무에 활용할 수 있도록 격려와 지원을 아낌없이 제공해야 한다. 이를 위해 다음과 같은 경영지원이 필요하다.

① 일상적인 경영활동으로 공식적 훈련 프로그램 제공
② 부하직원에 대한 적극적인 격려와 칭찬
③ 계획 및 의사결정에 대한 부하직원의 참여
④ 개방적이고 지원적인 내부 분위기 형성
⑤ 제안제도를 실시하여 종사원의 새로운 아이디어 창출과 업무효율 개선

6 팀워크를 장려하라.

고객의 욕구를 충족시키고 불만족과 불평이 발생하였을 경우 이에 대한 빠른 대

응을 하기 위해 고객접점에 있는 종사원에게 권한위임을 제공해야 한다. 이는 종사원의 자발적인 의사결정과 신속한 문제해결로 고객만족도를 높이고 종사원이 자부심을 느낄 수 있도록 하는 것이다. 이는 종사원에게 의사결정권을 부여함으로써 팀워크의 핵심이 될 수 있도록 하는 것이다.

 Case Study 내부 서비스의 7가지 죄악

현장의 서비스 품질은 후방 지원부서의 지원과 내부 서비스에 의해 좌우된다. 그러나 CS (Customer Satisfaction) 경영이 어느 정도 추진되고 있는 기업에서도 내부 지원서비스의 문제가 현장 서비스 품질을 떨어뜨리는 경우가 발생하기도 한다.

· 블랙홀 : 뭐든지 흡수해 버리는 반면 아무것도 배출해 내지 않는 블랙홀과 같이 모든 정보, 도움을 요청하는 순간, 신속한 처리를 바라는 소리 등을 외면한다.

· 거절 : 현장에서 요청하는 것을 거절하는 것이 본사의 임무라고 생각하거나 담당자의 역할이라고 여긴다.

· 선언 : 현장의 의견은 들어 보지 않고 '선언'의 형식으로 일방적으로 알리는 것을 즐겨 하는 경우가 있다.

· 내부감찰 : 업무를 지원하는 역할보다는 잘못을 찾아내는 데 중점을 둔다. 잘못된 것을 일부 수정하기보다는 전부 거부해 버린다.

· 노(NO)주의 : '안 된다, 할 수 없다'라는 부정적인 사고방식의 지배를 받고 있어 제안받은 요청에 응하려고 하지 않고 왜 할 수 없는지만을 말한다.

· 서류만능 : 전화로 문제를 상담한다든가 즉석에서 대응책을 강구하려는 열의는 보이지 않고 어떤 경우라도 반드시 서류를 준비해 두고 작성해 둔다.

· 세력다툼 : 업무처리에 있어 자기 부문의 이익만을 고려하고 전체적인 시각으로 처리하지 않는다. 세력다툼 주의자가 직원의 요구를 이해하는 경우는 드물다. 또한 자신의 주도하에 일을 진척시키는 경우도 거의 없다.

Case Study 최고의 사원을 만들기 위해서는 다음과 같은 공식이 필요하다.

$E = MC^2$
열정은 사명감, 칭찬, 성과 보상에 의해 이루어진다.

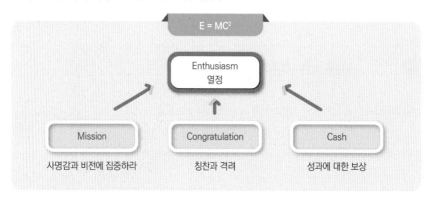

① 사명감과 비전 : 자신이 하는 일에 대한 사명의식이야말로 인간을 불타 오르게 하는 기본개념이다. CS 경영을 통해 이루어낼 비전을 제시하고 가치관을 공유할 수 있도록 해야 한다.

② 칭찬과 격려 : 칭찬과 격려는 더 좋은 일을 지속적으로 장려하고 발굴하는 효과적인 방법이다. 즉시적이고 많은 칭찬은 더 많은 모범적인 성과를 만들어 내게 한다.

③ 성과에 대한 보상 : 칭찬이 개인차원의 문제라면, 성과 보상은 조직차원의 문제이다. 공정한 업적평가와 이에 대한 보상을 제도화하여 선의의 경쟁을 유도할 수 있도록 해야 한다.

5 내부고객 만족의 중요성

    기업이 경쟁력 있는 생산성을 바탕으로 고객들이 원하는 제품이나 서비스를 제공함에도 불구하고 실패하는 사례가 발생하고 있다. 여기에는 많은 이유가 있겠지만 그중 하나가 내부고객을 만족시키지 못하는 경우가 많다.

    특히 서비스 기업의 경우, 내부고객 자체가 서비스 상품의 일부가 되고 고객들과의 접점에서 이루어지기 때문에 내부고객이 만족하지 못한 상황에서 서비스를 제공하게 된다면 제대로 된 서비스를 제공할 수 없게 된다. 또한 내부고객의 중요성을 잘 알고 있는 경영자들조차도 그들에 대한 적절한 보상이나 서비스 교육과 훈련만 시키게 되면 내부고객을 만족시켰다는 것으로 착각하는 경우가 많다.

실제적으로는 내부고객에 대한 기업의 자세는 단순히 관리차원을 넘어서 외부고객을 만족시키는 것처럼 고객만족의 차원에서 생각해야 한다. 왜냐하면 외부고객 한 명이 서비스에 불만을 느끼는 경우보다 내부고객 한 명이 회사에 불만을 느끼는 경우 기업에 미치는 영향이 훨씬 클 수 있기 때문이다.

실제로 내부고객의 불만은 다음과 같은 문제점들을 발생시킬 수 있다.

첫째, 회사에 불만을 느끼는 직원은 자사의 제품을 포함한 기업에 대한 불만을 주위 사람들에게 이야기하게 된다. 이 경우 그 회사의 직원이 하는 불만은 주위 사람들에게 훨씬 설득력 있게 전파되기 때문이다.

둘째, 불만을 가지고 있는 내부고객은 최선을 다해 업무를 수행하지 않는 경향이 많다. 불만을 가지고 있는 직원에게 효율적이고 자신의 성의를 다하는 업무를 기대한다는 것은 불가능할 뿐만 아니라 창의성과 자율성이 보다 중요해지는 현재의 업무 패턴대로라면 그 차이는 점점 더 커질 것이다.

셋째, 조직 분위기의 악화이다. 조직의 업무는 조직 구성원들의 협력과 조화를 통해 이루어진다. 그런데 불만을 느낀 직원이 한 명이라도 있다면 원활한 업무수행에 차질을 주게 될 뿐 아니라 불만의 분위기 조성으로 인하여 정상적인 다른 직원에게 전염된다.

넷째, 불만고객의 양산이다. 서비스 기업에 종사하는 직원이 회사에 대해 불만을 느끼고 있다면 자신의 불만을 대개 고객에게 전가시키는 경향이 있다. 이처럼 기업에 불만을 가지고 있는 직원에게 고객만족형 서비스를 기대하기란 어렵다.

다섯째, 많은 비용이 발생한다. 불만을 가진 직원은 이직률이 높다. 이직률이 높다는 것은 그만큼의 비용이 발생한다는 것을 의미한다. 이직으로 인한 업무 공백으로 발생하는 비용, 신규로 직원을 채용하는 데 발생하는 비용, 그리고 채용한 신규직원에게 업무를 숙달시키기 위해 발생하는 교육비용 등 여러 가지 추가비용이 발생한다.

이처럼 불만을 가지고 있는 내부고객이 기업에 미치는 영향은 매우 크다. 따라서 내부고객의 불만을 줄이면서 만족시키기 위해서는 우선 경영자 자신이 내부고객을 존중하고 솔선수범하는 마인드를 가지고 실행에 옮기는 것이 중요하다.

서비스 기업의 경영자는 고객만족형 서비스를 통해 부하직원의 만족을 창출해 내야 한다. 경영자로부터 만족을 느낀 내부고객은 스스로 외부고객에게 감동을 전달하게 되면서 만족한 외부고객은 기업의 많은 수익을 창출할 수 있도록 노력한다.

서비스 기업의 많은 경영자는 고객만족을 향상시키기 위해 내부고객의 업무를 강요하거나 많은 규제를 하면서 관리하기 위해 힘쓴다. 하지만 이는 결코 장기적으로는 기업경영에 많은 어려움을 초래할 수 있는 결과를 가져오게 된다.

수많은 서비스 기업 경영자들이 업무효율화와 고객만족을 위해 노력하고 있지만, 정작 가장 기본적인 내부고객의 만족에는 전혀 관심을 두지 않는 경우가 많다.

이것은 경영자들이 돈을 받아야 되는 외부고객과는 달리 내부고객은 자신이 돈을 지불하는 대상이라는 근시안적 관점에서 관리의 대상으로만 생각하기 때문이다. 그러나 경영자가 이러한 생각에 머물러 있는 한, 외부고객의 만족은 매우 제한적일 수 있다는 것을 깨달아야 한다.

 Case Study 스타벅스, '스킵레벨 미팅(Skip-Level Meeting)'

스타벅스의 CEO는 전국을 돌아다니며 매장에 직접 방문하는 것으로 유명합니다.

각 지점을 방문할 때마다 방문한 매장 근처의 호텔을 빌려 해당 지점의 매니저를 제외한 모든 직원들을 초대하여 미팅하는 스킵레벨 미팅을 가진다고 합니다.

매니저의 관리가 없는 미팅 환경에서 직접 서비스를 실행하면서 느낀 점, 개선할 서비스, 요구사항 등을 함께 토론할 수 있는 기회입니다.

자유로운 토론을 통해 CEO는 새로운 아이디어를 얻을 수 있고 직원들은 자신이 낸 아이디어를 실행하며, 나의 회사라는 주인의식을 갖고 일에 임하게 된다는 평가를 받습니다. 직급에 따라 나누는 결정 과정 없이 바로 CEO에게 전달되어 실행될 수 있기에 추진력이 강하고, 조직을 보다 적극적으로 만드는 효과적인 사내 커뮤니케이션 방법입니다.

인텔, '평등문화 속, 활발한 의견 교환'

세계적인 반도체 회사 인텔의 기업문화를 지칭하는 단어는 '평등'입니다.

실제로 과거 인텔의 최고 경영자 앤디그로브가 타임지에 실린 날, 직원들이 힘을 모아 그에게 전용 주차구역을 선물했다는 사례는 인텔의 기업문화가 어느 정도까지 평등한지를 보여주는 사례입니다.

기업의 발전을 위해서는 직원들간의 자유로운 의견 교환이 매우 중요합니다.

그것을 알고 있던 인텔은 직원들의 창의력을 위해 소신과 냉정한 비판을 요구합니다.

특히 기술개발의 방향을 정할 때 각자가 소신대로 의견을 내놓고 그간의 문제점을 냉정하게 비판하는, 격의 없는 논쟁 분위기의 회의를 가진다고 합니다.

업무효율을 높이고, 사내에서 갈등이 발생할 가능성을 낮추기 위해서는 원활한 사내 커뮤니케이션이 반드시 필요하다.

 Case Study "직원이 1순위 고객은 2순위" 스타벅스의 특별한 조직문화

스타벅스는 한국에 1999년 진출해 2021년 기준 1500여개의 매장을 운영하며, 커피 프랜차이즈 업계 1위를 차지할 만큼 이제는 사람들에게 없으면 안되는 존재가 되었다.

스타벅스, 바리스타부터 대표이사까지 모두 닉네임 사용

스타벅스는 오랜 역사만큼 조직문화도 남다르다. 바리스타부터 대표이사까지 닉네임을 공식적으로 사용한다. 지원센터 모든 파트너의 책상 앞, 앞치마 오른쪽에 닉네임이 쓰인 이름표를 부착하고 함께 일하는 직원들 역시 영어 닉네임으로 서로를 부르고 있다.

스타벅스만의 수평적인 조직문화

스타벅스는 여러 가지 수평적 조직문화 정책도 시행 중이다. 그중 칭찬문화, 의자 없는 회의실, 스토어 포럼이 대표적인 예다.

① 칭찬문화

고객의 소리에 파트너에 대한 칭찬 의견이 접수되면 동료 파트너들이 함께 축하해 주고 칭찬받은 파트너는 다른 파트너를 다시 칭찬하는 칭찬 릴레이를 펼친다.

② 의자 없는 회의실

회의실에는 의자가 없고 대신 회의 테이블의 다리가 높아 자연스러운 분위기 속에서 회의를 진행한다. 오후 다섯시 반이 되면 사무실 전체에 경쾌한 음악이 흘러나와 퇴근 시간임을 알린다. 매장 관리자인 점장을 신규로 선발하고 매월 10명 내외로 점장들과 함께 토론을 벌인 후, 단 하나의 의견도 빠짐없이 경영진에 보고해 각 팀은 개선의견을 제출한다. 제출된 의견은 게시판을 통해 공개적으로 경영자에게 전달한다.

"직원이 1순위, 고객은 2순위" 하워드 슐츠의 남다른 경영철학

스타벅스 의장 하워드 슐츠는 과거 스타벅스의 위기 속 미국 전역 스타벅스 7천개를 닫고 직원들의 커피 추출 기법을 다듬고 정체성의 환기를 갖는 시간을 가졌다.

"스타벅스에서 가장 중요한 사람은 고객이 아니라, 우리 직원이다.

고객과 가장 많이 접촉하는 것은 여러분이 아니고, 바로 그들이다.

경영진이 언제 어디서든 직원을 우선시한다면 직원은 고객을 돌보게 될 것이다.

회생기간 동안 하워드 슐츠에게 몇몇 이사는 직원의 건강보험을 축소하라고 압력을 가했지만, 하워드 슐츠는 "건강보험은 오히려 더 굳건해져야 할 제 자신과의 약속 같은 것이다. 4000억 정도는 다른 여러 부분의 비효율을 줄임으로써 충당할 수 있다"라며 단호하게 거절했다.

또한 그는 "여러분이 직원들을 위해 가치를 제공하지 않는다면 여러분의 주주가치 역시 지속될 수 없을 것이다"라고 말했다.

하워드 슐츠는 오늘날 성공한 기업들은 직원이 1순위, 고객은 2순위라는 점을 강조하며, "직원들이 회사로부터 든든한 지원을 받고 업무에 만족할 때 고객들에게 더 나은 서비스를 제공하고 고객은 진정으로 감동을 받게 된다.

고객만족도는 결국 직원의 업무 만족도와 관련이 있다.

외식산업 서비스 경영

6 권한 위임(empowerment)

권한이란 조직의 규칙이나 규범에 의해 제공되는 공식적인 의사결정권과 지시권으로 합법적이며 위에서 아래로 행사되는 성격이다.

권한 위임(empowerment)은 의사결정 과정에서 구성원의 참여 유형 중 하나로 부하에게 새로운 책임과 수행에 대한 부가적 권한을 할당하는 것으로 중요한 업무를 나누어주고, 결정에 대한 책임을 위임하는 것이다.

또한, 업무수행 범위와 판단의 자율성을 증대시키고 관리자의 승인없이 행동할 수 있는 권한을 포함하는 복합적인 과정이며, 위험 감수, 개인의 성장, 문화적 변화를 돕는 것까지 포함하고 있다.

임파워먼트는 '파워(power)를 부여하는 것'으로 권한과 능력이라는 두 가지 의미를 가지고 있다. Webster 사전에서는 'empower'의 뜻을 '권한을 부여하다(give authority to)'와 '능력을 부여하다(give ability to)'의 두 가지로 설명하고 있다.

임파워먼트를 성공적으로 실행하기 위해서는 조직 구성원들이 능동적으로 자신의 역할 수준을 재정립하고 업무를 추진해 나갈 수 있도록 해야 한다.

임파워먼트는 실무자들의 업무 수행능력을 제고시키고, 관리자들이 지니고 있는 권한을 실무자에게 이양하여 그들의 책임범위를 확대함으로써 종사원들이 보유하고 있는 잠재능력 및 창의력을 최대한으로 발휘할 수 있게 해야 하는 방법이라고 할 수 있다. 또한 적절하게 대응해야 하는 구성원의 능력이 기업 성공의 가장 중요한 핵심역량으로 부각되고 있는 가운데 임파워먼트에 대한 기업의 관심이 높아지고 있다.

리츠 칼튼 호텔의 인적 자원 관리 전략의 이슈는 임파워먼트이다. 권한의 하부이양이란 최상의 호텔 서비스를 제공하기 위해 고객이 내 집처럼 편안하게 이용할 수 있도록 하기 위한 것이다. 종사원은 고객을 유심히 살피면서 고객이 표현하지는 않지만 기대하는 욕구를 미리 만족시켜 주기 위해 직원에게 권한을 부여하는 것이다.

이러한 권한 이양은 돌발상황에 따른 직원들의 적극적인 대처를 기대할 수 있으며, 이를 통해 신속한 불만해소를 기대할 수 있다.

이 프로세스에 따라 직원은 고객의 욕구를 만족시키기 위해 필요하다고 판단되면 일상의 업무에서 벗어나 적극적으로 고객을 응대할 수 있다.

리츠 칼튼 호텔은 이러한 예외적인 상황에 대비하기 위해 이를 문서 및 사례로 만들어 전 직원이 공유하게 하고, 향후 서비스 개발 및 고객응대 프로세스를 개선하는 데 활용하고 있다. 또한 고객의 불만해소를 위해서라면 상사의 사전 승인 없이도 $2,000까지 지출할 수 있도록 종사원들에게 권한이 위임되어 있다.

1 권한 위임의 개념

임파워먼트는 '권한 위임, 권한 위양, 역량 강화' 등으로 사용하고 있다.

제로섬(zero-sum) 관점에서 권한의 하부이동이 아니라 모든 구성원 스스로가 긍정적 사고와 타인의 신뢰감을 바탕으로 자신의 역량과 책임의식을 키운 후, 서로 타인 역량의 증대까지 도와주게 된다. 즉, 한정된 파워의 배분보다는 전체 파워 크기의 증대와 확산을 추구하는 일련의 경영활동으로 정의하게 된다.

권한을 위임할 때는 구성원의 만족도, 생산성 증대, 서비스 품질 향상, 성과와 수익증대, 경쟁력 개선이 우선되어야 한다.

권한 위임은 관리자와 구성원 모두에게 잠재적 이익을 제공할 수 있으며 적절한 상황에 올바르게 사용되었을 때 의사결정의 속도와 질을 높여주며 관리자의 부담을 줄여주게 된다. 또한 구성원의 직무 경험을 넓혀주고 내재적 동기를 증가시키며 리더십 개발기회를 제공해주는 장점이 있다.

권한 위임이 원활하게 이루어지기 위해서는 먼저 관리자가 부하를 신뢰할 수 있어야 한다. 관리자들이 구성원을 굳게 믿고 부하의 능력을 신뢰하여 업무수행에 있어서 결정권을 부여함으로써 구성원은 조직 만족, 조직몰입과 같은 효율적 업무수행을 위해 필요한 요소들에 긍정적인 영향을 받는다. 이는 조직의 수익성 및 매출성장률에 영향을 미친다.

임파워먼트는 다음과 같은 특징을 가지고 있다.

① 임파워먼트는 구성원들로 하여금 자신의 일이 회사의 성패를 좌우한다는 강한 사명의식을 갖도록 한다. 즉, 구성원마다 자신이 담당하고 있는 일이 매우 중요하다는 의식을 갖도록 한다.

② 임파워먼트는 우수한 인력을 양성하거나 확보시키는 데 초점을 둔다. 특히 업무를 수행하는 개인의 기량을 향상시키는 데 집중하게 된다.

③ 임파워먼트는 자신이 담당하고 있는 일에 대해 스스로 의사결정권을 갖게 하여 통제감을 높임으로써, 무기력감과 스트레스를 해소하고 더 나아가 강한 업무의욕을 갖게 하여 구성원들에게 커다란 성취감을 주도록 한다.

④ 임파워먼트는 구성원들이 고객에 대한 서비스를 향상시키고 환경변화에 신속하게 대응할 수 있도록 한다. 조직이 급변하는 환경에 적응할 수 있으려면 상부의 조언이나 허락 없이도 상황에 맞게 적절하게 대처할 수 있는 능동적이고 적극적인 역량을 가진 사람들을 필요로 하고 있다. 임파워먼트는 조직 구성원들이 이러한 능력을 갖출 수 있도록 최적의 환경을 조성해 줄 수 있다.

2 임파워먼트의 3가지 견해와 열쇠

임파워먼트를 관찰하는 방법에는 구조적, 심리적 그리고 행위로 보는 견해로 나눌 수 있다.

1) 구조적 임파워먼트(structural empowerment) 견해

- 임파워먼트를 조직이나 업무구조상의 권한 위임으로 바라볼 수 있다.
- 업무수행에 필요한 정보, 활동 지원 사항, 활용 가능한 인적·물적 자원 등을 얼마나 쉽게 얻을 수 있도록 조직구조가 되어 있는가, 그리고 학습과 성장의 기회가 얼마나 많이 있느냐가 임파워먼트에 있어서 중요하다.
- 권한 위임을 통해 결과적으로 조직 구성원들의 조직에 대한 헌신과 몰입, 자율성, 자기효능감(self-efficacy)의 수준을 높여주게 된다.

2) 심리적 임파워먼트(psychological empowerment) 견해

- 임파워먼트를 심리적 개념으로 보아 조직의 상황요인들을 조직 구성원들이 심리적으로 어떻게 지각하고 경험하는지에 초점을 두는 것이다.
- 똑같은 조건이 주어지더라도 개인들이 심리적으로 지각하고 경험하는 심리적 임파워먼트는 차이가 있을 수 있다. 따라서 권한 위임과 같은 경영기법은 심리적 임파워먼트의 필요조건일 수 있으나 필요충분조건은 아니다.
- 심리적 임파워먼트는 일과 관련된 4가지 차원의 인식, 즉 의미성, 역량감, 자기결정력, 그리고 영향력에 있다고 할 수 있다. 그 내용은 다음과 같다.

⏰ **표 4-3** 심리적 임파워먼트에 영향을 주는 요인들

요 인	내 용
직무특성 (Job characteristics)	• 조직 내에서 자신의 업무를 수행함에 있어 상당한 재량권을 가지고, 조직에서 중요한 비중을 차지하는 직무를 수행한다. 자신이 수행하는 직무가 다양한 기술을 요하는 직무일수록 심리적으로 지각하는 임파워먼트가 커짐.
역할모호성 (Role ambiguity)	• 개인들은 역할 및 권한관계가 명확하지 않을 때 무력감을 느끼게 되고 의미감을 상실하는 등 심리적 임파워먼트의 저하를 경험하게 됨. • 역할과 책임 및 권한의 한계가 모호한 상황에서 개인은 행동하기를 주저하게 되고, 자신의 결정이 가져올 수 있는 반향에 대한 두려움과 스트레스로 인해 자신감을 잃는 등 역량부족을 느끼게 됨.
정보접근성 (Access to information)	• 조직운용 및 업무흐름, 외부환경과의 관계 등에 대한 정보는 조직에 대한 주인의식을 갖게 하고, 조직 내 전체 업무의 흐름 속에서 개인의 역할을 이해하도록 도운다. 직무수행자의 자기효능감을 촉진시킬 뿐만 아니라 자율적이고 주도적인 방식으로 업무를 수행하도록 한다.
자원접근성 (Access to resources)	• 직무수행에 필요한 자원에 쉽게 접근할 수 있을 때 개인은 자기효능감과 상황에 대한 통제력의 향상을 경험하게 됨. • 조직 구성원로 하여금 심리적 임파워먼트를 경험하도록 하기 위해서는 자원사용과 예산승인에 대해 적절한 권한을 부여하는 것이 필요함.
의사결정참여	• 개인들로 하여금 자신의 업무와 관련된 중요한 의사결정에 참여할 수 있도록 하는 것은 개인으로 하여금 조직의 전반적인 업무를 보다 폭넓게 관찰할 수 있게 한다. 의사결정 단위 내에서 자신이 수행하는 역할의 중요성을 보다 잘 인식하며, 업무에 대한 통제감을 증대시킴.

① 의미성(meaning) : 자신의 역할과 일 자체에 대해 느끼는 가치

② 역량감(competence) : 맡은 일이나 역할을 충실히 수행하여 성과를 낼 수 있다는 믿음 그리고 자신의 능력과 의지에 대한 강한 믿음인 자기효능감과 유사한 개념.

③ 자기결정력(self-determination) : 자신이 갖는 자유재량에 대한 인식의 정도

④ 영향력(impact) : 자신이 다른 사람들의 성과나 과업수행 과정에 얼마나 큰 영향력을 미칠 수 있는가에 대한 믿음의 정도 등에 반영되어 나타난 향상된 내적 작업동기(increased intrinsic work motivation)라고 할 수 있다.

3) 행위로 보는 견해

임파워먼트를 실용주의적 입장에서 실제 드러난 업무개선을 위한 혁신적 행동으로 바라보게 된다.

심리적으로 아무리 자기효능감이 늘어났다 하더라도 행위로 표출되지 않으면 유용성이 없다는 가정을 전제로 한다.

4) 이론의 통합적 관점

임파워먼트란 결국 조직 구성원들로 하여금 주인의식을 갖게 하고 자기 일처럼 일하게 하는 것이다. 따라서 구조적인 측면에서 실질적인 권한 부여와 동시에 정보·자원·지원·기회를 제공하고, 심리적인 측면에서 자율성과 자기효능감을 증대시켜 구체적인 행동으로 실천해 나가야 한다.

권한 위임의 기술에는 다음과 같이 3가지 개념을 제시하고 있다.

첫 번째는 분배(상실/획득)의 개념이다.

권한을 주어지는 것으로 보는 것이다. 즉, 권한을 위임하게 되면 권한을 주는 사람에게 하나의 권한이 상실하게 되고 권한을 위임받은 사람은 하나의 권한을 획득하게 되어 합이 제로가 되는 것이다. 이러한 관점에서는 권한은 한정되어 있으며 당신이 누군가에게 주지 않으면 잃을 수도 있다는 것을 함축한다는 것이다.

두 번째 견해는 창조(획득/획득)의 개념이다.

권한은 만들어지는 것이다. 이 견해는 둘 이상의 사람들이 서로 정보, 권위, 책임 등을 교류하고 나눌 때 권한은 창조된 것이다. 즉 값은 합산되는 것이다.

세 번째 견해는 창조적 분배(획득/획득/공유)의 개념이다.

이러한 관점은 사람들이 상호 영향을 주고받을 때 권한은 스스로 성장하게 되며, 권한은 무한대로 커지게 된다는 것이다. 매우 이상적인 개념이라 할 수 있다.

③ 권한 위임의 3가지 열쇠

권한을 위임하는 과정은 결코 쉬운 것은 아니다. 권한 위임의 문화가 정착되기 위해서 리더는 다음의 3가지를 잘 이용해야 한다.

1) 정보를 모두와 공유하라

권한 위임을 위해서는 조직 내 신뢰감과 책임감이 필수적이다. 직원들 사이에 신뢰감과 책임감을 조성하는 가장 좋은 방법 중 하나는 정보를 공유하는 것이다.

팀원들이 필요로 하는 정보를 제공하면 업무상 결정을 훨씬 더 빠르고 정확하게 수행할 수 있다. 정보를 공유한다는 것은 경쟁사의 활동상황, 앞으로의 사업계획과 전략, 재무제표, 업계의 최근 이슈, 경쟁사 분석 등 특정계층만 알 수 있었던 모든 정보들을 공개한다는 의미이다.

이렇게 직원들에게 좀 더 완벽하게 가까운 정보를 제공하면, 조직 내 신뢰가 형성되고 동료의식이 강화된다. 정보공유를 통해 회사 전체 모습을 그릴 수 있게 되면 직원들은 자신의 기여가 그 안에서 어떻게 발휘되는지, 자신의 행동이 조직의 다른 부분에 어떻게 영향을 미치는지를 확실하게 인식할 수 있게 된다.

직원들에게 회사의 중요한 정보를 공개하면 그들은 회사의 주인처럼 행동하기 시작한다. 창의적인 문제 해결 방안을 모색하기 시작하고 그렇게 얻은 결과물들은 더욱 특별한 의미로 다가온다.

2) 확실한 경계를 설정해 각자의 자율공간을 만들어라

위계질서의 문화속에서 경계라는 것이 마치 가시철조망과 같다. 직원들을 그 안에 가두어 놓고 절대 나올 수 없도록 통제하기 위한 경계가 만들어 진다.

그러나 권한위임 문화속에서는 경계가 고무 밴드와 같아서, 직원들이 성장하고 발전해 나감에 따라 더 많은 책임을 맡을 수 있도록 자유롭게 늘어난다.

권한 위임된 문화속에서 경계는 위계질서 속에서의 제한적인 경계와는 다르게, 직원들에게 그들이 할 수 없는 일이 무엇인지를 말해 주는 것이 아니다. 어디까지 자율적으로 움직일 수 있고, 어디까지 책임을 질 수 있는지를 알려주게 되는 것이다. 그리고 직원들의 능력 수준(발달 수준)에 맞게 경계가 만들어진다. 예를 들어, 예산 설정 능력이 부족한 직원들에게는 더 많은 책임을 맡기기 전에, 비용의 제한과 같은 경계를 만들어 주는 것이다. 또한 직원들에게 필요한 교육과 능력을 개발할 수 있는 기회를 제공함으로써 더 큰 자율권을 가질 수 있게 하는 것이다.

권한 위임의 문화를 만들어 내는데 있어서 가장 흥미로운 측면은 리더들이 체계나 시스템을 줄여나가는 것이 아니라 더 많은 체계, 시스템을 만들어 나가야 한다는 것이다.

3) 낡아빠진 위계질서를 자기 주도적 팀으로 대체하라

직원들이 새로 공유된 정보를 이용하여 자율권을 형성할 수 있게 되면, 그 다음은 위계적인 계층구조에 대한 의존에서 벗어나야 한다. 위계조직이 주던 명확성과 버팀목을 대체할 해답은 자기 주도적인 개인과 고도로 숙련되고 강력한 자기 관리능력을 지닌 자기 주도적인 팀을 육성하는 것이다.

권한 위임 작업이 시작되면, 리더들은 종종 다음에는 무엇을 해야 할지에 대해 확신을 잃기도 한다. 일종의 리더십 진공상태가 되는 것이다. 지금까지 리더와 직원 모두 위계질서 내에서 움직이는 것에 너무나 익숙해져 있었기 때문이다.

권한 위임의 성공 여부는 이 시기를 어떻게 극복하는가에 달려있다고 해도 과언이 아니다. 리더들은 혼란의 시기를 받아들이면서 권한 위임에 대한 확고한 비전과 열린 소통, 정보의 공유 흐름을 유지할 때, 모든 것은 변하기 시작하면서 진정한 권한 위임이 시작된다.

4 권한 위임의 효과

서비스 기업 경쟁력의 핵심은 인적 자원이다. 그 요체에는 인적 자원 개개인의 자발적인 참여로부터 시작된다. 기업이 어느 정도의 규모로 성장하고 변화가 필요할 때 가장 먼저 대두되는 것이 권한 위임이다. 기업 내 모든 임직원에게 의사결정권을 부여하는 동시에 결정된 업무에 대해서는 스스로 책임지도록 하는 것이 권한 위임의 의무이다.

경쟁 환경이 급변하는 상황에서 변화를 신속하게 인지하고 여기에 적절하게 대응하는 구성원의 능력이 기업 성공의 가장 중요한 핵심역량으로 부각된다.

임파워먼트의 실행을 통해 기업은 다음과 같은 효과를 얻을 수 있다.

첫째, 구성원의 보유 능력을 최대한으로 발휘하게 하고 그들의 직무 몰입을 극대화할 수 있게 한다.

둘째, 시시각각 끊임없이 변하는 소비자의 요구에 대해 적절하고도 신속한 대응을 가능하게 하며 고객만족을 극대화할 수 있다. 왜냐하면 고객을 직접 대하는 일선 현장 직원에게 권한을 부여하기 때문이다.

셋째, 신속한 의사결정을 내릴 수 있다. 모든 의사결정 과정을 일일이 상부에 보고하는 번거로움을 없애고, 수평적인 의사소통체계를 구축함으로써 시급한 문제에 대한 의사결정이 빨라진다.

넷째, 업무 수행상의 문제점과 그 해결 방안을 가장 잘 알고 있다는 실무자들이 고객들에게 적절한 대응을 할 수 있게 되어 서비스 품질과 수준을 제고하는 것이 가능할 수 있게 된다.

다섯째, 자신이 맡은 업무에 대해 보다 큰 통제권이 주어졌을 때, 책임감이 높아지고 업무에 대한 애착도 강해진다. 이는 직원들의 사기를 앙양시키고 일에 대한 집중력을 더욱 높여 기업의 생산성 향상에 긍정적으로 작용한다.

여섯째, 지시, 점검, 감독, 감시, 연락, 조정 등에 필요한 노력과 비용이 줄어들기 때문에 그에 대한 비용이 감소된다.

일곱째, 승진기회가 한정된(limited career paths) 대부분의 구성원에 대한 보상차원에서 권한 위임을 실시할 경우, 구성원들로 하여금 자신의 업무에 보다 도전적으로 임하게 하고 애사심도 높일 수 있다. 이를 통해 업무성과가 더욱 향상되는 것은 두말할 필요도 없다.

이러한 장점에도 불구하고 권한 위임을 하게 될 경우 그에 대한 부작용도 있다.

첫째, 부서마다 자율적으로 행동하게 되면 일선 부서 간에 고객 서비스의 격차가 발생할 수 있다.

둘째, 권한 위임으로 일부 부서 직원의 대 고객서비스가 신속하고 융통성 있게 이루어질 수 있지만, 그 결과에 대한 책임소재는 오히려 불분명해질 수 있다.

셋째, 자율은 대가 없이 주어지지 않는다. 자율이 보장되면 그만큼 책임이 높아진다. 그런데 직원에 따라서는 자율성 확대와 함께 자신이 업무결과에 대해 무한대 책임을 져야 한다는 현실을 부담스럽게 느끼게 마련이다.

Case Study 현대백화점의 매장 실험… "사원·대리에 매장 운영 권한 위임"

전국 14개 점포 39곳에 연구·실험 공간 '크리에이티브 존' 조성

현대백화점이 도입한 '오피스 프리 데이'에 이어 두 번째 '밀레니얼 세대' 맞춤형 조직문화 제도를 내놓는다. 점포에서 근무하는 대리급 이하 직원들의 다양한 아이디어를 실험해 볼 수

THE HYUNDAI

는 공간을 만들어 브랜드와 서비스를 자유롭게 실험해 볼 수 있는 일종의 연구개발(R&D)형 매장을 운영하기로 한 것이다.

현대백화점은 무역센터점, 판교점 등 전국 14개 점포(압구정본점 제외)에 '크리에이티브 존(Creative Zone)'을 운영한다. 젊은 직원들의 잠재 능력을 이끌어내고, 업무에 대한 성취감을 높이겠다는 취지로 백화점 업계 최초로 도입하는 '매장 실험'이다.

'크리에이티브 존'은 제조업의 R&D처럼 유통업의 특성을 반영해 브랜드와 서비스를 연구하고 실험하는 공간을 일컫는 말이다. 현재 14개 점포에서 근무하고 있는 사원·대리급 담당 직원들은(전체 330여 명) '크리에이티브 존' 매장의 브랜드 유치와 운영을 전적으로 맡아, 자신이 발굴한 콘텐츠를 자율적으로 선보일 수 있다.

통상 백화점의 사원·대리 직급은 매장 관리 및 고객 응대 등의 업무를 담당하고, 백화점 내 영업 공간에 들어서는 브랜드의 유치 및 계약 관련 업무는 백화점 본사 바이어들이 대부분 담당하고 있다.

현대백화점이 '크리에이티브 존'을 도입하기로 한 것은 밀레니얼 세대(1981~1996년생) 직원들의 창의적인 업무 역량과 다양성을 이끌어 내기 위해서다. 자존감이 높고, 성취욕이 강한 젊은 직원들의 성향을 반영해 능동적으로 업무에 몰입할 수 있는 근무 환경과 기업문화를 구축하기 위한 의도도 있다. 회사 측은 최신 트렌드에 익숙한 젊은 직원들이 이색 콘텐츠를 운영함으로써, 젊은 고객들의 눈높이에 더 가까이 다가갈 수 있다는 점도 감안했다고 밝혔다.

'크리에이티브 존'은 전국 14개 백화점 점포가 자율적으로 선정한 팝업 스토어, 층 행사장 등 39곳에 총 1312㎡(397평) 규모로 조성된다. 대표적으로 판교점의 경우 2~8층까지 각 층별로 1곳씩 23㎡~76㎡ 규모의 '크리에이티브 존' 7개를 만들고 각 팀별로 1~2곳씩을 맡아 운영하는 방식이다.

현대백화점은 '크리에이티브 존'을 활성화하기 위해 점포별 운영 결과를 공유하고 벤치마킹할 수 있는 시스템을 개발할 예정이다. 아울러 '크리에이티브 존'의 활성화와 직원들의 성취감을 높이기 위해 분기별로 우수 사례 포상도 진행할 계획이다.

현대백화점 관계자는 "현재 밀레니얼 세대 직원들이 전체 임직원의 약 60%를 차지하고 있으며, 대부분 담당급 직원이지만, 5년 후에는 관리자급으로 성장해 회사의 미래를 이끌어 가는 세대가 된다"며 "주니어 직원들의 눈높이에 맞춰 잠재 역량을 끌어내고, 새로운 성과를 창출할 수 있는 조직문화를 구축하기 위해 다양한 제도를 운영해 나갈 계획"이라고 말했다.

현대백화점은 한 달에 한 번 사무실에 출근하지 않고, 직원들이 자율적으로 다양한 체험할 수 있는 '오피스 프리 데이' 프로그램도 유통업계 최초로 도입해 운영하고 있다. 빠르게 변화하는 소비 트렌드와 젊은 세대의 라이프 스타일을 몸소 체험할 수 있는 일종의 '창의적 휴식' 제도다. 개인 연차나 휴무일 소진 없이 사용할 수 있기 때문에 직원들에게 좋은 반응을 얻고 있다고 백화점 측은 설명했다.

자료: 뉴데일리 경제 2019-04-08

5 권한위임이 안 되는 이유

권한위임은 임파워링 리더십을 실천하는 가장 기본적인 방법이다. 그러나 리더들이 임파워링 리더십을 발휘하는 데 있어 가장 힘들어하는 부분이기도 하다. 리더들은 통상 다른 리더와의 만남에서 "권한위임 뭐 별 것 있어? 그냥 업무 부여하고 그에 대한 권한을 주면 되는 것 아니야?"라고 쉽게 이야기한다. 그러나 막상 자신이 권한위임을 해야 하는 상황에 처하게 되면 여러 가지 이유로 한계에 부딪치게 된다. 권한위임을 하는 데 가장 방해되는 이유는 다음과 같다.

1) 하급자에 대한 신뢰감 부족

(1) 첫 번째는 신뢰감 부족이다.

신뢰란 일반적으로 위험을 감수하면서 다른 사람에게 믿음을 주는 사회 심리적 상태이다. 즉 상대방에 대한 감시나 감독 없이도 상대가 자신의 기대에 부응하는 행동을 하리라는 믿음으로 기꺼이 위험을 감수하겠다는 마음의 상태이다.

상사에 대한 신뢰는 권한위임에 긍정적인 영향을 미치는 것으로 나타났다. 따라서 상급자와 하급자 간의 신뢰 형성은 임파워링 리더십을 실천하는데 있어 매우 중요한 역할을 한다. 하지만, 대부분의 조직에서 리더들은 하급자에 대한 신뢰가 부족하여 권한위임을 하는 것을 부담스럽게 생각한다. 신뢰란 특정한 대상을 신뢰하는 신뢰자의 주관적 심리 상태이기 때문에 개인의 성격특성과도 밀접한 관련이 있다.

(2) 리더들이 하급자를 신뢰하지 못하는 이유는 무엇일까?

신뢰의 기반은 제재기반 신뢰, 계산기반 신뢰, 관계기반 신뢰, 제도기반 신뢰의 네 가지 유형으로 범주화하였다.

① 제재기반 신뢰(deterrence based trust)는 신뢰를 저버렸을 때 처벌을 받는다는 확실한 위협이 있기 때문에 신뢰하는 것이다. 이 경우의 신뢰는 기회주의적 행동으로부터 얻을 수 있는 잠재적 이득보다, 신뢰를 어겼을 경우 받을 수 있는 제재가 더 크다고 판단하므로 신뢰 행위를 하는 경우이다.

② 계산기반 신뢰(calculus based trust)는 경제적 교환에서 기초한 상호작용의 특징인 합리적 선택에 기초한다. 계산기반 신뢰는 제재의 존재에서뿐만 아니라 의도 또는 능력과 같은 정보에서도 도출되며, 신뢰자 와 피 신뢰자의 행동이 자신에게 유익할 것이라고 인식할 때 신뢰감이 일어난다.

③ 관계기반 신뢰(relational based trust)는 신뢰 주체와 신뢰 대상간 의도에 대한 동일시에 토대를 둔 신뢰이다. 즉 신뢰 주체와 객체 사이에 서로가 상대의 욕구·선택·선호 등을 알고 예측하며, 동일한 욕구·선택·선호 등을 자신의 것으로 공유함으로써 발전하게 된다.

④ 제도기반 신뢰(institution based trust)는 제도에 대한 믿음에 기초한 것이다. 즉 제

도기반 신뢰는 조직화된 시스템에 기초한다. 사회적 규범과 법적 장치 등과 같은 합리적인 시스템은 신뢰 주체에 대한 손실 확률기대가 낮기 때문에 신뢰가 촉진되는 한편 융통성을 제한하고 지나친 엄격함을 요구함에 따라 신뢰를 손상 시킬 수도 있다.

이와 같은 신뢰 형성의 네 가지 기반 중 권한위임에 크게 영향을 미치는 것은 계산기반 신뢰와 관계기반 신뢰라 할 수 있다. 계산기반 신뢰의 경우 상급자가 '하급자에게 권한을 위임해 주었을 때 자신에게 돌아오는 이득이 무엇일까?', '나의 이득을 위해 하급자는 업무를 완수할 수 있을까?', '만약 하급자가 업무를 완수하지 못했을 경우 나한테 돌아올 책임은 무엇인가?' 등의 계산을 하기 때문에 하급자에 대한 신뢰보다는 불신이 많이 생기게 된다.

관계기반 신뢰의 경우 평상시 상급자와 하급자의 관계를 통해 신뢰가 형성되는 것으로, 평상시 하급자가 상급자의 의도를 잘 파악해 상급자의 의도대로 업무를 수행했다면 신뢰가 많이 형성되는 것이 올바르다. 그러나 우리 조직문화 중에 이러한 관계기반 신뢰를 저해하는 것은 사람들의 선입견이다. 즉 우리나라는 아직까지 학연, 지연, 혈연 등에 의해 그 사람의 능력과 신뢰가 정해진다는 것이다. 상급자와 같은 학교, 같은 고향 등 같은 출신이면 능력이 있고, 다른 학교, 다른 고향과 같은 다른 출신이면 능력이 부족하고 믿지 못할 사람이라는 것이 정해지기 때문에 권한위임이 제대로 이루어지지 않는다. 권한위임에 있어 상급자와 하급자 간 신뢰 형성은 매우 중요하다.

2) 조직문화에 대한 이해 부족

조직문화란 주어진 시기에 조직의 운영을 위한 조직체 시스템이며, 이념과 신념, 언어, 의식, 신화, 상징 등이 포함된 총체적 개념이다. 조직문화는 통상적으로 <그림 4-2>에서 보는 바와 같이 두 가지 차원에서 접근하고 있다. 하나는 '변화 대 안정'이라는 상충적 가치를 축으로 조직구조에 대한 선호를 반영하는 '유연성 대 통제'의 차원이다. 또 하나는 '조직 내부지향 대 조직 외부지향'이라는 상충적 가치를 축으로 하여 합리문화, 개발문화, 위계문화, 합의문화의 네 가지로 분류한다.

① 합리문화(rational culture)는 통제와 안정을 지향하면서 경쟁을 지향하기 때문에 합리문화에서 리더는 지시, 명확한 목표, 생산성, 임무수행 등을 강조한다.

② 개발문화(development culture)는 유연성과 변화, 경쟁을 지향하기 때문에 개발 문화에서 리더는 혁신, 성장, 자율성 등을 강조한다.

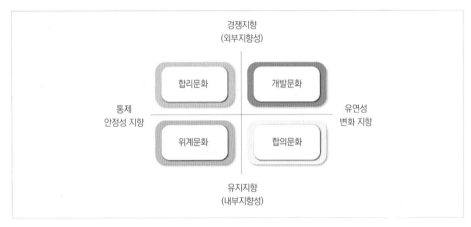

🎹 그림 4-2   조직문화 유형

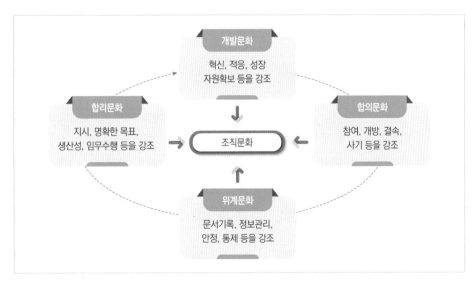

🎹 그림 4-3   조직문화 특성

③ 위계문화(hierarchy culture)는 통제와 안정, 내부지향성을 강조하기 때문에 위계문화에서 리더는 안정된 조직운영, 시스템, 완벽성 등을 강조한다.

④ 합의문화(consensual culture)는 유연성과 변화, 내부지향성을 가지고 있기 때문에 합의문화에서 리더는 사람과의 관계, 참여, 결속, 사기 등을 강조한다. 이러한 조직문화는 조직의 특성에 따라 권한위임에 차이가 있는 것으로 나타났다.

조직문화와 관련하여 "왜 권한위임이 이루어지지 않는가?"에 대한 질문에 다음과 같이 이야기할 수 있다.

첫째, 완벽주의와 승진지향 위주의 문화가 강조되기 때문이다.

둘째, 상급자에 의한 억압, 강요, 정해져 있는 답만을 요구하는 문화가 존재하기 때문이다.

셋째, 상급자가 개인의 경험에 의해 모든 것을 판단하고, 그것만이 옳은 것이라고 생각하는 문화가 존재하기 때문이다.

넷째, 업무성과에 대한 조급함과 보여 주기식의 문화가 존재하기 때문이다. 이와 같이 조직문화의 유형에 따라 권한위임에 차이가 있기 때문에 조직문화의 특성을 고려하여 권한위임을 할 필요가 있다.

3) 원활한 의사소통의 부족

우리는 흔히 일상생활이나 조직 생활 속에서 "저 사람과는 말이 안 통해!"라는 말을 많이 한다. 커뮤니케이션이란 집단 구성원 상호 간에 정보를 교환함으로써 관리적 기능을 상호 연결시켜 나가는 과정으로 하향식, 상향식, 수평형 의사소통이 있다.

하향식 의사소통은 위에서 아래로 흐르는 의사소통을 말하며, 상향식 의사소통은 아래에서 위로 흐르는 의사소통이고, 수평식 의사소통은 동료 간의 의사소통으로 수평적으로 흐르는 의사소통을 말한다. 이러한 의사소통이 임파워먼트에 미치는 영향으로는, 임파워먼트의 향상을 위해서는 촉진적 의사소통을 사용해야 하며, 촉진적 의사소통을 하는 집단이 비 촉진적 의사소통을 하는 집단보다 임파워먼트가 높았다.

"왜 권한위임이 안 되는가?"에 대한 질문에 많은 사람들이 원활한 의사소통이 부족하기 때문이라고 답한다. 즉 상급자는 하급자의 생각과는 상관없이 일방적인 지시

현대산업 서비스 경영

형식으로 업무를 부여하고 업무에 대한 자신의 의도를 명확하게 알려 주지 않으며, 이것 좀 해보라고 지시한 후 자신의 생각과 맞지 않으면 다시 하라는 등의 사례가 빈번하다.

이와 같이 의사소통이 제대로 이루어지지 않는 이유는

첫째, 하급자의 의견을 존중하지 않고, 하급자를 자신과 동등한 대상으로 생각하지 않기 때문이다. 소통이란 동등한 대상으로 여기는 가운데 이루어져야 효과가 있는데, 상급자는 하급자가 자신과 함께하는 동료가 아니라 자신의 부하로만 생각하기 때문이다.

둘째, 상급자는 하급자보다 모든 것을 많이 알고 있다고 생각하기 때문이다. 상급자는 자신이 하급자보다 경험이 많고, 많이 배웠기 때문에 하급자의 말을 무시하거나 그냥 듣고 흘려버리는 경향이 많다.

셋째, 의사소통에 대한 개방적 태도 부족 때문이다. 개방적 의사소통이란 진솔하게 자기가 느낀 바를 표현하고 자신의 의사에 반하는 의견에 기꺼이 귀를 기울이는 자세를 의미한다. 그러나 대부분의 상사들은 부하와의 관계에서 부하의 개입을 거부하고 통제하려 한다.

넷째, 의사소통의 지속성이 부족하기 때문이다. 의사소통의 효과는 한 번의 시도에서 나타나는 것이 아니라 지속적인 상호작용을 통해 이루어지는 것이므로 상호 간에 존중하고 잘되기를 바라는 친화적 의사소통이 있어야 한다.

다섯째, 부하에 대한 의사결정 수용성을 고려하지 않기 때문이다. 의사결정 수용성은 의사결정이 부하들에 의해 실행될 때, 또는 작업 동기에 매우 중요한 영향을 미친다. 즉 의사결정에 있어 조직 구성원이 참여했는지 또는 참여하지 않았는지에 따라 의사결정 실행에 많은 영향을 미친다. 그러나 상급자들은 하급자의 의사결정 참여와는 관계없이 무조건적으로 결정된 사항에 대해 무조건 따르도록 강요한다. 의사소통은 권한위임에 많은 영향을 미치기 때문에 조직과 개인의 특성을 고려한 의사소통 방법이 필요하다.

4) 모든 것을 상급자가 하고자 하는 성격특성

모든 것을 상급자가 스스로 해결하려 하는 개인적 성격특성을 갖고 있기 때문이

다. 사람들은 각기 다른 성격특성을 가지고 있어서 업무처리 방식 또한 상이하게 나타난다. 특히 성취 욕구가 높은 관리자는 중요하고 도전할 만한 과업을 부하들에게 위임하기보다는 직접 하는 것을 더 선호한다.

어느 한 실험에서 질적 수준이 같은 과업을 위임했을 경우, 과업이 동일했음에도 불구하고 관리자가 과업을 감독하는 일에 직접 관여했을 경우가 성과의 질을 더 높게 평가했다. 이와 같이 사람의 성격특성이 권한위임에 영향을 미치는 것으로 나타났다.

리더십 유형은 APL(Aptitude : 적성, Personality : 성격, Learning : 학습) 성격검사로서 분석할 수 있다.

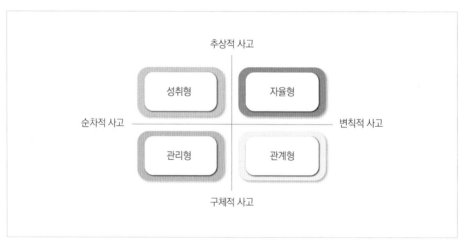

그림 4-4 리더십 유형

APL성격검사는 리더십 유형을 <그림 4-4>과 같이 성취형, 자율형, 관리형, 관계형으로 구분하고 있다. 리더십 성향에 따라 권한위임에 미치는 영향을 알 수 있다.

첫째, 성취형(accomplished) 리더는 자기 주도성이 강하고 자존심이 강하며 성취욕구가 매우 강하기 때문에, 하급자에 대한 권한위임보다는 자기 스스로 업무를 처리하는 경향이 많다.

둘째, 자율형(autonomous) 리더는 독립심이 강하며 창의적이고 자신감이 강하기 때문에, 자신의 일은 스스로 하고자 한다.

셋째, 관리형(managed) 리더의 경우 완벽주의적 성격이기 때문에 다른 사람들을 쉽게 믿지 못하는 경향이 있다. 따라서 하급자에게 업무를 권한위임을 할 때 일이 잘못될 것을 우려해 자신이 직접 하는 경향이 많다.

넷째, 관계형(relation) 리더는 사람의 관계를 중요하게 생각하기 때문에 권한을 위임할 때 상대방과 자신에 대해 많은 신경을 쓴다. 또한 권한위임 후 업무가 잘못되었을 때 서로의 관계가 깨질 것을 우려해 스스로가 직접 업무를 수행하는 경향이 있다.

이와 같이 여러 가지 이유로 인해 권한위임이 이루어지지 않고 모든 일을 리더 혼자 처리하려고 하면 쉽게 지치고 후유증만 커지게 된다.

5) 리더의 권력을 빼앗긴다는 두려움

강력한 권력 욕구는 권한위임의 실패 요인이다. 하급자에게 권한을 위임하면 자신의 권한이 축소될 것을 우려하기 때문에 권한위임이 실천되지 않고 있다. 어떤 관리자들은 평상시 부하들에게 권력을 행사하여 부하를 관리 감독을 하고 있다는 느낌을 가져야 하는데, 권한을 위임하면 그러한 느낌을 잃게 되는 것과 권력을 잃게 될 것이라는 두려움을 가지고 있기 때문이다.

Case Study

세계적 리더들의 모습 또한 가지각색이다. 상황에 맞게 '존중하는 마음'만 잃지 않고 자신과 자신의 조직·조직원에게 맞는 방법을 찾아야 한다. 켄 블랜차드는 "서로 다른 사람을 똑같이 대하는 것은 어리석은 것"이라며 '상황대응 리더십'을 이야기 한다.

블랜차드에 따르면 리더십 유형에는 기본적으로 네 가지가 있다.

지시형, 코치형, 지지형, 권한위임형이다. 지시형 리더십의 경우 특정 지시를 내리고 업무 과정을 지켜본다. 반면 코치형은 한 번의 지시에서 멈추는 것이 아니라 계속해서 지시를 내리고 직원의 제안을 받기도 하며 자신의 의사결정에 대한 이유도 설명하며 코칭 형식으로 진행 과정을 돕는다.

지지형 리더십은 직원들에게 의사결정권을 주고 업무 완수를 위해 모든 측면에서 돕고 지지하면서

의사결정에 대한 책임을 함께 나눈다. 반면 권한위임형은 의사결정 책임은 물론 문제 해결 및 모든 것을 직원들에게 위임한다. 네 가지 기본 유형을 적재적소에 사용할 줄 알아야 최고의 리더십을 발휘할 수 있다.

· 지시형

다소 권위주의적인 '지시형 리더십'을 선호하는 사람은 거의 없다. 그렇다고 지시형 스타일이 무조건 나쁜 것은 아니다. 특히 기업경영에서 지시형 스타일이 꼭 필요할 경우가 있다. 의사결정이 시급하거나 위험 부담이 큰 경우 가장 적합하다. 위기 시 사람들에게 무엇이 옳고 그른지 판단을 맡기고 민주적인 토론을 통해 결정을 내릴 수 있는 여유란 없다. 위기 시에는 리더가 자신의 판단을 믿고 지시할 수밖에 없을 뿐더러 그것이 가장 적합한 결정이 될 것이다. 뿐만 아니라 아무것도 모르는 신입사원들에게는 지시형 스타일이 적합하다. 앞으로 혼자 일할 잠재력은 있으나 현재 경험이 없는 사람들에게는 언제 어디서 무엇을 어떻게 하라고 지시하는 것이 가장 빠른 배움의 길이기 때문이다.

· 코치형

많은 직장인이 회사생활에 환멸을 느낀다. 특히 아무리 열심히 일하고 높은 성과를 올려도 달라지는 게 없다는 것을 깨달을 때, 대 다수의 직장인은 가장 큰 좌절감을 느낀다. 상사들은 좋은 성과를 칭찬해주지 않고 지나갈 때가 많다. 당연히 해야 할 일이라고 여기는 탓이다. 하지만 직원들은 자신의 노력에 비해 보상이 형편없다는 생각이 들 때 열의가 떨어진다. 이럴 때 가장 필요한 것이 지시와 지지를 동시에 해주는 코치형 리더십이다. 업무 경험이 많지 않은데 필요한 지시를 받지 못한 채 계속 잘못한다고 혼나기만 하거나 발전 속도가 느려 자신의 능력에 대한 자신감을 잃게 될 수 있기 때문이다. 이런 직원들에게는 적당한 지시와 그들의 목소리에 귀 기울여주는 자세, 발전에 대한 칭찬이 필요하다. 사람마다 차이는 있겠지만 리더의 칭찬과 격려가 환멸의 시기에 그 감정을 누그러뜨릴 수 있는 최고의 수단이 된다.

· 지지형

지시나 코치를 싫어하는 직원들도 있다. 경험 많은 직원들이 그렇다. 경험이 많은 직원들은 업무에 해박한 지식이 있다. 이들은 리더가 자신의 말에 귀 기울여주고 자신의 뜻을 지지해주길 바란다. 경험 많고 유능한 직원들의 능력을 최대치로 끌어내기 위해 가장 적합한 방법이 바로 지지형 스타일이다. 지지는 누군가를 인정해준다는 의미로 받아들여진다. 가끔 능력 있는 사람들은 자신의 의사결정에 대해 주저하거나 조심스러움을 보인다. 이럴 때 리더가 나서서 인정해주면서 지지를 해준다면 자신감을 가질 수 있다. 전적으로 지지를 해주면서 의사결정에 대한 책임은 리더가 함께 나눠주는 것이다. 이런 경우 최고의 성과를 기대할 수 있다.

· 권한위임형

리더가 직원에게 모든 의사결정권과 모든 문제에 대한 권한을 위임할 경우, 책임감이 없어 보이지만 이런 스타일도 적합할 때가 있다. 유능하고 열의도 있는 독자적인 성취자들에게 권한위임형 리더십은 완벽하게 작동한다. 이런 직원들에게는 지시가 무용지물이며 오히려 잔소리일 것이다. 뿐만 아니라 자기 자신이 직접 자신을 지지할 수 있기 때문에 다른 지지도 필요로 하지 않는다.

성취도가 높은 사람들은 자신이 얼마나 잘하고 있는지 스스로 알고 있는 한 리더들에게 특별한 칭찬이나 코칭을 들을 필요성도 못 느낀다. 같은 조직 내에서도 각각의 다른 직원들에게 알맞은 다양한 리더십을 구사할 수 있어야 한다. 사람에게 유연한 상황대응 리더십을 발휘할 수 있어야 진정한 '맞춤형 리더'가 될 수 있다.

권한위임의 방해요인과 7원칙

불안의 벽 – 권한을 넘겨주면 나는? 내 자리가 위태로워지지 않을까?

1. 권한위임은 '권한분배'가 아니라 '권한 확장'임을 명심하라

2. 위임하는 일의 범위와 내용을 명확히 하라

불신의 벽 – 직원들이 과연 이 일을 잘할 수 있을까?

3. 부하직원의 역량을 파악하고 개발하라

4. 성공 경험을 쌓게 하라

5. 업무의 자율성을 인정하라

불통의 벽 – 도대체 말이 안 통해 ~~~ 일 맡기기도 힘들어

6. 열린 질문과 공감적 경청을 하라

7. 긍정적 피드백을 활용하라

6 권한 위임을 하기 위한 전제 조건

1) 새로운 아이디어에 대한 개방성

구성원의 새로운 아이디어와 의견이 열려 있을 때 권한 부여가 크게 향상 된다.

직원들이 새로운 아이디어를 내놓을 때 관리자가 관심을 갖고 제대로 경청을 하고 구성원의 아이디어를 살려 주어야 한다.

팀원들은 때때로 훌륭한 아이디어를 가질 때도 있고 어리석은 아이디어를 낼 수 있다. 어느 쪽이든, 정중하게 듣는 데 시간을 할애하면 팀원들에게 가치있고 존중된다는 메시지를 보내게 된다. 다른 사람이 아이디어를 공개하면 또 다른 구성원들의 아이디어를 추가하는 개방성을 키워야 한다.

2) 구성원 육성

팀원들에게 좋은 아이디어가 없다면 아마도 이는 지식, 기술, 전문 지식 또는 경험의 부족일 수 있다. 팀장은 시대가 요구하는 팀원들의 새로운 역량을 개발해야 한다. 팀원들의 높은 역량 강화와 팀 성과와는 매우 강한 상관관계가 있다. 팀원들은 가치가 올라가면 그들은 기꺼이 팀에 투자할 것이라는 메시지를 보내게 된다.

3) 지지와 신뢰

팀원들의 존중과 지원을 얻는 관리자의 기술이 권한 위임의 또 다른 중요한 요소이다. 팀원들이 팀장을 신뢰하고 팀원들의 뒤를 돌아다니며 지원한다고 생각을 하면 그들은 힘을 얻을 가능성이 높아진다.

또한 관리자가 쌍방향 의사소통에 효과적이며 변경하려는 의사가 있을 때 이러한 소통기술이 더 큰 권한을 부여하게 된다. 권한 위임에는 구성원의 많은 노력과 에너지가 필요하다. 팀장에 대한 신뢰가 낮은 경우 직원은 권한 위임에 저항하게 된다.

4) 긍정적인 업무환경

구성원들이 가치와 존중을 느끼는 긍정적인 업무환경이 조성될 때 권한 위임은 더 높다. 업무환경이 갈등으로 가득 차 있을 때 위기에 처하고 손가락을 가리키거나 비난이 많이 있는 팀에서 권한 위임이 낮은 경우가 많다.

대부분의 사람들은 부정적인 작업환경과 긍정적인 업무환경을 식별할 수 있다. 리더는 긍정적인 업무 태도와 훌륭한 근무 환경 조성에 대한 열망을 가져야 한다.

5) 개별 권한 부여

팀원이 결정을 내릴 권한이 있으면 더 큰 권한을 갖게 된다. 관리자에 의해 결정을 내리면 그들의 권한 위임은 사라지게 된다. 리더는 직원에게 권한을 부여하기 전에 올바른 결정을 내릴 수 있을 정도로 업무에 숙련되고 지식이 있는지 확인해야 한다.

그들이 자신의 직무에 대해 더 많은 통제력을 가지고 있고, 어떻게 수행할 수 있는지에 따라 권한 위임은 높아지게 된다.

6) 명확한 비전과 원칙 제시

임파워먼트가 성공적으로 실행되기 위해서는 기업의 비전과 전략 방향이 명확하게 제시되어야 한다. 조직 구성원들은 상사의 허락이나 지침을 기다리지 않고 자기스스로 업무를 수행할 수 있어야 하고 조직 성과와 개인의 능력을 향상시킬 수 있어야 한다.

리츠 칼튼(Ritz-Carlton) 호텔은 고객만족을 자사의 가장 중요한 전략 과제로 제시하고 있으며, 이로 인하여 모든 종사원들은 $2,000를 초과하지 않는 범위 내에서 불만을 갖는 고객들을 만족시키기 위해 사용할 수 있도록 하고 있다.

7) 인적 자산을 중시하게 되는 기업문화 구축

기업의 구성원들은 회사가 자신들을 임파워먼트시키기 위해 노력하고 있다는 것을 느낄 수 있도록 인적 자산을 중시하는 문화를 구축해야 한다.

예를 들어, 리바이 스트라우스(Levi Strauss)는 미션 스테이트먼트(mission statement)에서 "우리는 우리의 구성원들이 존경받고 있으며, 정당하게 대우받고, 자신들의 의견이 존중되고 있으며, 기업의 일원이라고 느끼기를 원한다. 우리는 우리의 종사원들이 회사에 공헌하고, 새로운 것을 학습하며, 성장할 수 있는 기회를 가질 수 있기 때문에 자부심을 갖고 회사에 남아있으려 하게 되는 기업이 되기를 원한다."라고 명시함으로써 인적 자산의 중요성을 강조하고 있다. 구성원들은 그들의 직업과 회사에 대해서 긍지를 느껴야 하며, 다른 구성원들과 문제를 해결하기 위해 동시에 일하고 있는 동료애를 느껴야 한다. 또한 구성원들은 자신들이 존중받고 있으며, 자신들의 의견이 경청되고 있다는 것을 느낄 수 있어야 개인은 자신이 맡은 일에 주인의식을 갖고 성과 향상을 위해 열성을 다해 노력하게 된다.

8) 실패에 대한 격려

임파워먼트는 새로운 아이디어를 생각해내고 과거의 관행에 얽매이지 않으며 새로운 행동방식을 실험해 나가는 것을 권장하고 있다. 하지만 이를 수행하는 데는 위험이 수반되기 마련이다.

기업은 구성원들이 위험을 감수하고 업무를 주도적으로 추진하는 동안 발생하게 되는 실패에 대해 인정하고 격려하게 되는 문화를 가져야 한다.

UPS의 한 종사원이 크리스마스 시즌에 배달 물량이 밀리게 되자 이들 물품을 적시에 고객에게 보내기 위해 보잉737기를 주문하였다. 물론 이러한 행동은 종사원의 권한 영역 밖의 일이었다. 그러나 회사는 그 종사원에게 제재를 하기보다는 주도적으로 일을 처리하려고 노력한 것에 대해 높이 평가하고 격려했다고 한다.

9) 공정한 보상

임파워먼트된 종사원에 대한 그들의 책임감 증가에 따라 보상도 함께 이루어져야 한다. 성공에 대한 적절한 보상은 생산성을 향상시키고 조직에 대한 관심도 및 몰입도를 제고시킬 수 있는 방법이다. 공정하고 적절한 보상을 통하여 기업은 구성원 전부가 자신의 능력 개발을 위해 열심히 노력하고, 신바람 나게 일할 수 있는 조직문화를 구축할 수 있어야 한다.

리엔지니어링의 창시자인 마이클 해머는 미래의 직무는 프로세스와 고객에 초점을 맞추어 재설계될 것이라고 한다. 이는 각자가 자신의 영역에서 전문성을 발휘하고 자신의 작업 결과에 대해 책임을 지게 되는 전문가의 시대가 될 것이라는 것이다.

향후에는 자율과 책임을 기본으로 하는 임파워먼트의 중요성이 더욱 커질 수밖에 없으며 시대의 흐름이 되고 있다는 것이다. 결국 조직의 구성원들은 스스로 임파워먼트됨으로써 자신의 능력을 향상시켜 자신의 가치를 높이지 못한다면, 조직에서 도태될 수밖에 없을 것이라는 인식이다.

경영자는 자신이 먼저 임파워먼트되지 못한다면 남을 임파워먼트시키도록 한다는 것이 불가능하다는 것을 인식하고 솔선수범하여 자기 자신을 임파워먼트시키기 위해 노력해야 한다는 것이다.

Case Study 임파워먼트 강화를 위한 포드의 LEAD 프로그램

포드사는 구성원들을 임파워먼트시키기 위해 전체 중간 관리자를 대상으로 '리더십 교육 및 개발 (LEAD: Leadership Education and Development)'로 불리는 프로그램을 운영하고 있다. 이 프로그램은 일주일간의 집중훈련과 6개월 후 시행되는 3일간의 보완교육으로 구성되어 있다. 일주일간의 집중훈련 과정에는 현재 회사에서 일어나고 있는 전략적, 문화적, 조직적 변화에 대해 심도 있는 교육을 실시한다. 프로그램 참가자들에게는 최고 경영자에게만 제공되었던 회사의 전략 방향 등과 같은 아주 중요한 정보가 제공된다. 이러한 정보를 토대로 참석자들은 각 사안에 대해 스스로 고민을 하고, 다시 부서의 사람들과 심도 있는 토론을 실행한다.

또한 참석자들은 스스로 자신들의 리더십에 대해 평가를 해보고 상사나 동료로부터 피드백을 제공받으면 된다. 포드의 교육 프로그램 담당자들은 교육 참가자들이 하나의 사이클을 통하여 임파워먼트에 대한 마인드가 강화된다는 것을 발견한다고 한다.

7 효과적인 임파워먼트를 위한 방안

⏱ 표 4-4 무력감을 유발시키는 요인들

직무 차원	리더십 차원	조직 차원
직무 성격	리더십 특성(스타일)	조직 요인
· 역할 명확성의 결여 · 훈련, 기술적 지원의 결여 · 비현실적인 목표 · 적절한 권한/ 자유재량의 결여 · 낮은 과업의 다양성 · 직무성과에 직접적 효과를 지니는 프로그램, 회의, 의사결정의 참여제한 · 필요한 자원의 결여 · 네트워크 형성기회의 결여 · 매우 일상적인 작업 · 높은 규율 구조 · 의미 있는 목표/ 과업의 결여 · 상사와의 제한된 접촉	· 권위주의적/ 전체적인 스타일(높은 통제) · 부정적 스타일(실패에 대한 추궁) · 행동/ 결과에 대한 이유설명 결여(비합리적 스타일)	· 중요한 조직변화/ 변이 · 모험의 첫시도 · 경쟁적 압력 · 비인격적 관료제 분위기 · 빈약한 의사소통/ 네트워크 시스템 · 매우 집중된 조직자원 보상제도 · 능력제가 아닌 임의적인 보상제 · 보상에 대한 낮은 인센티브 가치 · 능력급제 보상의 결여 · 혁신에 대한 보상의 결여

효과적인 임파워먼트를 실행하기 위해서는 대상자별 역량의 고려와 무력감 제거가 필수적이라 할 수 있다. 개인의 무력감을 유발시키는 요인을 제거함으로써 좀 더 효과적인 임파워먼트를 시행할 수 있게 된다.

성공적인 임파워먼트를 실행하기 위해서는 다음과 같은 7가지 실천방안이 선행되어야 한다. 앞에서 언급한 권한 위임이 안 되는 이유를 지양하고 실천방안을 실행하게 되면 성공적인 임파워먼트가 될 것이다.

1) 정보화를 통한 권한 위임

업무의 효율성을 높이기 위해서는 조직 구성원의 역량을 강화해야 한다. 치열한 경쟁사회에서 생존하기 위해서는 개인이나 조직에 있어서 최신 정보를 빨리 얻는 것이 중요하다. 조직 구성원의 역량을 강화하기 위해 정보화 교육을 강화하고 개인의 능력에 따라 권한 위임을 추진한다.

2) 비전의 공유를 통한 권한 위임

조직 구성원에게 기업의 장기적인 비전과 목표를 제시하면서 개인의 비전을 함께 연계시킴으로써, 조직 구성원이 안정적이고 미래 지향적인 목표를 달성하기 위해 노력하게 된다.

3) 권한의 분권화

개개인의 조직 구성원이 각자 맡은 업무에서 일정한 금액을 상사의 결재를 받지 않고도 고객 편의를 위해서 사용할 수 있도록 하는 권한을 주는 것이다. 즉, 기업의 조직구조 개편을 통해 서비스 접점에 있는 조직 구성원의 권한을 확대하는 것이다. 또한 팀제를 통한 팀의 권한과 책임을 확대하는 방향과 사내 벤처제도를 도입하여 사업 아이디어를 제시한 구성원에게 소 사장의 직위를 부여하여 능력을 발휘할 수 있는 기회를 제공하는 것이다.

4) 직원 기여도에 대한 공정한 보상

권한이 확대되면서 그만큼 책임을 져야 하므로, 책임증가에 따른 적절하고 공정한 보상이 이루어져야 한다. 또한 개인이나 팀별 프로젝트 수행결과에 따라 피드백을 제공하고 그에 대한 적절한 인센티브를 제공해야 한다. 이에 대한 차별화된 보상을 하고 능력에 따른 승진의 기회를 제공하게 되면 업무의욕 증진뿐만 아니라 선의의 경쟁을 할 수 있는 기회를 부여하게 된다. 이와 반대로 좋지 못한 결과를 초래했다 하더라도 그에 대한 정성을 인정하게 되면 차후 더 좋은 성과를 가지게 된다.

5) 재량권의 확대 및 명확한 권한 위임

사원들이 일일이 상사의 결재를 받지 않고도 일을 할 수 있도록 재량권을 확대해 나가고 실무자의 권한을 확대시키려면 수평적인 조직으로 개편해야 한다. 상사의 허락이나 눈치를 보지 않고 자기 스스로 업무를 수행할 수 있도록 재량권의 한계가 어디까지인가를 명확하게 제시해 주어야 한다.

6) 개인의 업무수행능력 개발

업무 부담이 너무 크거나 스킬 및 지식의 부족으로 자신에게 주어진 일을 하기에 힘들어 하는 경우가 생기게 되므로 교육 등 다양한 방법을 통해 지속적으로 구성원의 잠재능력 및 창의력을 고양시킬 수 있도록 해야 한다.

7) 임파워먼트 리더십

① 임파워먼트 리더십이란 부하에게 믿고 권한을 위임할 수 있는 환경을 조직 내 구축하는 기술을 말한다.
② 리더가 구성원의 능력을 정확히 파악하는 것이 중요하다.
 • 부하가 임파워먼트를 실행할 수 있는 능력이 전혀 갖추어지지 않은 상황이라면 명령, 지시 위주의 '통제형 리더십'이 유용하며, 업무를 조정 및 통제하고 지속적인 교육을 통해 점차 고난이도의 과업을 수행할 수 있는 능력을 개발시켜 나가야 한다.

- 어느 정도 능력이 갖추어진 부하에게는 '참여적 리더십'이 적절하며, 일부 재량권을 부여하여 스스로 일부 수준의 의사결정을 하도록 한다.
- 충분한 능력을 갖춘 부하에게는 '코치형 리더십'이 적절하며, 조언과 폭넓은 가이드라인만 제공하고 모든 과업에 대한 재량권을 부여하도록 한다.

리더는 부하의 능력에 따라 자율성과 책임감의 정도를 적절히 조정하고, 교육과 훈련 등을 통해 능력을 개발시켜 스스로 임파워먼트를 할 수 있도록 고려해야 한다.

임파워먼트를 효과적으로 추진하기 위해서 갖추어야 할 시사점은 다음과 같다.

① 임파워먼트는 조직 차원의 접근을 선행해야 하며, 구조적인 여건부터 조성하게 됨으로써 효과적으로 추진할 수 있게 된다.

② 조직구조를 뒷받침할 수 있는 장치를 마련하여 조직구조와 제도의 균형을 추구할 때 실효성을 발휘할 수 있다.

③ 임파워먼트는 조직구조와 제도뿐만 아니라 리더십 측면, 개인별 특성에 관한 고려가 필요하다.

7 임파워링 리더십

임파워링 리더십은 구성원이 일정 부분의 의사결정을 스스로 할 수 있도록 리더가 권한을 부여함으로써, 그들의 행동 변화에 대한 동기부여를 제공할 수 있다는 관점에서 출발한다.

임파워링 리더십은 리더가 구성원들의 능력과 잠재력을 인정하고 충분히 발휘될 수 있도록 권한을 위임함으로써, 내적 동기가 발생되고 스스로 의사결정 기회를 제공하는 행위로 정의되고 있다. 이는 보다 효과적인 임파워먼트를 실행하는 리더의 역할을 중요시하는 리더십 유형이다.

임파워링 리더십은 전반적인 조직목표와 전략의 경계 내에서 자기 존중감, 즉 업무를 자율적으로 수행할 수 있는 역량에 대한 구성원들의 경험을 촉진할 의도로, 권력공유 및 개발지원을 통해 구성원에게 동기부여를 시켜 영향을 미치는 과정이다.

정보기술이 발달하고 시간과 공간을 초월하는 모바일 환경에서 고객접점 분야에서 일하는 조직 구성원들은 의사결정을 위해 상사의 판단을 기다리는 것 보다 훨씬 신속하게 고객에게 정확한 피드백을 제공해야 할 필요가 있다.

이러한 업무환경이 확대될수록 조직 구성원에게 부여되는 권한은 커져야 하고 구성원 각자가 수행해야 할 업무에 대한 개선사항도 적극적으로 해결할 수 있는 직무수행역량이 필요하다.

임파워링 리더십을 조직 구성원들의 능력과 잠재력을 인정하고 충분히 발휘될 수 있도록 권한을 위임해 줌으로써 내적 동기가 발생되고 스스로 아이디어를 제안할 수 있도록 기회를 제공하는 행위라고 볼 수 있다.

오늘날 경영환경에서 고객 접점 구성원들은 의사결정을 위해 리더의 지시를 기다리는 것보다 훨씬 빠르게 접점 구성원 자신의 판단하에 고객에게 정확한 피드백을 제공해야 할 필요가 있다. 이러한 업무환경에서 원활하게 업무가 수행될 수 있도록 조직 구성원에게 권한이 부여되어야 한다. 또한 구성원들이 수행해야 할 업무를 효율적으로 수행할 수 있는 직무역량이 갖추어져야 한다.

임파워링 리더십의 5가지 구성요소는 솔선수범, 코칭, 참여적 의사결정, 정보공유, 관심표출로 구성된다.

① 솔선수범(leading by example) : 자신뿐만 아니라 팀원들의 업무에도 몰입하는 모습을 보여주는 일련의 행동으로, 팀원들보다 더욱 열심히 업무를 수행하는 등의 행동을 포함한다.

② 코칭(coaching) : 팀원들을 교육하고 그들이 스스로 업무를 수행할 수 있도록 돕는 일련의 행동으로, 성과를 향상시키기 위한 제안을 하고 팀이 자립할 수 있도록 도와주는 행동을 포함한다.

③ 참여적 의사결정(participative decision making) : 의사결정을 할 때 팀원들의 정보와 의견을 활용하는 것으로, 팀원들이 자신의 아이디어와 의견을 표현하도록 장려하는 행동을 포함한다.

④ 정보공유(informing) : 조직의 미션과 철학 같은 전사적 정보뿐만 아니라 기타 중요한 정보도 공유하는 것으로, 팀원들에게 조직의 의사결정을 설명하고 새로운 조직정책에 대해 알려주는 등의 행동을 포함한다.

⑤ 관심표출(showing concern) : 팀원들의 웰빙에 관심을 갖는 것으로, 팀원들의 관심사에 대해 토론하는 시간을 갖는 등의 행동을 포함한다.

임파워링 리더십과 개념적으로 유사한 리더십은 셀프 리더십과 슈퍼 리더십이 있다.

- 셀프 리더십(self leadership)은 조직 구성원 스스로 사고나 행동을 올바른 방향으로 만들어 나가는 것으로 자기관찰, 목표 설정, 결과 수정 등을 통해 개인의 자율성을 중요시하는 리더십 유형이다.
- 슈퍼 리더십(super leadership)은 조직 구성원들이 셀프 리더십을 발휘할 수 있도록 셀프 리더로 육성하는 것이다. 구성원들이 자기 자신을 효과적으로 지휘하고 긍정적으로 발전시켜 나갈 수 있는 조력자의 역할을 하는 것이다.

1 임파워링 리더십의 특징

실무자들의 업무 수행 능력을 다시금 일깨워주고, 관리자들의 권한을 실무자에게 이양하여, 그들의 책임범위를 확대함으로써 직원들이 보유하고 있는 잠재능력 및 창의력을 최대한 발휘할 수 있게 하는 것이다.

2 임파워링 리더십의 효과

임파워링 리더십을 조직 구성원에게 적극적으로 적용하고 실행을 함으로써, 조직

현대산업의 서비스 경영

의 성장을 촉진시키게 하고 구성원들의 능력향상과 고객만족에 상당한 영향을 미치게 된다. 이에 대한 효과는 다음과 같다.

① 구성원들의 보유능력을 최대한 발휘할 수 있게 하고, 그들의 직무몰입을 극대화시킬 수 있도록 한다.
② 고객들에게 적절한 대응을 함으로써 서비스 수준을 향상시킨다.
③ 고객 접점에서의 대응이 보다 신속하고 탄력적으로 이루어질 수 있다.
④ 지시, 점검, 감독, 연락, 조정 등에 필요한 노력과 비용이 감소된다.

3 임파워링 리더의 역할

1) 코치로서의 역할

비록 결과가 자신의 통제하에 이루어지는 것이 아니더라도, 구성원의 능력 이상의 결과를 이룰 수 있도록 최대한 함께 노력해주고, 그에 따른 결과를 함께 기뻐하고 만족해 줄 수 있어야 한다.

2) 상담자로서의 역할

구성원의 문제에 대한 해결안을 찾아 알려주는 것이 목표가 아닌, 구성원을 도와주면서 그가 처한 상황에 대해 올바르게 일깨워주고, 스스로 해결책을 찾아낼 수 있도록 해야 한다. 구성원을 질책하거나 쏘아붙여 기죽이지 않도록 해야 하며, 문제를 해결할 수 있도록 의욕을 상승시켜주는 것이 바람직하다.

3) 비전형성과 목표 설정자로서의 역할

명령을 하달시키기 보다는 공통의 목적, 즉 하나의 비전을 형성하여 구성원이 이를 서로 공유하도록 이끌어 나가야 한다.

4) 도전기회 창조자로서의 역할

구성원의 소극적, 수동적, 방어적인 자세를 적극적, 능동적, 공격적으로 변화시켜 구성원들이 자율적으로 자신들의 일을 만들고 몰입할 수 있게 해야 한다.

조직 내외의 상황에서 계획하여 구성원들이 도전정신을 가질 수 있는 계기를 만들어 가야 한다.

5) 역량 개발자 및 필요자원 확보자로서의 역할

구성원이 도전정신을 가지게 되면서 목표를 달성할 수 있도록 그들의 역량을 키워주어야 한다. 역량증진을 좀 더 자세히 살펴보면, 그들의 건강과 안정성 증진, 필요자원의 확충 등 실제로 일을 수행하는데 있어서 필요한 자원 확보와 방해요인 제거를 포괄적으로 지원할 수 있어야 한다.

8 내부마케팅 4가지 전략

서비스기업이 고객지향적인 방법으로 양질의 서비스를 제공할 수 있도록 종사원을 동기 부여하기 위해서는 다음과 같은 전략이 필요하다.

 적임자의 채용

① 경쟁사보다 우수한 인력을 확보하기 위해 노력해야 한다.
② 서비스 역량과 서비스 성향을 갖춘 사람을 채용해야 한다. 즉 직무수행에 필요한 기술과 지식을 갖춘 사람을 채용하고, 서비스 업무수행에 적합한 품성과 서비스 마인드를 갖춘 사람을 채용해야 한다.
③ 해당 산업과 지역에서 선호되는 기업 및 기업주가 되어야 한다.

현대산업 서비스 경영

2 인력개발

고객지향적인 인력을 유지하고 양질의 서비스를 제공하기 위해서는 종사원들을 체계적으로 교육·훈련하고 이들의 능력을 개발해야 한다.

① 서비스 제공에 필요한 전문기술과 고객과의 상호작용 기술을 지속적으로 훈련해야 한다. 맥도널드의 햄버거 대학이나 OJT(On the Job Training) 교육은 대표적인 사례로 꼽히고 있다.

② 접점 종사원에게 최대한 권한위임을 해야 한다.

권한위임은 고객이 제기하는 문제를 현장에서 즉각적으로 해결할 수 있도록 접점 종사원들에게 의사결정을 위한 지식과 기술, 수단, 목표 등을 교육하고 육성해야 한다.

이들에게 제공된 권한은 고객 만족뿐만 아니라 종사원의 직무만족에도 많은 영향을 미치게 된다.

③ 팀워크를 향상시켜야 한다.

많은 서비스는 특성상 팀워크를 유지할 때 더 좋은 서비스를 제공하고 고객만족을 높일 수 있다. 또한 서비스 직무는 대부분 고도의 스트레스와 긴장이 심하기 때문에 팀워크를 통해서 이를 해소할 수 있다.

3 내부 지원시스템의 구축

서비스 종사원이 효과적이고 효율적으로 직무를 수행하기 위해서는 고객지향적인 내부지원 시스템이 필요하다. 의사가 양질의 진료를 하기 위해서는 환자의 정보를 신속하게 파악할 수 있는 정보시스템과 각종 현대적 의료·진단장비, 간호사와 직원들이 체계적으로 갖추어져야 한다. 따라서 내부지원 시스템의 도움이 없다면 서비스 종사원은 고객에게 감동을 줄 수 있는 서비스를 제공하지 못하게 되는 것이다.

① 내부 서비스 품질을 측정하고 보상해야 한다.

　내부 서비스 품질을 측정하게 되면 조직 내 부서 간, 구성원 간에 협조적인 내부서비스 분위기를 만들어낼 수 있다.

② 서비스 종사원의 직무수행에 적절한 장비와 정보기술을 제공해야 한다.

③ 서비스 지향적인 내부 프로세스를 개발해야 한다.

　조직의 내부절차는 좋은 서비스 성과를 낼 수 있도록 구축되어야 하며, 고객가치와 고객만족을 염두에 두고 설계되어야 한다.

④ 우수 직원의 유지

우수한 종사원들이 이직하게 되면 고객만족과 종사원 사기, 전반적인 서비스 품질에 나쁜 영향을 미치게 된다. 내부마케팅의 전략 대안들이 모두 우수 직원을 유지하는데 도움이 된다. 특히 다음과 같은 방안들은 우수한 직원들을 계속 근무할 수 있도록 하는 요소가 된다.

① 종사원들에게 회사의 비전을 제시하고 이를 이해하고 공감하게 해야 한다. 서비스 접점 종사원들도 자신이 하고 있는 일과 회사의 비전과 목표에 어떻게 부합하고 있는지 이해할 필요가 있다.

② 종사원을 고객으로 대우하여 종사원 만족을 확보해야 한다. 종사원이 회사에서 소중한 존재로 존중받고 회사가 종사원의 욕구를 잘 충족시켜 준다면 그 회사에 오래 근무하려고 한다. 회사는 내부마케팅 조사를 실시하여 종사원의 만족도와 욕구를 주기적으로 측정하고 그 결과를 회사 운영에 반영해야 한다.

③ 우수 직원에 대한 평가와 그에 적절한 보상을 해야 한다. 공정한 평가와 적절한 보상시스템은 서비스의 우수성을 격려하게 된다. 또한 회사의 비전과 서비스 성과를 판단하는 것이어야 한다.

9 내부마케팅 실행요소

내부마케팅은 욕구를 만족시키는 직무제품을 통해 우수한 종사원을 모집하고 개발하며 동기를 부여하고 유지 시키는 것이다. 즉 내부마케팅은 종사원을 고객으로 대우함을 철학으로 하고 있다. 기업의 내부마케팅을 위한 실행요소는 다음과 같이 제시할 수 있다.

① 적성에 맞고 재능을 갖춘 종사원을 채용하는 것이다.

서비스를 실행하는 최고의 사람을 고용하는 것은 서비스 마케팅의 핵심요인으로서, 제공하는 서비스에 적합한 재능이나 적성을 갖춘 종사원을 선발 및 모집하는 것이 무엇보다 중요하다(모집과 선발).

② 내부마케팅 실행에서 종사원들이 그들의 직장에 목적과 의미를 부여할 수 있도록 비전을 제시해야 한다.

③ 서비스 역할을 훌륭하게 수행할 수 있도록 필요한 기술과 실력을 갖출 수 있도록 지속적이고 정기적으로 교육하고 훈련해야 한다.

④ 팀플레이로 훈련시키고 성공의 결과를 함께 누릴 수 있게 하고, 이익을 구체적이고 공정하게 분배해야 한다.

⑤ 표준화된 서비스 매뉴얼을 효과적으로 수행하기 위해, 해당 직위와 능력에 적절한 권한위임을 부여해야 한다.

⑥ 평가에 대한 적절한 보상은 긍정적인 서비스 능력을 강화할 수 있으며, 다른 종사원에게는 동기부여를 줄 수 있는 영향을 미치게 된다.

⑦ 고객의 요구를 이해하고 만족시키기 위해 먼저 서비스상품을 제공하는 종사원을 내부고객으로 대하여 적극적으로 서비스상품을 판매할 수 있도록 해야 한다.

내부마케팅은 고객을 대하는 종사원의 교육수준에 따라 직무의 동기수준과 직무만족여부, 이직률 등에 영향을 미치게 된다. 이는 결과적으로 고객들의 만족과 불만

족의 수준을 결정하게 만든다. 마케팅 담당자는 종사원의 수요를 세분화하기 위해 세분시장을 선정하고, 그 시장을 유인하기 위한 마케팅믹스를 개발하면서 가장 우수한 마케팅 조사기술을 사용해야 한다.

고객 만족이라는 서비스 조직의 경영목표를 달성하기 위해서는 내부마케팅 활동이 선행되어야 하며, 실행요소로는 선발, 교육 훈련, 보상, 동기부여 등의 요인들이 필요하다. 이를 위해 커뮤니케이션, 복지후생, 그리고 교육 훈련을 중심으로 살펴보고자 한다. 이들 요인은 내부마케팅의 주요수단으로 제시되고 있으며, 기업의 주어진 경영여건에서 용이하게 실행할 수 있으며 실행성과도 높게 나타나는 것으로 평가되고 있다.

1 커뮤니케이션

커뮤니케이션은 조직의 유효성을 제고시키고 조직 구성원이 자신의 감정을 표출시키는 중요한 역할을 담당하고 있다. 특히 서비스 조직에 있어서는 서비스가 인간과 인간과의 관계에서 발생하는 것으로, 서비스 제공과정에서 동료와의 관계와 고객 사이의 대면적 상호작용에서 커뮤니케이션이 중심적 역할을 담당하고 있다.

2 복지후생

복지후생은 기업이 종사원의 생활 안정과 생활수준의 향상 및 건강 유지 등의 명목으로 제공하는 것이며, 임금 이외의 부가적인 제반 급부를 말한다. 이것은 기업이 자체의 부담과 책임하에서 마련하는 급여로서, 임금 이외의 수단에 의해 종사원의 노동력을 확보, 유지, 발전시켜서 종사원이 가지고 있는 능력을 최대로 발휘할 수 있도록 하는 것이다. 복지후생은 종사원의 경제적·문화적 향상은 고객 만족으로 이어지면서, 다방면에 걸쳐서 기업에 돈으로 환산할 수 없는 가치를 주게 되는 효과를 가질 수 있다.

③ 교육훈련

고객 만족을 달성하기 위해 종사원의 지식과 서비스 스킬을 향상 시키고, 최고의 서비스를 제공하기 위한 것이다. 종사원을 대상으로 하는 교육 훈련은 지속적이고 정기적으로 수행하여, 맡은 직무나 새로운 직무를 원활하게 수행할 수 있도록 지원하기 위해 계획된 조직적인 활동이다.

 Case Study 에버랜드 서비스 아카데미의 서비스 리더십

내부고객을 만족시켜라.

1. 비전을 공유하라.

서비스 리더십에서의 비전은 기존의 비전과는 그 개념이 조금 다르다. 리더 혼자만의 신념이 아니라, 조직원 전체가 공유하고 그것을 위해 노력할 수 있는 비전을 말한다. 수직이 아닌 수평화된 사고, 그리고 서비스로 무장한 서비스맨을 만들기 위해 조직은 고객만족을 목표로 하는 비전이 필요하게 된다.

'모두를 행복하게 하자'라는 비전과 '세계 초일류 기업 달성'이라는 비전이 있다고 하자. 전자는 내부고객과 외부고객 모두에 대한 만족을 느끼게 하지만, 후자의 경우에는 내부고객에 대한 배려가 들어 있지 않다. 전자는 미국의 디즈니의 비전이며, 후자는 국내 대기업의 비전이다. 비전이라는 것은 모두가 보았을 때 공감대가 이루어지고, 그렇게 행동해야 하겠다는 뜨거운 감정의 흐름이 있어야 한다. 그렇지 않으면 그 비전은 단지 액자 속에만 머물러 있게 될 것이다.

지금 현재의 비전이 고객만족보다는 자신 또는 회사의 입장, 나아가 수직적인 사고에 의해 만들어진 것이 아닌지 생각해 봐야 한다. '고객은 왕이다' 같은 구호성 비전으로는 내부고객의 만족을 이끌어 낼 수가 없다. 비전에는 생동감과 함께 공감대를 형성할 수 있는 무언가가 담겨 있어야 한다.

적어도 고객만족을 목표로 하고 있는 서비스 기업이라면 반드시 서비스 비전을 가지고 있어야 한다. 비전은 액자 속에 있는 멋진 말이 아니라, 사람을 움직이는 힘을 가지고 있고, 실천 가능한 것이어야 한다.

자신이 서비스 리더라면 스스로가 갖고 있는 서비스 신념, 철학을 어떻게 전체 조직이 공유하도록 할 것인가를 생각해 보아야 한다. 지금 내가 속한 조직은 고객만족을 위한 서비스 비전이 있는가? 서비스 리더는 이 질문에 대답을 할 수 있어야 한다. 그리고 없다면 지금 즉시 만들어야 한다.

서비스 리더십에 있어서 비전은 리더 자신이 만족하기 위한 장식물이 아니라, 모두가 참여하여 만들어 가는 고객만족을 위한 서비스의 지표가 되어야 한다.

2. 비전에 맞게 혁신하라.

비전을 세웠으면 그와 같은 비전을 이루어낼 수 있도록 서비스 신념에 어긋나는 것들은 과감하게 혁신해야 한다. 예를 들면, 3단계가 넘는 결재 단계, 상사의 결재가 없이는 업무가 진행될 수 없는 것, 인간적인 관계는 없고 상사와 부하라는 위계질서만 있는 것 등을 고쳐 나가야 한다.

피터 드러커는 "우리가 경영이라고 부르는 것의 대부분은 직원들이 일을 수행하는 것을 오히려 어렵게 만들고 있다."라고 하며, 경영혁신에 대해 이야기한 바 있다. 경영은 직원들이 업무를 수행하는 것을 편리하게 만들어 주어야 하며, 이는 전적으로 리더의 몫이다. 서비스 기업에서 경영의 여러 요소가 직원들의 서비스를 방해하고 있다면, 서비스 리더는 이를 혁신해 나가야 한다.

또한 리더의 태도, 조직의 분위기 등은 논외로 하고 혁신을 하려고 하는 회사도 있는데, 혁신을 이루기 위해서는 리더를 포함하여 그 누구도 예외가 있어서는 안 된다. 예를 들면, 금연이라는 표지가 있는데 직급이 높다고 해서 이를 무시하고 담배를 피운다든가, 아랫사람이 반드시 먼저 인사해야 한다고 생각한다든가 하는 것은 서비스 리더의 혁신적인 자세가 아니다.

많은 기업에서 혁신이 이루어지고 있다. 직원식당과 임원식당의 구분을 없애고 임원 전용 엘리베이터를 없애는 기업, 여직원에게 시키던 차 심부름을 직접 하고, 워드 작업도 손수 하는 리더가 늘고 있다. 이 모든 변화가 수평적인 사고의 실천이며, 내부고객을 파트너로 인정하는 혁신활동이라고 할 수 있다.

나의 행동은 파트너(내부고객-직원)의 만족을 이끌어내는 행동인가? 업무의 프로세스는 파트너가 만족하면서 업무를 수행할 수 있도록 구성되고 있는가? 파트너가 외부고객에게 서비스를 자율적이고 창조적으로 할 수 있도록 책임과 권한을 부여하고 있는가? 파트너의 업무가 외부고객보다는 리더에 대한 업무에 초점을 두고 있는 것은 아닌가? 등의 관점에서 분석과 진단을 하고 종합적이고 체계적으로 살펴보아야 한다.

3. 열정을 서비스로 표현하라.

서비스 리더는 모든 내부고객을 파트너로 끌어안는 작업을 해야 한다. 모두를 자신의 파트너로 만들어 감으로써 그들과 더불어 고객만족을 창조해 나가겠다는 마음자세를 갖고 있어야만 한다. 조직 구성원들은 사규에 의해 모였지만 최소 20년 이상을 다른 세계에서 살아온 사람들이 모인 집단이다. 이들이 서로를 파트너로 인정하고 함께 살아가기 위해서는 리더의 열정이 필요하다.

수평적인 관계를 형성하고 파트너십을 형성하려는 진정한 노력이 있을 때, 파트너는 단순한 상사, 동료, 부하라는 입장을 넘어 진정한 파트너로서 서로를 받아들이게 된다.

　서비스 리더의 열정은 서비스로 표현된다. 파트너에게 끊임없이 서비스를 제공함으로써 리더는 파트너에게 자신의 열정을 표현할 수 있다. 질 높은 서비스를 얼마나 많이 해주느냐가 열정의 표현인 것이다. 마치 고객을 대하는 직원이 질 높은 서비스를 통해 고객에게 서비스의 열정을 표현하는 것과 같다.

　리더가 이러한 열정을 가질 때, 그리고 그 열정에 바탕을 둔 서비스를 파트너에게 제공할 때, 내부고객인 파트너는 즐거운 마음으로 기꺼이 외부고객에게 서비스를 제공하게 된다.

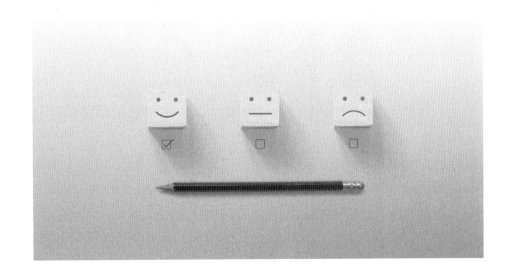

CHAPTER 05

고객 만족·감동
경영

1 고객의 개념

고객이 다양한 채널을 통해 풍부한 정보에 접근할 수 있게 되면서 대다수 기업들은 고객 아이디어 청취를 기업의 기본활동으로 인식하고 있다. IT 발달로 고객의 정보력과 식견이 전문가 못지않은 수준으로 높아짐에 따라 '아이디어 제안자(개발)', '빅마우스/미스터리 쇼퍼(마케팅)' 등 경영 전반에 걸쳐 고객의 참여가 활발해지고 있다. 특히, 글로벌 기업을 중심으로 '창조형 고객(creative consumer)'으로 서의 역할을 하고 있다. 창조형 고객이란 불특정 다수가 아닌 소수정예 중심, 보조자가 아닌 주도자 역할, 일회성이 아닌 지속적 참여 등이 특징인 공동창조자로서의 고객을 말한다. 이는 전문성과 적극성을 지닌 소비자라는 프로슈머(prosumer: producer+consumer) 개념에 더하여 기업과 능동적으로 협력하는 소비자를 의미한다.

서비스 기업은 창조형 고객과 긴밀하게 지속적으로 협력할수록 내면적인 소비심리를 반영한 고객 지향적 상품을 개발하는 데 많은 영향을 미치게 된다.

2 고객만족

서비스에 대한 만족은 소비자의 감정과 밀접한 관계가 있다. 서비스에 만족한 소비자는 행복감, 즐거움, 감동 등과 같은 긍정적인 감정들이 누적되면서 서비스 브랜드에 대한 만족도가 결정된다. 만족한 고객은 비즈니스 성공에 많은 기여를 하게 되는데, 소비자 만족을 통하여 충성고객의 수를 5%만 늘린다면 이익을 25%에서 85%까지 증가시킨다. 또한 이들 충성고객들은 가격에 대한 민감도가 낮고 지속적으로 재구매를 하면서 잠재 소비자들에게 호의적인 구전을 전파하는 역할을 하게 된다.

고객만족(customer satisfaction)은 고객의 필요와 기대에 부응하여 그 결과로서 제품이나 서비스의 재구매가 이루어지고 아울러 고객의 신뢰감이 연속되는 상태를 말한다. 고객만족의 개념은 고객이 상품이나 서비스를 구매, 비교, 평가, 선택하는 구매 전 상황과 제공한 상품과 서비스에 대한 고객의 기대에 부응함으로써 고객의 사회적, 심리적, 물질적 만족감을 주고, 고객의 지속적인 재구매활동과 수평적 인간관계를 형성하는 커뮤니케이션 사이클(communication cycle)을 의미한다.

고객만족은 사전의 기대와 일치되는 개념으로 인식되고 있으며 구매 후 평가할 경우 최소한 소비자의 기대에 부합되거나 기대 이상의 성과를 가져올 때 나타나게 된다. 이는 사전 기대에 대한 긍정적인 평가의 결과라고 할 수 있다.

고객기대는 만족을 향하고 있지만, 품질은 지각에 준하는 것으로 결국은 지각과정(情) 내지는 상황에 따라서 만족의 가치 정도, 차이를 가지게 된다.

따라서 고객만족은 한 순간이나 한 번으로 끝나는 것이 아니라 그것이 지속적으로 유지될 때 비로소 진정한 고객만족이라 할 수 있다.

고객만족을 결정짓는 핵심적인 요소에는 제품 요소, 서비스 요소, 기업 이미지 요소, 그리고 구전 등으로 구분 짓는다.

1 제품요소

과거의 고객은 제품의 하드웨어적인 요소와 가치로서 품질, 기능, 가격 등을 중요하게 생각하였다. 하지만 지금은 공급과잉의 시대가 되면서 제품에 대한 고객의 기대는 더욱 높아지고 있으며, 제품의 소프트웨어적인 요소인 디자인, 사용용도, 사용의 용이성, 사용자 배려 등 서비스 요소를 제품 요소로 기대하고 있다.

2 서비스 요소

제품에 있어서 서비스가 차지하는 비중은 더욱 커지고 있다. 구매시점에서의 점포의 분위기와 같은 물리적 환경, 종사원의 태도, 판매방법 등이 중요한 요소가 되었다.

기업은 더 이상 유형 제품의 품질이나 성능에서 경쟁기업에 비해 큰 차이를 만들어내는 것은 더 이상 어렵다는 것을 인식하였다. 기업이 고객만족을 위한 노력과 제품차별화의 핵심은 이제 서비스 요소에서 찾아야 한다.

③ 기업이미지 요소

고객만족을 위한 직접적인 요소는 제품과 서비스지만, 이 두 가지 요소에 간접적으로 큰 영향을 미치는 것이 바로 기업 이미지 요소이다. 기업이 사회적 공헌활동이나 지역사회의 발전을 위해 노력하는 모습은 소비자와의 우호적인 관계를 맺는데 중요한 역할을 한다. 즉 기업의 좋은 이미지는 고객만족을 이루는 간접적인 영향요소가 된다.

④ 구전

고객은 다른 고객과 비교하여 자신이 공평하게 서비스를 받았는지 판단하며 이것이 고객만족에 영향을 미친다. 이러한 고객의 평가는 구전에 의해 다른 고객의 만족에 영향을 미친다.

고객만족을 실현하기 위해서는 다음과 같이 3요소가 필요하다.
① 하드웨어적(hardware) 요소, ② 소프트웨어적(software) 요소, ③ 휴먼웨어적(humanware) 요소로 나누어진다.

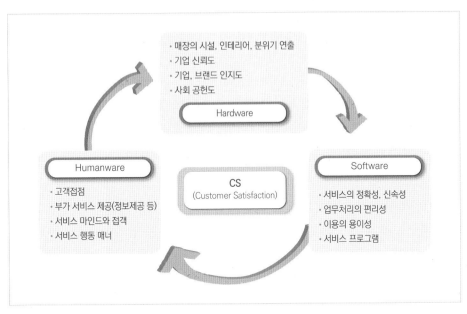

매장의 시설, 인테리어, 분위기 연출
기업 신뢰도
기업, 브랜드 인지도
사회 공헌도

Hardware

Humanware

고객접점
부가 서비스 제공(정보제공 등)
서비스 마인드와 접객
서비스 행동 매너

CS
(Customer Satisfaction)

Software

서비스의 정확성, 신속성
업무처리의 편리성
이용의 용이성
서비스 프로그램

🏛 **그림 5-1** 고객만족 3요소

이들 중 하나라도 중요하지 않은 요소는 없다. 3요소가 3박자를 맞추어 아름다운 조화를 만들어 낼 때, 비로소 고객을 만족시키게 되는 것이다.

고객만족경영(customer satisfaction management)은 기존 매상고나 이익 증대와 같은 목표와는 달리 고객에게 최대의 만족을 주는 것에서 기업의 존재의의를 찾으려는 경영 방식을 말한다. 즉, 고객만족경영은 고객을 최우선으로 생각하면서 상품이나 서비스를 판매하는 것을 넘어서 만족을 판매한다는 개념으로 인식하게 되는 것이다. 이는 만족한 고객을 확보하는 것과 동시에 재구매로 이어지게 되면서 충성고객으로 전환할 수 있도록 하는 것이다. 또한 충성고객의 구전(word of mouth)을 통하여 새로운 고객을 유치할 수 있는 기회를 가지게 되는 것이다.

서비스와 기업에 있어서 고객만족은 기업의 생존과 맞바꿀 수 있을 정도의 중요한 과제이자 목표가 된다. 서비스는 인적 자원에 의한 의존성이 강하기 때문에 종사원의 철저한 서비스 마인드를 각인시켜서 고객접점의 상황에서 고객만족을 창출할 수 있는 능력이 요구된다.

3 고객만족의 중요성

고객만족이 중요한 요인은 기업의 생존 및 번영에 직접 연결고리가 된다는 것이다. 과거에는 기업의 경쟁우위의 요소가 기업 내부에 존재하는 것으로 기술력, 자본력, 생산력과 같은 양적인 지표들을 경쟁우위 요소로 인식하였으나, 지금은 질적 지표의 중요성이 높아지면서 시장 중심의 시대로 이동하고 있다.

고객만족에 의한 소비자의 행동 의도는 기업의 지속적인 성장과 수익성에 매우 중요하다고 볼 수 있다. 만족한 고객은 재방문을 하게 되며 고정고객이 되기도 한다. 만족한 고객은 주위의 사람들에게 긍정적인 구전을 전하게 됨으로써 신규고객을 창출하게 되는 효과를 가지게 된다.

반면에 불만족은 현재 이용하고 있는 고객뿐만 아니라 주위의 잠재고객까지도 잃게 만드는 역할을 하게 된다. 따라서 고객만족은 서비스 가치를 높이는 전략을 구사함으로 인해 기업의 기회비용을 극대화할 수 있는 역할을 하게 된다.

'기회비용'이란?

기회비용은 여러 대안 중에서 하나를 선택했을 때, 그로 인해 포기해야 하는 가치 중 가장 큰 가치를 표시한 내용이다.

만약 합리적인 구매의사결정 과정에 따라 평가했을 때, A호텔의 가치가 '100'이고, B호텔의 가치가 '70'이라고 가정한다면, 소비자가 A호텔을 선택할 때 이 선택의 기회비용은 B호텔의 가치인 70이 되는 것이다.

A호텔을 선택하면서 100의 가치를 얻는 대신 B호텔의 가치인 70을 포기하는 것이 된다.

이와 반대로 B호텔을 선택한다면, 기회비용은 100이 되는 것이다. 70의 가치를 얻는 대신 100의 가치를 포기한 것이 되는 것이다. 그렇다면 A호텔을 선택하는 것이 옳은 선택이라 할 수 있다.

현대산업 서비스경영

진실의 순간(MOT: Moment of Truth)은 스페인에서 투우사와 소가 일대일로 대결하는 최후의 순간을 가리킨다. 원래 이 말은 투우사가 소의 급소를 찌른 순간을 말한다.

진실의 순간이란 용어는 스웨덴 학자 리차드 노먼이 최초로 사용하였다. 고객이 종사원이나 기업의 특정 자원과 접촉할 때, 서비스 품질에 대한 고객의 인식에 결정적인 영향을 미치는 상황으로 정의하였다. 진실의 순간이 흔히 '결정적 순간'이라고 불리어지기도 한다.

MOT 마케팅 개념은 스칸디나비아 항공(SAS)의 사장인 얀 칼슨이 새로운 경영기법으로 사용하였다. 그는 직원들이 고객을 만나는 15초 동안이 진실의 순간이라고 말했다. 즉, 고객과 접촉하는 모든 순간이 중요하고, 진실의 순간이므로 이를 잘 관리해야 한다는 것이다. 기업에서 MOT 마케팅을 적용하는 이유는 단 한번의 진실의 순간이 고객에게 부정적인 인상을 주게 되면 전체적인 평가가 부정적이 될 수 있다는 것이다.

서비스 접점은 직접적으로 상호작용선(line of interaction)상에서 고객의 행위와 종사원 간에 발생하고, 간접적으로 고객의 물리적 증거(physical evidence)로부터 감지된 서비스 시스템에 대해 진실의 순간을 통해 서비스 만족도가 평가된다.

고객만족의 효과로는

첫째, 고객만족은 광고효과의 극대화를 꾀할 수 있다.

고객중심 기업에게는 고객만족이 목표인 동시에 마케팅 수단이다. 서비스에 만족한 고객은 구전을 통해 광고효과를 극대화시켜 준다. 구매행동에는 마케팅 관리자의 촉진 커뮤니케이션보다 소비자들 간에 자연스럽게 이루어지는 호의적 커뮤니케이션이 더 큰 영향력을 줄 수 있기 때문이다. 높은 고객만족수준을 달성한 기업은 자사 고객들에게 이러한 사실을 충분히 알려서 좋은 홍보수단으로 이용해야 한다.

둘째, 고객만족은 재 구매 고객을 창출하게 된다.

만족한 고객은 제품과 서비스에 대한 상표충성도를 갖게 되므로 한 번 맺게 된 고객과의 관계를 평생고객으로 유지할 수 있는 가능성이 높다. 즉, 만족 수준이 높은 고객일수록 재 구매 의사가 높게 나타나며 이는 기업의 수익성 증대로 연결된다.

셋째, 고객만족은 기업의 비용을 절감하게 해준다.

신규고객 확보는 많은 비용과 노력을 필요로 한다. 하지만 기존고객을 유지하는

것은 신규고객을 유치하는 것에 비해 5배나 비용이 감소한다. 또한 고객의 욕구와 기대치를 예측하여 불필요한 지출을 감소시킬 수 있는 장점이 있으며 이미 만족한 고객은 가격에 민감하지 않게 되면서 더 많은 이익을 창출할 수 있다.

Case Study 스칸디나비아 항공(SAS)이 위기를 극복하고 최우수 항공사로 도약한 비결

스칸디나비아 항공(Scandinavian Airline, SAS)은 스웨덴, 덴마크, 노르웨이 3개국의 민간과 정부가 공동으로 소유하고 있는 항공사이다. 39세의 젊은 나이에 사장으로 취임한 얀 칼슨은 MOT라는 새로운 개념을 도입하면서 위기에 빠진 회사를 구하고 서비스 품질경영의 전설적 신화를 창조하였다.

칼슨은 15초 동안의 짧은 순간이 결국 SAS의 전체 이미지, 나아가 사업의 성공을 좌우한다고 생각하였으며 이 순간들이야말로 SAS가 최선의 선택이었다는 것을 고객들에게 입증해야만 하는 때라고 강조한다.

불경기를 이겨내기 위해 많은 항공사들이 하고 있는 것처럼 비행기를 처분하여 단기적 수익의 개선을 꾀하지 않고, 최고의 서비스를 제공함으로써 성장이 멈춘 시장에서 자사의 점유율을 높이고 이익을 창출한다는 것이었다. 성장이 멈춘 시장에서 수익을 내기 위한 전략으로서 SAS는 '출장이 많은 비즈니스 여행객들에게 세계 최고의 항공사가 된다'는 전략적 목표를 수립하였다. 비즈니스 여행객들은 시장에서 가장 안정된 고객층이다.

일반 관광 여행객들과는 달리 마음대로 여행시간을 선택할 수 있는 폭이 넓지 않다. 사업상황에 따라 이동해야 하는 사람들이다. 이들의 특별한 요구사항을 잘 충족시켜 줄 수 있는 서비스를 개발한다면 할인되지 않은 정상요금으로 그들을 유지할 수 있을 것이다.

Case Study 고객 우선주의

고객 우선주의란 고객의 관점에서 더 나은 고객 경험을 만드는 데 집중하는 상태이다. 고객만을 생각한다는 것은 고객을 제일 우선해서 생각하려고 노력하는 것을 말한다.

고객 우선주의는 다음과 같이 의미하고 있다.

1. 매일 수행하는 모든 업무의 중심에 고객 니즈가 있다.
2. 판매에서부터 마케팅 및 지원에 이르는 모든 단계에서 고객 니즈를 바탕으로 고객 경험이 구성된다.

고객만을 생각하는 기업의 사례

위의 사례는 고객 우선주의를 확실하게 보여주지만 모든 규모의 기업에서 일관되게 따라 하는 것은 어렵다. 규모, 위치 또는 업종에 관계 없이 모든 기업이 고객만을 생각할 수는 없다.

1. 고객의 입장을 생각하는 Disney

세계 최고의 고객 경험을 선사하기 위해 디즈니가 기대치를 뛰어넘는 모습을 보여 준 사례는 많습니다. 디즈니랜드를 방문하는 고객을 VIP로 대하는 것부터 전문적인 직원교육까지 디즈니는 모든 일에서 기대를 뛰어 넘습니다.

하지만, 우선 디즈니 경영진은 고객만을 생각하는 기업이 되겠다는 매우 중요한 결정을 내려야 했습니다.

고객만을 생각하는 기업이 되겠다는 결심은 바로 Walt Disney의 생각이었습니다.

팟캐스트 에피소드 How Disney reimagined the cruise experience 에 등장하는 한 가지 일화는 이를 아주 잘 요약해 보여줍니다.

"사소하지만 또 다른 멋진 점은 Walt Disney는 디즈니랜드가 깨끗하기를 바랐다는 사실입니다. 그래서 직원을 고용해 고객들이 쓰레기통까지 가지 않고 몇 걸음을 걷고서 바닥에 쓰레기를 버리는지 확인하도록 했죠. 그 거리가 30피트였습니다. 그래서 디즈니랜드에 가면 쓰레기통이 30피트 간격으로 놓여 있습니다."

* 교훈: 고객의 입장에서 1마일(약 1.6Km) 또는 최소 30피트(약 9.1미터)를 걸어보면 무엇을 개선해야 할지 알 수 있습니다.

2. 고객을 신뢰하는 파트너 Franklin Synergy Bank

CX Accelerator의 공동 창립자 겸 아주 적절하게 이름을 잘 지은 Twitter 핸들@customerfirst의 소유자인 Nate Brown은 금융 기관에서의 놀라운 경험을 이야기 해주었습니다.

"Franklin Synergy Bank 는 CX 혁신이 절실히 필요한 산업에서 CX혁신을 보여준 훌륭한 사례입니다. 제 여동생과 제 친구 Becky는 자산을 지키는 데 끔찍한 경험을 했기 때문에 매우 예민했습니다. Franklin 팀은 첫날부터 놀라운 모습을 보여주었습니다. 처음 몇 단계를 진행하는 동안 놀라운 인내심과 진실성을 보여주었죠. 과정을 진행하면서 교육 비디오, 지원 통화 및 온라인 포털을 통해 연락을 해줬어요. 덕분에 우리는 한 순간도 과정의 어떤 단계를 진행하고 있는지 아니면 중대한 거래가 합법적인 기관에서 잘 이루어지고 있는지 궁금해하지 않았죠. 이것이 바로 신뢰를 쌓고 브랜드 홍보 대사를 만드는 길이 아닐까요?"

* 교훈: 존중, 정기적인 연락과 능숙한 도구의 사용(비디오, 지원 통화, 포털)은 고객이 브랜드와 오래 함께 하는데 도움이 됩니다.

고객만을 생각하는 기업의 우선순위

두 가지 우선순위가 있습니다.

첫 번째는 분명하지만 두 번째를 보고 놀라는 사람도 있을 것입니다.

· 고객 참여

고객만을 생각하는 기업은 고객 참여에 매달리게 됩니다. 무엇보다 고객 참여는 고객을 이해하고 고객에게 가치를 제공하는 것입니다. 그 의미는 다음과 같습니다.

① 피드백을 수집하고 적극적으로 경청하는 것입니다.

② 고객에게 엄청나게 집중하는 것입니다.

③ 모든 접점에서 이루어지는 모든 상호작용에 공감대를 형성하는 것입니다.

· 직원참여

이것은 놀랄만한 우선순위가 아닙니다. 직원참여를 권장하는 기업문화는 고객만을 생각하는 조직에서 고객 참여 만큼이나 중요합니다.

그 이유는 다음과 같습니다.

① 더 나은 성과 : 참여하는 직원은 고객 문제를 확실하게 해결하기 위해 필요한 추가시간을 투자합니다. 참여하지 않는 직원도 때때로 자기도 모르게 따라 오는 경우가 있지만, 진정성을 가지고 고객 니즈에 대해 생각하지 않습니다.

② 이직률 감소 : 회사 일에 적극적으로 참여한다고 느끼는 직원은 계속 근무하고, 조직에 대한 지식을 쌓고, 시간이 지남에 따라 기술을 갈고 닦을 가능성이 더 큽니다. 숙련된 직원은 뛰어나 고객 경험을 선사하는 데 매우 중요합니다.

참여하는 직원이 필요한가요? 그렇다면 다음을 제공해야 합니다.

– 훌륭한 교육 – 관리, 코칭, 멘토링 – 경력개발 기회 – 잘한 일에 대한 인정

– 변화관리 노력에 참여할 수 있는 기회

고객 우선주의에 필요한 자질

고객 우선주의에는 공감 능력, 존중, 단순성, 커뮤니케이션 그리고 고객지향의 자질이 필요하다. 그 내용은 다음과 같다.

① 공감 능력 : 고객을 이해하고 고객의 입장에서 생각하는 능력이다.

② 존중 : 고객 경험 트렌드 보고서에 따르면, 친절한 지원 담당자와 빠른 서비스는 고객 만족도에 가장 크게 기여하는 요인이라 할 수 있다. 이 두 가지는 기업이 고객을 존중한다는 중요한 지표가 되고 있다.

③ 단순성 : 간편한 경험을 선사하기 위해 노력하는 것이다.

④ 커뮤니케이션 : 개방적이고 정직한 커뮤니케이션은 개별 상호작용이 어떻게 진행될지에 대한 고객인식에 큰 도움이 될 수 있다. 만약 고객 두 명이 대기 중인데 한 명에게만 업데이트된 정보를 정기적으로 제공했다면, 두 명중 어떤 고객이 다시 찾아올지는 뻔한 일일 것이다.

⑤ 고객지향 : 진정한 고객 우선주의는 고객 서비스 부서에만 해당 되는 이야기가 아니다. 모두가 고객 경험을 만들어 가는데 동참하고 있다는 점을 이해하고, 모든 부서에서 고객지향을 개선해야 한다. 고객 중심 마케팅을 예로 들 수 있다.

고객 우선주의 문화를 조성하기 위한 단계

1 단계. 강력한 리더십 원칙으로 회사 전체에서 열정을 불러 일으키기 (Inspire the whole company).

디즈니는 고객을 우선하는데 하향식 접근방식이 얼마나 중요한지 보여주고 있다. 문제를 파악하기 위한 것 분만 아니라 해결 방법을 찾기 위해 Walt Disney가 직접 디즈니랜드를 돌아다녔다는 사실이다.

고객우선주의라는 용어를 보급한 것으로 널리 인정받고 있는 아마존은 이렇게 말하고 있다. "리더는 거꾸로 소비자로부터 시작합니다. 고객 충성도를 얻고 유지하기 위해서 적극적으로 노력합니다. 리더는 경쟁업체에 관심을 갖더라도 계속해서 고객에게 집중합니다."

2단계. 적합한 팀 구성(Build the right team)

차고에서 일하든 수십 만명이 근무하는 기업에서 근무하든 혼자 일할 수 있는 사람은 아무도 없습니다. 임무를 이해하고 헌신하는 팀을 구성하는 것이 매우 중요하다.

① 채용 : 목표 달성을 돕고 계속해서 고객 니즈에 관심을 가질 뛰어난 인재를 찾아 채용하는 방법을 배우게 된다.

② 온보딩 : 고객만을 생각하기 위해서는 숙련된 최고의 지원 전문가라 할지라도 기업의 구체적인 사항을 내면화해야 한다. 따라서 적절한 온보딩은 매우 중요하다.

③ 관리 : 고객 서비스는 단거리 달리기가 아니라 마라톤이다. 그리고 고객 기대치는 변하고, 지원 도구는 발전하며, 세계는 끊임없이 변하고 있다. 따라서 적절한 관리가 중요하다.

3단계. 혁신과 반복 (Innovate and iterate)

누구나 최고의 팀과 함께 세계 최고의 관리자가 될 수 있고 계속해서 상황을 지지부진하게 방치할 수도 있다. 고객에게 관심을 갖지 않으면 모든 일의 중심에 고객을 둘 수 없게 된다. 즉 데이터를 측정하여 이에 따라 행동하고 고객이 피드백을 제공하도록 유도하고, 계속해서 개선해 나가도록 해야 한다.

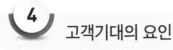

4 고객기대의 요인

고객의 기대에는 내부적 요인, 외부적 요인, 상황적 요인 등에 의해서 영향을 받게 된다(Kurtz and Clow, 1998).

① 내부적 요인

1) 개인적 니즈

개인적 니즈는 매슬로우(Maslow)의 욕구 5단계설에 의해 형성되어진다고 볼 수 있다. 이는 최하위 단계부터 욕구가 해결되는 것에서 시작되며 한 단계의 욕구가 충족되면 그 다음 단계로 올라가게 된다.

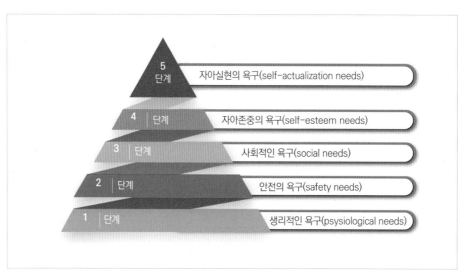

그림 5-2 Maslow 욕구 단계설(Hierarchy of needs)

가장 낮은 차원인 생리적인 욕구(psysiological needs)는 인간이 살아가는 데 꼭 필요한 요소 중 가장 기본적인 것으로 먹고, 자고, 입는 것 등에 대한 욕구이다.

이러한 의식주에 대한 욕구가 해결됨으로써 2단계인 안전의 욕구(safety needs)가 생기게 된다. 이는 외부로부터 가해지는 물리적인 손상이나 범죄 등으로 인해 보호받을 수 있는 치안에 대한 욕구이다. 3단계는 사회적인 욕구(social needs)로 집단에 대한 소속감을 이루고자 하는 것이다. 가족에 대한 소속감, 직장이나 종교, 사회단체 등에 소속되고자 하는 욕구이다. 4단계는 자기존중의 욕구(self-esteem needs)로 자기가 소속된 가족이나 사회집단에서 존경이나 존중받고 싶어한다. 가장이나 직위, 직책 등으로 인하여 다른 사람으로부터 인정받고 존중을 받고자 하는 욕구이다. 마지막으로 자아실현(self-actualization needs)의 욕구이다. 이는 가족, 직장 그리고 사회생활에 있어서 자신이 이룰 수 있는 모든 것들을 이루고자 하는 욕구를 말한다.

2) 관여수준

관여(involvement)는 특정상황에 있어서 어떠한 자극에 의해 유발되어 지각된 개인적인 중요성이나 관심도의 수준을 의미하게 되며, 이는 여러 가지 상황에 따라서 관여도의 수준이 다르게 결정된다.

관여수준이 높아질수록 소비자는 상품이나 서비스에 대해 더 많은 정보를 수집하게 되고 더 많은 관심과 열정을 가지게 되는 반면, 관여수준이 낮으면 즉흥적인 판단이나 그에 대한 정보가 없다고 하더라도 구매할 확률이 높아지게 된다.

3) 구매경험

과거에 구매를 했거나 그에 대한 경험이 있는 경우를 말한다. 특히 고가격의 상품이나 서비스일 경우에는 과거에 사용했던 경험이나 이용해 본 것을 토대로 해서 재구매를 하게 된다. 또는 구매 전에 사전경험을 통해서 구매 여부를 결정하기도 한다.

2 외부적 요인

고객의 기대에 영향을 미치는 외부적인 요인에는 경쟁자, 사회적 영향 그리고 구전에 의해 많은 영향을 받게 된다. 같은 분야의 경쟁자와 대체재를 경쟁자로 볼 수 있다. 같은 분야의 경쟁자는 서비스의 질과 수준을 고려하여 경쟁을 하게 된다. 경쟁이 심해질 경우 가격인하나 다양한 판촉수단을 활용해서 치열한 경쟁을 하게 된다.

사회적인 영향에 의해서 서비스에 대한 기대수준을 평가하는 경우가 발생하게 된다. 또한 구전에 의해서 소비자들의 기대요인이 많이 발생한다. 특히 주위의 신뢰도가 높은 사람들에 의해 많은 영향을 받게 된다. 서비스는 무형성이 강한 상품이므로 주위의 긍정적인 구전에 의해 구매할 확률이 많아지게 된다.

3 상황적 요인

상황적 요인은 소비자가 처해 있는 정상적인 상황에서도 즉흥적으로 바뀔 수 있다. 소비자가 서비스 구매를 선택하는 데 있어 선택의 이유에 따라서 서비스에 대한 기대가 달라질 수 있다. 또한 이질성의 특성에 의해 서비스를 받을 때의 기분, 주위의 환경, 종사원의 태도 등에 의해서도 영향을 미칠 수 있다.

시간과 공간의 제약성으로 인하여 고객의 기대는 달라지게 된다. 이와 같이 서비스 상품은 여러 가지 상황에 의해 많은 영향을 미치게 되므로 소비자의 성향을 미리 파악하여 그에 맞는 적절한 서비스를 제공하는 것이 중요하다.

4 고객 욕구와 기대치

고객의 만족도는 서비스에 대한 고객의 기대치와 서비스 제공 이후 성과와의 차이에 의해 결정된다. 고객이 기대하는 서비스 수준이 기대 이상이면 고객은 만족하고, 기대치 보다 떨어지는 서비스 성과가 나타나면 고객은 만족하지 않는다. 그러므로 서비스의 기대와 성과와의 인식 사이에 불일치 정도가 고객의 불만족을 결정짓는 중요한 변수로 작용한다.

고객은 특별한 욕구를 위해 상품과 서비스를 구매한다. 고객이 기대하는 서비스의 욕구는 크게 3가지 수준으로 구성되어 있다.

① 희망서비스 : 고객이 요구하는 서비스에 대한 희망수준, 즉 바램과 소망을 뜻한다. 희망서비스와 관련된 개념으로 이상적인 서비스가 있다. 이는 고객이 기원하는 서비스 수준, 즉 바람직한 서비스 수준을 말한다. 희망서비스 수준은 일반적으로 이상적인 서비스 수준보다 낮은 게 보통이다.

② 적정서비스 : 고객이 불만 없이 받아들일 만한 서비스 수준 즉, 최소한의 허용 가능한 기대수준 또는 수용할 수 있는 성과의 최저수준을 의미한다. 적정서비스 수준은 경험을 바탕으로 한 예측 된 서비스 수준에 의해 형성된다. 여기서 예측

된 서비스 수준이란 고객이 해당하는 회사로부터 실제로 받을 것이라고 기대하는 서비스 수준을 말한다. 이는 이상적 서비스 수준으로부터 적정서비스 수준까지의 영역 안에 포함된다. 예측된 서비스란 곧 다가올 거래나 교환에서 일어날 것으로 예측되는 서비스 수준으로서, 이상적 서비스와 희망서비스 그리고 적정서비스가 각각의 서비스 거래를 포함하는 전반적인 평가로서, 다가올 서비스 접점에서 일어날 것으로 여겨지는 추정치이다.

③ 허용영역 서비스 : 희망서비스 수준과 적정서비스 수준 사이의 영역이다.

희망서비스와 적정서비스는 기대수준 사이의 간격으로서 서비스 실패가 잘 드러나지 않는 미 발각지대를 말한다. 만약 제공된 서비스가 적정서비스 수준이하 라면 고객은 그 서비스에 대해 받아들이지 않을 것이며 분개하고 그 기업에 대한 만족도는 감소하여 결국 고객은 불만족을 느낄 것이다. 고객은 제공한 서비스가 희망하던 수준 이상일 때 기뻐하고 만족한다.

Case Study 노드스트롬(Nordstrom) 백화점의 고객감동 사례 4가지

노드스트롬은 시애틀에 본사를 두고 100년의 전통을 자랑하는 미국 최고의 백화점 중 하나로 서비스업계의 표준이 되고 있을 만큼 서비스 분야에서 명성을 얻고 있다.

이러한 노드스트롬의 고객 서비스 정신은 창업자인 노드스트롬으로부터 나왔다.

노드스트롬은 미국으로 이민와서 철도 노동자, 벌목공, 광부 등 온갖 궂은 일을 하면서도 오직 근면과 성실을 통해 자수성가한 사람이다. 1901년 그는 노드스트롬의 전신인 구두 가게를 열어 큰 돈을 벌었고 그 후 구두 가게는 노드스트롬이라는 백화점으로 성장해 나갔다.

노드스트롬은 훗날 손자들을 모두 백화점의 신발 매장에서 일하게 했다. 그것은 고객들 앞에서 '무릎을 꿇는 법'을 가르치기 위해서였다. 이것이 오늘날 노드스트롬의 고객 서비스 정신의 밑바탕이 된 셈이다. 노드스트롬은 고객에게 절대로 'no'라고 얘기하지 않는 것으로 유명하다.

이 백화점의 뛰어난 고객 서비스를 보여주는 널리 알려진 몇몇 일화가 있다.

· 첫 번째 사례
어느날 중년의 여인이 노드스트롬 백화점에서 옷을 한 벌 산 후 비행기를 타러 공항으로 나갔는데 공항에 가보니 비행기 표가 없었다. 비행기 표를 노드스트롬 백화점 의류 매장에 놓고 온 것이다. 잠시 후 누군가 다가와 여인에게 비행기 표를 건넸다. 그 사람은 의류 매장의 여사원이었다. 이 사례는 노

드스트롬 백화점 판매원의 고객에 대한 서비스 정신을 나타내주는 일화다.

노드스트롬은 오직 단 한 가지의 근무 규칙을 가지고 있다.

'모든 상황에서 스스로 최선의 판단을 내릴 것. 그 밖의 다른 규칙은 없음'이 그것이다.

이는 어떤 상황이든 판단은 매장 직원이 내리는 것이라는 뜻으로, 매장의 책임자는 직원이며 최대의 권한을 가지고 소신껏 일할 수 있는 것이다.

· 두 번째 사례

어떤 노인이 노드스트롬 매장에 타이어를 반품하러 왔는데 그 타이어는 노드스트롬 매장에서 구입한 것이 아니라 다른 상점에서 구입한 것이었다.

하지만 판매사원은 두말 않고 타이어 값을 즉석에서 내주었고, 이 직원은 후에 우수직원으로 포상까지 받았다. 여기에서 매장 직원이 지불한 타이어 값은 '홍보비'였다.

고객은 자신이 타이어를 노드스트롬에서 사지 않았다는 것을 이미 알고 있었거나 후에 알게 될 것이다. 그럼에도 불구하고 노드스트롬에서 환구을 해주었다는 것에 대해 그는 평생 잊지 않을 것이다. 노드스트롬의 판매사원은 한 사람의 확실한 고객을 잡기 위해, 또 그 고객의 입으로부터 노드스트롬의 좋은 이미지를 홍보하기 위해 최선의 결론을 내린 것이다.

· 세 번째 사례

세일이 끝난 다음 날, 한 부인이 노드스트롬에 바지를 사러 왔다.

그녀는 세일이 끝난 줄 모르고 눈여겨두었던 고급 브랜드의 바지를 사러 왔지만 그녀에게 맞는 사이즈가 없었다. 판매사원은 그녀가 원하는 바지가 백화점 내에 없어 건너편 백화점에 알아보니 거기에는 고객이 찾는 바지가 있었다. 판매원은 고객이 원하는 바지를 정가에 사와서 세일가격으로 고객에게 팔았다.

그 부인은 맞은편 백화점에까지 가서 자신이 원했던 바지를 사온 노드스트롬의 판매사원을 평생 잊지 못할 것이다. 이로써 판매사원은 노드스트롬의 평생고객을 얻었다.

· 네 번째 사례

한겨울에 노숙자인 듯한 여인이 노드스트롬에 누더기를 걸치고 들어왔지만 그 누구도 남루한 여인을 제지하지 않았다. 드레스 매장에 들른 여인은 마음에 드는 드레스를 입어보고 돈을 지불하지 않은 채 잠시 보관해달라고 했다.

그 여인은 판매사원에게 두세 시간 후에 돌아오겠다며 매장을 떠났고, 판매사원은 그 옷을 별도로 보관했다. 이에 대해 판매사원은 "저의 임무는 찾아주시는 손님을 친절하게 맞는 것이지, 그분이 어떤 신분의 사람인지를 판단하는 것이 아닙니다."라고 말했다.

노드스트롬은 모든 사람을 고객으로 섬긴다.

위의 사례들은 우연한 친절의 결과가 아니라 누구나 친절하고 고객의 만족을 위해 노력하는 노드스트롬의 경영철학이 바탕이 된 것이다. 위대한 성과는 특별한 조치에 의해서가 아니라 항상 고객에게 정성을 다하는 노력을 통해서만 얻을 수 있다.

노드스트롬은 이렇게 서비스의 아이콘이 되었다.

5 고객만족 지표의 원칙

고객만족도는 소비자가 사용한 경험을 근거로 하여 만족한 정도를 측정하거나 만족한 요소들에 대해 소비자의 정확한 평가를 듣고자 하는 것이다. 기업에서 고객만족도를 측정하는 목적은 기업에서 제공하는 서비스에 대한 부족한 점과 우수한 내용들을 파악하여 부족한 점을 개선하려는 의지와 우수한 내용은 보다 더 편리하게 제공하고자 하는 것이다.

이러한 과정을 거치게 되면서, 고객의 불편사항을 개선하여 고객만족도를 향상시키고 경쟁기업과의 차별화를 도모하는 것이다.

고객만족도를 조사하기 위해서는 다음과 같은 계속성의 원칙, 정량성의 원칙 그리고 정확성의 원칙이 필요하다.

1 계속성의 원칙

고객만족도 조사는 일회성으로 끝나는 것이 아니라 지속적이고 정기적인 만족도를 조사하는 것이 중요하다. 이로 인하여 소비자들의 불평, 불만을 파악하고 해결방안을 모색하는 한편 최신 트렌드를 파악하는 데도 많은 영향을 미치게 된다.

2 정량성의 원칙

고객만족도 조사에서 중요한 것은 지금까지 축적된 자료와 데이터 등과 비교해서 평가하는 것으로 개선의 정도를 파악하는 것이다.

따라서 일정한 시기와 방법을 지속적으로 유지하여 고객만족의 상황과 문제점을 파악하는 것이 중요하다. 최근에는 기업들이 빅 데이터(Big Data)를 활용하여 고객의 성향파악과 행동 등을 분석하게 되면서 고객의 만족도 향상을 위해 노력하고 있다.

③ 정확성의 원칙

계속성과 정량성의 원칙을 토대로 하여 표본대상의 적절성, 조사항목에 대한 수정 과정을 거쳐야 한다. 또한 기업과 소비자에 대한 여러 상황들을 적용하여 조사의 정확성을 높여야 하며, 조사방법 또한 적절하게 적용되고 있는지도 파악해야 한다.

효과적인 고객 서비스를 제공하여 만족시킬 수 있는 비결은 다음과 같다.

첫째, 올바른 고객을 찾아라.

올바른 고객이란 서비스를 제공하기에 즐거운 사람이다. 잘못된 고객은 당신에게 끊임없이 스트레스를 유발하게 하는 고객이다. 판매를 하지 못하는 세 가지 이유는 고객이 정말 당신의 서비스를 필요로 하지 않을 때, 그냥 아니라는 느낌이 들 때, 그리고 도저히 계산이 맞지 않을 때이다. 특히 고객이 당신의 서비스를 필요로 하지 않을 때는 계약을 체결하지 말아야 한다. 따라서 올바른 고객을 찾을 수 있도록 노력해라. 그러면 장기적으로 시간과 돈을 절약하고 스트레스로 인해 고통을 받지 않을 것이다.

둘째, 고객이 원하는 것을 미리 파악하라.

자신의 고객이 솔직히 무엇을 기대하고 있는지를 알아내야 한다. 개인의 특성을 사전에 파악하게 되면 고객서비스에 있어서 앞으로 일어날 수 있는 문제들을 미리 파악하는 데 도움이 된다. 고객을 완전하게 만족시키고 다시 찾게 하는 데는 그들의 기대와 요구를 완전히 파악하는 것보다 더 나은 방법은 없다.

셋째, 항상 고객이 원하는 것, 기대하는 것을 그 이상으로 제공하라.

신규고객에게 그 사람이 원하는 것 이상을 제공하는 것보다 더 큰 효과를 갖는 것은 없다. 고객에게 인정받기 위해서 극적인 것을 제공할 필요는 없다. 아주 작은 것으로도 고객으로부터 인정을 받을 수 있으며 그것은 고객의 마음에 큰 영향을 미치게 된다.

넷째, 고객과의 약속을 지키도록 하라.

고객과의 약속은 중요하다. 특히 작고 사소한 약속은 철저하게 지켜야 한다.

약속을 지키는 것은 중요하며 작고 사소한 약속을 잘 지키는 사람들에 대해 좋은 인상을 가지게 된다. 작은 약속이야말로 가장 지키기 힘든 것이고 약속이 크면 클수록 그것을 깨기가 힘들지만 작은 약속은 언제나 쉽게 깨질 수 있기 때문이다.

고객은 작고 사소한 것에 대해 감동을 느끼게 된다. 결코 큰 것에 대해서는 감동을 느끼지 못한다.

다섯째, 고객의 소리를 들어라.

기업의 잘못된 점을 알고 싶다면 고객의 소리를 귀담아 듣고 물어보아야 한다. 고객이 던지는 불만은 항상 옳은 말이고 새로운 아이디어를 얻어서 대박상품을 만들어낼 수 있는 정보가 될 수 있다. 왜냐하면 고객은 자사의 서비스뿐만 아니라 경쟁사의 서비스와 비교하여 누구보다 자사에 대한 서비스를 잘 알고 있기 때문이다.

여섯째, 고객의 불평이 발생하면 신속하게 그리고 충분하게 만족시켜라.

고객으로부터의 불평이나 문제가 발생하면 현장에서 즉각적으로 그리고 100% 만족할 수 있도록 해야 한다. 신속한 문제해결은 고객에게 무한한 신뢰를 제공하게 되는 것이고 고객은 기업을 무한 신뢰 모드로 전환하게 된다.

일곱째, 내 스스로 고객을 만족시키기 위해 노력하라.

고객을 유지하고 늘 만족을 주어 다시 찾게 하고 끊임없이 새로운 고객으로 이어지도록 하는 것은, 바로 나 자신의 책임이리는 것을 명심해야 한다. 따라서 고객만족 실현을 위해서 고객의 입장에서 생각하고 행동하면서 고객에 의해서 존재하는 것에 감사해야 한다.

Case Study 리츠 칼튼 호텔의 고객만족

고객의 소리를 잘 관리하는 데 있어 둘째가라면 서러워 할 회사 중의 하나가 리츠 칼튼 호텔이다.

첫째, 종업원을 존중한다. "저희는 신사숙녀 여러분을 모시는 신사숙녀들입니다(We are ladies and gentlemen serving ladies and gentlemen)"라는 회사 슬로건에서도 알 수 있듯이 종업원을 존중하고 이들을 위한 교육에 많은 시간과 자본을 투자하고 있다. 연간 100시간이 넘는 품질경영관리(Total Quality Management

Training)를 전 직원을 대상으로 전개하고 있으며, 이러한 교육과 지원을 통해 모든 종업원들이 고객에 대한 최고의 서비스를 제공할 수 있도록 하는 것이다.

'고객만족'을 주창하는 많은 기업들이 정작 "종업원 만족"에는 별 관심을 보이지 않는 경우가 있다. 그럴 경우, 그들이 말하는 고객만족은 전혀 현실성이 없는 구호에 그칠 수밖에 없을 것이다. 왜냐하면 고객만족은 고객이 만족하도록 만드는 사람들의 행동으로부터 가능한 것이고, 그들의 행동은 정해진 규범이나 절차가 아닌 진솔하고 자발적인 마음가짐으로 드러날 때 고객에게 진정한 만족과 감동을 줄 수 있기 때문이다.

둘째, 기회를 놓치지 않는다. 리츠 칼튼 호텔에서는 고객이 불만을 터뜨리는 것을 기회라고 부른다. 불만이라는 감정의 손상을 입은 고객에게 최선의 회복(service recovery)을 유도함으로써 더 큰 만족을 느끼게 할 수 있는 기회인 것이다.

기회를 잡은 리츠 칼튼의 종업원들은 고객 불만에 대한 처리가 고객을 직접 담당하는 사람의 의무라고 생각한다. 그는 불만을 접하는 순간 리츠 칼튼 호텔이 부여한 권한에 의거하여 자신이 교육받고 경험한 바에 의해 최고의 서비스를 제공한다.

셋째, 서비스 문화를 형성한다. 훌륭한 개개인을 육성하는 것은 물론 중요하지만, 더 중요한 것은 이를 전체 조직의 문화로 만들어 나가는 것이다. 문화는 한두 개의 구호로 이루어지는 것이 아니라, 구체적인 프로그램과 지원 인프라를 통해 형성될 수 있다. 예를 들어, 고객의 불만이 발생하면 이에 관한 사항은 즉각 데이터베이스에 입력되어 다른 종업원들이 해당 고객을 보다 잘 대응할 수 있도록 한다. 고객의 기호를 파악하는 순간, 그것이 고객이 좋아하는 생수나 고객이 좋아하는 베개의 종류 등 고객의 이력파일을 통해 역시 데이터베이스화한다.

이처럼 모든 종업원이 효과적인 고객 데이터를 수집하고 또 이를 활용하면서 왜 이러한 수집활동이 중요한지를 몸소 깨닫게 된다. 다른 직원이 입력한 내용으로 인하여 나의 서비스가 인정받고 고객을 미소 짓게 할 수 있다.

넷째, 쉽다. 시스템은 거창하지도, 복잡한 기능도 없다. 간단하고 사용하기 쉽고, 사용에 제한도 없다. 호텔 전 직원들이 필요할 때마다 입력하고 필요할 때마다 활용할 수 있고 이러한 적극적인 참여로 비로소 시스템은 그 가치를 갖게 된다.

고객의 소리에 끊임없이 귀를 기울이게 되면 고객은 변하게 된다. 고객을 완벽하게 만족시켰다면 고객에게 더욱 귀 기울이고, 그들이 변하는지를 확인하라. 만약 고객의 기대가 바뀌었다면 종업원도 그들처럼 바뀌어야 한다.

(자료: 고객만족 향상을 위한 서비스 회복 전략)

6 고객의 역할

서비스 산업에 있어서의 고객은 서비스를 받는 존재라고만 인식하고 있는 사람들이 대부분일 것이다. 하지만 서비스 제공에 있어서 고객은 다양한 역할을 하고 있다.

고객은 서비스를 제공하는 장소에 반드시 참석해야 하는 비분리성의 특성에 적용되기 때문에 서비스에 대한 적절함과 부적절함, 효율적과 비효율적, 그리고 생산적과 비 생산적인 고객의 행동에 의해서 서비스의 질을 향상시키거나 떨어뜨릴 수 있는 역할을 하게 되는 것이다. 또한 고객은 서로의 서비스 목표와 성과를 달성할 수 있도록 체험을 공유하면서 서비스 제공자를 돕는 역할을 하게 된다.

서비스 산업에서의 고객의 역할은 생산자원으로서의 역할, 품질에 기여하는 공헌자로서의 역할 그리고 잠재적인 경쟁자로서의 역할을 하게 된다.

1 생산자원으로서의 역할

서비스에서 고객을 부분 직원(partial employee)이라 칭하여 조직의 생산역량을 키워주는 인적 자원의 한 부분으로 보는 관점이다. 이는 서비스 생성 프로세스의 한 부분으로 고객의 노력, 시간 및 기타 자원으로 공헌하므로 조직의 일부로 포함하여야 한다. 기업은 고객에게 중요한 서비스를 스스로 참여하게 함으로써 회사 전체의 생산성을 높이는 결과를 가져오게 한다.

고객을 생산자로서의 역할을 살펴보면 다음과 같다.

첫째, 고객자원의 투입은 조직의 생산성에 영향을 미치게 한다. 특히 기업간의 서비스에서 고객의 기여는 서비스의 질과 양을 높여 생산성을 높이게 된다.

둘째, 고객이 평소에 하지 않던 서비스와 관련된 활동을 배우려 하거나 이미 해왔던 활동을 좀 더 효과적으로 수행하는 교육을 받으려 한다면 조직의 생산성은 더욱 증가할 수 있다.

셋째, 온라인 고객 서비스에도 고객은 자신의 서비스를 수행하는 부분직원이 되어 조직의 생산성을 증가시키게 된다.

항공사의 사례로 승객이 비행기를 갈아탈 때, 짐을 스스로 옮길 때, 음식을 직접 가져올 때, 그리고 고객이 직접 좌석을 찾아 앉을 때이다.

장점으로는 고객의 참여를 극대화하여 서비스 프로세스를 설계한다면 가장 효율적인 서비스를 고객에게 제공할 수 있다. 셀프 서비스의 활용은 인건비의 감소와 직원들이 다른 업무를 수행하게 하여 조직에 생산성을 증가시키게 된다.

단점으로는 고객 불만의 원천이 된다. 이를 예방하기 위해서는 고객과 생산자 사이에 직접적인 접촉이 적은 곳은 시스템을 효율적으로 운영할 수 있어야 하며, 고객과 접촉이 필요하지 않은 서비스는 고객에게 보이지 않도록 수행되어야 한다.

이러한 고객의 역할은 고객이 참여함으로써 고객이 얻는 이득으로 낮은 가격, 신속한 처리, 더 나은 서비스 품질을 고객에게 돌려주어야 조직은 공동생산자로서 고객의 역할을 요구할 수 있다.

② 품질에 기여하는 공헌자로서의 역할

고객은 서비스의 품질과 만족, 가치에 대한 공헌자 역할을 한다. 서비스 종사원의 노력뿐만 아니라 고객도 서비스 생산에 많은 공헌을 하게 된다. 서비스 성과가 고객 참여에 의존하며, 고객이 그 역할을 효과적으로 수행하지 않는다면 서비스 성과가 좋지 않은 결과로 나타날 것이다.

고객이 서비스 품질에 기여하는 공헌자로서의 역할은

첫째, 고객은 자신의 욕구가 충족되는지의 여부에 많은 관심을 가지고 있다. 효과적인 고객 참여는 욕구가 더 많이 충족될수록 공헌자로서의 역할은 그 만큼 더 증가하게 된다.

둘째, 서비스의 상호작용에서 고객이 효과적으로 자신의 역할을 수행했다고 믿는 고객일수록 서비스에 더 만족하게 된다.

셋째, 서비스 품질에 대한 고객의 지각과 참여수준이 높을수록 더 많은 역할을 하게 된다.

넷째, 책임을 지는 고객과 고객이 참여하도록 격려하는 서비스 제공자가 함께 할수록 높은 수준의 서비스를 창출해낸다.

다섯째, 셀프서비스 편견(self-service bias): 서비스가 기대한 것보다 좋은 경우에는 이러한 결과가 자신의 역할이 많았다고 느끼게 되면서 참여하지 않은 고객보다 만족감은 낮게 나타난다. 하지만 결과가 기대한 것보다 안 좋은 경우 참여한 고객은 참여하지 않은 고객보다 서비스에 덜 불만족하게 된다.

> 에 · 교육서비스 : 가만히 앉아서 듣는 교육생보다 직접 참여하는 교육생이 학습효과가 크게 나타난다.
> · 의료 서비스 : 환자가 의사의 처방과 식사습관의 변경을 받아들이지 않는다면 환자의 건강회복은 기대하기 어려울 것이다.
> 효과적으로 자신의 역할을 수행했다고 믿는 고객일수록 서비스에 더 만족하게 된다.

③ 잠재적으로 경쟁자로서의 역할

고객은 서비스 제공 과정의 일부분을 수행하기도 하고 전체적으로 수행하기도 한다. 이는 고객이 서비스를 자신이 직접 생산할 것인지 외부에서 조달할 것인지 수행하는 것으로, 선택 과정에서 서비스를 외부에서 제공받지 않고 내부에서 고객이 직접 생산한다면 고객은 서비스 기업의 경쟁자가 되는 것이다.

> 에 아이 키우기, 집안청소 및 유지관리, 자동차 수리를 직접 생산하면 내부교환이며, 누군가에게서 제공받으면 외부교환이 된다.

환대산업의 고객은 살펴본 바와 같이 다양한 역할을 수행하고 있다. 따라서 고객의 만족과 생산성을 높이기 위해서는 고객참여를 확대하는 전략이 필요하다. 고객참여를 높이기 위한 전략을 살펴보면 다음과 같다.

첫째, 적임고객을 채용해야 한다.

기업은 고객에게 기대된 역할과 책임은 광고나 인적판매 등 기업의 메시지를 통해 명확하게 전달해야 한다. 따라서 고객이 스스로 선택하게 됨으로써 서비스를 높게 지각하고 고객참여로 인한 불확실성을 줄일 수 있다.

둘째, 고객과 상호작용을 해야 한다.

서비스를 이용하는 고객은 기업에 대한 가치를 높게 인식하게 되면서 자신의 역할을 수행하기 위해 노력하게 된다. 또한 종사원과 고객과의 상호작용을 하기 위한 지식과 스킬을 익히고 배우면서 고객의 참여도는 더욱 높아지게 된다.

셋째, 고객 참여정도에 따라 보상해야 한다.

고객참여도에 대한 보상은 제공과정에 대한 통제, 시간절약, 금전절약, 심리적 혹은 육체적 편익에 대한 보상을 참여정도에 따라 차별적으로 보상해야 한다. 또한 기업의 경우 모든 고객이 같은 종류의 보상으로 동기부여 되지 않는다는 것을 깨달아야 한다.

넷째, 부적절한 고객참여로 인한 부정적 결과를 초래하지 않아야 한다.

기업의 서비스 시스템이나 제공과정을 이해하지 못한 고객의 서비스 참여는 서비스 제공과정에 불편을 초래할 뿐만 아니라 다른 고객에게도 부정적인 영향을 주게 된다.

7 고객 감동 경영

1 고객 감동

1) 고객 감동의 필요성

제품이나 서비스의 수준이 고객의 기대를 초과하여 이루어지게 함으로써, 고객을 감동시키고 이러한 고객의 감동은 브랜드에 대해 유대감을 가지도록 하고 궁극적으로 높은 고객 충성도를 이끌어 낸다.

2) 고객 감동 차별성

고객 감동 경영은 고객이 전혀 인식하지 못했던 욕구 또는 필요를 찾아, 그것을 만족시키는 제품과 서비스를 제공함으로써 고객을 열광시키는 것이다.

고객 감동은 서비스의 이성적 측면뿐만 아니라 감성적 측면인 서비스, 고객 관계 및 제품 디자인에 이르기까지, 모든 면에서 고객에게 장기적이고 지속적인 감동을 유도하는 것이다.

3) 고객 감동 추진 프로세스

① 고객의 명확화 : 고객 정의, 세분화

② 고객 정보 수집 및 공유 : 고객의 특성과 기업과의 거래 관계

③ 고객 정보 분석 : 과학적, 체계적

④ 고객 관계 구축

⑤ 고객 만족도 조사

⑥ 고객 만족도 향상 활동

4) 고객을 감동 시키는 3가지 방법

① 내가 추구하고 있는 가치는 무엇인가?

- 내가 이일을 왜 하는지를 정확하게 파악해야 한다.
- 그 가치가 다른 사람들이 볼때 이해할 수 있느냐?

② 디테일에 있다.

- 나(고객)를 기억하고 있는가?
- 소소한 것에서 감동을 받는다.
- 기억하기 힘들면 기록하라.

③ 결정적인 순간(손해 · 희생 · 배려 · 용서)을 놓치지 않는 것

- 이러한 순간을 놓치지 말고 마음을 얻어라.

5) 고객은 아주 작은 것에 감동한다.

고객경험, CX(Customer eXperience)은 고객이 상품과 서비스를 판매하는 영업장소를 포함해 비대면 채널인 인터넷과 모바일, SNS 등에서 회사의 제품 또는 서비스, 소문 등에 대해 느끼는 모든 유형의 감정과 기대, 만족도 등을 모두 포함 한다.

고객 경험관리를 잘 수행하기 위해서는 고객 세분화, 페르소나 정의, 고객이 최초 가입 또는 방문하는 온보딩 과정, 오프라인 매장, 인터넷이나 모바일에서의 고객 행동 분석과정, 고객이 이탈하는 과정, 고객의 고통과 힘들어함을 찾아내는 과정을 이해해야 한다.

KPMG는 인터넷이나 모바일에서 고충 받는 고객의 시간 절감에 많은 관심을 두고 있다. 일반적으로 고객 경험을 분석하고 관리하는 목적이 제품/상품 판매촉진, 마케팅 강화 및 이벤트 수행 등이 중점 사항인 반면 KPMG의 고객 경험관리 서비스는 좋은 고객 경험을 만들기 위해 고객의 고충 포인트(customer struggle point)를 해결하는 데 집중하고 있다.

② 고객 지향적 기업 추구

치열한 경쟁 환경 속에서 생존하기 위해선 기업 경영의 초점을 고객 중심적인 사고와 고객의 동향을 분석해야 한다. 고객 needs를 파악하여 경영진 이하 전 구성원들이 고객에게 보다 큰 가치를 제공하기 위한 모든 수단과 방법을 강구해야 한다.

다양한 고객들을 대상으로 철저히 파고들어 그들의 욕구나 아이디어를 통해 고객 가치를 높이는 혁신을 추구해야 한다.

고객 지향성에 대한 이해가 깊고 실천하는 선진 기업들의 특징을 살펴보면 다음과 같은 공통점이 있다.

① 핵심 성공요인 - 고객가치를 극대화하고 지속적으로 제공한다.
② 고객의 개별 선호도를 파악하여 시장 변화에 신속하게 대응한다.
③ 고객의 개별적인 요구에 적합한 제품, 서비스, 정보 등을 시간과 장소에 구애받지 않고 적시에 제공한다.
④ 가격보다 품질 우선으로 고객의 가치 인식에 부합되도록 한다.

③ 서비스 경험 관리

1) 고객 중심의 경영철학을 기업 내부에 체질화 및 공유

Dell사의 경우 전사적인 고객중시 경영 교육을 지속적으로 실시하여, 전 사원들에게 고객 중심 철학을 공유한다.

2) 고객에 대한 통찰력을 기업 경영에 적극 반영

인텔. 시스코, 펩시 및 HP 등은 고객 중심의 새로운 조직과 전담자인 고객관리 전담 임원(CCO, Chief Customer Officer)을 배정한다.

3) 고객에 대한 이해를 바탕으로 사업모델 구상, 관계강화와 문제해결을 통해 수익창출

1990년대 경영위기에 처한 IBM은 제조와 판매중심의 경영을 고객 관점에서의 제품과 서비스로 솔루션을 제공하는 솔루션 사업으로 전환하여 위기에서 탈출

4) 고객의 목소리를 보다 빠르고 생생하게 전달하는 시스템 운영

HP는 고객의 목소리를 분석하여 정보를 제공하고 경영활동에 반영하는 시스템 구축 및 운영

4 고객 욕구 트렌드 경향

1) 보금자리(cocooning)

세상으로부터 묻어나서 안전과 편안을 즐길 수 있는 든든하고 멋진 보금자리를 만들고 싶어하는 욕구.　예 가정 용품점, 가정생활 TV쇼

2) 유유상종(clanning)

비슷한 사람들과 어울리고 싶어하며 자기와 같은 관점과 가치관을 공유하는 특정 집단에 소속감을 느끼고 싶어하는 욕구.

예 온라인 대화방과 웹사이트, 라이프스타일 책자들, 커피숍

3) 환상모험(fantasy adventure)

진부한 현실 세계에서 벗어나 위험성 없는 환상이나 모험을 경험하고 싶어하는 욕구

예 컴퓨터게임, 테마파크 등 엔터테인먼트 공간, 서바이벌 프로그램, 모험 여행

4) 반항적 쾌락(pleasure revenge)

모든 일상생활의 스트레스를 보상할 수 있는 감각적이고 재미를 추구하는 활동의 다른 도피 형태의 욕구

예 마사지 요법, 사우나

5) 작은 사치(small indulgences)

사람들이 스스로에게 정기적으로 작은 사치를 적용하는 경험(소확행)

예 스타벅스 음료, 정기적 외식, 미식가 음식품목

6) 마음의 안식처(anchoring)

정기적인 가치가 충족되길 원하고 만족과 확신을 주는 것을 찾기 위해 과거를 되돌아보는 경향

예 복고풍 가구와 인테리어, 수제버거, 1940년 미국 식탁재현 테마 레스토랑

7) 자기중심(egonomics)

컴퓨터시대 표준화 경향에 대한 반동으로 자기를 표현하고 나타내는 다양한 수단을 찾는 것을 통해 표출

예 상호 교류적 웹사이트, 설치미술, 스스로 색칠하는 도자기 상점, 온라인서점

서비스 리더십

패밀리 레스토랑 베니건스는 기존의 획일화된 서비스에서 보다 차별적이고 독창적인 서비스를 위해 '서비스 리더십'을 강조한다.

'서비스 리더십'은 기존의 서비스들이 고객에게 일방적으로 제공하는 서비스였다면, 이러한 서비스를 통해 고객에게 가치를 받을 수 있는 서비스를 말한다. 즉, 고객에게 어떠한 가치를 받을 수 있도록 최상의 서비스를 제공한다는 것이다.

이러한 '서비스 리더십'의 일환으로 베니건스는 고객의 성향을 분석형, 추진형, 온화형, 표현형의 4가지 유형으로 분석하고 각각의 유형에 따른 차별화된 서비스를 제공하고 있다. 서비스를 보다 자연스럽게 제공할 수 있도록 일정 기간 정기적인 교육과 역할극 등을 통해 보다 효율적이고 고객의 니즈에 꼭 맞는 서비스에 만전을 기하고 있다.

- 분석형 고객 : 대부분 심플하고 스마트한 기본 스타일의 정장을 입고, 메뉴에 대해서도 독자적으로 선택하기를 원하는 경우가 대부분이다. 이런 고객에게는 너무 많은 메뉴를 제안하는 것은 피하고, 만일 행사메뉴가 있다면 재료나 맛에 대한 설명보다는 가격이나 할인율에 대한 설명을 제공하는 것이 효과적이다.

- 추진형 고객 : 무채색의 칼라에 짧은 단발이나 스포츠형 머리인 경우가 많다. 이런 고객은 독립적으로 결정하는 경우가 많기 때문에 주문단계에서 메뉴나 서비스 등을 제안하기보다는 고객이 직접 선택한 메뉴나 서비스에 대해 그 선택의 이점과 탁월함 등을 강조하며, 그 메뉴와 어울리는 디저트 등을 제안하는 것이 좋다.

- 온화형 고객 : 보통 캐주얼한 복장에 자연스러움을 추구하는 만큼 파스텔 톤의 따뜻한 색을 선호한다. 온화형 고객에게는 다양한 메뉴와 현재 진행되고 있는 서비스와 할인행사, 이벤트에 대해서 최대한 자세히 설명하며, 목소리는 작고 시간은 비교적 여유있게 주문을 받는 것이 좋다.

- 표현형 고객 : 옷차림의 경우 체형에 꼭 맞는 스타일의 성별을 강조한 의상을 입는다. 여성의 경우 여성성을 강조한 의상을 많이 선호하는가 하면 컬러도 강렬하고 튀는 컬러를 선호하고, 머리는 웨이브가 있는 긴 머리가 대부분이다. 이들 고객들은 서비스와 메뉴에 대한 만족도를 적극적으로 표현하는 경우가 많다. 이런 고객에게는 미사어구를 많이 사용해 제안하는 것이 좋다.

CHAPTER 06

고객
불만관리

1 서비스의 실패

서비스 실패(failed service encounters)는 고객이 기업의 서비스를 경험하는 동안 서비스와 관련한 실수나 문제로 인하여 고객이 불쾌한 감정을 느끼게 되는 것이다. 즉, 서비스 전달에 있어서 고객의 기대에 미치지 못했거나 종사원의 실수나 품질의 불만족에 의해서 발생하는 것을 말한다.

서비스 실패는 단지 서비스의 결과(성과)에서 일어나는 것이 아니고 서비스를 제공하는 과정에서도 발생하게 되며 고객의 인지적 차원과 감성적 차원 등의 전반적인 과정에서 일어날 수 있다. 이러한 서비스 실패는 개개인의 성향과 차이에 의해 달라질 수 있기 때문에 동일한 교육과 훈련을 받은 종사원에게 서비스를 받았다 하더라도 고객의 성향에 따라 서비스가 성공할 수도 있고 실패할 수도 있다.

서비스 실패는 서비스를 제공하는 기업에 대한 고객의 부정적인 감정을 초래하며, 고객이 느끼는 불만족을 회복하지 못할 경우 부정적인 경험은 긍정적인 경험보다 오래 지속된다. 다양한 서비스 실패의 정도는 수준에 따라 심각성이 다르게 나타날 수 있다. 이처럼 서비스 실패의 책임에 상관없이 서비스기업의 서비스 회복 노력 정도에 따라 고객의 서비스 만족 수준이 결과로 나타난다.

고객의 주문과 다른 식사의 제공, 호텔 객실의 예약 초과 및 예약 누락, 서비스 직원의 불친절 등 서비스 실패는 다양한 형태로 발생한다.

특히 호텔이나 외식 서비스와 같이 서비스의 이질성과 인적 요소가 높고 수요의 파동이 심한 경우, 많은 고객 접점에 서비스 실패가 빈번히 발생하고 어떠한 고객 불평이 반복되는지 파악하여 사전에 서비스 실패를 최소화하는 방안을 마련해야 한다.

서비스 실패에 있어서 가장 치명적인 것은 불만족한 고객이 불만을 제기하지 않는다는 것이다. 실제적으로 불만족한 고객의 약 95%는 직접적으로 불만을 제기하지 않으며, 그중 91%는 불만에 대한 영향으로 그 기업을 다시는 이용하지 않는다.

서비스 실패를 경험한 고객은 주위의 사람들 평균 10명에게 부정적인 구전을 전파하게 되는 반면, 만족한 경험에 대해서는 평균 5명에게 긍정적인 구전을 전한다.

따라서 서비스 실패에 대한 고객의 일반적인 반응을 살펴보면 다음과 같이 요약할 수 있다.

첫째, 서비스에 실패한 기업을 다시 이용하지 않아 거래를 중지하는 것으로 동일 제품 또는 동일 종류의 제품 사용을 중지하거나 다른 상표를 이용한다.

둘째, 기업에 대한 부정적인 구전을 하는 사적 반응으로 고객이 경험한 나쁜 경험에 대해 주변 사람이나 가족 또는 친구에게 이야기하고 해당 기업과 상표 또는 그러한 유형의 제품과 서비스 사용에 대해 경고한다.

셋째, 기업 또는 직원에게 불평을 제시하는 직접 반응으로 본인의 불만족에 대해 직접적인 보상책을 강구하거나 해명해 줄 것을 요구한다.

넷째, 기업의 불평 카드를 이용하거나 이메일, 편지 등을 통해 불평을 제기하는 간접 반응을 하게 된다.

다섯째, 불만족을 받아들이거나 무시하는 무반응으로 불만족한 경험에도 불구하고 다음의 행동에 전혀 변화가 없다.

여섯째, 소비자보호단체, 언론, 사법기관 등에 해당 기업을 고발하는 제3자 반응을 한다.

2 고객의 불만족

일반적으로 고객은 이제까지의 경험과 기대에 충족된 서비스를 제공받을 때 만족감을 느끼게 되고 기존의 경험과 사전정보에 미치지 못한 서비스를 받았을 때 불만을 느끼게 된다.

불만적인 감정은 서비스를 제공받는 과정 또는 사후 문제를 제기하는 과정에서, 무시 당했다는 느낌이 들거나 자신의 의견을 전혀 받아들여지지 않는다고 느낄 때 불만을 느끼게 된다. 따라서 고객 불만족이란 고객이 제품 또는 서비스를 구매할 때나 구매한 이후 제품 또는 서비스의 기대치와 결과에 대해 주관적인 평가를 하는데

최종적으로 불만족으로 평가를 내리는 것이다.

이때 고객은 제품 또는 서비스를 반품하려고 하거나 불평 행동을 하게 된다. 따라서 고객의 불만족은 다음 기회가 있을 제품 또는 서비스의 구매의사 결정 시 부정적인 변수로 작용하게 된다.

서비스에 대한 고객 불만의 지속적인 증가와 불만에 대한 미흡한 대응은 기업의 성과에도 직접적인 영향을 미치게 된다. 고객의 불만은 만족보다 훨씬 빠르게 전파되며 기업에 대한 불만을 제기하는 사례는 소수에 불과하다.

고객들은 일반적으로 만족에 대한 긍정적인 전파보다는 불만에 대한 부정적인 구전을 친구, 가족, 동료들에게 적극적으로 알리는 경향이 높다. 하지만 불만족한 고객의 92%는 직접적으로 기업에 불만을 제기하지 않고 8%만이 기업에게 직접 불만을 표현하고 시정을 요구하게 되며, 불만족한 고객의 23%는 불만을 주변 사람들에게 전파하게 되며 69%는 침묵하는 것으로 나타나 기업이 알고 있는 고객의 불만은 빙산의 일각이라고 볼 수 있다.

고객의 불평 및 불만 행동에 대해 신속한 대응으로 재 구매로 유도해야 한다. 소비자의 불만이 해소되면 기업과 재 거래를 하게 되는데 그 비율은 고객의 불만이 신속하게 해결되었다고 느끼게 되면 재 구매율은 95%까지 상승할 수 있다.

불만족을 표현한 한 소비자가 만약 불만족이 만족스럽게 해소된다면 불만족의 경중에 상관없이 더 높은 재 구매 의도를 가지고 더 나아가 기업에 대한 충성도를 가질 수 있다.

스마트기기의 확산과 SNS 등의 급격한 확산으로 인해 소비자의 불만은 기존의 방법과 표현이 다르게 전개되고 있다. 이는 다양한 디지털 채널을 통해 불만에 대한 내용이 친구, 가족 등 지인들에게 실시간으로 전파되고 있는 양상을 보이고 있다. 스마트 시대의 소비자 불만의 특징으로는 불만대상 품목의 다변화, 온라인 불만 플랫폼의 확산, 불만 소비자의 온라인 집단화 그리고 1인 영향력의 증대로 나타나고 있다.

스마트 시대의 소비자 불만 4대 특징은 다음과 같다.

① 불만대상 품목의 다변화

스마트화가 급속하게 진행되면서 불만 1위 품목도 관련 서비스와 제품으로 다양화되면서 그에 대한 불만이 증가하고 있다.

② 온라인 불만 플랫폼의 확산

인터넷과 스마트폰 등이 다양한 소통 플랫폼을 통하여 소비자들의 불만을 제기하게 되는 창구역할을 하게 되면서 많은 소비자들이 실시간으로 전파하게 되었다. 또한 이에 대한 또 다른 소비자들의 댓글과 반응에 따라 기업이 대처하기힘들 정도의 전파력을 가지고 있다.

③ 불만 소비자의 온라인 집단화

온라인에 집결되는 소비자의 힘은 다양한 제품을 소재로 한 커뮤니티가 급격히증가하면서 확대되고 있다. 개개인의 소비자들이 집단을 구성하여 단체 영향력을 행사하는 크라우드 클라우트(crowd clout)가 확산되면서 소비자의 권리를 행사하기도 한다. 정부에서 추진하고 있는 소비자 집단분쟁 조정제도를 통해 그에대한 파급효과가 더욱 확대되고 있는 추세이다.

④ 1인 영향력의 증대

소셜 미디어를 통해 PC나 문자메시지의 단계에서 벗어나 스마트폰을 이용한SNS의 확산으로 인하여, 실시간 전파와 익명의 다수와 제한 없는 소통이 가능해지게 되었다. 따라서 기존의 젊은 세대의 온라인 소통에서 이제는 스마트폰을 이용하는 거의 모든 세대들의 참여가 확대되고 있다.

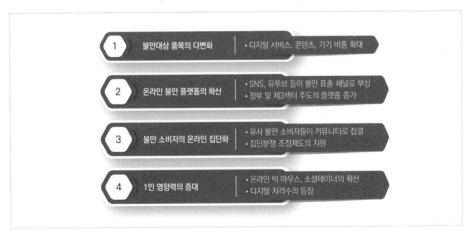

자료: 이승환(2012), seri 경제 포커스. 스마트 시대, 소비자 불만을 신뢰로 바꾸는 비결.

🖥 그림 6-1   소비자 불만 진화의 4대 특징

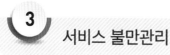

3 서비스 불만관리

소비자의 불만족 관리는 저성장기에 있어서 더욱 철저하게 관리하고 불만을 신뢰로 바꾸기 위해서는 사전대응, 진정성에 기반한 소통, 우군확보, 역발상 등이 필요하다. 소비자의 불만 속에는 새로운 아이디어를 얻을 수 있는 기회가 있으며, 새로운 사업의 기회를 발견할 수 있는 역할을 한다. 또한 소비자의 불만관리는 저비용으로도 가능하며 성장과 비용절감을 동시에 모색해야 하는 저성장기에 더욱 필요한 전략이기도 하다.

1 불만관리 해결방안

① 사전대응체계 구축

소비자의 불만이 발생하였을 경우 피해를 최소화하기 위해서는 신속한 대응과 해결을 최우선으로 하는 것이 최선의 방법이다. 또한 불만을 과학적으로 관리하고 가상훈련을 통해 사전에 불만을 감지하여 발생하지 않도록 하는 것이 중요하다.

② 진정성에 기반한 소통

소비자의 불만과 불평이 발생하였을 경우 기업은 진정성 있게 대응을 해야 할 뿐만 아니라 해결된 후에도 그에 대한 피드백을 제공하여 충성고객으로 거듭날 수 있도록 하는 것이 중요하다.

③ 외부 조력자 및 우호 네트워크 형성

소비자의 불만해결은 내부 인력만으로는 예측할 수 있는 한계가 있으며, 소비자들의 불만을 원활하게 하는 해결방안을 제시할 수 있는 외부 전문가를 통해 효율적으로 대응하는 것이 중요하다.

④ 불만에서 기회를 찾는 역발상

소비자는 제품이나 서비스 이용에 있어서 불편한 점과 개선할 점에 대해 가장 잘 파악하고 있다. 따라서 기업은 소비자의 불만을 쉽게 제기할 수 있는 방법과 그에 대한 보상을 강화함으로써 새로운 제품과 서비스 그리고 아이디어를 발견할 수 있게 된다. 소비자의 불만은 최고의 제품과 서비스를 만드는 데 꼭 필요한 요인이다. 따라서 불만을 제기한 소비자를 제품 및 서비스의 문제점을 개선하는 데 필요한 모니터 요원으로 활용할 수 있는 방안이 필요하다.

💡 소비자 불만이 만든 새로운 사업기회

· 존슨앤드존슨은 깁스환자의 가려움증 불만에 착안하여 이를 완화할 수 있는 파우더를 개발 : 현재 베스트셀러가 된 유아용 파우더를 세계 최초로 상용화
· 락앤락은 소비자 불만을 토대로 내열유리 용기를 개발해 매출이 300% 증가
  : 소비자 불만을 2차례나 반영하여 4면 결착 내열유리 용기 개발

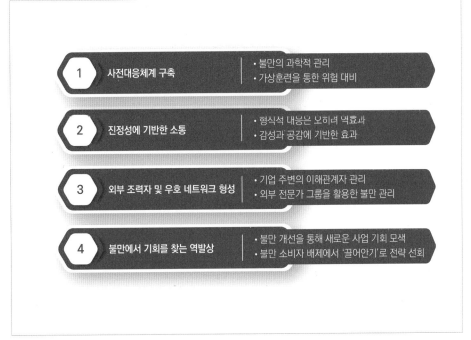

자료: 이승환(2012), seri 경제 포커스. 스마트 시대, 소비자 불만을 신뢰로 바꾸는 비결.

📠 그림 6-2   불만관리 4대 방안

2 고객 불만 처리 서비스

소비자 권리에 대한 인식이 상당히 향상되고 더불어 소비자의 제품 및 서비스에 대한 요구 수준의 증가로 불만 고객의 수는 점차 증가하고 있다. 고객의 불만 관리를 잘 해결하게 되면 불만을 제기한 고객이 전혀 불만을 표현하지 않는 고객보다 충성 고객이 되어, 앞으로 재 구매 가능성이 높아지게 되면서 고객 유지율을 증가시켜 영업이익을 높일 수 있게 된다.

와튼 스쿨의 불만 고객 연구보고서에 나오는 고객 불만의 확산 경로 연구 결과에 따르면, 좋은 평판보다 나쁜 평판이 더 과장이 되기 쉽고 전파력이 좋기 때문에 불만 고객 응대를 잘했을 경우 좋지 않은 평판을 미리 막을 수 있게 된다.

즉, 불만족 고객의 불만 해소가 고객관리에 있어서 중요한 영향을 미칠 수 있다는 것이다. 따라서 보다 체계적인 방법으로 불만족을 제기한 고객의 불평을 원활하고 신속하게 해소시켜 줄 수 있도록 불만 고객을 관리해야 한다.

고객 불만 처리는 고객 만족을 위해 기업이 제공하는 고객서비스 중에서 중요한 요소이다. 고객 불만 처리 서비스는 기존의 소비자 문제를 해결하는 담당 부서로 접수되는 고객의 불만을 처리하는 협의적 개념보다는 넓은 개념으로 이해해야 한다. 따라서 고객 불만 처리는 고객이 불만을 제기하였을 때, 대처 행동인 고객대응 행동으로 기업이 고객의 불만을 해소하기 위해 제공하는 제반적인 고객서비스를 의미하는 것이다.

고객의 불만을 잘 처리하는 것이 고객 서비스의 핵심요소라고 할 수 있는데 효과적인 고객 불만 처리는,

첫째, 고객 유지율을 증가시켜 이윤을 높일 수 있게 된다.

둘째, 기업의 좋지 않은 평판 확산을 미리 막을 수 있다.

셋째, 소송 및 재판 등으로 인한 법 비용의 절약과 기업의 좋은 이미지를 유지할 수 있다.

넷째, 해결되지 않은 고객의 불만으로 회사에 불필요한 긴장을 해소할 수 있다.

다섯째, 경영진은 불만을 제기한 고객으로부터 유용한 정보를 얻을 수 있고, 이를

현대산업 서비스 경영

새로운 상품으로 개발할 수 있다. 따라서 어떤 고객서비스 보다도 중요하다고 할 수 있다.

항공사, 호텔 등의 서비스기업에서는 효과적이고 신속한 고객 불만 처리를 위하여 고객 불만 처리 매뉴얼을 통하여 불만 처리 서비스의 기본원칙을 가지고 있다.

고객 불만 처리 서비스의 기본원칙을 다음과 같이 제시하고 있다.

① 고객 불만 처리 서비스는 접근이 쉽고 널리 알려져 있어야 한다.

② 고객 불만 처리 서비스는 이해하기 쉽고 이용하기 쉬워야 한다.

③ 불만 처리가 신속하고 처리 일정이 정해져 있으며 처리 과정이 공개되어야 한다.

④ 고객의 불만에 대해 충분하고 공정하게 조사를 해야 한다.

⑤ 고객의 비밀을 존중해 주어야 한다.

⑥ 제기된 모든 문제를 공개하고 효과적인 응답과 적절한 보상을 해야 한다.

⑦ 고객 불만처리 절차가 개선될 수 있도록 경영자에게 정보를 제공해야 한다.

고객 불만 처리를 위해 마케팅에서 사용하는 고객 유형과 그에 따른 불만 고객 응대 요령과 고객 불만의 효율적인 처리 방법은 다음과 같다.

마케팅에서 분류한 고객 유형은 신중하고 꼼꼼한 유형, 성격이 급하고 신경질적인 유형, 빈정거리며 무엇이든 반대하는 유형, 쉽게 흥분하는 유형, 전문가이고 거만한 자기 과시형, 얌전하고 과묵한 유형, 소리지르는 유형, 깐깐한 유형 등 8가지 유형으로 분류하였다.

첫 번째, 신중하고 꼼꼼한 유형 고객의 특징은, 실용성에 대한 질문을 많이 하고 망설임이 많으며 조근 조근 꼼꼼히 따지며 논리적이다. 또한 뻔히 알 수 있는 사실에도 계속 질문을 하고 지나치게 자세한 설명이나 친절을 때로는 의심하기도 한다.

이런 유형의 고객에게는 초조해하지 말고 질문에 성의껏 대답해주어야 하며, 분명한 근거나 증거를 제시하며 스스로 확신을 가지도록 유도해야 한다.

두 번째, 성격이 급하고 신경질적인 유형 고객의 특징은, 다른 고객을 응대하는 사이를 끼어들기도 하고 의자에 앉아 기다리지 못하고 계속 재촉하며 이것저것 한꺼번에 말한다. 적은 일에 민감한 반응을 보이는 특징이 있다.

⏱ **표 6-1**　고객유형별 불만고객 응대요령

고객 유형	응대 요령
신중하고 꼼꼼한 유형	· 초조해하지 않고 질문에 성의껏 대답한다. · 사례나 타 고객의 예를 들며 추가 설명을 한다. · 혼자 생각할 수 있는 시간적 여유를 준다. · 너무 많은 설명은 오히려 역효과가 생긴다. · 분명한 근거나 증거를 제시하여 스스로 확신을 갖도록 유도한다.
성격이 급하고 신경질적인 유형	· 인내심을 가지고 응대한다. · 말씨나 태도에 주의를 기울이며 신속함을 보여준다. · 동작뿐만 아니라, '네 알겠습니다' 등의 표현을 한다. · 불필요한 대화를 줄이고 신속하게 처리한다. · 언짢은 내색을 보이거나 원리원칙만 내세우지 않는다.
빈정거리며 무엇이든 반대하는 유형	· 대화의 초점을 주제 방향으로 유도하며 문제 해결에 접근할 수 있도록 자존심을 존중해 주면서 응대한다. · 고객의 빈정거림을 적당히 인정하고 요령껏 받아주면서 고객의 만족감을 유도하게 되면, 고객은 타협의 자세를 보이게 된다.
쉽게 흥분하는 유형	· 고객은 나에게 항의하는 것이 아니라 회사에게 항의하는 것임을 주지하여 상황을 개인적인 일로 받아들이면 안된다. · 함께 논쟁을 하거나 같이 화를 내는 일이 없도록 하며, 상대방이 화가 가라앉을 때까지 시간을 두고 기다려야 한다. · 부드러운 분위기를 유지하여 정성스럽게 응대하되 음성에 웃음이 섞이지 않도록 유의한다. · 고객이 흥분상태를 인정하고 직접적으로 진정할것을 요청하기보다는, 고객 스스로 감정을 조절할 수 있도록 유도하는 우회적인 화법을 활용한다.
전문가이고 거만한 자기 과시형	· 우선 고객의 말을 잘 들으면서 상대의 능력에 대한 칭찬과 감탄의 말로 응수하여 상대를 인정하고 높여주면서 친밀감을 조성한다. · 대화중에 반론을 하거나 자존심을 건드리는 행위를 하지 않도록 주의한다. · 자신의 전문성을 강조하지 말고 문제 해결에 초점을 맞추어 무리한 요구사항에 대처할 수 있는 사실을 언급한다.
얌전하고 과묵한 유형	· 말이 없다고 해서 흡족한 것으로 착각해서는 안된다. · 정중하고 온화하게 대하고 제기된 문제는 차근차근 빈틈없이 처리해야 한다. · 말씨 하나하나 표현에 주의한다. · 아무리 바빠도 고객과 시선을 마주치며 말을 한다. · 다른 고객을 대하는 모습도 영향을 미칠 수 있으므로 언행에 주의한다.

고객 유형	응대 요령
소리 지르는 유형	• 우선 직원이 먼저 목소리를 작게 낮추고 말을 천천히 이어감으로써 고객으로 하여금 자신의 목소리가 지나치게 크다는 사실을 깨닫게 해야 한다. • 계속 언성이 가라앉지 않으면 분위기를 바꾸는 것이 필요하다. • 장소를 바꾸면 대화가 중단되어 상대방의 기분을 전환시키고 목소리를 낮추게 하는 효과가 있다.
깐깐한 유형	• 정중하고 친절히 응대하되 만약 고객이 잘못을 지적할때는 절대로 반론을 펴지 않는다. • 이런 고객일수록 자존심이 상당히 강하므로 감사히 받아들이는 자세를 보여야 한다. • 이런 유형은 불만이 발생하기 전에 사전예방을 하는 것이 최선이다.

이런 유형의 고객은 인내심을 가지고 응대하며 말씨나 태도에 주의를 기울이며 신속함을 보여주어야 한다. 또한 늦어질 때는 사유에 대해서 분명히 말하고 양해를 구해야 한다.

세 번째, 빈정거리며 무엇이든지 반대하는 유형 고객의 특징은, 열등감이 높은 반면 자부심과 허영심이 강한 유형이다. 문제 자체에 중점을 두지 않고 특정한 사람이나 문구 또는 대화중에 사용한 단어의 의미를 꼬투리 잡아 항의하며 아주 국소적인 문제에 집착하며 말한다.

이런 유형의 고객은 대화의 초점을 주제 방향으로 유도하도록 하며, 문제 해결에 접근할 수 있도록 자존심을 존중해 주면서 응대하며 고객의 빈정거림을 적당히 인정해야 한다. 고객의 말을 요령껏 받아주면서 만족감을 유도하게 되면 고객은 타협의 자세를 보이게 된다.

네 번째, 쉽게 흥분하는 유형 고객의 특징은, 상황을 처리하는데 있어서 단지 자신이 생각한 한 가지 방법만 있다고 믿고, 다른 사람의 의견이나 피드백을 받아들이려 하지 않으려고 하는 특징이 있다.

이런 고객을 응대할 때는 고객이 나에게 항의하는 것이 아니라 회사에 항의하는 것임을 주지해야 한다. 일어난 상황을 개인적인 일로 받아들이지 말고 논쟁을 하거나 같이 화를 내는 일이 없도록 해야 한다. 상대방이 화가 가라앉을 때까지 시간을 두고 기다리는 것이 최선의 방법이다.

다섯 번째, 전문가이고 거만한 자기 과시형 유형 고객은, 자신을 과시하는 타입으로 자신이 모든 것을 다 알고 있는 전문가처럼 행동한다. 또한 자신이 가지고 있는 확신에 대한 고집을 꺾지 않으려 하며 좀처럼 설득되지 않는다. 이러한 특징의 고객을 응대하는 요령은 우선 고객의 말을 잘 경청하면서 상대의 능력에 대한 칭찬과 감탄의 말로 대응해야 한다. 상대를 인정하고 높여주면서 친밀감을 조성해야 한다. 또한 의사소통 과정 중에 반론을 하거나 자존심을 건드리지 않도록 주의한다.

여섯 번째, 얌전하고 과묵한 유형의 고객은, 속마음을 헤아리기 어려운 고객이다.

한 번 마음에 들면 거래가 오래 계속되나 마음이 돌아서면 관계를 끊기도 하고, 조금 불만스러운 것이 있어도 내색을 잘 하지 않는 편이다.

이런 고객의 응대 요령은, 말이 없다고 해서 흡족한 것으로 착각해서는 안된다. 또한 정중하고 온화하게 대해주고 일은 차근차근 빈틈없이 처리해 주어야 하며, 아무리 바빠도 시선은 반드시 마주치며 말을 한다.

일곱 번째, 소리지르는 유형의 고객은, 목소리를 최대한 크게, 욕과 함께하면 일이 더 빨리 해결될 줄 아는 고객이다. 이런 고객의 응대 요령은, 우선 직원의 목소리를 작게 낮추고 말을 천천히 이어감으로써, 상대방으로 하여금 자신의 목소리가 지나치게 크다는 사실을 인지하게 해주어야 한다.

여덟 번째, 깐깐한 유형의 고객은, 별로 말이 많지 않고 예의도 밝아 직원에게 깍듯이 대해주는 반면 직원의 잘못은 꼭 짚고 넘어간다. 이런 고객은 정중하고 친절히 응대하되 만약 고객이 잘못을 지적할 때는 절대로 반론을 펴지 않아야 한다. 이런 고객일수록 자존심이 상당히 강하므로 감사히 받아들이는 자세를 보여야 한다.

③ 고객의 소리(VOC)의 중요성

시장에서 점차 경쟁이 심화되고 소비자 요구 수준이 높아짐에 따라 기업들은 소비자 중심적인 경영활동을 실천하고 있다. 기업의 소비자 중심 경영에는 고객의 소리(VOC: Voice of Customer)가 중요한 역할을 하고 있으며, 많은 기업들이 통합 VOC시스템을 구축하여 소비자의 의견을 수집·저장·가공하여 기업의 경영자산으로 적극 활용하고 있다.

기업의 VOC는 고객 접점(Customer Contact)에서 수집되는 자료로 고객을 통해 직접적이고 실시간으로 정보를 얻을 수 있다는 점에서 기업의 내부고객 데이터 중 가장 중요하다. 특히 소비자 입장에서 기업의 VOC 시스템은 소비자와 기업이 상호소통 가능한 채널이며, 소비자 입장에서 자신이 소비하는 제품에 대한 정확한 정보를 습득할 수 있는 매체가 된다.

실제로 많은 기업들이 VOC를 통해 얻은 자료를 이용해서 기업에서는 고객 경험 및 관계를 개선시키고 있으며, 불만과 의견을 받아들임으로써 기업 성장에 이용하고 있다.

모든 기업들의 서비스 품질 향상과 고객 만족은 VOC에서부터 시작되며 고객의 소리에 귀를 기울여 고객의 욕구를 파악하고, 이를 수용하는 경영활동을 함으로써 궁극적으로는 고객 만족을 이끌어낼 수 있다고 강조하고 있다. 성공한 기업의 공통된 특징은 고객의 소리를 경청하고 신속하게 대응하는 일이며, 기업이 실패하기 위해서는 고객의 소리를 외면하거나 무시하는 것만으로도 충분하다.

리츠칼튼 호텔의 사장인 허스트 슐츠는 "고객은 항상 변하고 있으니, 고객의 소리에 끊임없이 귀를 기울여라. 고객을 만족시켰다면 고객에게 더욱 귀를 기울이고 그들이 어떻게 변하는지 확인하라. 만약 고객의 기대가 변화했다면, 당신도 그들처럼 바뀌어라"라고 주장하여 VOC의 중요성을 강조하였다.

기업입장에서 VOC의 중요성을 세 가지로 제시하였다.

첫째, 기업은 VOC를 통하여 고객들이 제품이나 서비스에 대해서 인지하고 있는 것을 구체적으로 이해할 수 있다. 이런 이해를 기반으로 기업은 고객의 선호와 니즈에 대하여 고객이 요구하는 사항(customer requirements)을 명확하게 규정할 수 있다.

두 번째, VOC는 고객이 가장 중요하다고 생각하는 서비스의 속성이나 개선이 필요한 속성이 무엇인지 발견할 수 있게 해준다.

세 번째로 VOC는 기업이 내부적으로 공통으로 공유할 수 있는 언어로 VOC를 통해 발전적인 전략 방향으로 제안할 수 있다.

VOC의 중요성은 각각 이 중요 항목을 의미하기도 하지만, VOC를 관리하고 운영하는 단계 또는 과정이라고 볼 수도 있다. 기업 내부적으로 VOC가 서비스에 대한 고객의 선호와 니즈에 대해 고객 요구라는 것을 인지하게 되면 VOC를 수집하여 고객 요구사항을 명확하게 규정할 수 있다. 또한 수집된 VOC를 처리·분석 과정에서 고객이 가장 중요하게 생각하는 서비스나 개선이 필요한 속성을 발견할 수 있다. 그리고 기업은 내부적으로 VOC 처리 및 분석결과를 전사적으로 공유하면서 서비스 개선과 개발에 피드백하여, 궁극적으로 VOC를 경영 자산화 할 수 있다.

4 VOC(Voice of Customer)의 근본적 해결을 위한 시스템

VOC(voice of customer)는 기업의 다양한 접점으로부터 들어오는 고객의 소리를 체계적으로 수집, 저장, 분석해서 기업의 경영활동에 활용하고, 고객에게 다시 피드백함으로써 궁극적으로 VOC에 근거한 경영활동을 할 수 있게 하는 것이다.

고객으로부터 고객의 소리를 듣는 것은 무료이지만 기업은 이를 활용하여 큰 가치를 얻을 수 있고, 서비스 혁신의 많은 부분들이 이것으로 부터 시작되고 있다.

기업들이 VOC 를 운영하기 전에는 단지 계량적 자료 분석을 통해 고객성향을 예측한다면, VOC 를 운영한 이후에는 계량적 자료와 함께 실질적 고객니즈 분석을 통해 한층 정확도가 높은 고객성향을 분석해낼 수 있다.

VOC를 제대로 관리하지 않는 기업은 큰 손실을 입을 수 있다. 불만고객을 관리하지 않아 2차 불만을 발생시키고, VOC 데이터가 축적되지 않아 고객의 니즈를 파악하기 어렵다. 접점직원들은 CS(customer satisfaction) 마인드나 개선과제 수행에 한계를 드러나게 된다. 무엇보다도 회사에 대한 대고객 이미지에 타격을 입을 수 있다.

따라서 서비스 기업은 고객의 소리를 지속적으로 청취하고 고객의 소리를 분류하고 처리한 후 과제성격에 따라 즉시 해결하거나 분석하고 관리하여, 주요한 사항은 경영활동에 반영(공유 및 활용)해야 한다.

1) 고객의 가치 흐름에 따른 경영체계 구축

고객의 핵심가치에 최적화된 고객만족경영 체계를 구축하기 위해 고객을 새롭게 정의하여 고객의 요구가치에 맞는 차별화된 전략을 추진해야 한다.

고객의 가치 흐름에 따라 고객을 구매고객, 가치전달고객, 가치생산고객 그리고 가치흐름고객의 4개 그룹으로 세분화할 수 있다.

① 구매고객 : 실질적으로 제품이나 서비스를 구매하는 고객
② 가치전달고객 : 자사와 관련되어 있는 계열사와 협력사
③ 가치생산고객 : 고객과의 접점지역에서 종사하는 직원과 임직원
④ 가치흐름고객 : 일반적인 고객

2) SNS, 고객 경영 참여 활성화로 소통 강화

고객 서비스에 최적화된 VOC 프로세스를 구축해 운영함으로써 고객과의 소통을 강화해야 한다. 고객 의견 수집을 확대하기 위해 기존의 홈페이지, 고객센터를 통한 채널에서 블로그, 페이스북 등 SNS를 활용한 VOC 채널로 확대할 수 있어야 한다. 이런 방법으로 인하여 수집된 고객의 소리는 결과를 고객에게 통보하는 데 그치지 말고 업무활용에 최적화한 분석결과를 임직원 및 담당자에게 공유하여 VOC를 사전에 예방하고 고객만족을 시키는 데 노력해야 한다. 또한 발생한 VOC는 처리결과 및 개선 실행률에 대한 추적관리로 고객불만을 근본적으로 해결할 수 있는 방안이 필요하다.

3) 전사적 서비스 품질 관리 체계 마련

고객의 핵심가치에 최적화된 프로세스를 구축하고 고객만족 역량을 향상하기 위해 전사적으로 노력해야 한다. 접점 서비스 직원을 대상으로 모니터링과 설문조사를 실시하여 고객 서비스 역량에 대한 정확한 진단을 내려서 현행 서비스 교육체계를 점검해 체계적인 고객만족 교육을 함께 진행하는 것이 중요하다.

또한 서비스 인증제를 통해서 서비스가 우수한 직원에게 단계별 인증을 부여하고 서비스 인증을 받은 직원들은 현장 서비스 활동의 멘토 역할을 수행해 자발적인 참여를 통한 서비스 역량을 높이는 기회를 제공해야 한다.

4) 고객관점의 첨단 환경과 서비스 구현

환경변화에 부합하는 다양한 고객 서비스를 개발해 고객가치를 높이는 서비스가 필요하다. 스마트폰의 보급이 확대됨에 따라서 모바일 서비스를 시행하여 고객이 서비스를 이용하는 데 편리함을 제공할 수 있어야 한다.

> 💡 **VOC 관리의 8대 체크 포인트**
>
> Check 1. VOC를 관리하는데 어떤 접점(채널)이 존재하며, 그 접점에서 모든 VOC 가 수집되는지 확인한다.
> Check 2. 접점에서 수집된 VOC는 누가 담당하는지 파악하고, 프로세스가 어떤지 확인한다.
> Check 3. 접점에서 수집된 VOC가 어떤 분류체계에 의해 분류되어 관리되는지 확인한다.
> Check 4. 일정한 분류체계에 의해 분리된 VOC는 내부정보시스템에서 관리되는지 확인한다.
> Check 5. 내부정보시스템에서 VOC 분석 결과가 의사결정기구에 보고되는지 확인한다.
> Check 6. VOC 분석 자료는 전사적으로 공유되는지 확인한다.
> Check 7. VOC 분석 자료가 현업활동에 활용되는지 확인한다.
> Check 8. VOC 처리결과가 고객에게 피드백 되는지 확인한다.
>
> 자료: 이노베인션 월드

5 서비스 개선

고객 불만족의 효과적인 관리는 방어적 마케팅을 위한 필수적인 요소이다.

현대에 들어와 기업은 새로운 고객의 창출보다는 기존에 있던 고객 유지에 더욱 집중하고 있다. 이는 고객 유지에 드는 비용이 새로운 고객을 창출하는데 드는 기회비용보다 훨씬 적게 들기 때문이다.

좋은 상품을 최선의 서비스로 파는 것도 중요하지만 이용 중 발생한 불평·불만을 신속하게 처리하고, 그 처리 결과가 만족했는지를 조사해 불만족을 제거하는 것이야 말로 불만을 불만에서 그치지 않고 재 거래로 유도될 수 있는 최상의 방법이다. 또한 치열한 경쟁 환경 속에서 신규 고객을 유인하는 것만을 목표로 한다면 기업은 성장할 수 없고, 기존 고객 만족과 유지의 중요성을 많은 기업들이 인정하고 있는 상황이다.

서비스 개선을 통한 고객의 유지가 중요한 이유는 다음과 같다.

첫째, 새로운 고객을 획득하는 것은 기존 고객을 만족시키고 유지하는 것보다 5배 많은 비용이 소요된다. 즉 서비스를 경험해 본 고객을 더욱 만족시키고 재 구매 하도록 하는 노력을 통해 고객을 유지하는 것이 필요하다는 것이다.

둘째, 고객 이탈을 5% 줄일 경우, 25~80%까지 이익을 증가시킬 수 있다. 평균적으로 기업은 매년 그들의 고객 중 10%를 상실한다고 나타났는데 불만족으로 인한 고객의 이탈을 방지하고 불만족 요인을 파악하여 고객 이탈을 막는다면 영업 이익이 훨씬 크게 증가할 것이다.

셋째, 고객 이익율은 유지되고 있는 고객의 수명 기간에 따라 증가하는 경향이 있다. 즉 고객을 유지하는 것이 무엇보다 중요하지만 실제로 고객 유지에 있어서 더 중요한 사실은 더 높은 고객 만족을 전달하는 것이다.

세계적으로 유명한 마케팅 학자인 필립 코틀러는 만족한 고객의 특징을 다음과 같이 설명하고 있다.

만족한 고객은 충성고객으로 오래 머물고 새로운 제품을 만들거나 기존제품을 발전시켰을 때보다 많이 구매하며 기업과 상품에 대해 호의적으로 말한다. 또한 경쟁사의 광고와 상표에 거의 주의를 기울이지 않으며, 가격에 덜 민감하고 기업의 상품과 서비스에 대한 아이디어를 제공한다.

결국 서비스 개선을 통한 고객 만족은 기존 고객들의 충성도 향상, 가격 민감도의 감소, 기존 고객들의 이탈방지, 마케팅 실패 비용의 감소, 신규고객에 대한 창출 비용의 감소와 기업 이미지의 향상 등으로 나타난다.

불평을 제기한 불만족한 고객은 불만족 하였지만 전혀 불평을 제기하지 않은 고

객에 비해 재 구매할 가능성이 높다. 따라서 단순히 고객이 불평을 하도록 고무하기만 해도 매상이 증가한다. 반대로 적극적으로 불평제기를 촉진하지 않으면, 고객은 번잡함을 만들기 싫어하는 경향이 있기 때문에 그대로 말없이 떠나 버린다.

자신들의 불평에 대하여 만족스럽게 해결될 경우 불만을 가졌던 고객도 자신의 지인들에게 좋은 구전을 전파하여 서비스 상품 구매를 홍보하게 된다.

블랙 컨슈머가 화이트 컨슈머화 될 때, 그 기업은 재 구매, 재 생산이 되어 고객 유지율이 증가되면서 안정적인 사업이 가능하다. 이러한 이유로 기업은 고객이 적극적으로 자신의 의견을 나타낼 수 있도록 다양한 방법으로 고객의 소리를 수렴해야 하고, 특히 불만의 의견을 부정적인 시선으로 받아들이지 않고 기업의 경영자산이 되는 밑거름으로 판단하여 검토하고 개선방안 및 대책을 수립해야 한다.

 Case Study 　스칸디나비아 항공 SAS

첫 15초 안에 고객을 만족시켜라.

스웨덴 수도 스톡홀름에서 코펜하겐으로 가는 비행기 안.

이륙을 앞두고 1등석 승객을 응대하던 사무장 눈에 흘끔흘끔 호기심 어린 눈으로 1등칸을 훔쳐보던 일반석 승객이 들어왔다. 그와 눈이 마주친 사무장은 입가에 편안한 미소를 지으며 그에게 들어오라고 했다.

1등석 공간뿐 아니라 조종실까지 보여주고는 음료수 한 잔을 제공하는 그에게 승객은,

"요즘 이 항공사에서 일하기엔 어때요?"

"매우 좋습니다. 예전과는 완전히 다른 회사가 된 것 같아요."

"무엇이 어떻게 달라졌는데요?"

"보세요. 제가 그 누구의 허락을 받지 않고도 이렇게 당신을 1등석과 조종실까지 보여드릴 수 있고 음료수까지 제공하였지만 이젠 이 일에 대해 사후보고를 하지 않아도 됩니다."

얀 칼슨(Jan carlzon). 그는 1978년 36세의 나이에 스웨덴 국내 항공사 린네후류(LINJEFLYG)사의 사장으로 취임, 경영실적을 인정받고 1981년엔 스칸디나비아 항공사의 사장으로 전격 발탁되어 1979년, 1980년 2년 연속 적자 늪에서 허덕이던 스칸디나비아 항공사를 1년만에 흑자기업으로, 유럽에서 가장 시간

을 잘 지키는 항공사로 키워낸 인물이다.

그는 고객을 가장 먼저 접하는 프론트 라인(front line)에서의 고객접점 15초가 기업성패를 가르는 MOT(moment of truth), 진실의 순간임을 강조, 고객접점 경영의 성공신화를 일궈낸 주인공이다.

"고객이 경제활동을 주도하는 시대가 온다."고 주장한 그는 고객 위주의 경영혁신을 위해 감독관의 허락을 기다리는 현장감과 거리가 먼 상의하달식 통제체제를 버리고 서비스를 담당하고 있는 최일선 사원에게 현장문제에 유연하게 대처할 수 있는 재량권을 부여한 것이다.

이와 관련된 재미있는 일화가 또 있다.

1982년 9월 20일 아침.
그날은 스웨덴 사회민주당이 6년만에 재집권한 다음 날이었다.
코펜하겐행 비행기에서 안내방송을 위해 마이크를 잡은 기장의 첫 멘트,
"안녕하십니까? 동무들!"
순간 기내는 '까르르' 소리내어 웃는 승객들의 웃음소리로 가득했고 덕분에 기분 좋은 이륙과 함께 비행이 시작되었다.

항공사 안내방송 규정집에 사회민주당이 집권하면 이렇게 안내방송을 하라는 규정이 있었을까? 아니다. 최일선 사원에게 매일 똑같은 원고를 읽는 틀에 박힌 안내방송 대신 그날 그날 기내 컨디션에 맞는 대화체로 방송하라는 책임과 재량권을 부여받았으므로 기장의 위트 있는 정치풍자 멘트가 가능했고, 승객들이 사회민주당만 생각하면 피식 웃으며 떠올릴 진실의 순간, 즉 스칸디나비아 항공사만의 고객 MOT를 만들어 낼 수 있었던 것이다.

그는 경영의 핵심을 유형자산인 항공기에서 눈에 보이지 않는 자산, 즉 고객 로열티로 옮겨놓는데 성공한다. 비즈니스 여행객에게 일반석 요금으로 1등석 승객과 동일한 서비스를 제공받는 유로클래스를 신설하여 신선한 충격을 주더니, 비즈니스 여행자들의 편의를 위해 아예 유로클래스 전용 탑승수속 창구 분리운용 인가를 받아냈다. 그리고 최신의 보잉747이나 대형 에어버스 대신, 구형이며 채산성도 낮지만 비즈니스 여행객들에게 알맞은 DC-9 기종으로 대체해 항공 관계자들을 또 한번 놀라게 한다.

한편 적자기업의 취임사장들이 취하는 비용삭감책을 펴기보다는 5천만 달러라는 거액을 고객서비스 개선 프로젝트에 투자한다. 그 결과 코펜하겐의 교통거점 정비, 정시출발 운동, 전 사원의 고객 서비스 훈련, 마티니에 올리브를 추가하는 기내 서비스 부활 등은 취임 첫 해 목표수익의 3배 초과달성과 함께 83년 에어 트랜스포트 월드지 선정 '올해의 최우수 항공사'를 수상하는 영예로 이어진다.

얀 칼슨 자신은 확신한다.
고객들에게 스칸디나비아 항공사에 대해 물어봤을 때 항공기 대수나 정비시설, 영업 업무시스템에 대한 대답 대신 스칸디나비아 항공사의 직원들이 고객 자신들에게 어떻게 잘 대해 주었는가에 대해 이야기 할 것이라고.

(자료: 고객감동 서비스 사례 | 작성자 제시카)

CHAPTER **07**

서비스 보증과
회복관리

1 서비스 보증의 개념

서비스는 무형성, 소멸성, 이질성, 비분리성의 특성으로 인하여 경쟁기업들과의 차별화를 나타내는 것이 매우 어렵다. 호텔, 외식, 여행업 등의 관광관련 산업은 물론 일반 기업에서도 '양'보다는 '질'적인 요소를 추구하고 있다. 소비자와 사회의 시대적 흐름에 따라 나타난 현상들 중에 하나가 서비스 보증제도이다.

서비스 보증에 대한 일반적인 정의는 고객이 지불한 금액에 대하여 고객이 제공받아야 할 서비스에 대해 고객들에게 하는 표면적인 약속(환불, 할인, 무료서비스, 재서비스 등)이라 할 수 있다.

오늘날 호텔기업에서 제공하는 서비스에 대한 고객의 욕구는 갈수록 높아지면서 다양화되고 있다. 이러한 상황에서 대부분의 호텔기업들은 고객의 욕구를 보다 신속하고 정확하게 만족시키기 위해 서비스 개선의 방법으로 서비스 보증제도와 같은 고품질 서비스를 제공하기 위해 노력하고 있다.

호텔기업들이 동종업계 경쟁에서 경쟁우위를 선점하기 위해 단순한 서비스 보증제도보다는 경쟁기업과의 차별화된 보증제도를 기획하고 그러한 제도를 고객의 욕구에 맞게 잘 활용하는 것이 더욱 효율적인 성과로 나타나게 될 것이다.

서비스 보증제도는 1989년 미국의 Promous Company에서 처음으로 시행되었으며, 고객만족에 의한 재구매를 목적으로 하여 제공된 서비스에 만족하지 못하면 숙박비 전액 또는 일부 금액을 받지 않는 것을 기업의 일부 정책으로 제시하게 되었다. 대부분의 세계 초우량 기업들은 서비스 보증제도를 통해서 고객의 불평을 최소화하였으며, 이러한 서비스 보증제도가 고객을 만족시키기 위한 대표적인 제도로 활용되고 있다. 미국에서 서비스 기업들에 의한 서비스 보증(service guarantees)제도, 또는 품질보증(warranties)의 사용이 급속하게 증가하게 되었다. 서비스 기업에서의 서비스 보증은 강력한 마케팅의 방법으로서 널리 이용되고 있다.

효과적인 서비스 보증이 서비스 기업의 이익에 실질적으로 상당한 영향을 제공할 수 있고, 서비스 보증의 유형인 무조건적인 보증 또는 구체적인 보증에 따라 서비스 기업에 최상의 효과를 가져다 줄 수 있다. 또한 서비스 보증은 제품보증의 확장으로 실시되었으며, 제품보증은 제품이 실패했을 경우에 대비해 소비자 보호정책의 일환으로 실시되었다.

서비스는 무형의 성격을 가지고 있기 때문에 일정한 시간이 지나면 소멸되는 성격을 가지고 있다. 따라서 소비자는 제품을 구매할 때보다 서비스를 구매할 때가 더 큰 위험을 지각하게 된다. 이와 같이 서비스 보증제도는 고객의 지각된 위험을 감소시키고, 구매결정을 하는 데 있어서 기업에 대한 신뢰성을 증가시키게 된다.

② 서비스 보증의 유형

현대의 기업들은 사회적 책임이나 소비자 만족에 대한 관심이 많아지면서 제품이나 서비스에 대한 보증은 기업의 필수사항으로 여겨지고 있다. 서비스 보증에 대한 유형은 많지만 그에 대한 차이는 대동소이하다고 볼 수 있다.

서비스 보증의 형태는 무조건적인 보증(unconditional guarantee)과 구체적인 보증(specific guarantee)으로 나누어진다.

① 무조건적인 보증(unconditional guarantee)

무조건적인 보증은 만족보증 또는 고객의 돈을 돌려주는 환불 또는 조건 없이 고객에게 만족보증을 제공하는 것이다.

Hoffman과 Bateson(1997)은 무조건적인 보증의 제공이 두 가지 측면에서 기업에 유익한 혜택을 제공한다고 하였다.

무조건적인 서비스 보증의 단점은 다음과 같다

첫째, 과거에 기업이 실패한 서비스 사례 또는 새로운 사업에 대한 절박감에 생겼다는 부정적인 이미지를 줄 수 있다.

⏱ 표 7-1   무조건적인 보증 제공의 혜택

기업에 제공하는 유익한 혜택	기업 자체에 주는 혜택
① 고객들은 그들이 보다 나은 가치를 제공받고 있다고 인지한다. ② 구매와 관련된 고객들에게 지각된 위험을 줄어들게 한다. ③ 서비스 보증을 받음으로써 기업에 대한 신뢰성 회복 ④ 경쟁사들과 비교할 때 의사결정에 대한 차별화된 이점 제공 ⑤ 구매에 대한 저항을 감소시킨다. ⑥ 긍정적인 구전 효과 ⑦ 브랜드 인지도와 경쟁사와의 차별성으로 높은 가격 제시 가능	① 회사로 하여금 훌륭한 서비스에 대한 회사 자신의 정의보다는 고객의 정의에 초점을 맞추도록 한다. ② 종사원과 고객에게 전해지는 명확한 업적목표를 맞추게 된다. ③ 서비스 실패를 추적하는 측정 가능한 수단 제공 ④ 회사 내 팀 협력을 위한 동기로서 작용하게 된다.

둘째, 서비스 보증이 발생되는 경우 실제 보상을 하는 과정에서 나타날 수 있는 불편함과 불만이 생기게 되면서 서비스 보증을 제기하지 않을 수 있다.

셋째, 서비스 기업들이 서비스를 이행하는 과정에서 확실하고 일관성 있는 문제를 내포하고 있을 때, 이러한 문제들이 지속된다면 기업의 입장에서 상당히 큰 지출을 할 가능성이 있다.

넷째, 무조건적인 보증에 대한 막연함(vagueness)과 모호성(ambiguity) 때문에 고객들은 보증을 실시하는 것 자체를 꺼리게 되면서 결과적으로 보증이 가치가 없다는 느낌을 가질 수 있다.

다섯째, 고객들은 보증의 모호성 때문에 보증을 실시(invoke)할 때 해결을 하기 위한 협상이 필요하다고 생각할 수 있다.

또 다른 잠재적인 단점으로는 문제발생으로 인해 고객이 서비스 보증을 제기하는 데 있어서 기업이 요구하는 서류의 양과 실제 보상이 이루어지는 데 소요되는 시간 그리고 보증의 양(액수)이 적을 경우가 발생할 수 있다.

2 구체적인 보증(specific guarantee)

구체적인 보증은 서비스 제공 과정에서 단지 특정한 단계나 결과에 대해 적용되는 보증방법으로 서비스 실패에 대한 보상은 특정부서나 단계에서만 이루어지게 되는 것이다. 서비스 기업은 구체적인 보증약속을 통하여 고객을 안심시키게 되면서 신뢰성을 보장받을 수 있으며, 고객은 기업으로부터 명확한 처리를 보장받을 수 있다. 다시 말하면 구체적인 보증은 보증의 범위에 어떠한 내용이 포함되는지, 어떻게 보상되는지를 명확하게 알 수 있으며, 막연하고, 모호하지 않기 때문에 고객들이 보다 쉽게 이해할 수 있다.

⏱ **표 7-2**   서비스 보증의 종류

보증의 종류	보증범위	사 례
단일요소에 대한 보증 (Single -attribute specific guarantee)	서비스에 있어서 한 가지 중요한 요소가 보증의 적용 범위가 됨.	도미노 피자의 보증 "30분 내에 배달되지 않으면 배달된 피자는 무료"
다양한 요소에 대한 보증 (Multiple-attribute specific guarantee)	서비스에 있어서 중요한 몇 가지 요소가 보증의 적용 범위가 됨.	Minneapolis Marriot의 보증 • 친절하고 신속한 입실 수속 • 깨끗하고 모든 것이 잘 작동하는 편안한 객실 • 친절하고 신속한 퇴실 수속 "고객께서 느끼시기에 우리의 임무를 제대로 수행하지 않는다고 판단되시면, 우리는 고객에게 $20를 현금으로 지급하겠습니다. 그것은 당신의 판단에 날려 있습니다."
완전한 만족보증 (Full satisfaction guarantee)	서비스의 모든 부분이 보증의 적용 범위가 됨. 예외 없음.	Land's End's의 보증 "만약 당신이 우리에게서 구매한 어떤 제품에 대해서 완전히 만족하지 못하신다면, 그것을 사용하던 중간에 언제라도 반납하세요. 그러면 구매가로 환불해 드립니다."
결합된 보증 (Combined guarantee)	서비스의 모든 부분이 완전한 만족 보증의 적용범위가 됨. 중요한 요소들에 대해서는 최소 수행범위가 명확히 제시됨.	만약 당신이 우리 서비스의 어떤 부분에서라도 100% 만족을 얻지 못한다면 바로 우리에게 연락해 주세요. 그러면 다음 사항을 제공합니다. • 12시간 내에 다른 여행계획 수립 및 여행비용의 20% 환불 예를 들어, 보증을 받고 싶으면 다음 사항을 제시하시면 됩니다. - 중심가에 위치한 국제기준 일등급 호텔 숙박 - 다양하고 맛있는 음식

자료: Writz, J., & Kim, D. (2001). Designing service guarantee is full satisfaction he best you can guarantee? Journal of Services Marketing, 15(4), p 284.

　구체적인 보증의 장점으로는 서비스 보증의 실행이 명백하게 고객들에게 보장된다는 점이다. 기업은 보증의 범위를 구체적으로 제시하기 때문에 고객들은 보증에 대한 불안감을 해소할 수 있게 된다. 그리고 수량적 결과에 쉽게 적용될 수 있는 것으로 도미노 피자의 30분 내에 피자를 배달하는 고객과의 약속은 부분적이고 구체적인 보증을 약속하는 것이므로 기업의 세부적이고 강력한 목표를 고객들에게 제시할 수 있게 된다.

　단점으로는 고객들에게 무조건적인 보증에 비해 보증의 정도가 약한 형태로 인식되기 쉬우면서 고객들에게 기업이 서비스 보증에 대한 자신감의 부족으로 인지되기가 쉽다.

③ 서비스 보증의 장단점

　고객만족을 보증하는 서비스 보증에는 다음과 같은 장점과 단점들이 존재한다.

　장점에는 서비스의 보증이 강력한 마케팅 도구로 이용되고 고객의 충성도를 유발하게 된다. 고객의 코멘트를 이용하여 고객의 문제에 대해 기업은 성실하게 검토하면서 이에 대한 점검과 결과의 내용을 고객에게 신속하고 즉각적으로 통보해주어야 한다. 성공적인 서비스 보증으로 경쟁우위를 점할 수 있음을 기업은 인지하여야 하며, 기업 내에서 발생하는 문제에 대해 조기경보시스템으로서의 기능과 문제에 따른 신속한 대응을 할 수 있다는 것을 선행연구를 통해서 입증하였다.

　서비스 기업에서 서비스 보증을 기피하는 이유로는 서비스의 무형성, 소멸성 등으로 인하여 객관적인 증거 제시와 불량에 대한 기준 설계가 어렵고 일부 비도덕적인 고객이 악용할 우려가 있기 때문이다.

　Wirtz(1998)는 서비스 보증이 적어도 세 가지의 상황하에서 서비스 기업들에 대한 이미지를 변경시킬 수 있으며, 다음과 같은 단점이 있다고 보았다.

　첫째, 서비스 보증은 서비스 제공업체에 대한 승인처럼 보일지도 모른다. 즉, 문제점은 서비스 보증 목표그룹의 지각된 위험을 야기시키고 증가시킬 수 있다.

둘째, 기업이 서비스 보증을 취소할 때, 고객들은 이것을 기업이 보증을 충족시킬 수 없는 것으로 해석할 수 있다.

서비스 산업에서 고객에 대한 서비스 보증은 종사원 및 고객들에게 다양한 영향을 미치게 된다.

⏰ **표 7-3** 서비스보증 조건

서비스 보증조건	
① 무조건적이어야 한다.	• 최상의 서비스 보증은 예외 없이 고객만족을 무조건적으로 보장하는 것을 의미한다. • 서비스 보증의 효력은 그것에 부수된 조건이 많아질수록 감소하게 된다. 즉, 깨알같이 많은 단서들이 존재하고 환불을 받기 위해서는 무수히 많은 조건과 심사를 거쳐야 되는 한 서비스 보증의 효과는 반감될 수 있다.
② 이해하기 쉽고 설명하기 쉬워야 한다.	• 서비스 보증은 단순하고 명확한 언어로 주요 약속을 제시해야 한다. 예를 들어, '빠른 서비스'보다는 '5분 내 서비스'가 더 신속하고 명확한 기대를 하게 된다.
③ 고객에게 중요하고 적정해야 한다.	• 고객에게 중요한 측면에서 서비스 보증 제공 • 좋은 서비스 보증은 적정해야 한다. 즉, 많은 돈을 지불한다고 해서 반드시 다 좋은 보증은 아니다.
④ 이용하기 편해야 한다.	• 불만족한 고객이 제공된 서비스 보증을 이용하기 위해서는 여러 직원을 만나야 되고 3~4개의 양식을 기입해야 하고 다른 장소에 가야 된다. 신속하게 고객의 불만에 대한 보증을 처리함으로 인해 최일선의 종사원들과 고객 간의 불필요한 갈등을 최소화시킬 수 있다.
⑤ 신뢰성이 있어야 한다.	• 서비스 보증 자체가 잠재고객이 믿을 수 있는 것이어야 한다. • 서비스를 제공하는 사람들에게도 서비스 보증에 대한 신뢰성이 있어야 한다.

서비스 보증의 성공적인 조건으로는

첫째, 무조건적이어야 한다.

둘째, 이해하기 쉽고 설명하기 쉬워야 하는데, 서비스 보증은 단순하고 명확한 언어로 주요한 약속을 제시해야 한다.

셋째, 고객에게 중요하고 적정해야 한다. 무조건 많은 돈을 지불한다고 해서 반드시 좋은 보증은 아니다.

넷째, 이용하기 편해야 한다. 고객불만 발생시 신속하게 고객불만에 대한 보증을 처리함으로 인해 불필요한 고객갈등을 최소화시켜야 한다.

서비스 보증의 장애요인으로는
첫째, 서비스에 영향을 주는 요인으로 통제 불가능한 것이 너무 많다.
둘째, 소비자들의 부적절한 요구에 대한 우려가 있다.
셋째, 서비스 보증제도를 실행하는 데 있어서 소요되는 비용이 막대하다.

기업의 입장에서 고객을 대상으로 서비스 보증을 하게 되면 다음과 같은 효과를 가지게 된다.
첫째, 고객의 욕구사항과 정보가 피드백되어 마케팅 자료로 활용할 수 있다.
둘째, 서비스 표준, 품질관리, 전달시스템을 개선할 수 있다.
셋째, 직원에게 경각심을 줄 수 있다.
넷째, 장기적으로 충성도가 높은 고객을 창출할 수 있다.
다섯째, 고객의 의사결정을 높이게 하여 시장점유율을 높일 수 있다.
여섯째, 신뢰성 높은 기업의 이미지를 유형화시켜 줄 수 있다.

서비스 보증은 기업에게 있어서 어떠한 서비스를 제공해 주어야 하는지를 명확히 제시해 줄 수 있으며, 이렇게 서비스 목표를 설정하기 때문에 서비스 제공자의 성과와 동기부여에 도움을 줄 수 있다.

서비스 보증은 서비스 제공에 대한 평가기준이 될 수 있으며, 보증이 실시된다면 서비스가 제공되는 프로세스 중에서 어떠한 부분이 잘못되었는지를 쉽게 파악할 수 있게 된다. 그리고 서비스 보증을 통하여 제공되는 서비스에 대해 고객의 신뢰를 얻을 수 있으며 이는 기업에게 있어 지속적인 고객충성도와 성과를 향상시킬 수 있는 방법으로 작용될 수 있다.

서비스 보증이 다음과 같은 상황일 경우에 보다 효과적일 수 있다. 즉, 서비스 가격이 높을 경우, 고객들의 자아가 솔직할 경우, 고객들의 전문적인 지식이 낮을 때,

실패의 중요성이 높을 경우, 반복적인 구매에 의존할 경우, 구전이 사업의 성공을 위해 중요한 경우 서비스 보증의 효과가 높다.

4 서비스 회복

1 서비스 회복의 개념

서비스 회복(service recovery)은 서비스 제공자가 서비스 성과 미흡으로 인해 소비자가 경험한 손실을 원상회복하기 위한 활동으로 정의된다.

서비스 회복의 개념은 1970년대와 1980년대 초에 컴퓨터와 텔레커뮤니케이션 그리고 자연재해로부터의 회복에 많이 사용되었다. 이후 마케팅 전문가들에 의해 특정 서비스 문제해결뿐만 아니라 서비스 회복의 장기적인 이점(충성고객, 호전적인 구전 등)을 강조하게 되면서 서비스 회복에 대한 마케팅이 전개되기 시작하였다.

서비스 회복은 서비스 실패가 발생하였을 때 그에 대한 기업의 즉각적인 반응에 초점을 맞추기 때문에 일반적인 불평관리(complaint management)와는 그 의미가 다르다. 즉, 불평하는 고객들은 서비스 실패로 인해 밖으로 감정을 표출하는 고객들의 불만을 근거로 하고 있다. 서비스 본연의 특수성과 이질성으로 인하여 서비스 기업의 지속적인 노력에도 불구하고 서비스 평가는 낮게 인지될 수 있다. 이는 소비자의 다양한 욕구와 주관적인 평가에 의해서 결정되는 것이기 때문이다. 서비스 기업의 서비스 실패는 기업에 대한 부정적인 구전의 영향과 브랜드 이미지 하락에 영향을 미치게 되는 경우가 많다.

진정한 서비스 회복은 불평하는 고객뿐만 아니라 불만은 가지고 있지만 겉으로 표현하지 않고 있는 고객들까지도 파악하여 그들이 묵인된 상태로 현장을 떠나지 않도록 관리해야 한다.

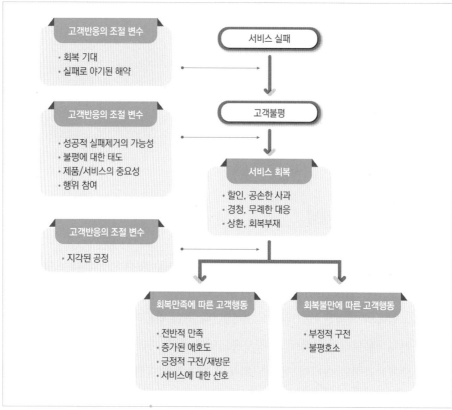

자료: Lilienthal, S., K.(1997). Service recovery in service contexts: An investigation of the veracity of the recovery paradox. Unpublished Doctoral Disseration, Ohio State University, p.27. ; 장태선(2003). 항공사 서비스 실패와 회복이 고객만족과 애호도에 미치는 영향. 동아대학교 대학원 박사학위논문.

🖥️ **그림 7-1** 　서비스 회복의 일반적 모델

　서비스 회복이 잘되면 서비스 실패를 체험했지만 기업의 서비스 회복 노력으로 만족한 고객은 문제가 해결되지 않은 고객들보다 훨씬 충성도가 높아지게 된다. 효과적인 서비스 회복전략을 실시하게 되면 고객만족과 충성도가 증가하고 긍정적인 구전 커뮤니케이션을 발생시키게 된다. 이를 회복 역설이라고 한다.

　회복 역설이란 고객이 서비스 실패를 체험하지 않았을 때보다 서비스 실패를 체험한 후 더 만족하는 경우이다. 즉, 처음에는 실망했지만 좋은 서비스 회복을 받은 고객이 훨씬 더 만족하여 결과적으로 충성고객이 된다는 것이다.

2 서비스 회복의 중요성과 효과

성공적인 서비스 회복은 고객이 불만을 토로하기 쉬워야 하고 신속하게 처리하되 진실된 마음이 고객에게 전해질 수 있어야 한다. 고객과 친밀한 유대관계를 형성해 서로 간의 이해를 높이는 것이 중요하다. 고객을 잃어버리는 것은 순간이지만 잃어버린 고객을 다시 찾는 데는 많은 비용과 시간을 투자해야 한다. 따라서 불만고객을 만족고객으로 전환시켜서 충성고객으로 이끌어 나가는 것이 무엇보다 중요하다.

"고객불만으로는 신뢰를 잃지 않는다. 단지 그 대응방법으로 인해 신뢰를 잃게 되는 것이다."

서비스 기업에 있어서 서비스 회복이 필수적으로 필요한 이유로는

모든 서비스 기업은 완벽한 서비스를 제공할 수 없으며 실패한 서비스는 고객의 기억 속에 깊숙이 잠재해 있게 된다. 그리고 서비스 실패로 인해서 고객의 이탈을 초래할 수 있으며 이는 부정적인 구전의 전파로 이어져 고객을 감소시키게 된다.

서비스 회복은 서비스 품질과 고객의 충성도를 결정하는 가장 중요한 요인 중의 하나이다. 기업의 수익률에 많은 영향을 미치고 있음에도 불구하고 서비스 회복에 대한 심각성을 깨닫지 못하는 기업이 존재하고 있다.

서비스 기업을 이용하는 고객은 훌륭한 서비스를 받는 것은 당연한 것으로 인식하고 있으며, 서비스 실패가 발생하였을 경우 그에 대한 보상(회복)이 만족스럽게 해결되었는가에 따라 고객의 기억에 오래 남을 수 있게 되는 것이다.

즉, 고객들은 정상적인 상황에서 이루어진 서비스에 감동하기보다는 서비스 실패에서 만족하게 회복되었을 경우의 감동이 더 크고 값진 서비스로 인식되게 된다.

이와 반대로 서비스 실패 후 신속하게 해결되지 못하게 된다면, 기존의 서비스 문제를 더욱 더 악화시키는 결과와 함께 불만족한 고객을 다시 한번 더 실망시키게 되는 부정적인 결과를 초래하기도 한다.

서비스 실패에 대한 적절한 회복시스템을 갖는 서비스 기업만이 고객만족을 달성할 수 있으며 기업의 장기적인 성공의 결실인 이득을 실현시킬 수 있다. 서비스가 실패한 경우 고객이 서비스 제공자의 회복에 대해 어느 정도의 기대를 가지고 있으므

로 실패를 경험한 고객이 원하는 회복 유형 및 회복 수준을 정확히 파악해야만 효과적인 회복 전략을 수립할 수 있다. 왜냐하면 새로운 고객을 창출하기 위해서는 기존 고객을 유지하는 비용의 약 5배가 소요되며, 실제로 고객 유지율 20%를 향상시키는 것은 10%의 비용절감과 같은 효과가 있다.

서비스 기업은 단지 5%의 고객 이탈을 줄임으로써 약 25~95%의 수익 증가를 가져오게 된다. 또한 서비스 회복 전략을 통하여 회복을 받은 고객들이 해당 서비스 기업과의 관계를 지속하는 비율은 70% 이상이며, 불평에 대해 만족한 결과를 얻은 고객은 기업이나 제품 및 서비스에 문제가 없었던 고객보다 더욱 충성도가 높다.

서비스 기업은 서비스 실패에 대해서 부정적이고 수동적인 자세로 대처하기보다는 긍정적이고 적극적인 서비스 회복의 노력을 하여 기존의 고객과 잠재고객에게 긍정적인 구전을 전할 수 있는 전략을 펼쳐야 한다.

서비스 회복은 3단계로 나눌 수 있는데 이는 회복 전 단계, 회복 단계, 회복 후 단계이다.

회복 전 단계는 서비스 실패가 발생할 때 시작되어 서비스 제공자가 실패를 인지할 때까지의 기간으로 수초 또는 매우 짧을 수도 있으며 몇 주에서 몇 달까지 매우 길게 나타날 수도 있다. 고객은 이 기간 동안에 서비스 회복에 대한 기대를 가지게 되는 단계라고 할 수 있다.

회복 단계는 서비스 제공자가 서비스 실패를 인지한 시점에서 시작되어 고객에게 만족할 정도의 조치를 취해 주었을 때 끝나게 되며, 고객의 불평에 반응하는 시점이 늦어질수록 고객 충성도와 만족도는 점점 감소하게 되는 단계이다.

회복 후 단계는 고객이 만족할 정도의 회복을 받은 후에 시작되며, 회복의 성공 여부에 따라 필요할 수도 있고 필요하지 않을 수도 있다.

서비스 제공자가 서비스 회복에 실패하게 되면 고객은 이를 단지 서비스 실패의 경험으로만 생각하는 것이 아니라 많은 고객들이 다른 경쟁기업으로 옮겨가는 행동을 보이게 된다. 따라서 완전한 서비스 회복을 통하여 불만족한 고객의 부정적인 태도를 고치고 궁극적으로 고객의 불만족을 완화시켜 주는 것이 중요하다.

서비스 실패를 경험하였지만 자신의 기대보다 약간 더 많은 것을 받은 고객의 91%는 그 기업의 고객으로 남을 의도가 있는 것으로 파악된다.

서비스 회복을 통하여 기존고객을 계속 유지하게 하는 것은 해당 기업의 서비스를 자주 구매하게 하며, 기존에 구매했던 것보다 더 많은 것을 구매하게 하는 효과를 가져온다. 또한 기업의 서비스 회복 노력에 대하여 만족한 고객은 충성고객으로 남게 되면서 기업에게 상품이나 서비스에 대한 진심어린 제언을 하기도 한다.

1) 서비스 회복 후 효과

서비스 회복 후 나타나는 효과는 다음과 같다.

첫째, 고객 관계를 유지하고 브랜드의 지속적인 수익성을 유지할 수 있다.

서비스 기업 입장에서는 신규 고객 유치 비용이 소비되기 때문에, 고객 한 명을 잃을 때마다 치러야 하는 비용도 만만치 않다. 새로운 고객을 찾는 대가는 기존 고객을 유지하는 것보다 3~5배 정도가 더 많다. 그 이유 중 하나는 신규 고객을 이끌려면 새로운 장면, 플랫폼에 더 많은 마케팅 비용이 들어가게 되는 것이다.

둘째, 기존 고객은 안정적인 매출액을 제공해 기업의 안정적인 성장을 보장할 수 있다. 또한 기존 고객들은 많은 소통에 대한 비용을 아낄 수 있고 충성고객들은 입소문을 타고 기업에 새로운 고객들을 불러들일 수 있다.

셋째, 서비스 회복을 통해서 고객을 유지할 수 있다.

고객이 선치를 호소하면 95%의 고객을 유지하는 반면에 잘못 처리하면 64%의 고객만 유지될 수 있다. 또한, 효과적인 민원처리는 기존의 불만족 고객을 유지할 뿐만 아니라 기업에 대한 고객 인식도 더 강화할 수 있다. 서비스 실패 회복을 실시 후 고객의 만족도 축적과 재 구매의도에 긍정적인 영향을 미치게 된다.

넷째, 서비스 시스템을 완비하여 기업 전체의 경쟁력을 향상시킬 수 있다.

기업은 서비스 회복 체계를 전략의 높이까지 끌어올려야 한다.

서비스 회복은 기업의 수익을 높여 기업의 이익을 높일 수 있기 때문이다. 또한 고객 만족도를 높임으로써 기업의 이윤에 직접적인 영향을 주게 된다.

데이터수집 및 처리를 장기간 지속함으로써, 기업을 위한 서비스 품질 데이터 실험 센터를 구축하여 기업이 고객의 요구를 획득하고 서비스 체계를 향상시킬 수 있으며, 서비스 효과의 효과적인 데이터 공급원이 될 수 있다.

빅데이터 시대에는 고객 수요의 빅 데이터를 많이 보유한 기업이 주도권을 가질 수 있으며, 치열한 시장경쟁 속에서도 고객 선호도를 높일 수 있다.

③ 서비스 회복의 필요성

서비스 실패가 발생했을 때 서비스 제공자가 완벽한 서비스를 제공한다는 것은 서비스 상품이 갖고 있는 본질적인 특수성 때문에 불가능하다고 할 수 있다.

이러한 기업의 서비스 실패와 회복노력은 실패상황을 더욱 악화시켜 고객을 이탈하게 하는 주된 원인이 되고 있다. 따라서 기업 입장에서는 기존고객의 이탈을 줄일 수 있도록 노력해야 한다.

서비스 실패가 발생하였을 경우, 종사원의 적극적인 대응과 적절한 불평처리를 통해 불만족한 고객을 만족한 고객으로 전환시킬 수 있으며, 전환된 만족은 기업에 대한 신뢰와 몰입에 긍정적인 영향을 미친다.

또한 불만족한 원인이 된 고객불평에 대한 효율적인 처리는 전반적인 서비스 만족에 긍정적인 영향을 미치게 되고, 재구매 의도와 긍정적인 구전행위로 기업에 대해 적극적인 참여로 이끌어 낼 수 있다.

따라서 효율적인 서비스 회복은 고객을 유지하는 데 긍정적인 영향을 주게 되며, 강력한 브랜드 충성도를 유발하게 되어 서비스 실패를 경험하지 않고도 일상적인 서비스를 경험한 경우보다 서비스 회복을 경험한 기업에 대해 더 호의적인 이미지를 심어주게 된다.

서비스 실패 상황에서 서비스 제공자의 적절한 대응은 고객과의 유대를 강화시키고, 기존에 존재하던 문제들을 개선시키게 된다.

기업의 서비스 회복 노력으로 인해 만족한 고객들의 70% 이상이 해당 서비스 기업과의 관계를 계속 지속하게 되며, 제공받은 서비스에 심각한 불만을 느낀 고객의 91%는 다시 구매하지 않겠다고 하였으나, 82%의 고객은 불만이 빨리 해결되면 재구매할 의향이 있다고 한다.

그러므로 서비스 실패가 발생하였을 때, 회복이 불가능한 상황이 아니라면 오히려

서비스 회복이 고객과의 관계를 새롭게 설정할 수 있는 기회이기 때문에 잘 활용할
필요가 있다.

4 서비스 회복 유형

효과적인 서비스 회복 시스템을 구축하기 위해서 기업은 반드시 서비스 회복 방
식, 주동성과 회복 내용을 중시해야 한다. 이에 따라 서비스 회복 방식, 서비스 회복
능동성, 서비스 회복 내용 등 3가지 관점에서 서비스 회복 유형을 살펴보았다.

첫째, 서비스 회복 방식의 각도에서 보면 서비스 회복은 물리적 회복과 심리적 회
복으로 구분할 수 있다.

물리적 회복은 유형적 회복이라고 하며, 기업이 서비스의 실패에 대해 고객에게
할인 쿠폰, 금전, 쇼핑 포인트 등 물질적인 보상을 제공하는 것이다.

심리적 회복은 무형적 회복으로 기업이 서비스의 실패에 대해 사과, 원인에 대한
해석과 같은 심리적 보상을 고객에게 제공하는 것을 말한다.

둘째, 서비스 회복 능동성의 측면에서 보면 서비스 회복은 일반적으로 자발적인
회복과 수동적인 회복으로 구분된다.

자발적 회복이란 기업이 서비스 실패를 하였을 때 고객이 서비스 실패를 발견하
지 못했거나 불만을 표출하지 않았지만, 기업은 자발적으로 고객에게 서비스 회복을
제공하는 것을 말한다. 반면에 수동적 회복이란 서비스 실패가 발생했을 때 기업이
고객의 회복 요구를 받은 후에 고객에게 서비스 회복을 제공하는 것을 말한다.

셋째, 서비스 회복 유형은 서비스 회복 방식과 서비스 회복 능동성의 두 가지 측면
을 포함한다. 사과, 경제적 보상, 긍정적 대응과 보완적 능동성으로 나눌 수 있다. 사
과는 기업이 서비스 실패에 대해 고객에게 문자나 말로 사과하는 것이다. 예를 들어,
고객에게 공지하는 것, 서비스 실패의 원인을 설명해 주는 것, 감정적인 말로 사과의
뜻을 표하는 것 등이다.

경제적 보상은 기업이 고객에게 제공하는 경제적 보상으로 환불 및 할인뿐만 아
니라 회원 포인트 증정 및 교환 등 가시적 보상조치까지 포함한다.

적극적 대응은 서비스 실패 발견부터 서비스 회복까지 기업반응 속도를 의미하며, 구체적으로는 문제를 발견하는 반응속도와 서비스 보상에 대한 신속성 이다.

서비스 기업은 모든 고객들이 회복 기대를 갖고 있다는 사실을 인지해야 하고, 서비스 회복은 계획적인 과정이 필요하다. 기업은 실패에 대한 반응설계가 요구되며, 회복과정은 적절히 회복을 수행할 수 있도록 권한이 부여된 최일선의 종사원에 의해 실행되어야 한다. 이들은 서비스 회복의 요소로서 사과, 신속한 복권, 감정이입, 상징적인 보상 및 후속 조치의 다섯 가지가 있으며, 사과가 부족한 고객을 다루는 데 있어서 가장 강력한 방법이다.

서비스 회복 유형에는 무 대응, 유형적인 회복, 정중한 사과, 형식적인 사과, 유형적인 사과와 정중한 사과, 유형적인 회복과 형식적인 사과 등의 단일 차원과 복합적인 차원의 회복 유형이 제시되었으며 서비스 실패 차원의 유형에 관계없이 두 종류 회복 유형의 동시 제공이 가장 효율적이다.

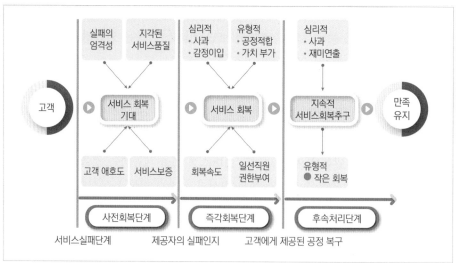

자료원 : Miller,Janis L., Christopher W. Craighead ,and Kirk R. Karwan ,(2000)
"Service Recovery : A Framework and empirical Investigation," Journal of Operations
Management, 18(4), 389.

🖳 그림 7-2   서비스 회복 프레임 워크

유형적인 회복만을 제공하는 것은 정중한 사과보다 효율적인 회복으로 인식되지 않으며, 정중한 사과가 회복 유형 중에 가장 중요한 요소이다.

서비스 프레임워크의 항목은

1) 사 과

심리적인 사과는 고객의 불평에 대해 진심으로 사과하는 기업의 서비스 회복노력을 말한다. 심리적인 회복의 효과는 밖으로 표출되는 고객의 욕구를 직접적으로 해결할 수 있다. 서비스 회복의 심리적인 사과의 기법은 감정이입과 사과 등 두 가지가 있다. 서비스 실패에 대한 초기 대응책으로 빠른 심리적인 사과는 간단하면서 저렴한 반면 강력한 서비스 회복 효과를 볼 수 있다고 하였다.

2) 재 수행

재 수행은 서비스 실패를 즉시 바로잡는 것을 말한다. 대부분의 서비스 실패는 재 수행을 통하여 회복될 수 있다. 재 수행이란 잘못 수행된 상품을 다시 제공하는 것을 의미한다. 재 수행 회복 전략은 기업이 발생한 서비스 실패에 대해 즉각적이고 정중한 재 수행, 정정을 의미한다.

3) 보 상

유형적인 보상은 서비스 실패로 인해 발생한 문제와 불편에 대한 보상을 말한다. 즉 유형적 보상은 금전적인 것으로 값을 측정할 수 있는 것을 제공하는 것이다.

서비스 기업이 비용손실의 위험에도 불구하고 보상을 하는 이유는

첫째, 서비스 실패에서 고객이 느끼는 심리적인 불편함과 기회비용에 대한 정당한 보상이고 둘째, 서비스 실패에 대해 고객의 불편한 경험에 대한 부가 가치적인 재 수행을 의미한다. '약간의 유형적 보상'을 받은 고객의 91%가 기업의 충성고객으로 머무를 의도가 있다고 밝혔다.

4) 회복 속도

서비스에 문제가 발생할 경우 그 즉시 처리를 한다면 서비스 실패는 좀 더 성공적으로 해결할 수 있다. 서비스 기업은 고객이 서비스 실패를 인지하기 전에 먼저 확인하고 문제를 해결해야 한다. 서비스 실패상황을 수정하고자 빠르게 행동하는 서비스 기업은 고객을 감동시키며 서비스 실패를 곧바로 잊게 하는 효과를 가지고 있다.

5 서비스 회복 전략

서비스 회복 과정에서 고객과 서비스 제공자는 서비스를 교환하는 동반자의 관계라고 볼 수 있다. 여기서 교환이란 교환의 주체, 즉 서비스 제공자의 수용자 쌍방이 만족할 수 있는 수준에서 교환이 이루어졌을 때 지속적인 교환 동반자 관계가 유지될 수 있다.

또한 교환의 과정에서 자원의 특성 간에 유사성을 갖게 될 때 만족도가 높아지며 이질성을 가질수록 만족도는 낮아지게 된다.

서비스 실패의 주요 원인 중의 하나는, 그 과정의 서비스 실패가 생겨날까 하는 두려움이 있는 종사원들의 잠재적인 사고에서 발생하게 된다. 고객이나 제공자 어느 쪽이 어떤 실수를 하였을 때 회피하려고 하면 안 된다.

그러한 상황이 발생할 가능성이나 결점(defect), 발생하는 원인의 서비스 실패 움직임이 있을 때, 서비스 설계에 비용을 들이는 노력은 정당화될 수 있다.

서비스 실패가 발생하였을 때 다음과 같은 방법들을 활용하여 서비스 실패를 회복으로 신속하게 전환할 수 있도록 해야 한다. 그 내용은 여덟 가지로 요약할 수 있다.

① 실패 없는 서비스하기 - 처음부터 제대로 하기

- 처음에 제대로 하면 회복이 불필요하고, 고객은 그들이 기대하는 것을 얻으므로 서비스를 다시 제공하는 등의 실패에 대한 보상비용을 피할 수 있다.
- 무결점을 목표로 하는 TQM(Total Quality Management), 즉 총체적 품질관리가 일반적으로 사용된다.

- 근본적으로 처음에 제대로 하기 위해서 기업이 무결점 문화를 형성하는 것이 중요하다.

② 불평을 격려하고 추적하라.

- 만족조사, 핵심사건연구, 상실고객조사를 통해 목적에 맞게 추적할 수 있도록 설계할 수 있다.
- 어떤 경우에도 고객이 문제가 존재한다는 것을 알기 전에, 기술을 통해 서비스 직원들이 문제를 진단할 수 있도록 하여 문제와 불평이 발생하기 전에 예측할 수 있어야 한다.

③ 재빨리 조치하라.

- 접점에서 고객문제를 해결하도록 하라.
- 직원에게 권한을 위임하라.

④ 충분히 설명하라.

- 기업이 실패에 대해 충분한 보상을 하지 못하더라도 고객에게 적절한 설명이 제공된다면 불만족은 감소할 수 있다.
- 설명의 내용은 적절성과 신뢰성, 성실성 같은 개인적 특성을 포함한다.

⑤ 고객을 공정하게 대우하라.

- 고객들이 중요하게 여기는 공정성(fairness)은 크게 3가지로 나누어진다.
- 첫 번째는 과정의 공정성으로 고객들의 불만을 처리하는 과정에서 이용하는 방법이나 과정이 얼마나 공정한가에 대한 것이다.
- 두 번째는 결과에 대한 공정성을 들 수 있다. 이는 고객 자신이 구매한 제품이나 서비스를 비교하였을 때 느끼는 공정을 말한다.
- 세 번째는 대응(interaction)상의 공정성을 들 수 있다.
- 공정한 서비스 회복을 위해서는 체계적인 기준과 윤리적인 태도가 필요하다. 따라서 고객들의 불평, 불만을 명확하게 해결하기 위해서는 회사 내부 방침과 자원 투입의 수준을 연계시켜서 고객 서비스의 최전선에서 뛰고 있는 직원들에게 인지시켜야 한다. 또한 서비스 회복을 담당하는 직원들은 고객을 속이지 않고 불만을 제기하는 고객의 목소리를 경청하여 회사의 방침과 수준에 맞는 조치를 취하여 신속하게 해결할 수 있도록 하는 것이 중요하다.

⑥ 고객관계를 구축하라.

- 만약 기업이 서비스 제공에 실패했더라도 기업과 강력한 관계를 가진 고객은 서비스 실패를 더 잘 용서하고, 기업의 서비스 회복 노력에 좀 더 개방적이다.
- 강력한 고객관계의 구축은 서비스 기업에게 중요한 완충장치를 제공한다.

⑦ 회복체험으로부터 학습하라.

- 서비스 회복 노력과 솔루션을 잘 추적하면 경영자는 서비스 제공시스템의 구조적인 문제점을 발견할 수 있다. 인과분석을 통해 기업은 문제가 발생하게 된 원인을 파악하고 프로세스를 수정할 수 있으며 때로는 서비스 회복이 필요 없도록 완전하게 바꿀 수도 있다.

⑧ 상실고객으로부터 학습하라.

- 상실고객조사는 고객이 떠난 실제 이유를 알기 위한 심층조사를 포함한다. 이러한 정보는 비즈니스를 이해하는 숙련된 조사원이 실시하는 조사 또는 심층 인터뷰를 통해 효과적으로 획득할 수 있다.
- 조사를 하면서 기업은 단지 기업을 떠난 모든 고객이 아니라 그들 중 기업에게 좀 더 중요하고 수익성이 있는 고객들에게 초점을 맞출 필요가 있다.

능동적인 서비스 회복전략의 중요성은 UPS와 Fedex의 사례에서 잘 나타나고 있다.

UPS는 많은 자원을 투입하여 운송 프로세스를 혁신하여 운송 산업에서 가장 운송을 잘하는 기업이 되고자 노력하였다. 운송용 자동차를 재설계하고 작업 단위당 최대 생산성을 보장하기 위해 프로세스를 재설계하였으며 이를 지속적으로 추진하기 위해 산업 공학 부서를 설치하기도 하였다. 그리고 고객 서비스에 대한 강조도 꾸준히 실시하여 경제적인 가격에 물건이 정시에 도착될 수 있도록 하였다. 하지만 자신들이 고객들과의 약속을 지키지 못할 경우, 어떻게 할 것인가에 대해서는 치밀한 계획이 없었다.

반면 Fedex는 정시에 화물이 도착하지 못할 가능성을 감안하고 화물 추적 시스템을 통해 30분마다 진행상황을 점검할 수 있도록 하였다. 그 결과 UPS는 물건이 정시에 배달되지 못해 고객들이 불만을 제기하는 경우, 효과적인 대응을 하지 못했던 반면, Fedex는 정시에 도착하는 화물의 비율이 낮더라도 화물 추적 시스템을 기반으로 고객들의 불만을 효과적으로 대응할 수 있었다. 이런 효과적인 서비스 회복 프로세스를 가지고 있었던 Fedex는 경쟁에서 앞서 나갈 수 있었으며, UPS는 뛰어난 운송 시스템을 가지고 있었음에도 불구하고 서비스 회복을 위해 많은 투자를 할 수 밖에 없었다. 이처럼 서비스 회복 전략을 감안하지 않은 혁신 활동이나 고객만족경영은 위험을 안고 있다.

6 공정성 이론

공정성 이론(fairness theory)은 어떤 목적을 위한 투자 또는 희생한 것과 산출 또는 보상받는 것에 대한 가중치를 비교하는 인지적 과정(cognitive process)에 초점을 두며, 자신의 투자와 산출의 비율을 동일한 조건하에 있는 준거대상과 비교를 통하여 이루어진다.

즉, 서비스 실패를 경험한 소비자는 자신이 투입한 노력과 기업의 회복 전략을 통한 결과를 비교함으로써 자신과 기업의 교환관계가 공정한가를 판단한다는 것이다.

이 이론은 교환이 일어나는 모든 곳에 적용을 할 수 있다. 공정성 유형은 절차적 공징성, 상호작용 공징성, 분배직 공징성으로 나누게 된다.

1) 절차적 공정성

절차적 공정성(procedural justice)은 문제를 해결하는 과정에서 적용될 수 있는 기준과 결과를 얻기 위해 사용되는 방법의 공정성과 서비스 실패를 정정하기 위해 사용되는 공정성으로 정의한다. 따라서 절차적 공정성은 결과를 얻기 위해 이용하는 방법이 공정했는가를 의미하는 것으로 최종 결과에 도달할 수 있도록 사용되는 과정의 평가라고 할 수 있다.

절차적 공정성이 중요한 이유는 고객이 원하는 수준의 보상을 받았다 하더라도, 회복 과정에서 고객이 부당한 대우를 받았거나 자존심을 상하게 했다면 회복 과정이 공정했다고 판단하기 어렵다. 이로 인하여 고객의 태도에 직접적인 영향을 미치게

되어 부정적인 구전이나 이탈을 가져오게 되는 경우가 발생하게 된다.

2) 분배적 공정성

분배적 공정성(distributive justice)은 궁극적으로 교환하는 쌍방의 자원분배에 대한 공정성을 의미하는 것으로 자신이 얻게 되는 결과 혹은 산출을 통하여 공정성의 수준을 평가한다. 특히 분배적 공정성은 고객이 처음에 서비스 구매를 통하여 얻고자 했던 핵심 서비스에 대한 공정성으로 경제적인 가치로 환산할 수 있는 유형적인 회복결과를 말한다.

분배적 공정성은 최종적으로 고객이 지각하는 서비스 회복에 대한 결과로서 서비스 제공자가 서비스 실패에 대해 더 많은 유형적인 보상을 할수록 회복 전략에 대한 만족도와 분배 공정성 정도는 높아지게 된다.

3) 상호작용 공정성

상호작용 공정성(interactional justice)은 서비스 회복 과정 동안 고객이 서비스 기업의 종사원들에게 인간적인 상호 관계에서 공정하게 대접을 받았는가에 대한 정도의 평가라고 할 수 있다. 즉, 고객의 인간적인 측면에서 지각하는 공정성으로 서비스 실패와 회복시 결과와 절차상의 공정성에도 불구하고 불공정하다고 느끼는지에 대해 설명할 수 있다.

상호작용 공정성은 서비스 제공자가 유형적 보상을 할 수 없다 하더라도 진정으로 사죄하는 것은 서비스 실패 회복에 중요하다. 따라서 상호작용 공정성은 종사원과 고객 간의 상호적 관계에 직접적인 관련이 있다고 할 수 있다.

판매산업 서비스 경영

Case Study

서비스 회복, 시스템화/ 직원교육/ 동질감 형성/ 해결의지/ 불만고객 채널의 다양화

성공적인 서비스 리커버리(Service Recovery)라 함은 고객이 불만을 토로하기 쉬워야 하고 신속하게 처리하되 진실된 마음이 고객에게 전해질 수 있어야 한다. 고객과 친밀한 유대관계를 형성해 서로 간의 이해를 높이는 것이 중요하다. 고객을 잃어버리는 것은 순간이지만 잃어버린 고객을 다시 찾는 데에는 많은 비용과 시간을 투자해야 하며, 불만 고객을 만족 고객으로, 만족 고객을 충성고객으로 이끌어 나가는 것이 무엇보다 중요하다.

고객 불만으로는 신뢰를 잃지 않는다. 단지 그 대응방법으로 인해 신뢰를 잃게 되는 것이다.

전략 1. 서비스 회복 과정 시스템화

서비스 불만을 회복하는 가이드라인을 정립하여 고객 만족의 목표를 동시에 달성할 수 있도록 지속적으로 노력해야 한다.

· 자바커피 사례

고객에게 불만 요소를 제공하지 않기 위해 정기적인 서비스 교육과 모니터 제도 등을 실시, 다양한 고객 취향을 친절하고 신속하게 수용하는데 주력하고 있다. 점장 및 부점장을 대상으로 월 1회 서비스 교육을 실시하고 신입 매니저는 연수센터에서 클레임 대처 요령 등과 같은 서비스 교육 과정을 이수하도록 하는 등 서비스 교육을 시스템화했다. 점포 내에서는 스마일 운동을 전개해 눈을 마주치며 인사하기 등의 서비스 운동을 전개하고 있으며, JAVA 마니아 클럽을 운영해 모니터 요원이 당시 점포를 주기적으로 방문하여 커피 맛, 점포 운영, 서비스 등의 보고 사항에 대한 즉각적인 피드백을 실시하고 있다.

전략 2 직원 교육을 통한 효과적인 사전·사후 고객 불만 관리

효과적인 서비스 회복을 위해서는 불만이나 문제를 가진 고객이 회사에 쉽게 접근해서, 즉각적인 응답을 받을 수 있는 통로가 마련되어 있어야 한다. 불만 고객이 언제나 불만을 토로할 수 있을 뿐만 아니라, 이들의 불만을 해소시켜 재구매를 할 수 있도록 체계적인 교육에도 심혈을 기울이고 있다.

· 버거킹 사례

고객 접점에 있는 카운터 직원의 서비스로 인한 Complain 개선을 위해 'Complain Zero' 목표를 수립하고 연간/월간 고객 불만 건수 목표를 설정, 목표대비 실적관리를 통해 컴플레인 수를 줄이고 있다. 매장 직원과 지역책임자로 구성된 TFT(Task Force Team)를 구성, 고객 접점에서 근무하는 매장 매니저의 의견을 수렴하고 고객 불만 감소를 위한 구체적인 실행안을 도출하여 매장에 적용하는 등 적극적인 자세를 취하고 있다. 매월 고객 불만 과다 10개 매장을 선정, 철저한 교육을 실시하고 고객 불만 감소 대책을 마련해 실행하도록 한 것 또한 고객 불만 실적을 매장과 직원 평가에 반영해 중점적인 관리가 가능하도록 했다.

전략 3 고객과 직원간의 동질감 형성

고객과 직원이 서로 적대적인 관계를 형성하게 되면 불만 발생은 그만큼 높아진다. 서로간의 이해력을 높이고 친근감을 형성해 동료와 같은 동질감을 형성하게 되면 불만은 의견으로 전환되며 의견 수렴 시 만족으로 이어진다.

• 카페 뎀셀브즈(Caffe Themselves)

고객과의 인터뷰를 통해 흥미와 재미를 선사함과 동시에 카페 뎀셀브즈에 대한 신뢰를 형성하였다. 홈페이지를 통해 고객들이 의견을 받고 직원들이 직접 리플을 달아 활발한 커뮤니케이션 창으로 활용하여 원활한 커뮤니케이션을 통해 불만 고객의 감소를 가져왔다.

전략 4 고객의 기대 이상의 해결의지

불만 고객이 발생할 시에 제대로 된 회복 과정이 이루어지지 않으면 고객이 실망하는 것은 당연지사이며 고객 기대만큼 처리되면 고객은 만족하되 기뻐하거나 감동하지는 않는다. 그러나 고객의 불만을 고객의 기대 이상으로 처리할 경우, 불만 고객은 오히려 충성고객이 되어 다른 고객에게까지 그러한 사실을 알리게 된다. 고의적인 불만을 토로하는 고객이 발생했을 시에는 이를 알고 있다 하더라도 겸손한 태도로 사과를 한 후에 타당하고 납득할 만한 이유를 설명하는 순서로 불만을 처리, 재발 가능성을 미연에 방지한다.

• 오설록 티 하우스

고객의 실수로 떨어뜨린 음료도 무료로 다시 만들어 제공하고 혹시나 파손된 컵에 의해 고객이 다치지는 않았는지를 매번 확인한다. 한편 고객과 고객 간의 실수로 찰과상을 입을 때에도 이를 즉각적으로 처리하여 상해를 입은 고객의 치료를 책임지고 어수선한 매장을 신속하게 처리함으로써, 고객의 마음은 물론 오설록 브랜드에 대한 좋은 이미지를 갖게 하는 효과를 거두고 있다.

전략 5 불만고객 채널의 다양화

고객 유형에 따라 직원에게 직접 불만을 토로하는 고객이 있는가 하면 직접적으로 토로하는 것을 꺼려하는 고객도 많다. 이러한 고객이 불만을 토로할 방법을 얻지 못하고 매장을 나가게 되면 재방문은 기대하기 어렵다. 고객의 눈에 잘 띄는 곳에 서비스 만족도에 대한 평가를 적을 수 있는 엽서나 종이를 마련, 고객의 의사반영이 원활히 이루어지도록 하고 이에 대한 적절한 응답을 한다. 또한 자체 홈페이지를 활용해 고객 불만 센터를 마련하여 가능한 당일 내로 해결책에 대한 답변을 제시하여야 한다.

• 마르쉐

다양한 채널을 활용하여 고객의 만족, 불만족 사례를 접수한다. 엽서나 홈페이지에 '고객의 소리'를 만들어 수시로 고객 불만을 접수하고 접수한 직원은 고객에게 직접 전화를 하거나 방문을 해 사죄를 하며 불만사례를 적합한 처리 과정을 거쳐 불만 요소를 해결한다. 한편 고객 상담 담당자를 따로 지정해두지 않고 접수를 받은 직원이 담당자가 되는 시스템으로 신속한 처리가 가능하도록 했다.

전략 6 서비스 품질 정보시스템 구축

콜 센터나 인터넷 웹사이트와 연계된 고객 데이터베이스를 구축하고 이를 활용하는 것도 성공적인 서비스 회복을 위한 실행과제라고 할 수 있다. 고객 데이터베이스를 구축하고 이를 활용하는 것도 성공적인 서비스 회복을 하는 것이 중요하다. 고객 데이터베이스에는 구매 내역 뿐 아니라 이들의 라이프 스타일, 가족 관련 정보, 자사 상품에 대한 구매 정보, 서비스 만족/불만족 내역 등의 다양한 정보가 담겨 있어야 한다. 이 정보는 고객이 제기하는 문제를 빨리 파악하고 해결하기 위한 지침이 될 수 있기 때문이다.

전략 7 고객 접점직원에 대한 서비스 권한위임

접점 직원에게 책임과 권한을 동시에 위임하는 것도 필요하다. 고객 불만의 발생과 그 해결은 접점(MOT : Moment Of Truth)에서 이루어지므로 접점에 있는 직원에게 고객 만족에 대한 책임감과 권한위임을 주어야 한다. 서비스업에서는 고객 불만의 65% 가량은 현장의 직원들에게 접수된다고 할 수 있다. 따라서 불만을 접수하는 현장 직원들이 어떻게 대응하느냐가 서비스 회복의 핵심이 되는 것은 당연하다. 이를 통해 고객 불만 사항 접수 시 신속하게 처리할 수 있게 해서 고객 불만의 확대를 방지해야 한다. 신속한 해결이 이루어지지 않으면 그로 인해 불만은 처음 발생한 불만 요소보다 더 커질 수 있다. 또한 시간이 오래 걸릴 경우에는 고객에게 예상 처리 시간을 미리 알려 안도감을 주어야 한다.

CHAPTER **08**

고객 경험관리

① 고객 경험관리(CEM)의 개념

고객 경험관리(Customer experience management: CEM)는 제품이나 회사에 대한 전반적인 경험을 전략적으로 관리하는 프로세스로서, 고객은 제품이 아니라 경험을 사는 것이다. 즉, 이성이 아니라 감성으로, 수치가 아니라 감동으로 접근해야 판매되는 것이며, 데이터에 입각한 쌍방향 의사소통으로 많은 기업과 조직으로부터 관심과 고객관계관리보다 한 차원 높은 전략이다.

고객 경험을 단순히 제품이나 서비스를 제공할 때 발생하는 것으로 인식하던 과거와는 달리 체계적으로 고객 경험을 관리해야 할 필요성이 제기되고 있다. 따라서 고객 경험관리는 고객에게 상품이나 서비스에 대한 경험을 체계적으로 관리하는 과정으로서 기업이 고객의 상품 탐색에서부터 구매, 사용, 그 이후까지의 모든 과정에 대한 분석 및 개선을 통해 긍정적인 고객의 경험을 창출하는 것이다.

고객에게 모든 접점에서 올바르고 긍정적인 경험이 발생하도록 관리해야만 그것이 다른 사람들에게도 긍정적으로 전파된다. 고객이 기업과 만나는 모든 접점에서 고객이 만족한 경험을 갖게 하여 고객에게 해당 기업이나 상품에 대한 긍정적 인식을 형성·확대 시키고, 이를 통해 잠재 고객은 최초 구매를 하도록 하고 기존 고객은 반복구매를 유도함으로써 경영 성과를 제고하는 경영 방식이다.

고객 경험관리는 자사의 제품 및 서비스를 접하는 모든 접점에 있어서 고객의 경험을 좋게 만들어가는 활동이다.

고객 경험관리의 정의는 기업이 고객과 만나는 모든 접점에서 고객이 겪게 되는 다양한 경험을 관리하여 만족한 경험을 가질 수 있도록 하고, 이를 통해 해당 기업의 상품 및 서비스에 대한 긍정적인 인식을 형성시켜서 고객의 구매의사 결정에 영향을 주는 고객관리 프로세스이다.

고객 경험관리는 결국 접점(touch point)관리이다. 고객은 TV, 인터넷, 매장, 친구 등 수많은 접점을 통해 기업의 제품이나 서비스를 경험하게 된다. 이처럼 다양한 접점에서 느끼는 경험은 해당 기업이나 브랜드에 대한 로열티를 만들기도 하고 파괴하기도 한다. 따라서 고객 경험관리의 핵심은 고객이 중요하게 생각하는 접점에서 기업과 고객이 긴밀한 유대관계를 맺는 기회나 여건을 제공하는 것이다. 경쟁사보다 품질이 우수하고 차별화된 경험을 제공해야만 고객과의 지속적인 관계를 형성 및 유지할 수 있고 결과적으로 고객의 로열티를 높일 수 있다.

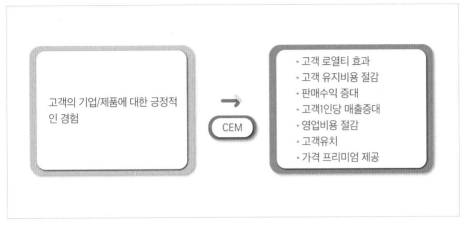

출처: Schmitt, B.H.(2003). Customer experience management

📖 **그림 8-1** CEM의 목적 - 고객 로열티 효과

모든 접점에서 기대이상이 되는 경우 긍정적인 경험이 발생하게 된다. 이런 긍정적인 경험이 만족이 되고 긍정적인 경험은 곧 로열티를 이끌어내는 것이다.

따라서 고객의 로열티를 이끌어내기 위해서는 긍정적인 경험을 할 수 있도록 경험관리를 해야 한다.

고객경험을 관리하기 위해서는 경험품질의 차원을 기대대비 차이에 의한 만족도가 아닌 전반적인 지각과 가치를 기반으로 한 총체적 감정이 내포된 고객경험을 이끌어 낼 수 있다. 즉, 각 접점의 모든 순간의 경험이 아니라, 경험한 부분의 감정들이 전반적으로 느끼게 되는 감정적 경험이 훌륭하도록 관리해야 한다.

② 고객경험과 고객가치

고객경험관리 모델에서 브랜드경험과 고객 인터페이스, 혁신은 고객가치를 만들어내는 중요한 요소이다.

고객관리에 대한 대부분의 이론과는 다르게, CEM은 전략과 실행을 명료한 이론 구조 내에서 모두 포함하고 있다. 처음 두 단계는 전략적인 고려사항을 다루는 것으로 고객의 경험세계를 분석하고 경험적 기반을 확립하는 내용을 담고 있다. 다음 세 단계는 실행단계로서 고객의 브랜드경험, 고객 인터페이스 그리고 지속적인 혁신을 다루고 있다.

더욱이 CEM이론에서 전략과 실행은 각 단계가 그러하듯 서로 긴밀히 연결되어 있다. 제품을 보고 느끼는 것, 커뮤니케이션, 고객이 요구하는 서비스와 정보, 사용상황에 맞추어 서비스나 제품을 추가로 제공하여 고객의 경험을 강화하는 것 등이다. 이런 모든 고려사항들은 지속적인 혁신을 창출하는 데 그리고 브랜드경험 및 고객 인터페이스를 실행하는 데 크나큰 도움이 된다.

첫째, 브랜드경험은 보통 고객확보에 영향을 미친다.

브랜드경험은 경험적 제품특성, 형태와 느낌, 경험적 커뮤니케이션에 대한 고객의 인식을 나타낸다. 서비스의 경험적인 면과 형태와 느낌은 경험적 커뮤니케이션을 관리하고 개선하게 된다. 이는 브랜드경험의 가치를 증가시키면서 새로운 고객을 유치할 수 있게 된다.

둘째, 고객 인터페이스는 고객보유에 영향을 미치는 요소이다.

인터페이스는 고객과 기업이 주고받는 것이고 고객이 만족하면 재 구매하게 되고, 그렇지 않다면 구매하지 않는다. 따라서 고객 인터페이스는 지속적으로 고객을 보유할 수 있는지를 결정하는데 가장 중요하다. 고객들이 인터페이스를 쉽게 이용할 수 있고 편리하고 재미있게 새로운 가치를 창조하게 된다면 충성고객으로 전환될 수 있을 것이다.

셋째, 혁신은 고객가치를 창조하는데 중요하며 부가판매에 결정적인 역할을 한다.

고객은 대부분 이전에 이용하던 서비스를 재 구매하는 경향이 있다. 하지만 고객에게 제공하는 부가 서비스 또한 새롭고 혁신적인 것이어야 한다.

고객경험과 가치는 고객을 획득하고 유지하며 오랜 기간에 걸쳐 그들에게 더 좋은 서비스를 지속적으로 제공하는 것이다. 충성도가 높은 고객은 높은 구매량과 주위에 좋은 구전을 전파해서 잠재고객을 충성고객으로 전환할 수 있게 한다.

고객가치를 관리하기 위해서는 CEM을 이용함과 동시에 고객경험과 고객가치를 강화시키기 위해 조직적으로 무엇이 필요한지에 대해 고객들을 철저하게 분석하고 욕구를 파악하기 위해 항상 적극적이어야 한다.

② 경험적 가치

① 경험적 가치의 개념

가치는 내가 주는 것 대신에 내가 얻는 것을 말한다. 즉 주고받은 요소들에 대한 전반적인 평가라고 할 수 있으며, 환대산업에 있어서 전형적으로 고객이 얻을 수 있는 이익으로 분류되며, 습득하고 소비되기 위해 주어지는 것이다.

가치의 개념은 지각된 가치, 소비 가치, 실용적 가치와 유희적 가치, 그리고 경험적 가치 등 다양한 용어와 차원으로 제시된다. 경험적 가치는 서비스 생산·소비 과정에서 경험하게 되는 소비자의 기분, 감정과 관련되는 내재적인 반응이다.

경험적 가치는 소비자가 소비환경 내에서 경험을 통해 지각하는 내재적·외재적 혜택과 그에 따른 교환 가치를 말한다.

소비자의 소비 경험에서의 가치는 쾌락적 가치(hedonic value)와 기능적 가치(functional value)를 모두 포함하고 있다.

소비자가 서비스와 제품을 직접 사용하거나 경험 등의 활동을 바탕으로 한 선호도로서 경험적 가치를 정의하고 있다. 정신적, 육체적, 감정적, 지적 차원의 이벤트에

참여하는 개인의 내부에서 발생하는 것으로 이벤트와 개인의 상호작용으로 발생하는 것이 경험적 가치이다. 경험적 가치는 즐거움 이외의 다양한 정서적 가치에 대한 측정이 가능한 가치이며 구매자 만족을 포함하는 것이다.

서비스 인카운터를 경험한 소비자의 인지적 평가로서 서비스 당시에 느끼는 속성 또는 서비스 수행에 대한 구매자들의 선호 인지도를 경험적 가치로 인정하고 있다.

국내의 경험적 가치는 소비 경험을 통해 소비자가 인지한 혜택과 그에 따른 소비 가치와 소비자 만족을 포함하는 개념으로, 경험적 가치로서 고객이 경험하는 서비스와 재화의 교환 가치라고 할 수 있다.

2 경험적 가치의 구성요소

경험적 가치는 고객의 경험으로부터 얻어진 가치이기 때문에 제품이나 서비스의 가치와는 구별된다. 경험의 종류에 따라 차별적이기 때문에 개인의 주관적이고 또한 감정적인 반응에 초점을 두고 실용적인 측면과 감성적, 감각적인 측면의 가치 차원도 포함되어야 한다.

경험적 가치를 구성하고 있는 요인들을 살펴보면,

첫째, 소비자 효용성은 수익을 이끌어 낼 수 있는 경제적, 시간적, 행동적, 정신적 자원의 투자대비 가치를 의미한다. 소비자들은 이러한 가치를 경제적 이익으로 경험하게 되는데 이는 적정 가격 또는 기대 이상의 품질을 지각함으로써 얻게 된다.

둘째, 서비스 우수성은 서비스 종사원의 전문성과 서비스의 전반적인 우수성에 대한 지각을 통해 얻는 가치이며, 소비자가 적극적으로 추구하지는 않는다.

셋째, 유희성은 소비자들이 서비스나 제품을 구매하는 목적과는 직접적인 관계가 없지만, 이를 통해 즐거움과 재미를 추구하는 유희적 가치를 말한다.

넷째, 심미성은 소비자가 물리적 환경의 디자인이나 색상, 관련 요소들이 감각적으로 흥미롭다고 생각되면 이를 즐길 수도 있다. 물리적 환경이 제공하는 시각적, 청각적 미학 요소들로부터 소비자가 느낄 수 있는 가치를 말한다.

3 CRM에서 CEM으로의 변화

고객에 관한 기업의 관심은 과거 규모의 경제를 통한 경험곡선 효과와 시장점유율을 통한 사업 성장에서 성장엔진과 수익엔진을 전략적으로 결정하여 사업 포트폴리오를 구성한다. 사업단위 전략의 정통적 마케팅 전략이 고객의 다양한 욕구충족과 IT의 발달을 무기로 한 무형 제품인 서비스 산업의 발달에서 고객점유율에 대한 필요성에 대해 인지하게 되었다.

이러한 제품 중심에서 고객 중심으로, 매스 마케팅전략에서 일대일 마케팅 전략으로, 규모의 경제에서 범위의 경제로의 빠른 변화는 고객과의 관계형성과 유지 전략을 수행할 수 있는 CRM(고객관계관리)의 발전을 야기하였다.

Schmitt 교수의 Experiential Marketing의 저술에서 제품의 경험적 측면과 차별화에 대한 내용이 다음과 같이 소개되고 있다.

"전통적 마케팅이 주로 제품의 속성과 편익을 강조하고, 마케팅 자극에 따른 소비자의 정보처리 과정을 중심으로 설명했다면, 최근의 마케팅 논리는 소비자 의사결정에 영향을 미치는 경험적 소비를 설명하는 방향으로 옮겨지고 있다."

CRM이 구매고객에 대한 데이터 분석과 이를 이용한 고객 행동의 유도에 집중하지만 실질적 고객관계 관리로서 성과를 내지 못하고 있다. 고객의 니즈 분석과 고객 평가와 같은 고객 만족 개념에서의 기업과 상호작용적인 데이터 분석만 가지고는 의미 있는 차별적 요소로서 구매자들이 가치적이라 느끼지 못한다.

이러한 데이터 분석은 소비자의 행동, 즉 고객의 소비패턴에 대한 분석에 맞추어진 CRM 초점에서 개선되어야 한다.

특히 기업들이 고객에게 제공하는 가치적인 요소로서 기존의 고객 만족 추구와 고객과의 관계 확립의 중요성에서 고객의 피드백과 고객접점 연결의 대응기법에 관심을 두었다면, 확장된 고객의사 결정시 경험과 사용과정의 경험, 사용 후 인지되는 고객의 다양한 부문에서 제품과 회사 그리고 고객의 전반적인 경험을 전략적으로 관리하는 프로세스가 필요하다.

⏱ 표 8-1   CRM과 CEM의 비교

구분	고객관계관리(CRM)	고객경험관리(CEM)
등장배경	고객확보 경쟁의 증가, 시장세분화, 대중마케팅의 비효율성, 고객협상력 증가, 정보기술의 발달	정보기술, 브랜드, 통합적 커뮤니케이션과 라이프스타일에 맞는 제품과 커뮤니케이션의 기대
기능	잠재고객의 추출, 구매 고객으로의 전환, 고객획득 비용감소, 이탈고객의 재 방문	쇠퇴하는 브랜드 향상, 경쟁자로부터 제품차별화, 기업이미지와 아이덴티티 수립, 혁신의 촉진, 구매와 재구매의 유도
역할	고객 니즈의 분석과 고객에 대한 평가와 세분화, 개인화 및 맞춤화, 고객이탈방지	고객의 기대가치와 상품 및 서비스에 대한 보다 나은 고객경험의 생성
목표	핵심고객의 발굴, 관계의 넓이와 깊이의 확대, 고객네트워크에 대한 전략적 활용	차별적 요소(감각적 소구) 촉진적 요소(최상의 자극) 가치제공적 요소(결과를 통한 독특한 가치의 제공)
기대성과	최적의 마케팅 프로세스, 효율적인 현장지원, 다양한 채널의 통합적인 운용	전환구매, 충성 고객화에 의한 재구매, 긍정적 구전의 확산

4 새로운 접근방법, CEM

CEM은 접근방식으로 서비스나 회사에 대한 고객의 전반적인 경험을 전략적으로 관리하는 프로세스를 말한다. 고객경험관리는 마케팅 컨셉이 아니라 완전한 고객중심 경영전략이다. 또한 결과가 아니라 과정에 중점을 두는 고객만족 개념이다.

CEM은 단순한 고객관리 기록에서 벗어나 풍부한 고객관계 구축으로 옮겨가는 개념으로서 CRM을 넘어서고 있다.

고객경험관리는 서비스 판매 이전과 이후에도 정보와 기타 서비스를 제공하는 등 고객과 지속적으로 상호작용을 하도록 유도한다. 고객이 감동적인 경험을 갖도록 하는 것이다. 이와 같이 고객경험관리는 고객의 충성도를 유발시켜 기업 가치를 더해준다. 그리고 조직에 대한 통합적인 접근방식을 통해, 회사 밖에서 내부를 보는 시각뿐만 아니라 내부에서 내부를 보는 시각까지도 인식할 수 있도록 한다.

고객이 즐거운 경험을 갖도록 하려면 직원들 또한 업무를 확실히 꿰뚫고 있어야 하고 동기부여가 되어야 하며 혁신적인 사고방식을 지니고 있어야 한다.

CEM은 고객에게 경험적인 가치를 부여하면 회사가 이를 경제적 가치로 돌려받을 수 있다는 것을 깨닫게 해주는 실용적인 관리도구라 할 수 있다.

CEM 방법론은 제품의 기능적 특징에 대한 파악이나 개선사항뿐만 아니라, 고객의 의사결정, 구매, 사용과정 전반에 초점을 맞추고 있기 때문에 고객경험을 전반적으로 파악하는데 도움이 된다.

고객 경험은 지속적으로 고객을 만족시키는 동시에 이익을 창출해낼 수 있는 서비스를 만들어 낼 수 있다. 고객 경험 중심의 접근방식은 사회문화적인 배경과 비즈니스 환경 전반에 대한 폭넓은 접근을 통해 시장과 경쟁자를 파악하는데 도움을 줌으로써, 기업은 여기서 얻은 통찰을 활용하여 신제품을 개발하고 출시할 수 있다. CEM이란 바로 이런 접근 방식이다.

간단히 말하면, CEM은 서비스나 회사에 대한 고객의 전반적인 경험을 전략적으로 관리하는 프로세스를 말하며, 마케팅 컨셉이 아니라 완전한 고객중심 경영전략이다. 또한 결과가 아니라 과정에 중점을 두는 고객만족 개념이다.

그러면 CEM이 전통적인 마케팅 전략과는 어떻게 차별화되는가?

첫째, 전통적인 마케팅 전략은 제품 중심이지 고객 중심이 아니다.

전통적 마케팅 전략을 구사하는 많은 매니저들은 여전히 제품 최우선 정책을 고집하고 있다. 대부분의 마케팅 부서는 제품분류를 기준으로 조직화 되며, 동일 제품을 최대한 많이 판매(소품종 다량판매)하는 것에 초점을 맞춘다. 이때 고객이 누구인지는 중요하지 않다. 전통적인 마케팅에서는 본래 우수한 제품을 여러 고객층에게 반복하여 판매하는 것을 목표로 추구하지 않기 때문에, 고객을 깊이 있게 이해하는 데는 무관심하다.

둘째, CEM이론은 경제학, 심리학, 사회학적 분석이 뒤죽박죽 섞여 있는 전통적인 마케팅전략 모델보다는 개념적으로 훨씬 더 빈틈이 적다.

전통적인 마케팅 전략모델의 부정확한 개념과 방법론을 이용하여 고려해야 할 요

소들을 단순히 나열한 것에 지나지 않는다. 이 모델은 경쟁분석 같은 특별한 요소 하나에 초점을 맞추게 되면, 게임이론과 같은 세부사항에 지나치게 매달려 실질적인 타당성을 잃어버리고 모델은 수렁 속으로 빠져들게 된다.

대조적으로 CEM모델은 올바른 균형감각을 유지하면서 고객경험 관리라는 목표에서 이탈하는 일이 없다.

그러면 CEM 이론은 무엇이 독특한가? CEM은 분석적이면서도 창조적이다.

CEM이론에는 분석과 창의적인 내용이 함께 포함되어 있다. CEM이론은 매우 잘 조직화되어 있는 이론으로 내부적인 일관성을 유지하고 있다. 새로운 개념과 독특한 도구를 가지고 이론을 만들었기 때문에 창의적이며 고객을 깊이 있게 통찰할 수 있는 독특한 조사기법이 사용되었다.

CEM은 전략인 동시에 실행방법이다.

대부분의 고객 관련 이론은 전략에만 관련되어있거나 실행에만 관련되어 있다.

일반적인 경영 컨설팅회사가 개발한 이론은 기업전략, 가치사슬, SWOT분석 등의 한계를 벗어나지 못한다.

CEM은 내부고객과 외부고객 모두에 초점을 맞춘다.

CEM의 주요 관심사는 외부고객의 경험이지만 내부고객의 경험에도 관계한다. 이는 직원들이 회사와 그들의 직무에 대해 어떻게 느끼며 어떤 경험을 하고 있느냐에 따라 고객과의 상호교류를 통해서 고객에게 올바른 브랜드경험을 제공하고, 고객과 직접 대면하거나 전화나 인터넷 상으로 응대함으로써 고객 인터페이스를 강화하며, 지속적인 혁신을 추구하는 데 커다란 차이가 나타난다.

CEM은 결코 정형화된 틀이 없는 비즈니스 철학이 아니다. CEM은 고객에게 경험적인 가치를 부여하면서 회사가 이를 경제적 가치로 돌려받을 수 있다는 것을 깨닫게 해주는 실용적인 관리 도구이다.

① CEM 기본구조

CEM이론은 기본적으로 3단계로 이루어져 있다.

CEM이론을 현장에 적용할 때 굳이 순서에 얽매일 필요 없이 유연성을 가지고
접근해도 된다.

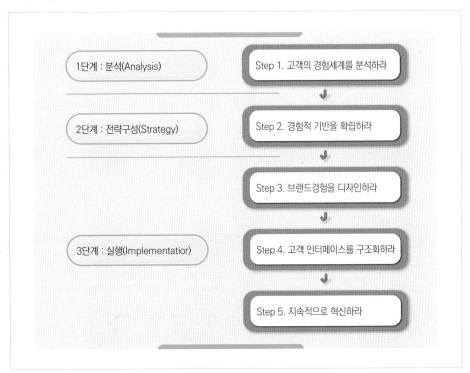

출처 · Bernd H. Schmitt, Customer Experience Management, 2003

🖳 **그림 8-2** CEM 이론구조

1) 제 1 단계 : 분석(Analysis)

Step 1. 고객의 경험세계를 분석하라

소매시장에서 고객의 사회문화적 환경 특히 고객의 니즈와 욕구뿐 아니라 라이프
스타일을 분석하는 것이 매우 중요하다. 기업 간 거래, 즉 B2B시장에서는 고객경험
에 영향을 줄 수 있는 비즈니스 상황에서의 요구와 그에 대한 대안을 분석하는 과정
이 있어야 한다. 라이프 스타일과 비즈니스 트렌드가 소비자 상황, 더 나아가서는 브
랜드에까지 영향을 미치게 된다.

이러한 1단계의 개념과 방법론을 이용해서 사용자와 소비 상황에서 새로운 수익

을 창출할 수 있는 영역을 찾아보면 상황이나 그와 관련된 경험에는 광범위한 사회 문화적 경향이 반영된다. 예를 들어 특별한 사람과 영화에서처럼 커피를 함께 마시기, 힘든 하루를 보내고 난 후 조용히 커피 한잔으로 하루를 마감하는 시간을 갖기, 스트레스를 해소하기 위해 나만이 아는 한적한 도로를 달리며 기분 내기와 같은 상황이다.

이러한 상황과 고객 경험을 조사한 다음, 자사의 브랜드가 다른 다양한 브랜드와 경쟁사의 틈바구니 속에서 그러한 상황에 꼭 맞는 제품이 될 수 있는지를 조사해야 한다. 그럼 어떻게 하면 고객의 경험세계를 정확히 분석할 수 있는가?

① Target 고객을 규정하라

Target 고객을 정확히 규정하는 것은 고객의 경험세계를 분석하는 첫 번째 단계로 고객의 유형에 따라 경험의 종류도 달라진다. 서비스를 구입한 사람이 실제로 서비스를 이용하는 사람인지, 얼마나 자주 그 서비스를 이용하는지, 고객이 브랜드에 얼마나 충성스러운지 등에 따라 고객이 원하는 경험의 종류가 달라진다.

② 경험세계를 분류하고 체계화하라

고객 세계를 넓은 범위의 일반적인 경험에서부터 브랜드경험에 이르기까지 4개의 층으로 나누어 살펴봄으로써 고객 경험세계를 명확히 파악할 수 있다.

2) 제 2 단계 : 전략구성(Strategy)

Step 2. 경험적 기반을 확립하라

경험적 기반은 분석과 실행사이에 전략적인 연관성을 제공한다. 경험적 기반은 고객의 경험세계에 대한 통찰력을 이용하는데 이는 CEM 이전 단계에서 실행한 철저한 분석에서 나온다. 경험적 기반은 3개의 실행 단계(브랜드 경험, 고객 인터페이스, 혁신)에 근거를 제공하며 기업과 브랜드 혹은 서비스가 의미하는 것을 효과적으로 고객에게 전달하며, 기업이 제공하는 가치가 무엇인지 고객이 인지할 수 있게 해 준다.

이러한 경험적 기반은 몇 가지 경영상의 이점을 확보할 수 있게 하는데,

첫째, 경험적 기반을 통해 고객에 대한 통찰력을 확보할 수 있다.

둘째, 경험적 기반은 고객과 기업간의 관계를 조정하는 역할을 한다.

셋째, 경험적 기반은 독특하기 때문에 전략실행을 위한 훌륭한 밑그림을 제공한다.

① 경험적 포지셔닝(Experiential Positioning)

경험적 포지셔닝은 브랜드가 나타내고 있는 경험을 이미지 중심적으로 묘사한 것이다. 경험적 포지셔닝은 충분히 실체가 있어야 한다. 그것으로 무엇을 해야할지 즉각 알 수 있어야 한다. 동시에 경험적 포지셔닝은 흥미를 돋우는 것으로 전략을 혁신적으로 실행할 수 있다.

기업의 경험적 포지셔닝은 환경 변화에 대한 대응뿐만 아니라 조직내부의 일관성 있는 통합을 통해 고객에게 전달되어야 한다. 조직 내부의 통합은 기업이 자사의 고객에게 모든 고객 접점에서 일관성 있게 특정한 경험을 전달하겠다고 약속하는 것이 시작점이 된다.

② 경험적 가치약속(Experiential Value Promise : EVP)

경험적 가치약속은 경험적 포지셔닝을 통해 고객에게 무엇을 해줄 수 있는지 정확하게 인지시키게 된다. 즉 경험적 가치약속은 기업이 그것을 지키지 않으면 안되는, 고객에 대한 경험약속을 하는 것이다.

경험적 가치약속을 구체적으로 설명할 때, 경험의 유형에 따라 생각하는 방법이 유용하다. 이 유형에는 감각경험, 감정경험, 인지경험, 행동과 라이프 스타일에서 얻는 물리적 경험, 그리고 준거집단이나 문화와의 관계에서 오는 사회적 정체성 경험 등이 있다.

- 감각 경험(sense experience)은 오감에 호소한다. 즉 고객의 가치는 시각과 청각, 촉각, 미각, 후각을 통해 만들어진다.
- 감정 경험(feel experience)은 고객의 내적인 느낌과 정서에 호소한다. 즉 고객의 가치는 감정적 경험을 통해 형성된다. 감정 경험에는 브랜드와 연관된 다소간의 긍정적인 느낌에서부터 즐거움과 자부심이라는 강렬한 감정

에 이르기까지 다양한 종류가 있다.

- 인지 경험(think experience)은 지성에 호소한다. 즉 지성을 통해 고객의 마음을 창의적으로 끌어들임으로써 고객을 위한 가치를 창출한다.
- 행동 경험(act experience)은 행동과 라이프 스타일에 호소한다. 즉 소비자에게 는 다른 방식의 라이프 스타일을, B2B 시장이나 산업용품 시장에서는 다른 비즈니스 방식을 보여줌으로써 고객을 위한 가치를 창출한다.
- 관계 경험(relate experience)에는 사회적 경험이 포함된다. 이 경험은 고객에게 사회적 정체성과 소속감을 제공함으로써 고객을 위한 가치를 창출한다.

CEM 프로젝트가 오직 한 가지 유형의 경험만으로 끝나는 일은 거의 없다.

성공을 거둔 CEM프로젝트라면 여러 가지 경험이 혼합된 경우가 많다. 이상적으로 말하면 경영자는 전략적인 노력을 통해, 감각과 감정, 인식, 행동 및 관계의 성질을 동시에 모두 갖고 있는 통합적인 경험을 창출해 내야 한다.

3) 제 3 단계 : 실행(Implementation)

Step 3. 브랜드 경험을 디자인하라

브랜드를 경험한다는 의미는 브랜드화된 고객경험에 대한 깨달음이다.

기업은 브랜드와 그것이 상징하는 것을 가지고 시작하며, 이후에 의도적으로 고객에게 전달하면서 경험을 창조한다.

브랜드를 경험하는 것은 브랜드와 희망하는 가치로 시작되며, 중점고객을 위한 약속으로 바꾸고, 브랜드를 생생하게 제공할 수 있는 방법으로 약속을 제공한다.

브랜드 경험을 기획하고 디자인하기 위해서는 경험적 기반의 실행테마를 종합적으로 이용해야 한다. 브랜드 경험은 동적이거나 고객맞춤식이 아니며, 미리 기획된 정적요소를 통해서 발생한다. 그러나 어떤 상황에서는 정적요소와 동적 요소를 동시에 겪기도 한다.

① 제품 경험(Product Experience)

제품은 고객경험의 핵심이라 할 수 있다. 물론 고객경험에는 제품의 기능적 특징,

즉 그 제품이 얼마나 잘 작동하는가 하는 점이 포함된다. 하지만 고급 제품을 흔하게 구입할 수 있는 요즘 그러한 기능적 특징은 별로 고려대상이 되지 못한다. 소비자들은 자기가 구매한 컴퓨터나 냉장고, 자동차 등이 제 기능을 수행하는 것은 당연하다고 여긴다. 소비자에게는 다른 제품의 특성들이 더 중요하다. 이러한 경험적 특성들이 바로 고객의 브랜드 경험의 발판 역할을 한다.

② 보고 느끼기(Look and Feel)

제품을 보고 느끼(브랜드 아이덴티티)는 것은 브랜드 경험의 또 다른 주요 측면이다. 고객은 단지 제품의 특성만을 보고 사는 것이 아니다. 고객은 제품의 용기나 포장에 씌워진 상표, 로고, 표식 등을 함께 사는 것이다. 또 제품을 사는 곳은 제품이 일정한 방식으로 전시되어 있는 매장이나 인터넷이다. 그러므로 외관과 분위기에는 상표나 로고나 표식 같은 시각적 정체성, 포장, 매장디자인, 상품기획, 웹 사이트의 그래픽 디자인 요소 등이 포함된다.

최근에는 제품 포장에 좀 더 상세한 정보를 담는 경향이 있는 것이 사실이다.

이때 BI의 일부로 나타나는 이미지나 메시지 안에는 새로운 경험적 방식이 함께 담긴다.

③ 경험적 커뮤니케이션(Experiential communications)

전통적인 광고와 커뮤니케이션이 말하는 보편적 개념 중 하나는 고유 판매제안(unique selling proposition : USP)이다. 이는 제품 중심적인 개념이고 결과 중심적이다. 이 개념은 판매실적에만 중심을 두고 있는데, 광고업자들이 광고의 효력을 증명해야 하기 때문이다. 그러나 제품에는 그 특성과 이점, 판매성과 이상의 것이 있다. 이제 USP를 ESP, 즉 경험적 판매 패러다임(Experiential Selling Paradigm)으로 대체해야 한다.

이것은 브랜드 경험을 시행 할 때 광고를 어떻게 활용할 수 있는지 설명해준다. ESP는 경험적 기반과 그 기반의 세 가지 요소인 경험적 포지셔닝, 경험적 가치약속, 종합적 실행 테마에서 발전한 것이다. 즉 광고와 매체는 중심 역할을 해야 하는가, 보조 역할을 해야 하는가? 어떤 매체를 선정해야 광고가 가장 효과적이 되고, 다른 경험 제공자들도 효과를 거둘 수 있도록 보장해주는가? 하는 것과 연관이 있다.

Step 4. 고객 인터페이스를 조직화하라

고객 인터페이스는 경험적 기반의 두 번째 핵심 실행 영역이다. 고객 인터페이스는 브랜드 경험을 통해 만들어진 고객경험을 강화시키기도 하고 악화시키기도 한다. 그러므로 고객 인터페이스는 경험적 기반의 종합적 실행테마를 따라야 하며 내용과 형태는 고객정보에 기반을 두어야 한다.

이에 가장 선행해야 할 질문들은 실행과 연관된 것이어야 한다.

즉 고객이 매장에서 무엇을 하고 싶어 하는가? 고객은 어떤 후속조치를 바라는가? 고객은 웹 사이트에서 무엇을 하고 싶어 하는가? 등과 같은 질문이어야 한다. 또한 기업은 고객 인터페이스를 고객의 경험세계에 대한 이해를 바탕으로 해서 창출한 경험적 기반에 연결시켜야 한다. 즉 고객 인터페이스의 일부로 나타나는 역동적인 교류와 상호작용과 같은 요소들조차도 제품의 이미지나 제품의 외형과 분위기, 나아가 모든 브랜드 커뮤니케이션을 강화하고 증진시킬 수 있어야 한다. 더구나 기업의 혁신 정책은 미래를 내다보며 고객 인터페이스에 대해 새롭게 접근하는 방법론을 포괄하고 있어야 한다.

고객 인터페이스를 조직하고 고객의 접점들을 통합하려면 기업은 3가지 핵심이슈, 즉 본질과 융통성의 적절한 조화, 스타일과 내용의 적절한 조화, 고객 인터페이스를 지속하는 시간에 대해서 살펴보아야 한다.

① 본질과 융통성

고객 인터페이스를 조직하기 위해서는 그것의 본질(Essence) 즉 주요 작용, 상호 작용, 교환 등을 이해할 필요가 있다. 즉, 고객을 어떻게 맞이할 것인가? 고객과 접촉하는 동안에는 어떻게 해야 하는가? 사후 조치는 어떻게 해야 하는가? 등이 있다.

한편으로 융통성(Flexibility) 또한 중요한 문제이다. 융통성은 판매 공간을 활기 넘치는 곳으로 바꾸어 놓는다. 융통성으로 인해 고객은 서비스 직원을 로봇이 아닌 인간으로 인식하게 된다. 융통성은 고객 인터페이스가 신선하고 현대적으로 느껴지게 하기 위해서도 필요하다.

② 스타일과 내용

올바른 고객 인터페이스는 스타일과 내용의 적절한 조화를 담고 있어야 한다. 스타일이란 고객 인터페이스의 본질과 융통성을 표현하는 방식을 뜻한다. 내용은 그와 관련된 실체를 뜻한다.

인터페이스는 흔히 불균형을 이루는 경우가 많다. 스타일이 너무 과한데 반해 판매내용이 너무 부실한 경우가 이에 속한다. 어떤 웹 사이트는 스타일 면에 너무 치우쳐서 화려한 애니메이션을 너무 많이 제공한 결과, 고객에게 방해가 되는 경우도 많이 있다. 그러므로 매장이든 웹 사이트든 즐거운 고객경험을 위해서는 스타일과 내용의 조화가 꼭 필요하다.

- 접촉 시간

인터페이스 교류와 상호작용은 그 본질상 시간이 흐르면서 확대된다.

따라서 시간의 경과에 따라 고객과의 접촉을 어떻게 단계적으로 조정해 나가야 하는 문제가 발생한다. 고객에게 즐거운 경험을 주기 위해서는 어떻게 고객접촉을 시작해야 하는 걸까? 그 접촉은 얼마나 지속시켜야 할까?

구매로 전환되는 핵심 포인트는 언제일까? 고객은 언제 떠나는 것이 바람직하며, 기업은 어떻게 하면 고객이 되돌아오게 만들 수 있을까?

어떤 유형의 인터페이스를 조직하건 고객에 대한 연구는 이 3가지 이슈를 규명하는 과정이어야 한다.

Step 5. 지속적으로 혁신하라

CEM의 관점에서 볼 때 혁신에는 여러 가지 종류가 있다. 우선 획기적인 제품이 있다. 이는 고객경험을 완전히 바꿀 수 있는 매우 혁신적인 제품을 말한다. 획기적인 혁신 외에도 기존의 제품이나 고객 인터페이스에 대한 작은 혁신 또한 고객경험을 강화시킬 수 있다. 혁신은 사업 확장과 브랜드 다각화를 가능하게 해 준다. 마지막으로 몇 가지 마케팅 혁신은 신제품 출시와 특별 행사, 광고와 판매촉진, 그 외에 고객을 위한 중요한 활동에서 독창성을 갖도록 해 준다.

이러한 혁신은 어떻게 고객경험에 기여하는가?

첫째, 혁신은 기업의 가치를 증대시킨다.

기업은 지속적으로 혁신을 만들어감으로써 제품의 기능을 강화할 수 있는 새로운 보조 장치를 개발하거나 기존제품의 특성을 살린 새로운 버전을 만들어낸다.

둘째, 혁신은 새로운 해결책과 새로운 경험을 제공함으로써 고객들의 삶을 개선시킨다.

새로운 제품이 시장에 진입하고 성공적인 제품은 판매가 최고조에 도달할 때까지 성장을 거듭하지만, 더 새로운 제품이 그것들을 대신한다.

기술혁신을 추진할 수 있는 기업은 사람들의 삶을 개선하여 엄청난 경험적 가치를 더하게 된다.

셋째, 혁신은 참신한 이미지를 표현할 수 있다.

더 이상 참신하게 여겨지지 않는 기업은 고객을 잃게 된다. 유용한 제품을 만들어 낼 수는 있겠지만, 회사는 구식이고 유행에 뒤떨어졌다는 이미지를 얻게 될 것이다. 고객들은 혁신적인 접근법을 보여주는 경쟁사로 옮겨 갈 것이다.

① 고객경험과 혁신전략

혁신은 고객경험에 매우 강력한 영향을 미치기 때문에 회사는 고객경험을 빨리 파악하고 그에 따라 처음에 수립한 혁신의 지속과 변경전략을 새로운 개발과 마케팅 성과에 포함시킬 필요가 있다. 이것은 회사가 앞으로 몇 년 동안 추구할 혁신 전략을 채택하는 데 길잡이가 될 것이다.

최소한 회사는 우선 주요한 대안이나 작은 혁신들, 마케팅 혁신 중 어느 것을

통해 경험적 혁신을 제공할 것인지 아닌지를 먼저 결정해야 한다. 또한 혁신이 가능한 응용제품이나 제품군을 선별하여 회사가 취할 수 있는 방안을 일일이 나열해 보는 것도 상당한 도움이 될 수 있다.

② 고객경험과 신제품 개발

바람직한 고객경험은 회사의 근본적인 목표이기 때문에 획기적인 혁신을 지향하는 회사는 제품 개발 과정에 고객경험을 포함시켜야 한다. 제품개발의 각 단계에서의 고객의 경험 세계를 이해하고 그에 따른 디자인을 다음 단계의 연구 과제를 포함시키는 것이 중요하며 고객들로부터 자주 의견을 받는데 주저하지 말고, 독창적인 방법으로 응용과 해결책을 개발해야 한다.

② 초연결 시대의 고객 경험관리

고객 만족 경영과 고객 경험관리는 기존 고객을 대상으로 고객과의 접점에서 만족스러운 경험을 제공함으로써 재 구매 및 신규고객을 유도한다는 점은 같다.

하지만, 고객 경험관리는 고객과 접촉하는 경험의 과정을 세부적으로 나누어 긍정적으로 전략을 설계하고 실행하는 접근방법 이다. 고객 경험관리는 자사 서비스를 이용해보지 않은 잠재 고객들에게도 접촉하여 만족한 경험을 하도록 한다. 이런 경험을 통해서 구매에 영향을 미치도록 노력하여 잠재고객까지 그 대상에 포함시켜 신규 고객으로 끌어들인다는 점에서 고객 만족 경영과 뚜렷한 차이를 보이고 있다.

5 더 나은 고객 경험 디자인

기업의 고객센터에 문의하는 고객은 긍정적인 감정보다 부정적인 감정 상태에 놓여 있을 가능성이 높다. 무엇인가에 화가 나 있거나 불편 또는 불만이 있는 상태일 것이다. 부정적인 감정 상태에서는 부정적인 고객 경험이 만들어지게 된다. 실제로 많은 고객이 고객센터와 통화를 하는 동안 처음의 감정과 기대가 점점 하락하는 경험을 한 것으로 나타났다. 고객의 경험을 부정적으로 만드는 주요 원인은 다음과 같습니다.

① 서비스 수준 : 상담원과 통화를 하기 까지 너무 오래 기다린다.
② 통화량 또는 다량의 문의 수 : 의도치 않게 전화를 많이 해야 하거나, 특정 문제에 대해서는 여러 단계의 라우팅을 거치게 된다.
③ 정책 : 회사에서 정의한 정책과 절차에 의해 고객은 원하는 답변을 받기 어려운 경우가 종종 있다.

고객 경험은 고객이 구매 전후에 기업과 비즈니스적으로 상호작용하는 것을 의미한다. 좋지 않은 서비스를 경험한 고객은 더 나은 서비스를 제공하는 브랜드로 전환하는 것을 두려워하지 않는다. 기업은 완벽한 제품을 생산하려고 노력하는 것처럼, 더 나은 고객 서비스를 만들기 위해서 더 많은 투자와 노력이 필요하다.

그렇다면 고객이 원하는 경험을 제공하기 위해서 고객센터에서의 경험을 어떻게 디자인하면 좋을까? 고객센터의 고객 경험 전략을 개선하려면 신중하고 장기적인 관점에서 접근해야 한다. 고객센터에 접근하는 고객 경험을 이해하려 하고, 고객 페르소나 관점에서 고객 경험 여정을 자세히 살펴봐야 한다. 고객의 기대를 충족하고 고객이 문제를 해결할 수 있도록 쉽고 직관적인 프로세스로 개선하는 데 중점을 두어야 한다. 고객 경험은 고객이 고객센터와 상호작용할 때 마찰을 제거하거나 최소화하는 방향으로 디자인해야 한다.

결론적으로 기억에 남는 고객 경험을 제공하는 방법을 끊임없이 고민하는 것이 중요하다.

- 접근 용이성 : 고객은 특정 정보, 제품이나 서비스 구매, 질의, 불만 제기, 문제 해결을 위한 접근을 쉽게 할 수 있어야 한다.
- 접근 속도 : 좋은 고객 경험은 서비스 속도에 기인하게 된다. Customer Service Benchmark 조사 결과에 따르면, 고객의 서비스 요청 시점으로부터 최초 응답시간은 평균 12시간 정도 걸리는 것으로 나타났다. 고객은 빠른 시간 내 최소의 라우팅으로 원하는 정보나 문제해결에 접근할 수 있어야 한다.
- 상호작용의 품질 : 고객은 원하는 것을 더욱더 쉽고 효율적으로 받을 수 있어야 한다. 이 상호작용은 고객 경험을 향상하는 데 매우 중요한 요소가 된다.

상담원은 기업의 눈과 귀의 역할을 하게 된다. 고객이 진정으로 원하는 것이 무엇인지, 어떻게 하면 더 나은 고객 경험을 제공할 수 있는지를 알고 있다. 기업은 상담원들의 조언과 피드백을 수집·분석하고 상호작용하면서 상담원 또한 직원 경험으로서 향상해야 한다.

1 기억에 남는 고객 경험 서비스

고객의 기억에 남을 만한 경험을 제공하기 위해서는 자사의 고객과 고객 경험 여정을 이해하는 것이 중요하다. 이는 어느 한 사람의 고민만으로 접근하기 어렵다. 회사의 구성원 모두가 고객 중심적으로 사고하고 실천할 수 있는 조직 문화를 구축하고, 자유롭게 고객의 긍정적, 부정적 경험에 대해 이야기할 수 있어야 한다.

기업 입장에서는 다수의 고객이 눈에 보일 수 있다. 하지만, 고객입장에서는 하나의 기업만 보일 것이다. 기업과 1:1 관계를 형성하고 고객 자신만을 위한 개인화된 경험으로 서비스 받는 것을 기대한다. 또한 서비스는 언제 어디서든지 즉각적으로 쉽고 편하게 받을 수 있어야 한다고 생각할 것이다.

특별한 고객경험을 제공하기 위해서는 타겟 고객을 선정하는 것이다. 타겟 고객을 정확하게 규정하는 것은 고객의 경험세계를 분석하는 것이 우선 되어야 한다.

고객 유형에 따라 경험의 종류도 달라지게 된다. 예를 들어, 서비스를 누구와 함께 이용하는지, 얼마나 자주 구매하는지, 고객이 브랜드에 얼마나 충성스러운지 등에 따라 고객이 원하는 경험의 종류가 달라지게 된다.

2 고객 집착

1) 고객이 원하는 것을 제공 한다는 것은 고객 집착의 핵심 가치이다.

그렇지만, 항상 고객만을 우선으로 생각하라는 의미는 아니다. 고객이 무엇을 원하고, 원할 것인지 고객의 상황과 입장에서 함께 고민할 수 있는 조직적 사고가 필요하다는 것이다. 가장 효과적인 방법은 평소 상담원들이 스스로 생각하고 혁신적인 아이디어를 창출할 수 있는 기회를 자주 제공하는 것이다. 이는 스크립트로 해결할 수 없는 고객 문제에 봉착했을 때에도 도움이 된다. 실제로 고객은 본인의 질의에 대해 스크립트를 읽어 주는 것보다 자연스럽게 답변을 제시해 주는 것처럼 느꼈을 때, 더 높은 만족감을 느끼게 된다는 것이다.

상담원이 스크립트를 읽지 않는 것처럼 느껴졌을 때 고객 만족도가 더 높게 나타난다.

2) 기업은 항상 긍정적인 직원 경험이 만들어질 수 있도록 제고해야 한다.

좋은 고객 경험은 결국 좋은 직원의 경험에서 나오게 된다. 직원의 만족도가 높은 기업일수록 고객의 만족도도 높다. 따라서 고전적인 고객서비스에서 벗어나, 고객과 정서적으로 연결되어야 한다. 상담원의 감정은 고객을 대하는 과정에 영향을 미칠 수 있다. 아무리 부정적인 경험을 가진 고객이라 하더라도 상담원의 '친절' 앞에서는 감정을 내려놓을 수밖에 없다. 또한 상담원에게 필요한 인프라와 작업 환경을 제공하고, 자율적인 의사결정을 할 수 있게 지원한다면, 상담원의 만족도를 달성하는 데 도움이 될 것이다.

3) 모든 직원이 고객에게 좋은 경험을 제공하려면 기업의 핵심 가치를 공유해야 한다.

지속적으로 변화하는 고객 경험 여정에 대응하는 상호작용을 할 수 있도록, 직원의 역량과 변화 관리가 필요하다. 고객이 접근했을 때 상담원이 고객의 상황과 의도에 대해 이해하려는 것은 실질적으로 고객에게 개인화된 경험을 만드는 데 도움이 되어야 한다. 올바른 태도와 교육을 갖춘 상담원을 확보하는 것 또한 중요하다. AI 챗봇이 상담원을 완전히 대신할 수는 없다. 앞으로는 AI 기반의 자동화와 셀프서비스가 더욱 확대되겠지만, 상담원의 역할과 비중은 더욱 확대될 전망이다. AI는 여전히 복잡한 질의를 이해할 수 없으며, 특히 인간적인 문제에 대해서는 결코 해결할 수 없다는 것을 인지해야 한다.

4) 고객과 고객 경험 여정을 이해해야 한다.

고객에 대한 이해 부족으로 고객의 요구에 적절하게 응대하지 못하기도 한다. 고객은 개인화를 좋아하는 경향이 있다. 좋은 상호작용은 고객이 원하는 것과 필요로 하는 것을 아는 것에서 시작한다. 고객센터에서의 고객 경험을 개선하려면, 고객의 경험 여정을 이해하고 페르소나를 분석해야 한다. 페르소나는 고객과의 상호작용에서 고객에게 가치 있는 고객 경험을 제공하는 수단 중 하나이다. CEM을 활용하면, 고객의 여정을 정확히 파악하고 적절하게 대응하는 데 도움이 된다. 이는 일회성 상호작용이 아닌, 지속적인 고객 관계로 이어질 수 있도록 지원할 수도 있어야 한다.

5) 개인화된 고객 경험을 창출해야 한다.

개인화된 고객 경험은 이제 논쟁의 여지가 없다. 대부분의 고객은 일률적인 서비스에 더 이상 만족하지 않으며, 개인의 상황과 관심사에 맞는 맞춤화된 서비스를 원하고 있다. 개인화된 고객 경험은 고객이 원하는 것을 이해하고 제공한다는 원칙과 일맥상통 한다. 양질의 데이터가 없으면 개인화가 불가능하게 된다. 기업은 고객의 개인정보 처리에 대해 우려가 있을 수도 있다.

Brand Loyalty 2020 보고서에 의하면, 2,000여 명의 소비자 중 81%는 개인화된 경험을 제공받을 수 있다면 개인정보를 제공할 의향이 있다고 응답했다. 그리고 고객은 더 많은 참여 기회를 원한다. 고객은 문제의 해결 과정과 결과에 이르기까지 고객 여정에 최대한 참여하기를 원하고 있다. 참여 횟수가 많을수록 고객은 브랜드에 신뢰를 가지며, 서비스 결과에 대해서도 어느 정도는 예측할 수 있게 되는 것이다.

6) 고객과 다양한 방식으로 상호작용해야 한다.

고객은 언제 어디서나 모든 디바이스를 통해 고객센터에 접근하기를 기대하고 있다. 음성뿐만 아니라, e-메일, 웹, 채팅, 메시지, 소셜 미디어 등 다양한 채널을 지원해야 한다. 고객 경험을 손상하지 않는 상태에서 여러 채널로 확장하는 것을 의미한다. 모든 채널 간에 연결성이 필요하며, 채널에서 채널로 전환 시 원활하게 소통이 이루어져야 한다. 이렇게 하면 다양한 디지털 채널을 활용하여 고객과의 실시간 커뮤니케이션이 가능해지고, 이를 통해 고객 경험을 강화할 수도 있다. 하지만, 반대로 디지털 여정이 고객의 기대치에 미치지 못한다면, 고객은 이를 가능하게 하는 채널로 언제든지 이전하게 될 것이다.

③ 고객 경험 서비스

코로나 상황에서 고객과의 상호작용은 기업에 대한 신뢰와 브랜드 로열티에 지속적으로 영향을 미칠 수 있다. 변화하는 고객의 선호도를 파악하고 고객 여정을 재설계하여 고객 경험을 혁신하는 것이 중요하다. 과거에 고객서비스는 고객의 문제를 최대한 빨리 해결하는 것이 목표였다. 문제해결 여부에 따라 고객서비스에 대한 만족도가 달랐기 때문이다. 하지만, 고객은 계속해서 변화하고 있고 문제를 바라보는 인식도 바뀌고 있다. 현재의 고객은 문제를 해결하는 과정에서 어떤 경험을 하느냐를 중요하게 생각하는 경향이 있다. 문제가 잘 해결되었는데도 부정적인 경험을 호소하는가 하면, 문제가 해결되지 않았는데 긍정적인 경험을 표현하기도 한다. 이러한 경험은 무엇에서 비롯되는 것일까? 이러한 고객의 변화와 상황을 유연하게 수용하고, 고객에게 더 나은 고객 경험을 서비스할 수 있는 체제가 필요하다.

1) 고객센터는 엔터프라이즈 커뮤니케이션의 시작이다.

전통적 방식의 고객센터는 앞으로 클라우드와 AI를 통합한 AI 컨택센터(a.k.a. AI 고객센터, AI 콜센터, AICC)로 발전할 것으로 전망하게 된다. 전화 기반의 고객센터 체제에서는 다양하고 복잡한 디지털 서비스를 수용하기가 어렵기 때문이다. 고객센터를 혁신하는 과정에서 상담원을 대신하는 AI 기반의 챗봇, 가상비서, 로봇 텔러, RPA 등 다양한 기술을 도입하고 있다. 이는 분명히 고객에게 새로운 경험을 제공하겠지만, 아직은 상담원을 완전히 배제한 상태에서는 더 나은 고객 경험을 제공하기가 어렵다는 것이다. 여전히 많은 고객이 가상비서 보다는 상담원과 직접 상호작용하기를 원한다. 따라서 고객에게 더 나은 경험을 제공하기 위해서는 상담원 주도의 서비스와 챗봇 서비스를 구분해야 한다. 무조건 챗봇이나 가상비서가 응대하게 하는 것이 아니라, 고객의 상황에 따라 사람이 먼저 응대해야 하는 경우를 신속하게 찾아내서 즉각적으로 응대할 수 있게 해야 한다는 것이다. 또한, AI를 통해 상담원의 의사결정을 지원해야 한다. 예상치 못한 갑작스러운 고객의 질의에 상담원 스스로 응답하기 곤란한 상황이 있을 수 있다. AI는 최신의 데이터를 분석하여 상담원에게 고객의 상황에 맞는 즉각적인 인사이트를 제공할 수 있다. 고객은 신속한 서비스를 기대하고 있다. 실제로 고객은 즉각적으로 서비스를 받았을 때 만족하는 경향이 강하다. 고객에게 개인화된 경험을 신속하게 제공하려면 수동적인 방식에서 벗어나야 하며 단순할수록 좋다. 즉, 고객이 원하는 것을 제공하는 서비스 과정을 최소화하는 것이 좋다. 이러한 고객 경험 여정을 가속화하기 위해서 고객, 상담원, 기업을 유연하게 연결하는 클라우드 기반의 플랫폼을 구축해야 한다.

2) 고객의 감정을 인지할 수 있는 AI를 적극적으로 활용해야 한다.

AI는 고객의 심리를 인지할 수 있는 수준으로 발전하였고, 이는 고객에게 더 나은 경험을 서비스하고 브랜드 로열티를 향상하는 데 중요한 역할을 할 것이다. 고객의 감정을 인지하는 AI를 통해 서비스 관점에서 고객 경험을 한층 더 강화할 수 있다. AI는 고객이 목소리를 높이거나, 불만이나 분노가 증가하는 대화에서 어떻게 대응하는지 학습하였으며, 다국어 학습을 통해 고객과의 언어 장벽을 해소하는 데 도움을 줄 수 있다. 고객의 음성, 언어의 흐름을 분석하여 기분을 감지할 수 있는 능력을 가지고 있다. 따라서 AI를 통해 고객의 긍정적인 감정을 자극해야 하고, 부정적인 감정은 고객 경험을 위태롭게 할 수 있다. 최적의 자동화와 셀프서비스를 제공할지라도 고객의 경험 여정에는 감정이 항상 연결되어 있어야 한다. 고객 문의 초기에 AI가 고객의 목소리나 텍스트를 분석하여 고객의 음색과 감정을 분석한 후, 고객이 불만이 가득하거나 화가 나 있는 상황이라면 셀프서비스나 챗봇 서비스를 제공해서는 안된다. 즉각적으로 상담원과 연결하여 고객의 불만을 해소해 주어야 한다.

3) 고객 경험 맞춤 서비스를 제공한다.

AI 컨택 센터가 존재하는 근본적인 이유는 고객에게 개인화된 경험을 제공하기 위해서다. AI 기반의 개인화는 긍정적인 고객 경험을 만드는 데 도움이 된다. AI를 사용하여 챗봇과 가상비서는 고객에게 개인화된 응답을 제공할 수 있다. 클릭, 조회, 구매 등과 같은 고객의 행동 데이터를 AI와 결합하여 의도를 예측하고 다음 단계를 결정하여 최적의 고객 경험을 제공하는 데 활용하게 된다. 이러한 예측은 향후 고객

이 원하는 방식으로 필요한 서비스를 지원할 수 있다. 대량의 고객 데이터를 수집하고 분석함으로써 고객에 대한 통찰력을 얻고 향후 자동화를 위한 큰 그림을 그릴 수 있다. 데이터 분석은 고객에 대한 리스크를 관리하고 성능을 향상하는 데 도움이 된다. AI는 데이터를 수집하고 분석하는 과정에서 신속하게 인사이트를 발견하고 고객 서비스에 적용하는 데 활용하게 된다.

4) 셀프서비스를 제공한다.

셀프서비스의 목적은 고객 스스로 문제를 해결하는 기쁨을 얻게 하는 것과 항상 고객과 연결되어 있다는 심리적 안정을 제공하는 Always Ready 서비스를 제공하는 것이다. 점차로 많은 고객이 스스로 문제를 해결하기를 원한다. 셀프서비스는 고객이 문제를 더욱더 빠르고 쉽게 해결할 수 있도록 지원하는 것이다. 이에 많은 기업이 AI를 사용하여 고객 경험을 자동화하고 있지만 아직은 초보 수준이다. AI 기반의 대화형 서비스를 통해 자동화된 경험을 제공할 수 있다. 상담원의 도움 없이 고객은 챗봇을 통해서 필요한 정보, 제품, 서비스를 쉽게 찾을 수 있다. 상담원의 수동적이고 반복적인 업무를 RPA 기반으로 자동화하면 일반적으로 발생하는 인적 오류의 가능성을 줄일 수도 있다.

5) 연중무휴로 상시 연결된 셀프서비스 채널을 통해 원활한 경험 서비스를 제공한다.

서비스 접수는 24x7이지만, 실제 응대는 24x5인 경우가 많다. 지금 당장 궁금증을 해소하고자 하는 고객입장에서는 답답할 수밖에 없다. 여기에 고객 만족도와 고객 경험을 향상하기 위해서는 통화 대기시간을 최소화할 수 있는 방법을 찾아야 한다. 또한 통화 라우팅을 개선하는 것은 고객서비스에서 고객에게 좋은 인상을 주고 고객 경험을 긍정적으로 만들 수 있는 중요한 전략 중 하나이다.

6) 옴니채널을 통해 고객이 비즈니스적인 상호작용할 때마다 일관된 고객 경험을 구축하는 것이다.

　오프라인 중심의 고객 경험은 코로나 기간 동안 온라인 중심으로 빠르게 전환되고 있다. 디지털 채널에 대한 경쟁도 심화하고 있다. 대부분의 고객은 채널에 관계없이 원하는 방식으로 질의하고 답변을 얻을 수 있기를 바라고 있다. 이에 전화, 모바일, 웹, e-메일, 소셜 네트워크, 매장 등 다양한 채널의 데이터를 사용하며 고객과 브랜드 간의 모든 접점에서 개인화된 경험을 제공한다. 음성이든 텍스트이든 고객 여정을 모니터링하면서 고객에게 맞춤형으로 제공할 수 있는 서비스를 제공하는 것이다.

CHAPTER 09

서비스
커뮤니케이션

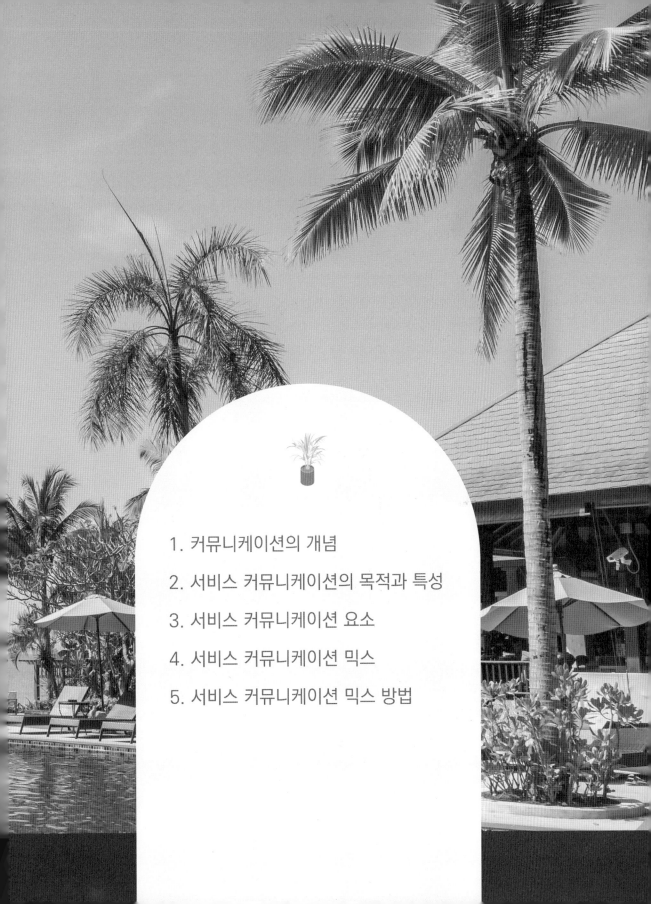

1 커뮤니케이션의 개념

커뮤니케이션은 삶의 중요한 일부분이며 일상생활을 유지하는 수단이다. 사회생활에서 매우 중요한 인간관계 역시 커뮤니케이션을 통해 이루어진다. 커뮤니케이션의 본질은 communication = common(공통되는) or share(공유하다) 뜻의 라틴어 'communis' + 'community(공통체)'에서 유래되었으며, 2인 이상의 사람들 사이에서 사고의 공통성을 형성하는 과정을 의미한다.

커뮤니케이션은 송신자와 수신자가 함께 존재해야 가능한 것이고, 공동체에서 필수적으로 존재하게 되는 것이며 사회적 존재로서 살게 되는 도구의 수단이다.

인간은 커뮤니케이션을 행하는 가운데 관계를 형성시키고 발전시켜 왔으며 이는 곧 역사와 문화로 이어져 왔다. 이러한 커뮤니케이션의 개념을 간단히 정의하면 '커뮤니케이션은 우리가 관련을 맺고 있는 사람 혹은 세상을 통해 메시지를 보내고, 받고, 해석하는 과정이다'라고 할 수 있다. 커뮤니케이션의 가장 중요한 개념은 '과정(process)'이다. 정지된 하나의 단순한 행위가 아니라 시간의 경과와 더불어 진행되며 나와 상대방이 상호 연결되는 일련의 행위라고 말할 수 있다.

💡 **서비스 커뮤니케이션 4C 원칙**

1. **배려(Consideration)** : 고객을 먼저 배려하여 대화를 해야 하며, 고객의 말에 귀를 기울이면서 잘 들어주기 위해 노력하여야 한다. 또한 고객의 말에 대한 리액션(reaction)으로 맞대응해야 한다.

2. **간결(Conciseness)** : 꼭 필요한 대화내용으로 간결하고 정확하게 그리고 논리적으로 커뮤니케이션 하도록 한다.

3. **명확(Clarity)** : 될 수 있으면 서비스 전문용어 사용을 자제하고 고객이 이해하기 쉽고 기억하기 좋은 용어를 사용하여 원활한 커뮤니케이션을 유도한다.

4. **정중(Courtesy)** : 고객과의 커뮤니케이션에서 친밀감을 줄 수 있는 표현과 정중하고 말쑥한 표현을 사용하여 대화를 진행해야 한다.

2 서비스 커뮤니케이션의 목적과 특성

서비스 기업의 커뮤니케이션 전략의 기본적인 목적은 소비자에게 제공되어질 서비스에 대해 알리고 설득하여 그것을 회상(remind)시키는 데 있다.

서비스 커뮤니케이션의 기본적인 목적은 소비자의 서비스에 대한 인지(awareness)를 창출하고 소비자가 가지고 있는 여러 대안들에 대해 기업이 적합한 서비스를 포지셔닝하는 것이다.

기업의 서비스를 커뮤니케이션하는 것은 다양한 형태의 광고와 같은 비인적 정보(non-personal source)나 서비스 구매경험이 있는 사람과 같은 인적 정보(personal source)를 통해서 이루어진다. 또한 소비자가 서비스에 대한 기대와 지각에도 많은 영향을 미치게 된다. 기업은 자사 서비스에 적합한 표적시장에 소비자를 결정하는 여부에 따라 커뮤니케이션의 목적과 전략이 달라져야 한다.

서비스 기업의 커뮤니케이션 목적과 전략은 현재 이용하고 있는 소비자에게는 약간의 이용형태나 내용을 변화시킬 필요가 있으며, 서비스를 이용하고 있지 않은 비이용자에게는 서비스를 경험할 수 있도록 기존의 이용자와는 다른 형태의 커뮤니케이션 전략이 필요하다.

커뮤니케이션은 상징적 과정, 존재확인 과정, 개인별 해석, 상황별 해석에 따른 특성을 가지고 있다. 이에 대한 설명은 다음과 같다.

1 상징적 과정

커뮤니케이션은 상징체계를 사용하는 것으로 인간만이 가지고 있는 고유한 특성이다. 인간은 오랜 기간에 걸쳐 대상을 지칭하는 공통의 약속을 만들어 사용하였다.

예를 들어, 원시인들이 적의 침략을 알리는 방법으로 외마디 소리를 길게 세 번 내는 것을 약속했다면 세 번의 외마디 소리는 자기편끼리의 의미를 나누기 위해 사용하게 된다. 이처럼 여러 가지 상징들이 일정하게 체계화되어 최초로 나타난 형태가

언어가 된 것이다. 이와 같이 커뮤니케이션은 서로 약속을 통해서 의사소통하는 것을 말한다.

2 존재확인 과정

커뮤니케이션은 참여하는 사람들끼리 존재의 확인으로 시작된다. 서로의 존재를 의식하면서 대화를 주고받는 것이 올바른 커뮤니케이션이라 할 수 있다.

3 개인별 해석의 가능

커뮤니케이션을 통해 교환되는 메시지는 각자 다르게 해석될 수 있다.

메시지의 의미를 모두가 동일하게 받아들이는 경우는 흔하지 않다. 본능적인 것들에 대한 것, 즉 아픔이나 배고픔 등은 대부분 공통된 경험이기에 공통적으로 이해될 수 있다. 하지만 개인의 생각과 느낌 등은 개개인에 따라 다르게 해석될 수 있다.

4 상황별 해석에 따른 영향

같은 주제를 놓고 커뮤니케이션을 한다고 해도 어떤 상황에서 이루어지는가에 따라 결과가 다르게 나타날 수 있다.

서비스 커뮤니케이션을 잘하기 위해서는 고객의 말을 이해하는 것 뿐만아니라 고객의 마음도 이해해야 한다.

고객의 마음을 이해하기 위해서는 상품을 파는 사람의 입장이 아니라 고객의 입장에서 생각하고 행동해야 하며, 그 내용은 다음과 같은 방법으로 훈련을 하는 것이다.

① 고객과의 대화를 통해서 고객의 마음을 잘 파악해야 한다.

② 고객의 행동과 말을 관찰하고 고객의 욕구를 빨리 파악해야 한다.

③ 고객의 구매 결정을 지원하기 위해 진정성있게 생각하고 행동해야 한다.

 Case Study 디즈니는 "행복을 팝니다"

디즈니는 행복을 팝니다. 디즈니랜드에 새로 들어온 사원들은 숙련된 교관들의 주도로 질의 응답식 교육을 받는데, 이 시간을 통해 디즈니의 기초적 이념이 지속적으로 주입된다고 할 수 있습니다.

· 교관 : 우리는 무슨 사업을 하고 있습니까? 누구라도 맥도날드가 햄버거를 만드는 줄은 압니다. 그런데 디즈니는 무엇을 만든다고 생각합니까?

· 신입사원 : 사람들에게 행복을 만들어 줍니다.

· 교관 : 네, 정확합니다. 디즈니는 사람들에게 행복을 팝니다. 그 사람이 누구든 어떤 언어를 사용하든, 무슨 말을 하든, 출신이 어디든, 피부색이 어떻든 그런 것들은 중요한 게 아닙니다.

우리는 사람들을 행복하게 해주려고 말합니다. 일을 위해서 채용된 사람은 아무도 없습니다. 우리 모두 쇼의 배역으로 캐스팅된 것입니다.

(자료: 제임스 클린스의 "성공하는 기업들의 8가지 습관")

 3 서비스 커뮤니케이션 요소

서비스 커뮤니케이션의 요소에는 송수신자, 메시지, 채널, 피드백, 잡음 그리고 세팅에 의해서 이루어지게 된다. 이에 대한 상세한 내용은 다음과 같다.

1 송수신자

커뮤니케이션의 가장 기본적인 형태는 2인의 송수신자(sender-receivers) 혹은 몇몇

사람들 사이에서 일어나는 것이다. 내가 전하고자 하는 신호의 의미를 상대방이 이해할 때 커뮤니케이션은 성립된다. 이는 커뮤니케이션의 주체는 '나'이지만, 상대방의 관여가 없다면 무의미해진다는 것이다. 그러나 사람들이 서로의 정보와 생각, 감정을 공유하는 행위는 일방향적으로 일어나지 않는다. 누군가 얘기를 하면, 이어서 다른 사람이 얘기하고 싶어지는 것(캔터베리 효과: canterbury effect)이 자연스러운 커뮤니케이션의 과정이다. 커뮤니케이션에서는 이처럼 상호작용(interaction)이 중요하게 작용하게 된다.

2 메시지

커뮤니케이션에 참여하는 사람들이 주고받고자 하는 것은 결국 메시지이다. 메시지란 '상대방을 이해시키려는 의도에서 만들어 내는 신호'라고 할 수 있다.

하지만 메시지는 반드시 언어를 통해서만 발생하지는 않는다. 물론 언어가 가장 손쉽고 효과적인 방편이긴 하지만 손짓이나 발짓, 얼굴 표정 등 비언어적(non-verbal)인 요소로 메시지를 만들어 보내거나 이해할 수 있게 된다. 인간 자신이 목소리를 이용하거나(언어) 몸을 이용해서(비언어) 메시지를 만들어 내는 능력을 타고났기 때문에 가능한 일이다. 문자나 그림, 상징 등도 훌륭한 커뮤니케이션 수단이 된다.

3 채널

채널(channel)은 메시지가 여행하는 통로이다. 송신자와 수신자에게 메시지를 도달하게 하는 방법인 것이다. 면 대 면(face-to-face) 커뮤니케이션 상황에서는 음성과 시각이 주요한 채널이 된다. 매스 커뮤니케이션 상황은 우리에게 보다 익숙한 채널의 모습을 제시한다. 라디오, TV, 신문, 잡지 같은 매스미디어(mass media)가 바로 그것에 해당된다. 매스미디어는 오늘날 우리에게 쉴 틈 없이 메시지를 실어 나르는 중요한 채널이다.

4 피드백

피드백(feedback)은 송수신자가 서로에게 반응하는 것을 말한다. 만약 내게 누군가 농담을 하면 웃음을 띠게 되는 것과 같은 것이다. 우리는 서로에게 하루에도 수 없이 많은 피드백을 하면서 살아간다. 피드백은 무엇보다 커뮤니케이션의 활력소가 된다는 점에서 중요하다. 상대방이 자신의 의견이나 감정을 공유하고 있다고 느끼게 만드는 확실한 단서로 작용하기 때문이다.

5 잡음

잡음(noise)은 메시지를 정확하게 이해하는 데 방해가 되는 것을 말한다. 송수신자 사이에서 발생하는 잡음은 물리적, 심리적, 의미적 잡음의 세 가지 종류가 있다.

① 물리적 잡음은 실제 외부환경에서 물리적으로 발생하는 잡음을 말한다. 복도에서 나는 시끄러운 소리 때문에 수업에 지장을 받는 경우를 생각할 수 있다.

② 심리적 잡음은 송수신자의 마음속에 일어나는 잡념과 같은 것이다. 배가 고파 음식을 떠올리느라고 수업 내용을 못듣는 경우와 같이 커뮤니케이션 행위에 집중을 못하는 심리적 상황을 말한다. 남성 우월 의식이 강한 남자 부하 직원이 여자 상사가 지시하는 사항을 자주 놓친다면 이러한 심리적 잡음요인을 생각해 볼 필요가 있다.

③ 전달되는 메시지의 의미를 전혀 몰라(생소한 표현이나 외국어 등) 커뮤니케이션 자체가 이루어질 수 없는 경우는 의미적 잡음에 해당한다. 또 어떤 특정한 단어에 대한 감정적 대응도 의미적 잡음을 낳는다. 누군가 내 마음에 안드는 거친 표현이나 인종, 성 차별적 언어를 사용하는 사람을 보면 단정적으로 나쁘게 평가하게 되는 것도 의미적 잡음에서 비롯된다.

6 세팅

세팅(setting)은 커뮤니케이션이 이루어지는 공간으로서, 때로는 커뮤니케이션에 중

대한 영향을 미친다. 예를 들어, 강당과 같은 공적인 공간은 연설하기에 적합하지만 사적인 대화를 하기 위해 만나는 장소가 될 수는 없다. 따라서 좀 더 친밀한 대화를 하기 위해서라면 서로 얼굴을 마주 대할 수 있는 작고 아늑한 공간을 찾는 것이 필요하다.

이렇게 다양한 커뮤니케이션 방법들에 의해서 고객과 종사원 간의 서비스 커뮤니케이션이 발생하게 된다. 다양한 커뮤니케이션 요소 중에서도 고객과의 원활하고 정확한 커뮤니케이션을 이용하여 고객만족에 궁극적으로 활용하는 것이 필요하다.

> ### 💡 올바른 대화의 자세
>
> 1. 상대방이 말하고자 하는 내용을 충분히 이해하고, 목적에 맞게 상대의 반응을 살피면서 대화를 진행한다.
> 2. 상대방과의 공통적인 화제로 얘기하되, 경박하거나 거만한 태도를 보여서는 안 된다.
> 3. 대화를 할 때에는 내용뿐만 아니라 그 형식도 중요하다. 따라서 정확한 발음과 쉬운 용어, 존칭어와 경어를 사용하여 상대방의 입장을 고려하여 조심스럽게 대화를 해야 한다.
> 4. 대화를 할 때에는 상대방이 알아듣지 못할 정도로 너무 빠르게 말하거나, 너무 느리게 얘기하여 지루하지 않도록 항상 적절한 속도로 대화한다.
> 5. 대화 중에 상대방의 얼굴을 보지 않고, 다른 곳을 보지 말고 상대방의 인중을 보면서 가급적 쉽고 재미있는 주제(시사뉴스, 날씨, 여행, 문화, 예술, 음식 등)로 대화를 유도해야 한다.
> 6. 대화를 시작할 때는 가벼운 화제에서 심각한 화제로, 쉬운 화제에서 어려운 화제로, 과거 화제에서 현재 화제로, 현재 화제에서 미래 화제로, 구체적인 화제에서 추상적인 화제로 그리고 전달하는 화제에서 설득하는 화제로 이어간다.

서비스 커뮤니케이션에 있어서 고객과의 대화방법은 매우 중요하다. 따라서 서비스 커뮤니케이션을 시작할 때 다음과 같은 방법으로 한다면 고객과의 성공적인 커뮤니케이션을 할 수 있으며 고객과의 만족도는 더욱 향상될 것이다.

첫째, 고객에게 호감을 주어야 한다.

고객접점에 있어서 첫인상은 매우 중요하다. 첫인상은 3~5초 사이에 상대방을 80% 이상 평가하기 때문이다. 고객과의 접점에서 밝은 인사와 함께 미소로서 맞이해야 하며, 항상 명랑하고 밝은 표정을 유지하면서 커뮤니케이션 한다.

둘째, 항상 고객의 입장에서 커뮤니케이션 한다.

고객의 어떠한 상황을 막론하고 고객의 입장에서 생각하고 청취하고 대화를 해야 한다. 고객과의 언쟁은 아무런 도움이 되지 못하면서 고객의 불만을 몇 배로 증가시키는 역할을 한다. 고객을 최우선으로 생각하는 자세가 필요하다.

셋째, 고객을 당당하게 해 주어야 한다.

고객과의 커뮤니케이션에서 이해하기 어려운 용어나 생소한 말을 하게 될 경우, 고객은 자신이 무식하다는 미안함으로 수치심을 느낄 수 있다. 따라서 고객이 이해하기 쉬운 용어를 사용하여 고객이 당당하게 답변하고 요구할 수 있도록 자신감을 심어주어야 한다.

넷째, 불분명하고 정확하지 않는 대화는 하지 않는다.

회사에 대한 내용이나 서비스와 관련된 내용이나 어떠한 내용이라도 분명하지 않거나 결정되지 않은 내용을 고객에게 전달해서는 안 된다. 또한 고객과의 약속은 꼭 지킬 수 있는 것만 약속해야 하며, 그렇지 않을 경우는 약속하지 않는다.

다섯째, 호칭이 서비스의 품위를 결정한다.

고객을 만났을 때나 인사를 할 경우에는 반드시 호칭과 함께 반갑게 맞이하고 인사를 해야 한다. OO 고객님, OO 회장님, OO 사장님 등의 호칭을 사용하여 커뮤니케이션을 시작한다.

이는 고객의 만족도향상 뿐만 아니라 종사원과 기업의 이미지를 높이는데 많은 영향을 미치게 된다.

서비스 커뮤니케이션 믹스

일반적인 커뮤니케이션의 수단은 판매촉진, 광고, 인적 판매, PR로 구분하게 된다. 서비스 기업의 마케팅 믹스는 마케팅 목표, 자원, 조직, 구매자의 특성, 서비스 특성 그리고 기타 요소들에 따라 다르게 이루어져야 한다.

서비스를 구매하는 소비자는 상품과 서비스 내용의 질은 물론 인적 서비스의 만족 여부에 의해서 구매하는 경우가 많다. 이는 상품의 질이 기대에 미치지 못한다고 할지라도 종사원이 소비자에게 제공하는 서비스 내용에 만족하게 될 경우 그 만족도는 크게 달라질 수 있다.

⏰ **표 9-1** 서비스 커뮤니케이션 믹스

판매 촉진	정 의	광고, 인적 판매, 홍보 및 공중관계로 분류되지 않는 구매자 자극의 여타 촉진활동
	목 적	즉각적인 구매자 행동을 유발하기 위해 직접적인 인센티브 제공
	사용영역	편의성의 소비자 서비스로 직접 행동을 자극하기 위한 구매시점에서의 광고 강화
	사 례	샘플, 점포진열, 경품, 할인권, 상품전시회
광고	정 의	대가를 지불하고 비인적 매체를 통해 기업의 정보를 알리는 의사소통의 수단
	목 적	서비스와 그 공급자의 인지창출, 욕구의 자극
	사용영역	저렴하고 빈번하게 구매되는 소비자 서비스
	사 례	TV나 라디오광고, 직접우송, 간판, 신문, 잡지광고
인적 판매	정 의	판매를 성사시킬 목적으로 잠재구매자와 직접 대면하여 구매를 유도하는 모든 활동
	목 적	서비스 제시, 고객으로부터 약속을 받아냄
	사용영역	비교적 비싸고 빈번히 이용되지 않는 소비자 서비스, 산업 및 전문서비스
	사 례	보험회사 사원의 소구, 은행원의 구좌개설, 항공사 직원의 항공권 판매
PR	정 의	광고주가 직접 지불하지 않는 서비스 기업, 종업원, 서비스에 대한 좋은 인상을 창출하기 위한 활동
	목 적	인지와 긍정적인 이미지 창출
	사용영역	콘서트, 스포츠행사, 기타 오락행사, 광고 등 촉진활동을 통해 얻은 이미지 강화
	사 례	새로운 서비스에 대한 신문기사, 장학금 지급, 회사방문, 견학

자료: 강기두(2007). 서비스 마케팅, 삼영사.

서비스 커뮤니케이션 믹스를 최적의 조건으로 활용하기 위해 고려되어야 할 점은 다음과 같다.

첫째, 서비스 기업의 미션과 목표는 경영자의 절대적인 지지와 종사원의 실천이 중요하다.

둘째, 광고는 서비스 기업이 전달하고자 하는 메시지를 정확하게 인지하고 기억될 수 있도록 하고, 표적시장이 선호하는 스타를 활용하여 전달할 수 있는 방안이 필요하다.

셋째, 모든 커뮤니케이션 활동은 지속적이고 일관된 모습으로 소비자들에게 다가가야 한다. 이러한 방법은 소비자들의 기억 속에 깊숙이 인지되어 구매를 고려할 때 제일 먼저 고려 상표군에 떠오를 수 있도록 하기 위해서이다.

서비스 구매의 전 단계는 서비스를 구매한 경험이 없기 때문에 주위 사람들로부터의 커뮤니케이션을 통하여 많은 정보를 주고받게 된다. 이로 인하여 얻은 정보는 구매 단계에 이르러 많은 영향을 미치게 되는 경우가 많다.

구매 전 단계
- 구매위험이 감소
- 기업이미지 인식
- 구매 가능성 확대
- 브랜드 자산 구축

구매 단계
- 고객만족 향상
- 재구매 활동 증가

구매 후 단계
- 인지적 부조화 감소
- 잠재고객의 추천
- 브랜드 로열티 강화

그림 9-1 서비스 커뮤니케이션 구매 단계

서비스 구매 단계에서는 고객만족의 향상과 재구매 활동이 활발하게 진행된다. 기업은 소비자들이 경험했거나 경험 중간에 느꼈던 만족과 불만족한 사항들을 강화하거나 커뮤니케이션을 강화하여 고객의 불만을 미연에 방지하는 역할을 하게 한다. 소비자가 불만족한 경험에 대한 개선사항이 채택되어 해결될 경우 소비자들의 만족도는 더욱 높아지게 된다.

서비스 구매 후 단계에서의 커뮤니케이션은 소비자와의 인지적 부조화를 감소시켜서, 주위 사람들에게 긍정적인 구전을 전파하게 된다. 인지적 부조화는 소비자들로 하여금 올바른 선택을 했다는 확신을 주게 됨으로써 감소하게 된다.

또한 서비스를 이용한 경험이 없는 소비자들에게 적극적인 추천을 함으로써 구매를 유도하게 된다. 구매 후 단계를 거치게 되면서 소비자들의 긍정적인 구전과 추천으로 인하여 서비스 기업의 브랜드 로열티와 브랜드 이미지는 한층 더 강화되는 양상을 보이게 된다.

기업의 서비스 커뮤니케이션은 소비자들이 서비스를 구매할 수 있도록 하는 데 많은 영향을 미치게 된다. 또한 지금은 구매할 계획이 없는 소비자들에게도 향후 구매를 결정할 때 영향을 주게 될 것이다. 커뮤니케이션은 특정한 기업의 브랜드 이미지 개발, 브랜드 자산 가치 구축 그리고 브랜드 인지도를 높이는 데 더 많은 역할을 한다. 왜냐하면 서비스를 미리 경험해 보거나 만져볼 수 없기 때문이다. 따라서 기업의 커뮤니케이션 활동은 소비자에게 유형적인 요소를 가지게 하여 구매를 촉진시킬 수 있다.

 서비스 커뮤니케이션 믹스 방법

서비스 커뮤니케이션을 믹스하는 데에는 네 가지 효과를 사용하게 되는데, 광고, 인적 판매, 판매촉진 그리고 PR의 방법을 이용하고 있다.

1 광고

매력적인 서비스 상품을 만들어서 미래의 소비자들이 있는 시장에 제공하게 됨으로써 서비스를 구매할 수 있도록 욕구를 이끌어 내주게 하는 선전과 광고활동을 말한다. 광고는 소비자들이 필요로 하는 정보를 제공하고 잠재하고 있는 소비욕구를 자극하여 기업의 이익을 추구하여 서비스 가치를 높이는 것을 목표로 한다.

광고는 서비스가 지니고 있는 무형성, 소멸성, 비분리성, 변동가능성 등의 부정적인 측면들을 감소시켜 주는데, 다음과 같은 역할을 하고 있다.

첫째, 광고는 서비스의 무형성을 유형적인 요소로 바꾸어 주게 된다. 이에는 서비스가 전달되어지는 모든 과정을 유형적으로 보여준다. 그리고 서비스를 이용한 후의 결과를 경험 있는 소비자들의 증언을 통하여 확인시켜 주는 역할을 한다.

광고는 소비자들에게 세일이나 촉진 또는 다양한 행사를 알리기 위해 이용된다. 따라서 광고에서 가장 강조하고자 하는 것은 서비스의 품질보다는 가격이나 서비스의 기타 측면이 강조된다.

둘째, 광고는 성수기와 비수기에 소비자들에게 정보를 제공함으로써 서비스의 소멸성을 감소시켜 주는 역할을 한다.

셋째, 광고를 이용하여 다양한 방법으로 서비스를 이용할 수 있는 방법을 제시하여 비분리성을 감소시켜 준다.

예를 들어, 항공사의 경우 기존의 티켓을 여행사나 공항에서만 제공하던 서비스를 광고를 통해 홍보함으로써 인터넷을 통해 받을 수 있는 e-ticket을 출력하여 사용할 수 있다. 이는 공항에서의 티켓팅(ticketing) 과정에서의 번잡함을 덜어주고 공항직원에게 의존하던 서비스를 감소시켜 주는 역할을 한다.

넷째, 서비스 자체가 산업화(industrialization)된 경우나 소비자의 욕구에 맞게 개발되어진 경우 서비스가 어떻게 개발되었는지를 알려줌으로써, 소비자의 입장에서 서비스의 변동가능성은 줄어들게 된다. 만약 서비스 운영이 산업화된 경우라면 광고를 통해서 소비자들과 종사원들에게 어떤 유형의 서비스를 제공하는가를 인지시켜 주게 된다. 그리고 서비스가 소비자의 욕구에 맞게 개발되었다면 그에 대한 접근을 쉽게 할 수 있는 방법을 알려주게 된다.

2 인적 판매

인적 판매는 판매원이 소비자와 직접 접촉하여 즉각적으로 상호작용하는 관계로

구매과정상 일정 단계 이후 구매자의 선호와 확신 그리고 구매를 유발하는 데 있어서 가장 효율적인 수단이라 할 수 있다.

여기서 판매원은 소비자들에게는 기업을 대표하고 자신의 기업에 대해서는 자신들이 접촉하는 소비자들을 대표하는 역할을 수행하게 된다. 판매원은 기업의 모든 커뮤니케이션 목적을 달성하는 데 이용될 수 있으며, 판매원과 소비자 간의 양방향 커뮤니케이션으로 원활하게 목적을 달성할 수 있도록 한다.

판매원이 소비자와 원만한 관계를 유지하고자 할 때에는 소비자의 관심사에 대해 지속적으로 주의를 기울여야 한다는 것을 깊이 명심해야 한다.

인적 판매는 소비자들로 하여금 판매원의 말에 주의를 기울이도록 하는 의무감을 주어서 소비자가 거절하는 경우에도 계속적으로 주의를 기울이고 반응을 보일 필요성이 있다.

소비자의 만족과 재구매 행동의 책임은 서비스를 수행하는 서비스 요원에 의해 결정된다. 따라서 판매원은 소비자들이 기대할 수 있는 것에 대해 명확하고 정확하게 제시하여 고객만족을 이끌어 낼 수 있어야 한다. 또한 소비자들에게 구매한 것에 대한 결정이 현명했다는 것을 인식시켜 줄 수 있어야 한다.

③ 판매촉진

판매촉진은 제품이나 서비스의 구매나 판매를 일시적으로 촉진하기 위해 실시하게 되며, 빠른 시장의 반응과 보다 강력한 시장반응을 이끌어내기 위해 의도된 측정상의 여러 가지 수단이 포함되어 있다.

첫째, 다른 커뮤니케이션 수단에 비해 판매촉진은 소비자에게 즉각적인 영향을 미치게 한다.

둘째, 동일한 서비스의 브랜드가 다양하게 분포되어 있기 때문에 소비자들은 상표나 서비스 기업을 쉽게 구별하지 못하게 된다.

셋째, 소비자들은 일시적인 판촉행사를 기다리게 되며, 그 기회를 이용하여 서비스를 구매하는 경우도 허다하다.

넷째, 소비자들은 비슷한 내용의 서비스 광고에 너무나 많이 노출되면서 특정한 광고의 내용을 기억하기 어렵다. 또한 광고의 과다노출로 인한 스트레스로 인해 기피하려는 현상을 초래하게 된다.

판매를 촉진함에 있어서 기업은 목표를 설정하고, 적절한 수단을 선택하며, 최선의 프로그램을 개발하여 소비자들의 평가결과를 반영하여 반드시 실행에 옮겨야 한다.

서비스 기업에 있어서 판매촉진의 역할은,

① 비수기의 판매를 증가할 목적으로

② 새로운 서비스 개발을 알리고 홍보할 목적으로

③ 잠재 소비자들에게 구매의 기회를 제공할 목적으로

④ 특별 이벤트를 통하여 수익의 증대를 위해

⑤ 중간 판매상의 판매를 쉽게 하기 위해 판매촉진 행사를 진행하게 된다.

4 PR

PR(Public Relation)은 커뮤니케이션 수단 중에서 가장 효과적인 수단이면서도 가장 오해되고 있는 부분이기도 하다. 이는 기업이 언론이나 미디어 등의 비인적 매체를 통하여 소비자가 속해 있는 지역사회나 단체 등에 긍정적인 관계를 유지함으로써 자사의 서비스를 구매할 수 있도록 간접적으로 유인하려는 활동이다.

PR은 단순한 홍보의 차원을 넘어 기업과 사회 간에 이상적인 관계를 정립하기 위한 기업의 활동이다. 서비스 기업의 차별화된 PR은 기존의 기업 이미지를 바꾸거나 새로운 서비스 기업의 긍정적인 이미지를 창조할 수 있도록 한다. 현대의 기업들은 PR 활동을 전개하여 회사를 홍보하고 이익 증대 개선에 기여할 수 있기를 바라고 있다. 또한 마케팅 홍보팀을 통하여 제품의 촉진과 이미지 창출을 직접적으로 지원하려고 한다.

광고는 해당 매체에게 돈을 지불하면서 기업이 원하는 내용을 그대로 광고에 내보낼 수 있다. 하지만 PR은 해당 매체에 돈을 지불하지는 않지만 기업이 원하는 내용

을 그대로 실어주지 않는다는 것이다. 즉, 해당 매체의 기자나 관계자의 개인적인 판단에 의해 결정되어진다는 것이다.

PR에 의해 좋은 내용이 소비자나 잠재 소비자들에게 노출되었을 경우, 긍정적으로 받아들일 가능성이 매우 높게 작용될 수 있다.

PR의 특징은

첫째, 신뢰도를 높일 수 있다는 것이다. 기업에서 돈을 지불하지 않고 좋은 내용의 기사를 실었다는 점에서 소비자들의 신뢰도는 더 높아질 수밖에 없다.

둘째, 연출성을 나타낼 수 있다는 것이다. PR 역시 광고의 형태로 기업이나 제품에 대한 극적인 효과를 연출할 수 있기 때문에 소비자들에게 긍정적인 영향을 미칠 수 있다.

셋째, 비용에 대한 부담이 없다. 각종 매체들의 자발적인 참여로 인해 진행되기 때문에 비용부담은 크지 않다.

Publicity(퍼블리시티)는 신제품을 알리는 데 도움을 주는 것으로 무료로 제공되는 자료로서 인쇄매체나 방송매체의 편집 공간 및 시간을 확보하며 제품 또는 서비스의 촉진을 전개하기 위한 것이다.

퍼블리시티를 위해 개발된 대 언론 발표 또는 기사(press release)가 성공하기 위해서는 기업이 표적으로 하는 언론매체의 표적청중의 흥미를 끌 수 있도록 해야 한다. 이는 표적청중에 맞게 작성되어야 하고 그 언론매체의 청중에게 가치를 주어야 한다.

환대산업
서비스 경영

CHAPTER **10**

서비스 상품과
가격 전략

1 가격의 개념

가격은 기업이 상품을 생산하고 가격을 결정하는 제품과 서비스 교환에서 소비자가 지각하게 되는 가치이다. 즉, 고객이 제품과 서비스를 사용하기 위해 지불해야 하는 효용의 가치이다.

고객은 기업이 제시하는 상품이 자신의 필요를 자극하여 효용의 가치가 가격보다 클 때 구매를 결정하게 된다. 기업에 있어서 가격은 마케팅 전략의 도구로 활용되며 수익을 창출하는 원동력이 된다.

마케팅 믹스 요소 중에서 가격은 기업의 수익을 창출하는 유일한 요소이다. 가격을 제외한 다른 요소들은 모두 비용을 발생시키는 요소들이다. 가격은 기업의 목표 이익을 달성하기 위한 기본요건이 되면서 판매량에 영향을 주게 된다. 이로 인하여 최종적으로 기업의 총수익에 영향을 주게 되는 중요한 요소가 된다.

가격 정보의 양이 증가함에 따라 가격에 민감한 소비자들이 증가하고 있는 추세이다. 또한 서비스 상품의 범용화(commoditization)가 진전되면서 가격이 구매의 결정적 요소가 되고 있다. 그러나 여전히 많은 서비스 기업들이 서비스 상품의 가격특성을 고려하지 않은 채 단순히 과거 경험에 의존해 획일화된 가격결정 방식을 사용하고 있다. 대부분의 기업들이 불황기 극복을 위해서 체계적인 전략을 세우지 않고 가격을 조정하는 경우가 발생하고 있어 소비자들에 대한 불만을 사게 되는 경우가 대다수이다.

서비스 기업에 있어서 가격의 기능은 다음과 같이 수행된다.

첫째, 서비스 기업의 가격은 매출과 수익을 결정한다.

가격은 기업의 생존을 가능할 수 있게 해주는 중요한 수단이다. 따라서 가격에 민감한 반응을 보이는 소비자들에게 작용하는 커다란 변수가 된다.

둘째, 가격은 기업의 브랜드 이미지에도 많은 영향을 미치게 된다.

기업의 브랜드 이미지는 가격에 의해서 결정되어지는데, 고가격일 경우에는 고급 브랜드로, 저가격인 경우에는 하위 브랜드로 인식되는 경우가 많다.

따라서 브랜드의 수준에 맞는 가격을 책정하는 것이 기업의 가치를 결정한다고 해도 과언이 아닐 것이다.

셋째, 가격은 기업의 고객을 결정하는 데 많은 영향을 미치게 된다.

가격의 높고 낮음에 의해서 표적시장 선정과 서비스 수준 그리고 시설과 인테리어 등이 결정되기도 한다. 따라서 가격에 의해서 표적시장 선정에 따른 소비자 집단의 동질성을 유지시키는 데 많은 역할을 한다.

2 서비스 상품의 가격 전략

서비스 상품은 시간이 지나면 가치가 사라지고, 높은 고정비 투자로 생산량이 한정된 상황에서 낮은 변동비로 상품을 공급하는 특성이 있다. 또한 서비스를 이용하는 시기에 따라 수요 변동폭이 크고 가격에 대한 가치가 주관적이며 지불용의의 폭도 분산되어 있다. 이에 대한 서비스 상품의 가격 속성을 반영한 전략은 다음과 같다.

아래의 전략은 기존의 고정관념을 뛰어넘는 새로운 가격정책을 시도할 수 있다는 것이 특징이다.

⏱ **표 10-1** 서비스 기업의 가격 정책

가격 차별화	고객을 인구통계학적 기준이 아닌 가격민감도와 수익성, 구매행동 등 다양한 기준을 통해 세분화하고, 가격체계와 연동하는 전략
동적 가격	판매자 중심의 일방적인 가격결정방법에서 상황에 따라 수시로 변화한다. 또한 서비스 상품이 이용시기에 따라 수요가 크게 달라지므로 과거 판매정보와 예상 수요 등의 데이터에 기반해 수요를 분산시키는 전략이다. 즉, 예약률이 높을 경우에는 비싼 가격을 책정하고 이와 반대일 경우에는 싼 가격을 책정하게 된다.
서비스 결합·분할	소비자들의 체감가격을 낮추기 위해 한계비용이 낮은 상품을 저가에 제공하고 다른 부수익을 창출하거나, 전체 서비스 가격 요소를 분할 및 통합하는 전략 유럽의 저비용 항공사인 라이언 에어는 기존 항공사들이 제공하던 기내식, 무료 수하물 위탁, 좌석배정 등을 모두 분할하여 판매하고, 이를 통해 상당한 부수적 수익을 얻고 있다.

소비자 주도형 가격	소비자가 느끼는 서비스 가치가 주관적이므로 소비자가 원하는 가격을 제시하고 기업이 수용 가능하다고 판단되면 판매하는 전략
구매량에 따른 가격	일반 상품과 마찬가지로 구매량이 많을수록 할인해주는 전략이다. 서비스 상품의 경우 한 단위 추가 판매할 때마다 드는 변동비가 거의 없기 때문에 다량구매에 따른 할인전략에 있어 일반 상품보다 더 큰 수익성을 얻을 수 있다.
수익경영 가격	비용절감을 통한 이익률 증가보다는 매출의 증대를 통하여 수익을 최대화시키는 방법이다. 수익경영은 일반적으로 고정된 생산량, 높은 고정비, 소멸성 상품, 수요에 대한 변동이 크고, 예측이 어려운 상품, 소비자가 다양한 가격민감도를 갖고 있을 때 활용된다.

불황기에는 소비자들이 가격에 대한 민감도가 높아지는 경향이 있으므로 새로운 가격 정책을 시도할 수 있는 좋은 기회가 되기 때문에 수익성을 높이는 전략적 도구로 활용할 수 있어야 한다.

체계적이고 일관성 있는 가격정책으로 소비자들에게 자사 상품의 차별적 가치와 가격의 정당성을 설득력 있게 제시함으로써 기업에 대한 신뢰도와 충성도도 함께 높일 수 있다.

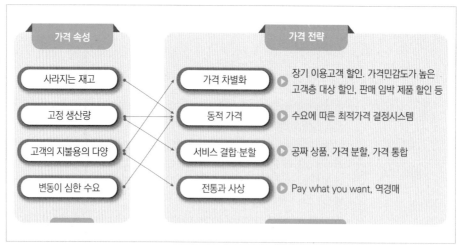

자료: Lovelock, C. & Wirtz, J.(2010). Service Marketing, Pearson.

그림 10-1 서비스 기업의 가격 전략

3 서비스 가격 설정

가격 정책을 설정하는 데는 다음과 같이 6단계의 절차가 사용된다.

제1단계 ▌가격 책정 목표 결정

기업은 가격 책정을 통하여 생존, 현재 이익 극대화, 시장점유율 극대화, 시장 스키밍 중에서 하나의 목표를 추구할 수 있다.

① 생존 : 과잉생산, 극심한 경쟁 또는 변화하는 소비자 욕구 등의 원인으로 고전하는 기업들에게 적절한 단기 목표이다.

② 현재 이익 극대화 : 기업들이 수요와 비용을 추정한 후 최고의 현재 이익, 현금흐름, 또는 투자 수익을 얻을 수 있는 가격을 선택한다. 하지만 이는 장기적 성과를 희생할 수 있는 단점이 있다.

③ 시장점유율 극대화 : 이를 선택한 기업들은 매출액이 클수록 단위비용이 낮아지고 장기적 이익이 높아진다고 믿는다.

④ 시장 스키밍(skimming) : 충분한 구매자가 높은 현재 수요를 가지고 있을 때, 고 가격이 우수한 서비스 이미지를 나타낼 때 의미가 있다.

제2단계 ▌수요 결정

각 가격은 서로 다른 수준의 수요를 유발하고, 기업의 마케팅 목표에 미치는 영향도 다르게 나타날 것이다. 수요곡선은 여러 가격과 이에 따른 수요 간의 관계를 보여준다. 일반적으로 수요와 가격은 반비례 관계이다.

가격이 높을수록 수요는 낮아지지만 서비스의 질이 높은 경우 어떤 소비자들은 가격이 높을수록 더 좋은 서비스로 인식하기 때문에 수요곡선이 때로는 가격과 비례하기도 한다. 하지만 이 경우는 단기간의 효과로 나타날 것으로 예측된다.

제3단계 | 원가 추정

기업의 비용은 간접비라 불리는 고정비와 변동비의 두 가지 형태를 가지고 있다. 이들의 합계로 총비용이 있고 이를 단위당 나누어 평균 비용을 나타낼 수 있다.

가격을 현명하게 책정하기 위해서는 경영자는 비용이 어떻게 변화하는지를 알아야 하고 이를 적절하게 가격에 반영할 수 있어야 한다.

목표 원가법으로는 기업이 다양한 원가 요소를 검토하고 고려하여 최종 원가 산정이 목표 원가 범위에 들도록 하는 다양한 방법을 고안할 수 있어야 한다.

제4단계 | 경쟁자의 원가, 가격 및 제공물 분석

시장 수요와 기업 원가에 의해 결정되는 가능한 가격 범위 내에서 기업은 경쟁자의 원가, 가격 및 가능한 가격 대응을 고려해야 한다. 기업은 경쟁자의 가격 변동여부에 항상 주목하고 이에 따라 다양한 변수와 결정요인을 고려할 수 있어야 한다.

제5단계 | 가격 책정 방법의 선택

가격을 설정하는 데 있어서 3C(Customer, Cost, Competitor: 고객의 수요 일정, 원가 함수, 경쟁자 가격)가 주요 고려요인이다. 원가는 가격 하한선을 정하고 경쟁자 가격과 대체재의 가격은 지향점을 제공하며, 독특한 서비스 특징에 대한 고객들의 평가는 상한선을

결정하게 된다. 이러한 요인들을 포함하는 다양한 가격 책정 방법 중에는 원가가산법, 목표이익 가격결정법, 목표수익률법, 지각된 가치법, 경쟁자 모방가격법, 심리가격법 등이 있다.

원가중심 가격결정은 제품의 원가에 일정한 마진(margin)을 과하거나 목표판매량과 목표이익을 정해놓고 가격을 결정하는 방법이다.

원가가산법은 가장 많이 사용하는 접근법인데, 단위당 원가에 일정률의 마진을 더해 판매가를 결정하는 방법이라고 보면 된다. 보통 외식기업은 원가에 대한 내부자료를 갖고 있기 때문에, 업계의 관행에 따라 정해진 마진율을 적용하게 되면, 가격경쟁을 피함과 동시에 가격결정이 수월하기 때문에 이 방법이 많이 사용되고 있다. 반면에, 외식기업이 가격결정의 주체가 되기 때문에 소비자의 반응이나 현재의 경쟁상황을 고려하지 않게 된다는 문제점이 제기된다.

목표이익 가격결정법은 외식기업이 설정한 목표이익을 실현하는 매출수준에서 가격을 결정하는 방법으로 손익분기점(break-even point)을 이용한다. 이 방법은 외식기업이 시장 지배력을 가지고 있거나, 차별화된 제품을 공급하는 중견기업 이상의 경우에 유용한 가격결정 방법이다. 또한 적은 품목의 아이템에서 분석이 좀 더 쉽다.

목표 수익률법은 목표를 정한 투자수익률(ROI: Return on Investment)을 달성할 수 있도록 가격을 정하는 방법이다. 투자수이률이란 투자한 금액에 비해 이익을 얼마나 올렸는지 나타내는 수익지표다. 이 방법은 미국의 자동차 메이커 GM이 즐겨 쓰고 있다.

지각된 가치법은 소비자가 지각하고 있다고 하는 제품의 효용가치를 고려해서 그 수준에 맞는 가격을 정하게 된다.

그 외의 방법으로는

- 경쟁자 모방가격법 : 경쟁사 제품이나 서비스들의 평균 판매가격에 준하여 결정한다.
- 심리가격법 : 관습처럼 껌은 500원이라고 생각하는 경우 이를 따르는 관습, 가격 990원처럼 끝자리를 채우지 않음으로써 싸다고 느끼게 만드는 끝수가

격(홀수가격 5,7,9), 가격이 제품의 권위와 연결될지도 모를 위신가격(명품……) 등이 있다.

가격 책정 방법은 기업이 최종 가격을 결정하는 범위를 좁혀준다. 가격을 결정하는 데 있어서 기업은 추가적 요인들을 고려해야 한다. 여기에는 다른 마케팅 활동의 영향, 회사의 가격 정책, 이익-위험 공유가격 책정, 그리고 기타 관계자에 대한 가격의 영향 등이 있다.

Case Study   항공사 직원보다 더 똑똑한 고객들이 원하는 서비스 가격

유나이티드 에어라인, 루프트한자 등 항공사들은 비행기 탑승횟수가 많고 항공서비스에 관심이 높은 여행객들로부터 소비자가 원하는 서비스 가격정보를 수집하였다.

스타얼라이언스 항공사의 엘리트층 소비자 161명은 13만 달러에 항공기를 대여한 후 항공기 안에서 항공 서비스 정책 토론회를 개최하였는데, 이들의 가장 큰 불만은 가격제도에 관한 것(29%)이었다.

이들은 일반석의 50%를 더 지불하고 유럽 비즈니스 좌석처럼 중간에 한 자리를 비워두는 토미클래스 좌석, 50회 이상 탑승하면 환불이나 변경 수수료를 면제해주는 방식 등을 제안하였다.

유나이티드 에어라인은 자사 임원들이 이 그룹과 함께 여행하도록 하였으며, 루프트한자와 에어 캐나다는 이 그룹과 면담을 실시하였다.

(자료: Mactoney, S. (2011. 9. 15). Flight of fantasy: For vacation, some fliers play airline, Wall Street Journal.)

4 가격결정 전략

기업이 가격을 결정할 때 여러 가지 환경요인을 고려하게 되는데, 자사가 추진하는 고객범위에 대해 전략적으로 접근하는 것이 유리하다.

가격을 결정하기 전에는 우선 시장조사를 실시해야 한다. 이는 고객들이 제품이나 서비스에 기꺼이 지불할 수 있는 금액을 찾는 데 통찰력을 제공해주게 된다. 만약 실제로 가격결정 연구가 수행되는 중에 시장 상황이 변한다면 최적가격도 다르게 책정해야 한다.

가격민감도가 높아지는 불황기를 새로운 가격 정책을 시도해 볼 수 있는 적기로 인식하고, 가격을 기업의 수익성을 높이는 전략적 도구로 활용해야 한다. 이에 따라 경기변동이나 경쟁사 가격 변화에 흔들리지 않는 일관성 있는 가격 정책을 위해 고객수익성, 가격민감도, 경쟁사 가격전략 분석 등의 가격 전문성을 확보하는 데 주력해야 한다.

소비자들에게 자사 상품의 차별적 가치와 정당성을 설득력 있게 제시함으로써 기업에 대한 신뢰도와 충성도를 제고시켜야 한다. 가격에 대한 고객 심리와 행동을 면밀히 파악하여 가격 책정 기준을 수립함으로써 소비자 불만을 방지한다.

서비스 가격을 결정하는 데는 다음과 같은 전략이 필요하다.

1 다중가격 전략

서비스 산업은 사용기한이 한정된 상품을 제공하기 때문에 일종의 다중가격 전략을 채택하게 된다. 다중가격은 예매, 최저체류, 경로할인 등을 지킬 수 있느냐에 따라 단체가격을 적용하기도 한다. 따라서 다중가격 정책은 다음과 같은 이유로 이익과 성장을 위한 가격결정의 핵심이라고 할 수 있다.

첫째, 가격은 가치와 결합된다. 이러한 태도로 가격을 생각하지 않는다면 기업은 이익을 놓치는 것이나 다름없다.

둘째, 파레토의 법칙으로 서비스 상품의 가치를 높게 평가하는 고객들에게서 더 높은 이익을 얻을 수 있다.

셋째, 수요의 법칙에 따라 유동적인 다중가격 정책을 취한다면, 더 낮은 가격의 새로운 판매 전략을 통해 고객층을 증가시킬 수 있다.

2 다중가격 마인드 형성의 3가지 전략

다중가격을 형성하는 데는 가격차별화, 상품의 다양화 그리고 세그먼트 기반의 가격으로 결정하게 된다.

첫째, 가격 차별화는 여러 부류의 고객들에게 다양한 가격대의 상품을 제공할 수 있다. 예를 들어 하얏트 호텔은 온라인 예약 구매자, 미국 자동차 연합카드 소지자, 경로우대(62세 이상) 고객들에게 각각 다양한 할인 혜택을 제공하면서 가격차별화 상품을 제공한다.

둘째, 상품의 다양화이다. 하얏트 호텔은 다양한 요금으로 여러 등급(중상 · 상 · 최상)의 상품을 제공한다. 일반 객실은 게스트, 디럭스, 오션뷰로 구분, 스위트 룸은 주니어에서 프레지덴셜까지 등급을 구분하여 다양한 상품을 제공하였다.

셋째, 세크먼트 기반의 가격결정이다. 잠자는 고객들을 깨워서 이들을 시장으로 유인하여 활동하게 만드는 것이다. 하얏트 호텔은 항공료, 숙박, 자동차 렌탈을 묶은 바캉스 패키지를 활용하여 예약을 가능하게 한다. 또한 스위트 룸 샴페인, $100 식음료 쿠폰, 무료 발레파킹 등을 묶은 2박 상품 '로맨틱 패키지' 상품을 도입하였다.

3 경쟁전략의 가격 정책

경쟁을 고려한 가격 결정 전략은 스키밍 가격정책과 침투 가격정책으로 나눈다.

1) 스키밍(skimming)가격 정책

스키밍 가격정책은 신상품 출시 초기에 높은 가격을 책정하고, 시간 경과에 따라 점차 가격을 낮추는 정책이다. 특허 기술이 있거나 기술에 대한 고객의 평가가 좋을 때 적용한다. 시간이 지남에 따라 가격이 낮아진다고 모두 스키밍 전략은 아니다. 예를 들어 시간이 경과하면서 경쟁이 치열해지고, 생산원가가 낮아지면 가격이 낮아질 수 있는데 이는 스키밍 가격전략이 아니다. 스키밍 가격은 일종의 '시간적 가격 차별화' 정책이다. 통상의 가격 차별화는 영화표와 같이 같은 시간대에 다양한 가격으로 차별화하는데 스키밍 전략은 같은 시간대에는 하나의 가격만 존재한다. (대형 마트, 영화관은 하루 중 시간대에 가격을 차별화하기도 한다).

스키밍 전략은 의도적으로 초기에 높은 가격을 책정하여 상위의 고객층을 흡수한 뒤 다음 고객층을 타겟으로 가격을 낮추는 방식을 의미한다. '갤럭시 폴더블 Z 5G' 가격이 2019년 10월 현재 240만원 인데 이는 스키밍 가격정책일 수 있다. 많은 고객들이 시간이 지나면 가격이 떨어질 것이라고 생각하면 스키밍 가격정책은 실패할 수 있다. 스키밍 가격정책의 경우 인하 시점을 잘못 잡으면 사회적인 이슈가 될 수 있다.

2) 침투가격 정책

침투가격은 스키밍 가격과 반대로 신상품이 처음 나왔을 때 낮은 가격을 책정하고 고객의 관심이 높아지면 가격을 높여나가는 정책이다. 초기 상품 인지도를 높이고 시장을 확대할 때 적용한다.

침투가격 정책이 성공하는 경우에 다음과 같은 장점이 있다.
① 초기에 많은 고객을 확보하여 어느 정도 진입장벽을 구축할 수 있다.
② 많은 고객을 확보하면 대량판매로 인한 원가 우위 확보가 가능하다.
③ 고객이 많을수록 상품의 가치가 높아진다(예: 플랫폼 상품).

반면, 침투가격 정책이 실패하는 경우는,
① 원가경쟁력에 집착하여 기술혁신에 실패한다.
② 고객들에게 저가 상품 이미지를 심어주는 경우 준거 가격이 낮아진다. 이런 경우는 나중에 가격을 올리기는 힘들어 진다.

다양한 고객의 니즈를 충족시키기 위해서는 여러 가지 차별화 전략이 필요하다. 고객 니즈에 영향을 미치는 요인은 고객예산, 대체상품, 고객의 취향, 보완재(예: 유류값 인상 시 소형차 가격 인상) 등이 있다.

3) 가격 차별화 전략

가격 차별화는 동일상품에 대해 가격을 차별화하는 것이다.

극장 좌석의 위치와 같이 서비스 내용의 일부는 바뀔 수 있다. 가격 차별화는 이익이 되는 한 최대한 많은 고객에게 상품을 판매하는 것이다.

예를 들어, 고객유형이 A부터 H까지 있고 고객유형별로 특정상품에 대해 지불할 수 있는 가격이 아래 그림과 같다고 가정하자. 만일 하나의 가격만 적용하면(책정가격) E까지의 고객에게는 상품을 판매하지 못하는 기회손실이 발생한다. 적자를 보지 않고 판매할 수 있는 가격은 최저가격 이상이어야 하기 때문에 A,B 고객 외 모든 고객에게 고객이 지불할 수 있는 최대금액으로 상품을 판매하는 것이 이익 극대화를 위한 방안이다.

유보가격이 높은 고객, 상품에 대해 높은 가치를 느끼는 고객, 가격 민감도가 낮은 고객에게는 높은 가격을 받는다. 그러나 동일한 상품을 다른 가격으로 판매하면 비싼 가격을 지불한 고객의 불만이 발생할 것이다. 이 문제를 해결하는 방법이 책정가격 이상을 지불하는 고객에게는 프리미엄 서비스를 제공하고 책정가격 이하의 가격을 지불하는 고객에게는 불편함을 제공하는 것이다. 상품 무료 배송은 프리미엄 서비스의 예이고, 대형마트에서 늦은 밤 가격할인은 불편함의 예라고 할 수 있다.

가격 차별화 적용 시 유의할 사항은 다음과 같다.

첫째, 싼 값에 구매한 고객들이 비싼 값에 되팔 수 있다면 가격 차별화를 적용해서는 안 된다.

둘째, 싼 값에 상품을 판매하는 차별화하는 '불편함'에 대해 모든 고객들이 공감할 수 있어야 한다.

셋째, 제값을 지불할 용의가 있는 고객에게 작은 불편함을 활용한 할인을 해서는
안 된다.

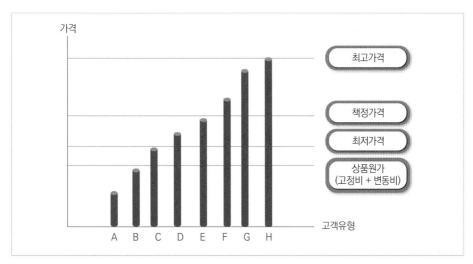

🖥️ **그림 10-2** 가격과 고객 유형별 가격 차별화

4) 상품 차별화 전략

동일상품에 대해 가격 차별화기 힘든 경우 약간의 기능을 더하거나 빼서 가격을
차별화하는 방법이다. 상품 차별화의 예는 기능, 품질, 구매 편의성을 제공하는 프리
미엄 버전, 기본기능 버전 등이 예가 된다. 상품 구매시 다양한 옵션을 제공하는 것
도 상품 차별화에 해당된다. 다양한 통신서비스 요금도 상품 차별화 전략이다.

5) 가격모델 차별화 전략

고객에 따라 가격모델이 맞지 않아 구매를 하지 않는 경우도 있다. 보다 많은 고객
확보를 위해 다양한 가격모델을 개발하는 것이 가격모델 차별화 전략이다. 일반적인
상품가격 외 리스, 공동소유, 목표달성 시 보상금액 등 상당히 많은 가격모델이 존재
한다. 특히 온라인 상품이 많이 개발되면서 가격모델은 더욱 다양해졌다.

가격모델 차별화는 비약적인 사업 성장의 계기가 되기도 한다.

Adobe가 2013년 소프트웨어 판매(On premise)방식을 버리고 클라우드 기반의 월 사용료를 받은 뒤 비약적인 성장을 한 것이 대표적인 사례이다.

특히 월 사용로는 고객입장에서는 금액 부담이 적어 구매 저항을 낮추는 효과가 있다.

④ 가격을 차별화하는 7가지 방법

가격차별화 전략은 동일한 서비스 상품에 대해 두 가지 이상의 상이한 가격으로 판매가격을 설정하는 경우를 말한다. 가격차별화의 목적은 수요조절에 있으며, 수요가 많을 때는 수요가 적은 시기로 옮기고, 수요가 적을 때는 수요를 자극하여 증가시키기 위한 것이다.

가격을 차별화하는 방법에는 고객 특성, 허들(huddle), 시간, 대량구매 할인, 유통, 혼합 번들링(bundling), 그리고 개별협상의 방법이 있다.

1) 고객 특성

가시적으로 덜 드러나는 특성일지라도 효과적인 요소로 판명될 수 있다. 즉, 놀이공원이나 스키리조트의 인근지역에 거주하는 것도 가격차별화의 요소가 될 수 있다. 비(非)리조트 지역 거주자들은 리조트 가까이에 사는 사람들보다 여행, 호텔 관련 상품들에 더 높은 가치를 매기기 때문이다. 디즈니랜드는 이런 고객 차이를 이롭게 이용하고 있다. 거주 사실을 입증하는 현지 주민들에게 더 낮은 가격을 책정하는 것이다. 왜냐하면 디즈니랜드 주위에 사는 주민들은 디즈니랜드가 가까이 위치하기 때문에 타 지역에 사는 사람들만큼 매력을 느끼지 못하기 때문이다.

2) 허들(huddle)

검소한 고객들을 구분할 때 사용되는 가장 인식하기 쉬운 할인 허들은 쿠폰이다. 가격에 진정으로 신경 쓰는 사람들만이 이 허들을 넘기 위한 노력을 기울인다. 백화점들은 정기적으로 일요일 아침 6시와 9시 사이에 쇼핑을 하는 사람들에게 10% 특별 조조할인을 제공하는 행사를 실시한다. 모두가 휴식을 취하는 일요일 새벽 6시에 쇼핑을 하려고 하는 사람들은 누구이겠는가? 바로 '가격에 신경을 쓰는 소비자'들이다.

3) 시간

신제품을 한발 앞서 구매하고자 하는 고객들(early adoptor)은 진정으로 '그 제품의 가치를 높게 평가한다'라고 할 수 있다. 반대로 남보다 빨리 구매하는 것에 큰 가치를 두지 않는 고객들은 세일을 할 때까지 참고 기다린다.

4) 대량구매 할인

영화관에서 대부분의 사람들이 점보사이즈 팝콘의 가격에 유혹을 느꼈던 경험을 가지고 있을 것이다. 먹기 시작할 땐 훌륭한 맛에 감동하지만 팝콘을 집는 손이 상자 아래로 깊숙이 내려갈수록 그 가치는 점점 떨어지게 된다. 사람들은 어떤 제품을 더 많이 소비하면 할수록 그 제품의 추가적인 소비에 대해서는 점점 더 낮은 가치를 매기게 된다.

예 커피, 피자 등을 10번 구매하면 11번째는 공짜로 제공해 주는 쿠폰

5) 유통

판매처가 어디냐에 따라서 같은 상품에 다른 가격을 매기는 경우도 있다. 즉, 구매처는 고객들이 제품을 어떻게 평가하는지 알 수 있는 척도가 된다.

항공사들은 유통을 이용하여 같은 제품에 다른 가격을 매기는 것에 능숙하다. 항공권의 가격은 고객들이 예약센터를 이용하느냐 웹사이트를 이용하느냐에 따라 달라진다. 그리고 Travelocity.com과 같이 항공권을 대량으로 구매하는 웹사이트나 대형 여행사 등에는 특별협상 가격을 제시하기도 한다.

고객들 또한 팔리지 않은 항공권이나 호텔 객실 등을 최저가로 제공하는 hotwire.com과 같은 웹사이트를 이용하여 저렴한 가격에 구입하려는 노력을 기울인다.

6) 혼합 번들링(mixed bundling)

각각 $27.50인 베스트셀러 책 두 권이 있다. 이 두 책을 낱권으로 판매함과 동시에 두 권을 묶어 $50에 팔게 되면, 묶음 판매는 다음과 같은 가격 차별화 효과를 주게 된다.

① 더 많은 구매를 위한 유인책

$27.50에 구매하려고 했던 고객들은 $22.50에 살 수 있다는 조건 때문에 묶음 구매로 마음이 기울지도 모른다. 이 할인은 고객들이 구매하려고 생각지도 않았던 제품을 사게 만드는 유인책으로 작용한다. 가격차별화라는 관점에서 보면 묶음으로 구매하는 고객들은 낱개로 두 권을 구매하는 사람들에 비해 더 낮은 금액을 지불하는 방식이다.

② 더 광범위한 고객을 끌어들이는 전략

묶음 가격은 다양한 가치평가체계를 가진 고객들에게 판매할 수 있는 유연성을 제공한다. 고객들은 각각의 책을 $23 : $27, $24 : $26, $28 : $22 등의 가치를 매기는 다양한 독자를 끌어 들일 수 있다.

7) 개별협상

계산대에 줄 서 있는 고객들과 개별적으로 협상하기는 불가능하다. 자기 앞에 서 있는 사람들이 낮은 금액을 지불하는 것을 보게 된다면 아무도 그보다 높은 가격을 지불하지 않을 것이다. 그러나 자동차와 같은 제품들은 고객과 개별적으로 가격을 협상하는 것이 통례이다.

이런 종류의 거래에서는 고객들이 협상을 통해 제각기 다른 가격을 지불한다. 물론 훌륭한 세일즈맨의 목표는 고객들로 하여금 최상의 조건으로 거래했다는 기분이 들도록 만드는 것이다.

가격을 결정하는 데 있어서 다음과 같은 결론에 의해 가격을 결정해야 한다.

첫째, 상황에 따라 단기적인 이익 극대화보다는 사회적 공정성에 초점을 맞춘 가격 최적화가 필요하다.

둘째, 시장 경제의 핵심은 교환이며, 교환의 핵심은 가격이라는 것이다.

셋째, 단순한 가격 전술을 넘어 복합적인 가격 전략을 제시해야 한다.

CHAPTER **11**

서비스
품질관리

1 서비스 품질관리의 개념

서비스 시장의 개방 및 제품 품질의 동질화 시대에서 국내기업들이 경쟁력을 확보하기 위해서는 서비스 품질의 제고가 요구되고 있다. 서비스에도 품질관리 개념이 정립되어야 생존할 수 있다는 것이다. 국내에는 1990년경 경영혁신 기법으로 고객만족경영이 도입되면서 제품의 품질 개선뿐만 아니라 서비스라는 상품에도 제품 품질관리의 개념이 도입되었다. 기업들은 고객만족경영을 위한 경영혁신 활동과정에서 서비스 품질 개선을 위해 많은 노력을 기울여 왔다.

서비스 품질(service quality)이란 제품을 동반한 무형의 형태로서 소비자, 고객이 있을 때 나타내 보이는 상태를 말한다. 하나의 품질을 나타내 보인다는 것은 시간과 공간에서 상호 교환적, 상징 작용적 의미를 강하게 가지고 있다.

서비스 품질이 훌륭하다는 것은 고객이 기대하는 바를 충족시켜 주거나 기대 이상의 서비스를 제공하는 것이다. 고객이 지각하는 서비스 품질이란 고객의 기대와 욕구수준과 그들이 지각한 것 사이에 존재하는 차이의 정도로 정의된다.

서비스 품질은 서비스 제공자에 의해 주로 통제된 서비스 속성에 대한 평가로 여겨지게 되며, 특정 서비스의 우수성과 관련하여 갖는 개인의 전반적인 판단 혹은 태도에 의해 결정된다. 무형의 서비스 품질의 경우 주로 소비자의 주관적인 관점에 의해서 결정되고 이를 개념화되고 측정가능하게 하여 서비스를 제공받는 소비자의 주관성을 객관화시켜서 지각된 품질을 소비자의 기대와 기업의 성과와 연결시키는 것이다.

서비스 품질에 대한 학자들의 정의를 종합해 보면 다음과 같이 두 가지로 나타난다.

첫째, 서비스 품질은 객관적인 품질과 주관적인 품질로 나누어진다.

일반적인 품질에 대한 접근 중 제품 중심적 접근방법은 서비스 품질의 객관적인 면을 강조한 것이고, 사용자 중심의 접근방법은 주관적인 질을 강조한 것이다.

둘째, 서비스에 대한 소비자의 기대와 지각 사이의 차이를 서비스의 품질로 정의한 견해이다. 즉, 서비스 품질이란 '서비스에 대한 소비자의 기대와 지각 사이의 불일치 정도와 방향'이다. 이는 기업에서 실제로 제공받는 서비스에 대해 소비자들이 주관적으로 느끼는 차이로서 서비스 품질을 정의하였다.

서비스 기업의 입장에서 서비스 품질을 정의하게 되면 소비자들이 기업에서 실제로 제공받는 서비스에 대해 주관적으로 느끼는 차이라고 할 수 있다. 즉, 서비스 품질은 객관적인 품질보다는 주관적인 품질 개념으로서 소비자에 의해 지각된 서비스 품질(perceived service quality)이라고 할 수 있다.

모든 내용들을 통틀어 보면, 서비스 품질은 이미 만들어진 것을 제공하는 것이 아니라 속성 그 자체를 보유하고 있다가, 일정한 현장 내에서 고객의 등장과 함께 '준비된 서비스'로서 과정적 서비스가 되는 것이다.

이에 서비스와 연결된 품질은 전적으로 고객에 의해서 결정되어진다. 여기에는 고객실현, 경험, 이용하게 되는 프로세스, 패키지 등이 하나의 상품적 가치를 가지게 되는 것이다. 이러한 것에 의해서 고객의 사전적 기대와 경험적 신뢰를 바탕으로 하여 서비스 품질을 평가하는 수단이 되고 있다.

대표적인 서비스 기업인 호텔의 서비스 품질관리는 그 무엇보다 중요하다.

호텔은 핵심 서비스인 숙박시설과 보조서비스(식음료, 수영장, 피트니스, 나이트 클럽 등)를 포함해서 복합적으로 고객에게 제공하는 서비스 기업이다. 또한 호텔 서비스를 제공하는 종사원의 서비스 품질도 매우 중요하다.

호텔 서비스 상품은 물적 기능, 인적 기능, 시스템적 기능이 전체 호텔 서비스로 복합되어 있어 호텔의 종합적인 상품 요소가 된다. 호텔 서비스는 호텔의 상품적 요소인 물적, 인적, 시스템적인 복합 기능을 고객의 욕구에 맞추어 상호 연결성 있게 제공하는 기능의 수행이 되며, 이들의 기능을 조화롭게 운영해야만 완전한 상품으로서의 판매가 가능하게 된다. 따라서 호텔의 전반적인 경영은 고객만족도를 최대한 높이는 데 목적이 있으며, 고객을 만족시키기 위한 최선의 방법 중 하나는 총체적인 품질경영의 개념에서 서비스에 대한 이용객들의 기대감을 최대한 충족시켜야 한다.

호텔 서비스의 품질관리는 가장 유용하고 가치가 있는 제품을 가장 경제적으로 생산하는 방법이다. 호텔을 찾는 고객의 마음으로부터 만족을 할 수 있는 품질의 제품을 가장 경제적으로 생산하기 위해 더 나은 품질관리를 해야 한다. 이는 호텔 기업

의 고객 지향적인 사고방식으로 인식하는 것이 필요하다.

2 서비스 품질관리의 중요성

서비스에 있어 품질은 가장 중요한 요소이다. 서비스의 좋지 못한 품질로 인해 기업이 치러야 하는 대가가 엄청나기 때문이다. 소비자는 가격을 지불하고 구입한 서비스 상품의 가치가 자신이 지불한 가격에 비해 못하다고 생각한다면, 서비스 상품의 품질은 좋지 못한 것으로 인식되고 이는 다시 고객의 재구매를 유도하지 못하게 됨으로써, 자사의 서비스 상품에 대한 고객 충성심을 형성하지 못하게 되는 것이다.

반대의 경우에는 고객 충성도가 형성되어 이익 또는 시장점유율의 향상으로 이어지게 된다. 한편 서비스 상품에 있어 신뢰성은 서비스를 정확하고 믿을 만하게 제공할 수 있는 능력을 의미하는데, 이는 서비스 기업의 우월성을 좌우하는 가장 중요한 요소이며 서비스 품질을 평가하는 데 있어 고객이 가장 중요하게 여기는 기준이 된다.

그림 11-1 서비스 품질과 기업 성과

기업이 고객에게 신뢰할 수 있는 서비스를 제공하게 될 경우 기존고객의 유지 및 거래량 확대, 호의적인 구전 커뮤니케이션 형성, 가격 프리미엄 등을 획득할 수 있는 기회를 주게 된다.

3 서비스 품질관리의 특성

서비스 품질의 특성은 여덟 가지로 요약하게 되는데 그 내용은 다음과 같다.

첫째, 서비스 품질은 사용자 중심의 접근과 일치하고 있어 고객의 지각과 관련한 고객 지향적인 개념이다. 서비스 품질을 평가하는 객관적인 측정치가 존재하지 않는 상황에서 서비스의 품질을 측정하는 것은 품질에 대한 고객의 지각을 측정하는 것이다.

둘째, 서비스 품질은 추상적이고 다차원적인 개념이므로 태도와 유사한 개념으로 인식된다. 따라서 서비스에 대한 전반적인 우월성과 우수성을 나타내는 것으로 만족과는 다르지만 태도와 유사한 것으로 추상적이고 다차원적인 개념이다.

셋째, 서비스 품질은 서비스에 대한 결과는 물론이거니와 서비스 과정 또한 중요한 요소로 평가되는 것이다. 이는 서비스의 특성 중 하나인 비분리성의 개념으로 서비스 과정에 고객이 참여하지 않으면 안 되는 특수한 상황이기 때문이다.

넷째, 서비스 품질은 기대와 성과의 비교에 의해 인식된다. 서비스 소비자들은 서비스 품질을 기대와 성과의 비교를 통해 인식하게 된다. 즉, 기대된 서비스와 지각된 서비스를 비교한 결과로 서비스 품질이 인식되는데, 이것은 앞에서도 살펴본 바와 같이 고객의 기대와 지각 사이에 있는 불일치의 정도와 방향이라고 볼 수 있다.

다섯째, 서비스 품질은 소비자 만족과는 다른 개념이다. 서비스 품질은 서비스에 대한 전반적인 우월성과 우수성을 나타내는 개념으로 구체적 속성이라기보다는 추상적이고 다차원적 개념이며, 만족이라는 개념보다는 지속적이고 장기적인 상태로의 어느 대상에 대한 전반적 판단이며 시간이 지남에 따라 동적으로 변화하는 누적인 구성개념이 된다.

여섯째, 서비스 품질은 현장 내의 그 하나에 의해서 얻어지는 것이 아니다. 주변, 환경, 상황, 분위기는 물론 복합적인 서비스 요소에 의해서 결정된다.

일곱째, 서비스 품질은 멈추어 있지 않고 계속 변한다. 품질은 그 자체를 유지하려 하지 않고 변환 내지는 진화되어진다. 인간의 욕구는 무한대라는 점에서 신소재, 새 품질, 보다 좋은 품질의 창출과 개발 또한 지속되어진다.

여덟째, 서비스 품질은 결과적으로 고객에 의해서 결정되어진다. 모든 고객들은 자신의 상태, 조건, 특성 등에 의해 자기에게 맞는 만족을 느끼기 위해 요구하고, 그것에 맞는 서비스를 선택하게 된다.

최근의 연구에서는 서비스의 직접적인 수행자에 대해 수혜자가 느끼는 차이의 발생 이전에 관리적 측면에서 발생하는 전달체계의 인식 차이 등이 서비스 품질에 대한 고객의 지각에 영향을 미치고 있다고 보았다.

서비스 품질의 구성요소란 고객이 서비스 품질을 평가하기 위해 사용하는 기준으로 구성차원 혹은 구성요인을 말한다.

서비스 품질은 절대적인 개념이 아니라 고객에 의해 행해지는 주관적인 판단에 의해 이루어질 수 있는 개념적 특성이 있고, 고객의 가치가 반영된다는 점과 서비스 품질의 다양성 측면이 존재한다. 서비스에 대한 평가는 서비스를 제공받는 모든 과정에서 연속적으로 작용한다는 특성을 가지고 있다.

Gronroos(1984)는 소비자들에 의해 인식되는 서비스 품질은 기업이 제공해야 한다고 하면서 소비자들이 기대하는 서비스와 기업이 실제로 제공한 서비스에 대해 소비자들이 지각하는 서비스와의 비교로부터 산출된다고 하였다. 따라서 기대된 서비스와 지각된 서비스의 두 가지 구성요소에 의해 서비스 품질이 결정된다고 하였다.

자료: Gronroos, G.(1984), A service quality model and its implication, Journal of Marketing, 18(4), p.36.

그림 11-2 서비스 품질의 구성요소

⏰ 표 11-1   PZB의 서비스 품질 10가지 요소

구성차원	내 용
유형성 (tangibility)	서비스의 물리적 설비와 근거를 의미함 • 물리적 시설, 서비스 제공에 사용되는 도구 • 종업원의 용모 • 서비스를 이용하는 다른 고객
신뢰성 (reliability)	서비스 성과의 신뢰성과 정직성을 의미함 • 청구의 정확성, 기록을 정확하게 유지, 약속시간 준수 • 고객의 이익을 진심으로 바람
반응성 (responsiveness)	서비스를 제공하는 종업원의 신속한 대처능력 • 종업원의 의향이나 신속성 • 서비스의 시기적절성
능력/역량 (competence)	서비스 수행에 요구되는 지식 및 기술의 소유함을 의미함 • 종업원의 운영지원 등에 대한 지식과 기술 • 조직의 조사능력
예절성 (courtesy)	접촉 종업원의 친밀성, 정중성, 사려 깊음, 존경성을 의미함 • 고객재산에 대한 깊은 배려, 청결하고 단정한 용모 • 고객 고충처리의 보장
신용성 (credibility)	신뢰성, 정직성과 고객에 대한 진심의 마음을 의미함 • 회사명, 회사의 명성, 접촉 종업원의 인간적 특징 • 서비스 수행의 일관성
안전성 (security)	고객의 위험인식, 의무의 해소를 의미함 • 시설물의 안전, 재무적 안전성 • 육체적, 물리적인 안전성
접근용이성 (access)	서비스에 대한 접촉용이성과 접근가능성을 뜻함 • 전화이용, 영업시간대 외의 편리성, 대기시간 • 서비스 제공업체의 편리한 장소의 입지
의사소통 (communication)	고객이 이해할 수 있는 언어를 통해 알리는 것 • 서비스 자체 설명, 비용설명, 문제해결에 대한 고객보증 • 고객 고충처리의 보장
고객이해 (understanding customer)	고객의 요구를 알려는 노력의 이해 정도 • 고객의 특정 요구사항 파악 • 고정고객에 대한 의지 • 고객에 대한 개별적인 관심, 주의

자료: Parasuraman, A., Zeothaml, V. A. & Berry, L., L.(1985). "A Conceptual Models of Service Quality and Its Implications for Future Research", Journal of Marketing, Vol. 49, Fall.

PZB(1984)는 서비스 품질은 제품 품질보다 소비자의 평가가 더 어렵고 서비스 품질의 지각은 실제 서비스 성과에 대하여 소비자의 기대를 비교한 결과이다. 서비스 품질의 평가는 어떤 서비스 성과에 의하여 단독으로 나타난다고 하였다. 또한 소비자는 서비스 품질을 평가할 때 유사한 기준을 사용하게 되는데, 이를 "서비스 품질 결정요소(service quality determinants)"라고 하였다.

서비스 품질의 10가지 구성요소에는 유형성(tangibles), 신뢰성(reliability), 반응성(responsiveness), 능력(competence), 예절성(courtesy), 신용성(credibility), 안전성(security), 접근용이성(access), 의사소통(communication), 고객이해(understanding customer)로 구분된다.

서비스 품질 구성요소에 관한 정보는 대체적으로 4가지 방법으로 정리된다.

첫째, 고객 사이의 구전으로 고객의 지각 또는 잠재고객의 지각을 형성하게 된다.

둘째, 고객의 개인적 욕구와 서비스 실행에 대한 긴급성은 결정기준의 지각에 영향을 미친다.

셋째, 기업, 경쟁자 또는 비슷한 유형의 사업을 한 경험이 있는가는 어떤 서비스가 가능하고 수용 가능한가에 대한 지각을 형성한다.

넷째, 광고, 홍보, 기업에 관한 일반적인 정보 등의 외부 커뮤니케이션은 적합한 서비스에 관한 고객의 지각을 형성한다.

4 서비스 품질분석 방법

서비스 기업들은 서비스 속성에 따라 품질차원을 결정, 구성하게 된다. 크게는 전체적 공통의 품질영역이 있는가 하면 전체 속에 부분별, 단위별 품질, 즉 세부적인 품질 속성 단위까지 차원들을 찾아볼 수 있다.

산업별, 업종별로 다르고 같은 업종과 산업이라 하더라도 시장 세분화에 따라 서비스 품질은 달라지게 된다. 또한 소비자의 수준이나 인구통계학적 특성에 따라 서비스 속성의 차원이 달라지게 된다.

예를 들면, 항공, 철도, 버스 등은 대중교통으로서 대개 안정성, 속도, 적시성, 쾌적성, 편의성은 전체적 품질영역이 되고 있으나 친절성, 안내 솜씨, 맛있는 차 한 잔, 화장실 청결 등은 부분적 서비스 품질 차원이 되고 있다. 이외에도 환자, 노인, 불량배 등은 특별 단위적 차원이 되기도 한다. 단위적인 물적 서비스로서 음식 서비스는 풍부한 맛(rich/ full flavor), 자연스러운 맛(natural taste), 신선한 맛(fresh taste), 좋은 냄새(good aroma), 먹음직스러움(appealing food)으로서 간추린 연구의 예도 있다.

원인을 찾기 위한 도구로 피시본 차트(fishbone chart)를 활용하고 있다. 피시본 차트의 발명자인 Kaoru Ishikawa의 이름을 붙여 이시카와 다이어그램이라고도 한다. 피시본 차트는 어떤 문제의 원인을 찾거나 인과관계를 확인하거나 전체집합의 부분집합을 찾아가는 데 유용한 도구이다.

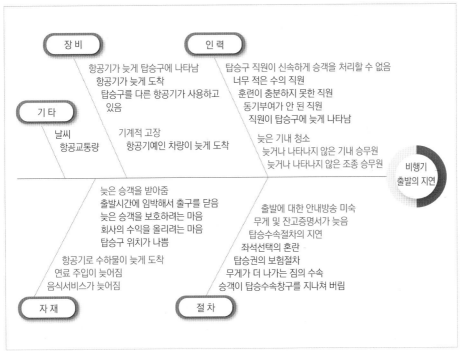

자료: Wyckoff. D., D.(1984). New tools for achieving service quality, The Cornell HRA Quarterly, 25(3), 89.

🖥 그림 11-3 미드웨이 항공사의 출발지연에 대한 피시본 분석

피시본 차트의 활용은 서비스 기업이 해결하고자 하는 문제점을 생선뼈의 머리 부분에 기록하고 그 문제의 직접적인 원인들을 굵은 뼈에 기록한다. 다음으로 굵은 뼈에 기록한 원인에 대한 작은 문제점들을 가는 뼈(잔가지)에 기록한다.

피시본 차트를 적용하게 될 경우, 해당 내용이 문제가 있는지, 문제가 일어나게 된 원인이 되는지, 아니면 그것의 결과가 되는지 등을 파악하게 된다.

그리고 도출된 문제원인에 대해서 계속적으로 왜 그렇게 되었는가를 질문해 봄으로써 근본원인을 파악해 내는 것이 중요하다.

피시본 차트는 미드웨이 항공사가 자사의 비행기 출발의 지연에 대한 문제점을 파악하기 위해 원인과 결과를 피시본 차트로 분석한 데서 유래된 기법이다.

이 기법은 서비스 품질에 대해 문제가 발생하였을 경우 문제의 주요인과 파생요인으로 세분화하여 근본적인 원인이 나타날 때까지 분석을 계속하게 된다.

서비스 품질평가 및 측정

서비스 품질을 측정하기 위한 척도가 필요함에 따라 1980년 중후반부터 활발하게 연구하기 시작하였다. 소비자가 느끼는 서비스 품질은 애매한 평가기준으로 인해 서비스 품질에 대한 다양한 평가기준이 있을 수 있으며, 고객은 이러한 기준에 관한 정보획득을 위해 여러 가지의 원천을 이용한다. 그러나 의사결정기준과 정보원천 사이의 상대적 중요성은 고객 및 상황에 따라 다르며 이러한 개념을 통합하기 위해 서비스 품질 평가모형이 개발되었다. 이에 대한 결과로서 대표적인 서비스 품질 측정모형으로는 SERVQUAL 모델, SERVPERF 모델, EP 모델이다.

1 SERVQUAL 모델

서비스 품질의 평가와 측정은 제품 품질과는 달리 불량률이나 내구성과 같은 객관적인 척도에 의한 측정이 어렵기 때문에 고객의 인식측정을 통해 이루어지는 것이 일반적이다. 서비스 품질은 전달된 서비스 수준이 소비자의 기대와 얼마나 조화를 이루는가에 관한 측정이고, 서비스 품질의 전달이 소비자의 기대와 일치하는 것을 의미한다.

서비스 품질의 측정모형 중 가장 일반화된 모형이 SERVQUAL이다. 미국의 Parasuraman, Zeithaml & Berry(1988)에 의해 개발된 이 모델은 서비스 품질 차원을 바탕으로 하여 서비스 품질의 다양한 측면에 대해 서비스 기업이 고객의 기대와 평가를 이해하는 데 사용할 수 있는 것으로 가장 많이 활용되고 있다.

1985년에 제시되었던 10가지의 서비스 품질 결정요소를 나타내는 97개 항목을 반복적인 연구에 의해서 서비스의 품질을 신뢰성, 반응성, 유형성, 확신성, 공감성의 5개 차원으로서 22개의 측정항목으로 구성하였다.

측정된 품질이라는 개념은 지각된 품질을 포함하고 있으며, 특정기업의 어떠한 서비스 특성에 관한 소비자들의 기대를 몇 개의 차원을 통해 완성하여, 소비자들은 그 기업의 동일한 특성에 대한 성과를 기록하게 된다.

이들의 연구에서 서비스 품질에 대한 인식은 기대한 서비스와 경험에 의해서 얻어진 결과로 인해 지각한 서비스의 차이에서 발생한다고 하였다. 다시 말하면 기대한 서비스가 지각된 서비스보다 높을 때(기대>성과) 인식된 서비스는 더 이상 만족스럽

⏱ 표 11-2 PZB SERVQUAL의 서비스 품질 5가지

서비스 품질 차원	서비스 품질 차원의 정의
유형성(tangibility)	서비스 제공자가 제품이나 서비스를 시각적으로 고객에게 호소할 수 있는 정도
신뢰성(reliability)	서비스 제공자가 약속된 서비스를 믿을 수 있고 정확하게 수행할 수 있는 능력
반응성(responsiveness)	서비스 제공자가 고객의 요구와 요청에 즉각적으로 반응하는 정도
확신성(assurance)	종업원들의 지식 및 공손함, 신뢰와 안정성을 유발시키는 능력
공감성(empathy)	고객을 개별화시켜 이해하려는 노력으로 접근의 용이성과 훌륭한 커뮤니케이션을 포함

자료: Parasuraman, A., Zeithaml, V. A. & Berry, L. L.(1985). "A Conceptual Models of Service Quality and Its Implications for Future Research", Journal of Marketing, Vol. 49, Fall.

지 못하게 되고, 이와 반대(기대<성과)는 만족 이상의 것으로 이상적인 서비스 품질이 되는 것이다. 또한 기대와 성과가 같은 경우(기대=성과)에는 수용할 수 있는 정도의 만족스러운 서비스가 된다는 것이다.

서비스 품질은 고객의 기대와 성과에 대한 지각 사이의 차이로 정의되고 있으며, 고객의 기대에 영향을 주는 중요변수로는 구전 커뮤니케이션, 개인적 욕구, 과거의 경험, 외적 커뮤니케이션이 있다. 또한 서비스 품질을 평가하는 기준은 10가지 요인으로 구성되고 있다. 서비스 품질의 모형은 다음과 같다.

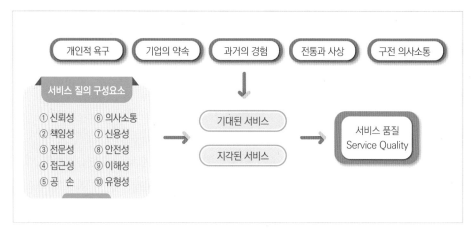

🏛 그림 11-4 SERVQUAL 모형

2 SERVPERP 모형

서비스 품질은 상황에 따라 변하는 고객만족의 관점에서 측정하는 것보다는 태도의 관점에서 측정하는 것이 완벽하지는 않지만 보다 일관성이 있다고 판단한다. 따라서 서비스 품질은 태도에 의해 개념화되어야 한다고 주장하는 Cronin & Taylor(1992)의 SERVPERP 모형을 사용하기도 한다.

SERVQUAL 모델은 기대와 성과의 gap을 지지하는 이론적, 실증적 증거가 없으며 단순한 성과에 기초한 측정이 더 나은 것으로 인정하면서, 그에 대한 대안으로 성과만에 의한 측정인 SERVPERP 모형을 개발하였다. 크로닌과 테일러는 자신들의 연구에서 SERVQUAL 식의 서비스 품질의 개념화와 조작화가 부적절하다고 주장하였다. 이들은 '서비스 품질 = 성과'라는 공식을 수립하고 SERVPERF 라고 명명함으로써 서비스 품질을 서비스의 성과로서 측정하고자 하는 노력들을 통합하면서 SERVQUAL이 기존 연구와 개념적으로 상당한 혼란을 야기한다는 것이었다. 즉 소비자들은 기대와 성과를 비교하여 그 차이를 산술적으로 계산 가능하나 실제적으로는 불가능하다는 것이다. SERVPERP 모형은 소비자의 지각된 성과만으로 서비스의 품질을 측정하는 방법이 훨씬 더 적합한 방법이며, 이는 고객만족이 서비스 품질보다 구매의도에 더욱 크게 영향을 미치게 된다.

③ EP 모형

EP(Evaluated Performance) 모형은 속성에 대한 기대가 이상점으로 인식될 때 기대와 지각된 성과모델의 상반성 문제를 극복하기 위해 Teas(1993)에 의해 개발되었다. Teas는 SERVQUAL 모델의 기대수준은 규범적 기대수준이며, EP는 성과의 이상적 표준을 나타낸다고 하였다. 또한 서비스의 지각된 성과와 서비스 품질평가 사이에는 일정한 긍정적인 관계가 존재할 수 있다고 하면서 이러한 이상점 속성들의 경우 지각된 성과가 이상점보다 못하거나 동일한 경우에만 긍정적인 관계가 존재하고, 이상점을 상회하는 경우에는 부정적인 관계가 나타나는 것으로 보았다.

⏱ 표 11-3 서비스 품질 측정모델의 비교

구 분	SERVQUAL	SERVPERP	EP
모형의 구성	성과-기대	성과	성과-이상점
기대의 정의	규범적 기대	기대측정 안함	이상적 성과
측정 차원	5개 차원 22개 항목	5개 차원 22개 항목	5개 차원 10개 항목

지각된 서비스 품질에 대해 Gronroos(1984)는 고객들이 기대하는 서비스와 제공받는 서비스를 비교하여 서비스의 질을 평가하는 내용을 다음과 같이 제시하였다. 고객의 서비스에 대한 기대와 그가 받은 서비스에 대한 인식을 비교하는 것이 평가과정이고, 고객이 인식한 서비스의 질은 평가과정의 결과가 되는 것이다.

4 서비스 품질 측정의 어려움

서비스 품질은 무형성이 강한 상품으로 인하여 소비자가 직접 구매하거나 경험해 보지 않으면 그에 대한 정확한 평가가 이루어지지 못한다.

서비스 품질은 서비스를 이용하는 개인에 의해서 차별화 정도가 다르고, 주관적인 경향이 강하기 때문에 기업의 입장에서는 소비자들의 서비스 품질을 정확하게 측정하는 데 많은 어려움이 있다. 그 이유는 다음과 같다.

⏱ 표 11-4 지각된 서비스 품질 향상을 위한 6가지 기준

기 준	품질차원	개 념
전문성과 기술	결과품질	고객의 문제를 전문적으로 해결하는 데 필요한 지식과 기술
태도와 행동	과정품질	친절하고 자발적으로 고객문제를 해결하려는 접점직원의 관심과 배려
접근성과 유연성	과정품질	입지, 운영시간, 운영시스템, 직원운용 등이 고객의 서비스 접근성을 높이도록 설계되고 융통성 있게 운영되는 것
신뢰성과 믿음직성	과정품질	서비스 제공자, 직원, 시스템이 고객과의 약속을 지키고 진심으로 고객을 위해 서비스를 수행한다는 믿음
서비스 리커버리	과정품질	서비스 실패시 언제든 적극적이고 즉각적으로 수정해 주는 것
평판과 신용	이미지	사람들이 서비스 제공자의 경영에 대해 신뢰하며 우수한 성과와 가치를 대표한다고 믿는 믿음

자료: Gronroos, G.(1984). A service quality model and its marketing implementations, European Journal of Marketing, Vol. 18(4), 36-44.

1) 주관적인 개념이 강하다.

서비스 품질은 표준화된 규율이나 그에 대한 기준이 설정되어 있지 않다. 또한 소비자의 다양한 평가기준에 의해서 품질의 정도가 결정되어지기 때문에 서비스의 좋고 나쁜 정도를 결정하기 어려운 실정이다.

2) 서비스 전달 이전에는 테스트가 불가하다.

서비스 상품은 유형적인 제품과는 달리 미리 만져보거나 테스트를 실시한 후에 구매할 수 없는 무형적인 상품으로 이루어져 있다. 따라서 서비스 상품을 구매하기 이전에는 미리 살펴보거나 견본 제품을 활용하여 체험한 후 구매하는 것이 불가능한 상품이다.

3) 고객으로부터 서비스 품질에 대한 데이터 수집이 어렵다.

서비스 상품은 개인의 주관에 의해서 평가되고 그에 대한 정확한 표준이 정해져 있지 않기 때문에 데이터를 수집하는 데 많은 어려움이 있다.

데이터를 수집했다 하더라도 그에 대한 신뢰성을 입증하는 것 또한 쉬운 것은 아니다.

4) 고객은 프로세스의 일부이며 변화가능성이 있는 요인이다.

서비스는 생산과 소비가 동시에 진행되는 비분리성의 특성을 가지고 있으므로 고객 또한 프로세스의 일부로서 간주된다. 프로세스가 진행되는 중간에 고객의 기분이나 기타 상황변화에 의하여 서비스 품질에 많은 영향을 미치게 된다.

5 서비스 품질이 낮아지는 이유

서비스 경쟁의 악화로 인해 서비스 품질이 향상되어야 함에도 불구하고 낮아지는

이유는 다양하다. 서비스 기업의 경영상황과 경제상황 그리고 주변상황 등에 의한 다양한 요소들에 의해 많은 영향을 받게 된다.

서비스 품질이 저하되는 이유는 다음과 같다.

① 기업의 비용절감이 서비스 수준의 저하를 초래하게 된다.
② 인건비 상승으로 기업에서 셀프서비스와 자동화를 확대하게 된다.
③ 서비스 종사자들의 사기저하로 인해 프로의식이 결여된다.
④ 기업의 서비스 생산성 및 효율성에 대하여 지나친 강조를 하게 된다.
⑤ 서비스 수준이 높지 않을 것으로 예상하는 고객의 존재로 이용이 절감된다.
⑥ 다수의 고객에게 다양한 서비스 제공의 경우에 실수 발생가능성이 존재하게 된다.
⑦ 서비스에 대한 재작업, 소환, 실수의 개선 등의 요구에 관대해진다.
⑧ 서비스 생산과 판매의 동시성으로 품질관리가 곤란하다.

서비스 품질의 측정에는 주로 서비스 내용의 특징, 개인적 니즈(needs), 구전 커뮤니케이션, 과거의 경험 등이 결정적인 핵심이라고 할 수 있다. 이와 같은 서비스의 경험 요인은 서비스의 결과와 과정에 의해 판단되기 때문이다.

예를 들어, 패스트푸드와 고급 레스토랑에서의 식사는 당연히 서비스 기대 내용을 달리하게 될 것이며, 가격대에 따라서 소비자들의 기대 또한 다르게 작용하게 될 것이다. 개인적 니즈는 현실의 사회적, 상황적 상태에 따라 달라지게 되는 것은 물론 개인적인 입장, 조건, 특성에 의하여 좌우되는 경우가 대부분이다.

6 서비스 품질향상을 위한 제언

서비스 품질을 향상시키기 위해서는 기업과 종사원이 노력한다고 해서 잘 되는 것은 아니다. 여기에 고객의 의견과 협조가 더해진다면 고객이 만족할 수 있는 서비스 품질을 생산해 낼 수 있게 된다. 이에 대한 내용은 다음과 같이 10가지로 요약할 수 있다.

1 고객의 니즈를 정확히 파악하라.

서비스 품질은 고객의 평가에 의해 결정된다. 기업이 자신의 기준에 충족된 서비스를 디자인한다고 해서 고객이 만족하는 것은 아니다. 따라서 고객의 정확한 니즈가 무엇인지를 파악하고 고객의 관점에서 서비스를 개선하고자 하는 노력을 해야 한다. 기업은 서비스 품질 개선을 위한 투자에 긍정적인 자세로 나가야 한다.

2 고객 니즈의 핵심은 반드시 충족시켜라.

호텔에 투숙한 고객들은 안전하고, 깨끗한 객실을 원하고 있으며 약속된 시간에 투숙하기를 바라고 있다. 어떠한 서비스라도 고객들이 각각의 서비스에서 가장 기본적이라고 생각하는 핵심적 측면을 가지고 있다. 이러한 요구는 비합리적이거나 무리한 사항이 아니다. 그러나 기업들은 이러한 것을 놓치는 경우가 많다. 따라서 기본적으로 충족되어야 할 핵심적인 니즈를 충족시켜야 함을 명심해야 한다.

3 체계적으로 서비스를 디자인하라.

새로운 서비스를 도입하기 전에 경쟁사와 차별화될 수 있는 서비스를 어떻게 제공할 것인가에 대해 결정해야 한다. 고객이 기대하는 핵심적인 서비스를 신뢰성있게 제공하기 위해서는 많은 서비스 제공시스템의 요소들이 조화롭게 제 기능을 할 수 있도록 해야 한다. 여기에는 특정 서비스를 제공하는 사람, 서비스를 제공하는 데 이용되는 도구, 그리고 서비스를 제공하는 공간상의 물리적 환경 등이 포함된다. 따라

서 고객의 만족을 결정하는 요소들을 종합적으로 고려하여 서비스를 디자인하는 것이 서비스 품질 제고의 출발점이라 할 수 있다.

4 실패한 서비스는 즉시 정정하라.

고객이 서비스상의 문제를 경험하는 경우는 다음의 3가지 경우가 있다.

첫째, 고객이 회사에 불만을 제기하고 기업의 대응에 대해 결국은 만족해 하는 경우

둘째, 고객이 불만을 제기하였으나 기업의 대응에 불만족해하는 경우

셋째, 고객이 불만을 제기하지 않고 불만스러운 상태로 끝나는 경우

고객의 불만에 효과적으로 대응하지 못하면 서비스 실패는 더욱 치명적이 된다. 서비스에 불만을 느낀 고객들 중 많은 고객들이 기업에 불만을 제기하기를 꺼려한다. 따라서 기업에서는 이러한 고객의 거리낌을 극복하고 서비스 품질을 회복시키기 위한 노력을 반드시 기울여야 한다.

기업은 고객이 불만을 제기할 수 있도록 동기를 부여하고 불만 제기를 쉽게 할 수 있는 시스템을 개발해야 한다. 그리고 불만 제기에 대한 대응을 신속하게 하고 개별 접촉방식으로 대응하여 고객과의 대화를 나눌 수 있는 기회를 증가시켜야 한다.

5 고객을 놀라게 하라.

고객은 자신이 사용하고자 하는 서비스에 대해서는 기업이 각각 다르더라도 일정한 기대를 갖고 있다. 따라서 자사의 서비스 품질이 최상급 서비스라는 명성을 얻기 위해서는 고객의 기대를 넘어서는 서비스를 제공하여 고객을 놀라게 할 수 있는 전략이 필요하다. 서비스는 고객이 직접 참여하는 일련의 과정을 통해 생산되기 때문에 고객을 놀라게 하는 것은 고객과의 접점에서 이루어져야 한다.

6 **일선 직원들의 팀워크를 강화하라.**

일선 직원들의 정신적·육체적 피로는 고객의 실패를 유발하게 된다. 이에 대한 해결책으로 직원들 상호 간의 팀워크가 필요하다. 서로 도와주는 팀원이 있다는 것은 서비스 제공자에게 힘과 기쁨을 제공하는 역할을 한다. 특히 서비스 제공은 여러 부서들 간의 협력을 요구하기 때문에 이는 더욱 필요하다. 이를 위해서는 팀원들간의 회의와 다양한 커뮤니케이션 활동들이 요구된다.

7 **종사원에게서 서비스의 문제점에 대해 경청하라.**

종사원에 대한 조사는 3가지 이유에서 고객조사만큼이나 서비스 품질 제고에 있어서 중요하다.

첫째, 종사원은 그들 자신이 조직 내부 서비스의 고객이다.

둘째, 종사원은 서비스 품질을 저하시키는 조직 내부의 문제점들에 대해 잘 알고 있다.

셋째, 종사원 조사는 조기경보시스템(early warning system)으로서의 역할을 한다.

8 **고객을 안심시켜라.**

고객으로 하여금 자신이 서비스를 받고 있다는 생각이 들도록 서비스를 디자인하여야 한다. 고객에게 심리적 안정감을 제공하는 서비스로 성공한 기업으로 인식될 수 있도록 하여야 한다.

9 **서비스 품질은 사전에 확인하라.**

서비스 제공시스템은 서비스 제공 과정에서 일선 직원이 정해진 대로의 서비스를

제공하지 않아서 문제를 일으키는 경우가 많다. 서비스가 고객에게 잘못 제공된 경우에는 심각한 불만을 야기시킬 수 있기 때문에 서비스가 정해진 목표대로 제공되고 있는지를 사전에 체크할 필요가 있다.

⑩ 경영자가 먼저 일선 직원에게 서비스하라.

일선 직원이 최상의 품질 서비스를 제공하기 위해서는 경영자가 종사원에게 먼저 서비스를 제공해야 한다. 경영자는 일선 직원이 목표하는 서비스 품질을 달성할 수 있도록 서비스하고, 분위기를 만들고, 독려해야 한다. 경영자가 해야 할 역할은 종사원이 나아가야 할 방향과 기준을 설정해야 하며, 서비스를 제공할 수 있는 툴(tool)과 자율권을 부여하는 것으로 설정해야 한다. 또한 일선 직원들을 조언하고 가르치고 동기부여하는 데 많은 노력을 해야 한다.

환대산업
서비스 경영

CHAPTER 12

서비스
브랜드 전략

1 브랜드의 역할과 전략

브랜드의 유래는 유럽에서 소, 말 등의 가축에 불로 달군 쇠로 낙인을 찍어 표시를 한 데서 유래했으며, 마케팅적으로는 '판매자 또는 한 판매자 집단의 상품 및 서비스를 다른 경쟁자의 것과 구별해서 표시할 수 있도록 하기 위해 사용하는 단어, 문자, 기호, 디자인 혹은 이들의 조합'이라고 정의한다.

브랜드는 판매업자들이 제품이나 서비스를 식별시키고 경쟁자들의 그것과 차별화하기 위해 사용하는 상징물(브랜드 명, 로고, 심벌, 등록상표, 포장 등)이다. 브랜드를 통해 소비자에게 제품, 제조업자를 알려줌으로써 유사한 제품을 공급하려는 경쟁자들로부터 소비자와 생산자를 보호해주는 역할을 한다.

브랜드는 더 이상 어떤 제품의 이름만을 의미하는 소극적인 상표의 개념이 아니며, 언어적(verbal) 측면 외에 시각적(visual) 측면 역시 중요하게 인식되고 있다.

브랜드는 상품을 구성하는 물리적인 상품 속성에 의미 있는 가치를 부여하여 기업의 개성을 창조하기 때문에 상품 그 자체는 경쟁사에 의해 곧바로 복제될 수 있는 반면, 브랜드는 경쟁사가 쉽게 모방할 수 없는 것이 된다.

서비스와 같은 무형재의 경우 재화의 특성상 구매에 대한 고객신뢰를 증대하고 구매에 따른 지각된 위험을 감소시키는 것이 중요한데, 이의 효과적인 방법이 브랜드를 이용하는 것이다.

한 기업이 브랜드 전략을 구사할 때는 브랜드명을 현존 제품범주에 적용하는 계열 확장 전략, 현존 브랜드명을 새로운 제품범주에 적용하는 브랜드 확장 전략, 새로운 브랜드명으로 현존 제품범주에 적용하는 복수 브랜드 전략, 그리고 새로운 브랜드를 새로운 제품범주에 적용하는 신 브랜드 전략 등 네 가지의 전략을 선택할 수 있다.

계열 확장(line extension) 전략은 새로운 맛, 형태, 색상, 성분 또는 포장크기 등 동일한 브랜드 이름하에서 주어진 제품범주 안에 부가적인 항목을 소개할 때 일어나게 된다. 대부분의 신제품 활동은 계열 확장으로 이루어지고 있다. 이는 소비자들의 다양한 요구에 대응하고, 기존의 소비자도 계속하여 사용할 것이라는 인식하에서 이루

호텔외식산업 서비스경영

어지며, 기업 측면에서도 제조능력이 초과되어 추가품목을 도입하거나 경쟁자의 성공적인 브랜드 확장에 대응하기 위해 계열 확장을 도입하게 된다. 그러나 너무 지나치게 브랜드명을 확장하는 경우 그 브랜드의 특별한 의미를 상실하게 되는 경우도 있다.

브랜드 확장(brand extension) 전략은 새로운 범주 내에 새롭거나 수정된 제품에 기존의 성공한 브랜드명을 사용하는 전략을 말한다. 혼다의 경우 자사 브랜드인 혼다를 자동차, 오토바이, 제설기, 잔디깎이 기계 등과 같은 상이한 제품에 모두 사용하였다. 이 전략의 장점으로는 잘 인식하고 있는 브랜드명을 이용함으로써 보다 용이하게 제품범주를 도입할 수 있으며, 신제품에 대한 브랜드 인식도를 즉각적으로 높일 수 있어 보다 빠르게 수용될 수 있도록 한다.

또한 소비자에게 브랜드명을 친숙하게 하고, 광고비와 같은 마케팅 비용을 상당부분 절약할 수 있게 하는 효과를 가질 수 있다. 이와는 반대로 확장된 브랜드로 인하여 실패하는 경우 동일 브랜드를 부착하는 다른 제품들에 대해 소비자들의 부정적 태도가 확산되는 단점도 존재한다. 따라서 브랜드명을 다른 제품에 전가하여 사용하는 경우 그 브랜드의 연관성이 신제품에 얼마나 적절하게 적용될 수 있는지를 상세하게 검토해야 한다.

자료: Kotler, P. & Amstrong, G.(1996), Principles of Marketing, 7th ed. p. 290.

🎹 그림 12-1   브랜드 전략

복수 브랜드(multiple brands) 전략은 기업이 동일한 제품범주 내에 두 개 이상의 브랜드를 추가적으로 도입하여 사용하는 전략으로, 상이한 특성을 수립하여 상이한 구매행동을 소구하기 위한 방법을 제공한다.

P&G의 경우 9개의 상이한 세제 브랜드를 통하여 판매자에게 더 많은 판매량과 시장점유율을 확보하고 있다. 그러나 이러한 복수 브랜드를 도입하는 경우 기업의 자원을 여러 브랜드에 분산시키게 되므로 특정 브랜드의 집중적 수익을 기대할 수 없게 된다.

신 브랜드(new brands) 전략은 신 제품범주에 신 브랜드명을 부여하는 전략으로, 현존 브랜드 중에서 어느 것도 적합하지 않을 때 신 브랜드를 추구할 수 있으며, 다른 기업을 흡수하여 새로운 제품범주에 신 브랜드를 획득할 수도 있다.

Case Study   브랜드 경영 출발점은 고객의 가치

글로벌 시장을 무대로 벌어지는 마케팅 경쟁은 기업들의 현재와 미래를 결정짓는, 양보할 수 없는 한판 전쟁이다. 공급이 부족해 제품을 만드는 족족 팔리던 산업화 초기 단계에서는 공급자(기업)가 왕이었다. 하지만 이제 판매(sales) 주도권은 소비자에게 넘어갔다. '판매' 개념 자체도 '마케팅(marketing)'으로 진화했고, 지금은 한발 더 나아가 '브랜드(brand) 경영'으로 업그레이드됐다. 브랜드 가치는 곧 기업 가치로 인정받는 시대가 됐고, 기업들도 단순 브랜드 출시에서 벗어나 전략적 브랜드 경영으로 방향을 바꾸고 있다.

브랜드 경영시대에 기업의 미래를 결정하는 핵심요인은 무엇일까? 답은 명확하다. 얼마나 성공적인 브랜드를 창조해 내는가가 관건이다. 맥주시장에서 OB에 밀려 만년 2위였던 조선맥주가 '하이트' 브랜드로 업계 1위에 올라선 후, 아예 회사 이름을 하이트맥주로 바꾼 것이 대표적 사례다.

전략적 브랜드 경영에 관한 새로운 개념의 지침서인 '진실의 순간(Moment of Truth)'이 유럽에서 출간됐다. 한국에 소개된 대부분의 마케팅 책들이 주로 미국에서 출간된 것인 데 비해, 유럽에서 출간된 '진실의 순간'은 다양한 유럽기업의 사례를 곁들여 참신한 느낌을 준다.

마케팅에서 '진실의 순간'이란 고객이 브랜드와 만나는 운명적인 접점의 시간을 말한다. 원래 진실의 순간은 투우에서 투우사가 마지막으로 소의 급소에 칼을 꽂는 순간을 뜻한다. 소의 삶과 죽음을 가르는 찰나가 진실의 순간인 것처럼 브랜드 경영에서는 고객에게 인정받을 수 있는 결정적인 순간이나 기회가 성공과 실패를 결정짓는다. 저자들은 브랜드 경영은 마케팅 부서뿐 아니라 기업조직 전체의 사명이라고 강조한다. 또 통합적인 전략경영의 일환이며, 당연히 CEO의 가장 중요한 임무라고 덧붙인다.

브랜드는 그 브랜드를 구매해주는 사람들의 가치에 의해 결정된다. 브랜드를 사랑하고 아껴주는 고객들이 바로 브랜드의 수준과 위상을 결정짓는다. 브랜드가 고객의 가치를 제대로 인정해 주고 있다고 고객이 깨닫게 되는 순간이 브랜드 경영에서 말하는 진실의 순간이다. 고객 가치와 연결되지 않고서는 강력한 최고의 브랜드를 만들 수 없다.

진실의 순간이란 관점에서 볼 때 전통적인 브랜드 관리는 많은 문제를 가지고 있었을지도 모른다. 과거에는 브랜드를 단순한 제품 이름 정도로 평가절하했기 때문이다. 참된 브랜드 경영을 하려면 제품의 특성만으로 브랜드를 구축하지 말고, 고객의 가치를 중심으로 브랜드를 만들어야 한다. 그래야 고객들이 브랜드의 상징성을 제대로 이해하고, 또 다른 잠재고객들에게 브랜드의 가치를 전파할 수 있는 것이다.

이 책은 고객의 가치를 포착하기 위한 아주 구체적인 조사방법과 사례를 열거하고 있다. 바로 통계·수치·자료·사실·도표 등에 근거한 프로파일링 방법을 전략적 브랜드 경영기법으로 소개하고 있다. 브랜드 프로파일링은 소비자들이 브랜드에 대해 원하는 가치를 하나의 체계적인 프로필로 정리하는 기법으로, 소비자의 가치에서 출발해 브랜드를 구축하는 사람 중심의 브랜드 구축방식이다. 예컨대 독일에서 오펠(OPEL)차를 타는 소비자들은 BMW나 아우디를 구입하는 소비자들에 비해 찻값을 많이 따지는 것으로 조사됐다. 오펠차가 싸다는 인식이 광범위하게 퍼져 있다는 증거다. 또 독일 기업들의 브랜드 이미지를 연령대별로 조사한 결과, 알리안츠(보험), 도이치텔레콤 등은 60대 이상에서, 루프트한자(항공사), IKEA(스웨덴 가구업체), 보다폰(영국 통신업체) 등은 젊은 세대들에서 인지도가 높게 나타났다.

프로파일링 기법으로 성공한 기업으로는 패스트패션(fast fashion)의 선두주자인 스웨덴의 H&M을 꼽을 수 있다. H&M은 프로파일링 기법을 통해 "젊은 고객들은 패션쇼에 등장하는 옷을 입어보고 싶어 한다."는 새로운 가치를 발견하고, 저렴한 패션쇼 수준의 옷을 출시해 성공했다.

저자들은 가치 중심의 브랜드 경영을 위한 효과적인 브랜드 전략 방안도 제시하고 있다. 어떤 가치 카테고리가 경제적으로 매력이 있는지를 파악하고 카테고리에서 인정받기 위해서 브랜드에게 요구되는 사항을 분석한 후 마지막으로 브랜드 포지셔닝을 시험해 보는 것이다.

저자가 추구하는 브랜드 전략은 개별 고객의 특성을 파악해서 일대일로 대응하는 CRM (Customer Relationship Marketing · 고객관계마케팅)과는 다르다. 프로파일링 기법은 모든 고객 개개인이 아니라 통계적인 대표 샘플을 통해 고객의 가치를 파악하는 것이다. 이때 비슷한 가치관을 지닌 다수의 소비자들을 집단화해 원형(archetype)으로 정의하고, 원형고객들을 겨냥해 가치를 개발함으로써 브랜드의 성공을 추구하는 것이다.

이제 CEO는 CBO(Chief Brand Officer)가 되어서 전략적 브랜드 경영의 선두에 서야 한다. 진실의 순간에서 웃는 CEO와 기업이 최후의 승리자가 될 것이다.

(자료: 이메이션 코리아 대표)

② 브랜드의 구성요소

브랜드는 일반적으로 기업이 판매하는 제품 내지 서비스에 대하여 타 경쟁기업 브랜드와 구별하기 위해 사용하는 명칭, 상징, 디자인 또는 그것들의 총체를 말하는 것으로 출처표시, 품질보증, 광고 선전 등의 기능을 갖게 된다.

현대의 소비자들은 브랜드는 곧 나를 표현하는 하나의 상징으로서 선호하는 브랜드에 지속적으로 관심을 가지고 있으면서, 경쟁 브랜드와 비교하여 선택하려고 한다. 이에 따라 비교선택에 있어서 중요한 브랜드 요소로는 브랜드 네임, 로고와 심벌 그리고 슬로건으로 구분하고 있다.

1 브랜드 네임(Brand name)

브랜드 네임은 특정기업의 제품이나 서비스를 경쟁사의 그것과 구별하고 식별할 수 있게 하는 것으로 브랜드를 입으로 발음하거나 귀로 들을 수 있는 부분이다.

브랜드 네임은 그 브랜드가 무엇이고 무엇을 할 수 있는지를 고객에게 외적으로 보여주는 수단이며, 특성을 외적으로 표현하는 기능을 수행한다. 또한 제품 품질이나 지위상징(status symbol) 등 보이지 않는 부분까지 전달하는 기능을 한다.

브랜드 네임은 명함, 방송, 광고 등 여러 가지 방법으로 갖가지 경로와 매체를 통해 소비자들에게 노출된다. 따라서 소비자는 브랜드 네임에 오감을 통해서 흡수하면서 자연스럽게 마음에 이끌려 선택하고 구매결정을 내리게 된다.

좋은 브랜드 네임의 조건에는

첫째, 의미 전달성으로 고객에게 조직체의 의도와 해당 제품의 특성 등을 전달하는 핵심매체라는 관점의 의도와 특성이다.

둘째, 미래 지향적이고 특성을 지닌 이름은 조직체의 변화와 이를 통한 성장과 성공에 도움을 주어야 한다.

셋째, 법률적 권리확보 용이성은 관련법에 따라 독자적인 자산 가치를 극대화하는 것을 말한다.

2 로고(Logo)와 심벌(Symbol)

로고는 브랜드 네임이나 기업명을 독특한 방식의 서체(typeface)로 표기한 것으로, 고유하고 독특한 서체로 표현되는 것이 일반적이다.

브랜드 로고는 브랜드 자산이나 브랜드 파워를 강화하고 해당 브랜드만의 독특한 아이덴티티(identity)를 나타내기 위해 의도적으로 디자인되고 개발되어진다.

심벌은 브랜드의 의미, 추구하는 이미지, 연상(association) 등의 상징물이다. 심벌은 소비자들에게 시각적으로 독특하게 인식되지만 언어로 표현하는 것이 어려운 특징이 있다.

⏰ **표 12-1** 브랜드 로고 및 심벌이 갖추어야 할 4가지 특징

번 호	특 성
1	혼동을 일으키지 않고 명확할 것, 모방하지 않고 독창적일 것, 기능성이 있고 조잡하지 않을 것, 잊혀지지 않는 특징이 있을 것
2	의미심장할 것, 즉 기업의 목적과 사업 성격을 바로 전달해줄 수 있을 것
3	눈을 즐겁게 하면서 인지하기가 쉬울 것, 그러나 보아서 나쁜 의미를 내포하지 않을 것
4	모든 마케팅 커뮤니케이션 매체에 적용할 수 있고 전체 아이덴티티 프로그램의 포괄체로서 작용할 수 있을 것

자료: Selame, E., & Selame, J. (1998). The corporate image, Hoboten, NJ: John Wiley and Sons.

3 슬로건(Slogan)

슬로건은 브랜드 아이덴티티를 설명하는 짧은 문구로 정의되며, 단순하고, 명확하게 그리고 소비자들이 이해하기 쉽게 전달할 수 있을 때 효과적이다.

슬로건은 반복사용으로 효과를 높이려는 것이므로 읽고 발음하기 쉬우며, 기억하기 쉬워야 하는 동시에 리듬감이 있고 인상적이면서 그 뜻을 이해하기 쉬운 것이어야 한다. 슬로건은 기업의 핵심역량을 가장 잘 나타낼 수 있도록 자체적이고 독립적인 성격을 압축하여 강조하고 있으며, 핵심업무의 가치와 의미를 간결하게 전달하는

표 12-2 호텔기업 로고, 네임과 슬로건

로고	브랜드 네임	슬로건
CONRAD SEOUL	콘래드 서울	the luxury of being yourself
Marriott	JW 메리어트 서울	세계 어느 곳으로든 출발
HYATT	그랜드 하얏트 서울	Feel the Hyatt Touch
Sheraton Grande	쉐라톤 워커힐	가치를 만들어가는 엔터테인먼트 리더
LOTTE HOTELS & RESORTS	롯데 호텔	The Richness of Your Life
THE SHILLA	호텔 신라	The Best Hospitality Company
THE WESTIN CHOSUN SEOUL & BUSAN	조선호텔	없 음
Imperial Palace	임페리얼 팰리스 서울	Imagine the Best of Everything
THE PLAZA	플라자 호텔	없 음
Grand Hilton Seoul	그랜드 힐튼 서울	도심 속의 작은 휴식처
THE RITZ-CARLTON SEOUL	호텔 리츠 칼튼 서울	Let us stay with you
Millennium Seoul Hilton	밀레니엄 서울 힐튼	take me to the hilton
GRAND INTERCONTINENTAL SEOUL PARNAS	인터콘티넨탈 서울 코엑스	고객과 함께 지속적으로 성장하는 Global Leading Hotel
AMBASSADOR HOTELS & SUITES	앰버서더 호텔	최상의 가치를 제공하는 Hospitality 리더 "Hospitality Leader Offering You the Best Value"
MAYFIELD HOTEL & RESORT	메이필드 호텔	서울 도심에서 느끼는 '숲과 같이 편안한 호텔'

자료: 박영제(2014). 한국형 호텔 브랜드 자산 가치 구성 척도 개발, 계명대학교 대학원, 박사학위논문.

역할을 하고 있다. 따라서 기업이 추구하는 경영철학을 소비자의 뇌리에 깊숙이 기억할 수 있도록 하는 강력한 힘이 있기 때문에, 슬로건만으로도 기업의 가치를 나타낼 수 있는 함축적인 요소를 포함하고 있다.

③ 브랜드 차별화 전략

브랜드는 큰 가치와 효과가 있는 매우 중요한 자산이다. 치열한 시장에서 기업이 생존하기 위해서는 기술적 혹은 이미지의 차별화를 통해 소비자의 마음을 사로잡아 시장에서 경쟁우위를 확보하는 것이 가장 중요하며 이러한 목적을 이루는 데 가장 필요한 것이 바로 브랜드이다. 다시 말하면 소비자가 상품이나 서비스를 구매하는 진정한 이유는 상품이나 서비스에 대한 속성과 브랜드 이미지, 서비스와 같은 유·무형의 요소들이 어우러져 고객의 마음을 이끄는 전체를 포함하기 때문이다.

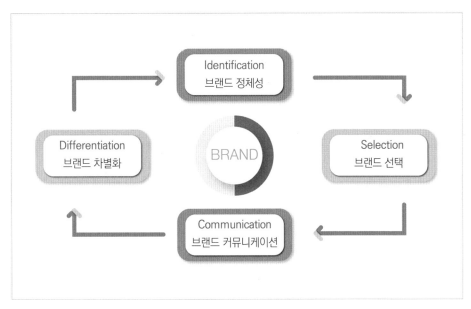

🖥 그림 12-2　브랜드 차별화 전략을 위한 브랜드 구축 관계

브랜드는 기업의 무형 자산으로 인식되고 있으며, 브랜드를 장기적인 안목으로 꾸준한 관리와 투자 그리고 마케팅 전략으로 소비자의 인식 속에 확실한 브랜드 포지셔닝을 하는 데 집중하여야 한다. 브랜드에 좋은 이미지의 어떤 가치와 상징이 전략과 관리로서 효과적으로 인식된다면 기업의 이익은 물론 그 브랜드를 선택한 소비자 또한 결코 후회하지 않는 선택이 될 것이다.

브랜드 차별화 전략(differentiation)은 소비자 조사를 통한 소비자 욕구와 구매 과정을 파악하여 독특한 기업 특성을 내세워 자사를 타사로부터 차별화하는 전략이며, 차별화 대상은 제품, 가격, 판매경로, 광고, 서비스 체제, 브랜드 이미지 등 다양한 기업 활동 등에 의해 결정된다. 브랜드 간의 경쟁이 치열해지면서 브랜드 차별화 수단으로는 브랜드 이미지가 중요한 가치를 가지게 되며, 많은 기업들이 많은 리소스(resource)를 투입해 자사 브랜드만의 독특한 브랜드 아이덴티티(brand identity)를 구축하려고 노력하고 있다.

강한 브랜드를 만드는 것은 항상 브랜드 차별화에서 시작되어야 한다. 이러한 차별화를 실현시킨 대표적 사례로 코카콜라와 디즈니랜드가 있다. 이들은 자신들의 제품과 서비스가 어떠한 특성을 가지고 있는지 보여주고, 새로운 속성들을 지속적으로 발굴하여 추가시키는 데 능숙한 기업들이다.

브랜드 차별화를 시키는 요인의 조건은 다음에 제시된 표와 같다.

⏰ **표 12-3** 브랜드 차별화 요인의 조건

차별화 요인의 조건	내 용
중요성(importance)	차별화가 충분히 많은 고객에게 가치 있는 편익을 제공
독특성(distinctiveness)	차별화가 독특한 방식으로 제공
우월성(superiority)	앞선 방법으로 편익 제공
전달가능성(communicability)	고객에게 가시적이고 전달 가능한 차별화
선점성(preemption)	경쟁사가 모방하기 어려운 차별화
여유성(affordability)	고객의 경제사정과 구매력에 맞는 차별화로 인한 가격 프리미엄

자료: 한수범(2012), 편 마케팅, 보명. p.380.

4. 브랜드 차별화 전략방법

브랜드 경쟁이 치열한 상황에서 경쟁사와의 브랜드를 차별화하기 위한 기업들의 노력은 끊임없이 지속되고 있다. 국내 브랜드 경쟁뿐만 아니라 글로벌 브랜드와의 차별화를 시도하기 위해 다음과 같이 일곱 가지 전략방법을 제시하고자 한다.

1. 브랜드 콘셉트 전략

브랜드 콘셉트는 경쟁 브랜드의 이미지와의 차별화로 구분짓게 되고, 자사 브랜드를 보호하는 기능을 한다. 소비자가 많은 종류의 브랜드 중에서 선호하는 브랜드를 선택하여 구매할 수 있게 하는 중요한 역할을 한다.

브랜드 효과는 자사 제품에 대한 높은 상표충성도와 시장점유율 그리고 수익의 증가로서 경쟁기업과의 차별화된 역량을 강화할 수 있다.

기업 브랜드 콘셉트는 사업의 방향을 제시하고 마케팅 전략의 방향을 정확하게 설정하게 된다. 기업이 지향하는 브랜드 콘셉트의 방향성은 소비 트렌드, 기술발전, 경쟁사 분석 등에 맞추어 전략적으로 실행되어야 한다. 이를 위해서는 소비자의 정확한 소비 욕구와 방향, 행동의도, 라이프스타일, 소득, 연령 등 인구통계학적 분석에 근거하여 제시할 필요성이 있다.

2. 제품 전략

마케팅 프로그램의 시작인 제품 전략은 소비자에 의해 정의된 제품 개념에 따라 적절하게 개발, 관리, 제공되어야 하는 것이다. 제품을 개발하기 위한 마케팅 관리자는 소비자가 원하는 욕구를 충분히 충족시킬 수 있는 가치가 반영되는지를 파악하여

야 한다. 즉, 소비자가 그 제품에 대해서 어떠한 편익을 얻을 수 있는지를 이해 해야 한다.

3 가격 전략

시장에서 판매자나 소비자들에게 제품이나 서비스의 가치를 나타내는 기준이 되는 것이 가격이다. 가격 전략은 브랜드 파워가 막강한 선도자 기업에 대항하기 위하여 후발 기업이 저마진 저가격 전략으로 기존 소비자들을 유인하기 위한 것이다. 가격에 민감한 소비자는 막강한 브랜드 파워를 가지고 있는 제품이나 서비스와 비교하였을 때 큰 차이를 느끼지 못할 경우 후발 브랜드를 선택하는 경우가 많다.

4 유통 전략

제품과 고객의 만남을 통해 서로가 보다 가치 있게 생각하는 것들을 획득하는 교환을 만들어 내는 것이 유통의 기능이다.

유통은 다음과 같이 두 가지 측면이 있다.

첫째, 제품이나 서비스 자체의 흐름을 중심으로 이해하는 방법이다. 이러한 접근 방법은 물류(Logistic)라고 한다.

둘째, 유통을 이해하는 접근법은 유통경로에 참여하여 일정한 역할을 하는 기관(유통기관)을 중심으로 고찰하는 것이다.

가장 일반적인 유통기관으로는 도매상과 소매상이 있다. 이들 중간상들에 의해서 최종 구매자에게 제품과 서비스가 전달된다.

5 온라인 전략

온라인 전략은 웹과 e메일, 문자 메시지, 모바일, 소셜 네트워크, 온라인 커뮤니티

등과 같은 툴(tool)을 활용한 인터넷을 기반으로 한 모든 활동을 의미한다.

온라인 전략의 목적은 우호적인 기업 이미지를 유지하며 제품 및 서비스 촉진, 가상 매장을 형성하여 거래를 활성화하고 유사한 관심을 가진 고객을 대상으로 하는 가상 커뮤니티로 상호 간의 원활한 의사소통, 정보교환을 하는 것이다.

기업의 마케팅 활동에 있어서의 인터넷은 대중에게 쉽고 빠르게 그리고 저렴하게 많은 정보를 제공할 수 있는 최적의 수단이다. 온라인을 통한 마케팅은 시간의 무제한성, 공간의 무제약성, 다양성, 쌍방향성으로 인하여 고객과의 지속적인 관계를 유지할 수 있는 효과적인 마케팅 수단으로 인기를 얻고 있다.

인터넷과 모바일이 활성화되고 사용하는 소비자들이 많아지게 되면서 강력한 브랜드 이미지를 가지고 있는 기업은 이러한 마케팅 수단들을 이용하여 시너지 효과를 가지고 경쟁력을 높일 수 있는 곳에 많은 영향을 미치게 된다.

또한 인터넷 마케팅은 세계적인 소비자를 대상으로 24시간 많은 정보를 제공하기 때문에 마케팅 비용의 절감, 고객관리 및 수요창출의 효율성이 향상되는 등 긍정적인 효과를 주게 된다. 또한 소비자들의 욕구(needs)와 필요(wants)를 충족시키게 되면서 소비자들의 만족도를 향상시키는 데 많은 도움을 주게 된다.

온라인 마케팅을 통하여 기업은 적은 마케팅 비용으로 많은 정보를 24시간 그리고 최신 정보를 실시간으로 제공할 수 있기 때문에 글로벌 소비자들을 대상으로 하여 자사 브랜드를 홍보하고 자사의 브랜드 가치를 향상시킬 수 있는 효과를 가지게 된다.

6 프로모션 전략(판매촉진 전략)

프로모션 전략은 자사의 광고 및 홍보, 재고품이나 신제품 행사와 증정품 혜택뿐만 아니라 시연회 등 다양한 이벤트 등을 실시하여 단기적인 매출증대와 신규고객 확보 등의 판매촉진을 위한 전략이라 할 수 있다.

판매촉진은 다음과 같이 네 가지의 특징이 있다.

첫째, 판매촉진은 소비자의 주의를 끌기 위해서 정보를 제공하고 소비자로 하여금 해당 제품을 단기간에 구매하도록 유인하는 효과가 있다.

둘째, 판매촉진은 소비자들에게 추가적인 가치를 줄 수 있는 유인물이나 기증품을 제공함으로써 강력한 구매유인의 자극이 될 수 있다.

셋째, 판매촉진은 즉각적인 판매 반응과 그에 따르는 보상을 유발시키게 된다.

넷째, 판매촉진은 부수적인 서비스를 극대화하여 부진한 제품의 판매를 증대시키는 수단으로 주로 이용하게 된다.

7 서비스 전략

비슷한 제품과 다양한 종류의 제품들이 쏟아져 나오면서 소비자들이 이러한 제품들을 선택하기 위한 차별화를 느낄 수 없게 되었다. 따라서 기업들은 제품에 대한 차별화가 어려워지게 되자 부가적으로 서비스를 차별화하기 위해 많은 투자를 하고 있다. 서비스 경제의 발전은 직업을 가진 여성의 증가, 독신가구 및 노인층의 증가에 따라 가처분소득이 높아지면서 비롯되었다.

서비스는 소비자들에게 성과에 대한 어느 정도의 만족을 제공할 수 있지만, 이를 소유하거나 저장할 수 없는 무형성이 강하다고 할 수 있다.

5 서비스 브랜드 개발 전략

1 브랜드 요소 선택

브랜드 회상은 매우 중요하고 쉽게 기억되는 이름이 필수적이다. 로고, 심벌, 캐릭터 및 슬로건은 인지와 이미지를 확립하는 데 있어서 이를 보완할 수 있다. 이러한 기타 요소들은 서비스의 몇몇 핵심 혜택들을 더욱 실체적이고 명확하고 현실적으로 만들고자 하는 것이다. 또한 도로 표지, 주변 설계, 유니폼 그리고 부대시설 등 서비스 제공자의 물리적 환경 또한 중요하다.

서비스 전달 과정의 모든 측면들은 상표화될 수 있다는 것을 알아야 한다.

❷ 이미지 차원 확립

지각과 같은 조직 연상은 직·간접적으로 서비스 품질평가에 영향을 미칠 수 있는 중요한 브랜드 연상이 된다. 특히 연상은 기업의 신뢰 및 지각된 전문성, 신용, 그리고 호감을 가질 수 있도록 하는 중요한 요소가 된다.

서비스 기업은 마케팅 커뮤니케이션 및 정보 프로그램을 개발하여 서비스 접점에서만 얻을 수 있는 정보뿐만 아니라 브랜드 이미지 개선에 대해 많은 투자와 노력을 해야 한다. 이러한 프로그램들은 서비스 기업이 적합한 브랜드 개성을 개발하는 데 도움이 되는 마케팅 커뮤니케이션을 포함하기도 한다.

❸ 상표화 전략 고안

서로 다른 세분시장의 표적화를 가능하게 하는 브랜드 위계와 브랜드 포트폴리오 개발을 고려해야 한다. 서비스 계층은 가격과 품질을 기반으로 수직적으로 상표화될 수 있다. 수직적 확장에는 종종 하위 상표화 전략이 필요하다. 회사명은 개별 브랜드명 또는 이와 유사한 이름과 결합되게 된다. 호텔과 항공 산업에서의 브랜드 계열과 포트폴리오는 브랜드 확장 및 도입에 의해 만들어진다.

롱런(long-run) 브랜드가 되고 롱런 기업이 되기 위한 조건으로는 다음과 같은 전략적 사고의 필요성이 있다.

첫째, 세밀하고 일관된 브랜드 전략을 수립해야 한다.

둘째, 실적평가와 함께 브랜드 가치평가를 실시해야 한다.

셋째, 노화된 이미지를 개선하거나 새로운 이미지를 부각적으로 창출해야 한다.

넷째, 새로운 소비자의 개발, 브랜드 확장, 차별화 요인 발견 등을 통해 위기를 극복할 수 있는 능력을 길러야 한다.

Case Study 마케팅 3.0 시대의 브랜드 전략

불황기에 브랜드에 대한 투자를 계속 한다는 것은 쉬운 일은 아니다. 그러나 실증 연구조사 결과에 따르면 불황기의 투자는 경기가 호황기로 접어들었을 때 해당 브랜드들의 높은 브랜드 신뢰도와 시장점유율로 이어진다고 한다. 따라서 불황기에도 브랜드에 대한 투자는 꾸준히 이루어져야 한다.

하지만 마케팅 3.0 시대의 브랜드 전략은 과거와는 몇 가지 측면에서 다르게 전개되어야 한다.

첫째, 브랜드는 다양한 접점에서 소비자를 만나야 할 것이다. 소비자가 있는 곳이면 어디든지 찾아가서 메시지를 전해야 한다. 마케팅 3.0 시대에 소비자와 브랜드 간의 만남은 어디에서나 이뤄질 수 있으며, 소비자는 다양한 방법을 통해 브랜드와 접한다. TV, 신문, 라디오와 같은 전통 매체뿐 아니라 웹사이트, 페이스북이나 트위터 등 소셜 미디어와 같은 수단들을 통해 브랜드와 접촉한다.

예를 들어, 무한도전을 본방으로 시청한 사람은 8.5%에 불과했지만 스마트폰, 인터넷 TV(IP TV)의 다시 보기 등을 통해 콘텐츠를 접한 사람은 41.8%에 달했다는 결과도 있다. 또한 싸이(PSY)의 예에서도 볼 수 있듯이 이제는 소비자들이 스스로 인터넷 사이트를 찾아가서 동영상을 내려 받아 보게끔 하는 바이러스 마케팅을 활용해야 한다. 이를 위해서는 소비자의 관심을 끌 수 있는 재미있는 콘텐츠 제작이 전제되어야 할 것이다.

둘째, 마케팅 3.0 시대의 소비자들은 제품의 품질이나 가치뿐만 아니라 메이커의 사회적 공헌 활동에도 관심을 갖는다. 어떤 조사에 따르면 글로벌 소비자들은 기업이 매출과 이윤이라는 사업적 측면뿐만 아니라 대의명분이나 사회적 관심사에도 동일한 비중을 둬야 한다고 믿는다. 가격이 비슷하고 품질이 대등하다면 브랜드가 추구하는 사회 공헌 활동에 따라 기꺼이 브랜드를 전환하고자 한다고 한다. 따라서 프리미엄 브랜드들은 소비자들이 중요하게 생각하는 사회적 이슈에도 공통적 관심을 갖고 적극적으로 참여해야 할 것이다.

셋째, 마케팅 3.0 시대의 소비자는 기업의 마케팅 활동에 수동적으로 대응하지 않고 기업과의 관계에 있어서 보다 주도적이다. 온라인상에서 브랜드에 대한 새로운 아이디어를 공유하고, 불만이 있을 경우 소셜 미디어를 활용해 적극적으로 대응한다. 기업은 소비자의 온라인상에서 악성구전이 확산되지 않도록 세심하게 브랜드를 관리해 나가야 할 것이다.

넷째, 프리미엄 브랜드는 시대의 화두를 이해하고 이에 부응해야 할 것이다. 최근 한국은 그 어느 때보다 국민들의 안전에 대한 불안감은 높아지고, 국가에 대한 자존감도 떨어지며, 사회지도층 인사들에 대한 실망감도 커지고 있다. 이런 시기에 기업은 브랜드의 신뢰성을 높이는 활동을 꾸준히 전개해 언제나 믿을 수 있는 브랜드로서 소비자의 신뢰를 유지하고, 소비자의 상한 마음을 따스하게 보듬어 주는 광고나 이벤트를 해야 한다. 단순히 '소나기는 피하고 보자'는 식의 단기적, 임기응변적 대응보다는 이를 계기로 브랜드의 안전성, 사회적 책임과 신뢰성을 항구적 체질로 정착시킴으로써 글로벌 시장에서의 선도적 브랜드로서 계속 성장시켜 나가야 할 것이다.

(자료: 한국경제. 2014. 7. 24)

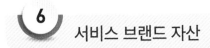

6 서비스 브랜드 자산

브랜드 자산(brand equity)은 기업이 특성 브랜드를 소유함으로써 발생되는 바람직한 마케팅 효과이다. 브랜드 자산이 확대될 때 고객은 해당 브랜드의 상품가치를 다른 상품보다 높게 지각하고 충성도가 증가한다. 이러한 결과로 서비스 기업은 보다 확고한 고객기반을 갖게 되면서 시장 점유율이 증가하게 된다.

고객관점에서의 브랜드 자산은 소비자의 마음속에 형성되어 있는 브랜드 지식에 의해 결정되는 것으로, 브랜드 자산의 원천이 되는 고객 지식구조를 효과적으로 관리할 전략으로 보는 것이다. 따라서 브랜드 자산의 원천을 소비자가 브랜드에 대해 가진 지식구조와 심리적 애착으로 보는 것이다. 즉 소비자들의 기억 속에 구축된 브랜드 지식을 토대로 해당 브랜드의 마케팅 활동에 대해 얼마나 우호적인 반응을 나타내느냐에 초점을 두는 것이다. 고객의 머릿속에 확고한 브랜드 지식구조가 구축될 때 시장에서 긍정적 시너지 효과를 가져 오는 브랜드 파워가 발생하기 때문이다.

그림 12-3 서비스 고객관점의 브랜드자산 형성과정

고객관점에서 본 서비스 브랜드 자산은 소비자의 기억 속에 저장된 바람직한 브랜드 지식구조를 토대로 만들어진다. 브랜드 지식은 브랜드 인지도, 브랜드 이미지, 그리고 브랜드 신뢰로 구성된다. 여기에서 브랜드 인지도(brand awareness)는 소비자가 서비스 브랜드에 대해 친숙하게 느끼고 쉽게 기억할 수 있는 정도를 의미한다. 브랜드 이미지(brand image)는 특정 브랜드에 대해 개인이 가지는 전반적 인상을 뜻하는데, 긍정적인 브랜드 이미지는 소비자의 기억에 저장되어 있는 호의적이고 독특하며 강력한 브랜드 연상들로 형성된다. 그리고 브랜드 신뢰(brand trust)는 브랜드가 고품질 서비스를 생산할 능력이 있으며 고객을 우선적으로 배려하고 고객의 안녕을 책임질 것이라는 소비자의 주관적 믿음에 근거한다.

이에 대한 보다 상세한 내용은 다음과 같다.

❶ 브랜드 지식

소비자의 브랜드 지식구조를 이해하는 데는 연상적 네트워크 기억모델이 있다. 연상적 네트워크 기억모델(associative network memory model)에 의하면, 인간의 기억은 노드(node)와 링크(link)로 이루어진 수많은 그물망들로 형성되어 있다. 노드란 사람의 머릿속에 있는 특정 개념 혹은 지식이며, 링크란 연결고리를 뜻한다. 어떤 사람이 특정 정보에 노출될 때, 그 정보는 이미 기억에 저장되어 있던 다른 개념들과 연상관계를 형성한다.

소비자의 브랜드 지식 또한 브랜드와 관련된 다양한 연상들이 네트워크 형태로 서로 긴밀히 연결되어 있는 형태를 가진다. 브랜드 명은 소비자의 머릿속에 형성된 하나의 노드이며 그 브랜드를 떠올릴 때 함께 떠오르는 여러 가지 관련 개념들은 링크로 연결된 브랜드 연상 노드들이라고 할 수 있다.

<그림 12-4>에서도 볼 수 있듯이, 소비자들이 신라호텔을 떠올리게 될 경우 '삼성그룹', '최고의 서비스 제공', '스타들의 결혼식', 'LUXURY' 등의 연상을 쉽게 떠올릴 수 있을 것이다. 이처럼 브랜드 노드에 연결된 브랜드 연상들이 강하고 호의적일수록 소비자의 브랜드 지식구조는 더욱 강력하게 나타나게 된다.

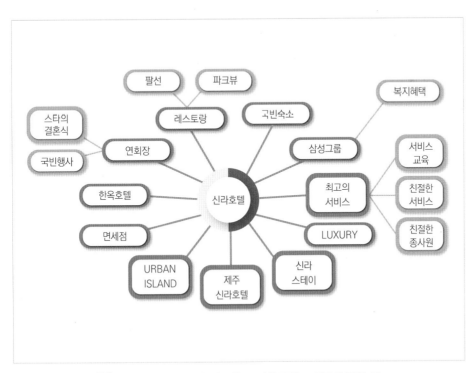

🎞 그림 12-4 　연상적 네트워크 기억모델 – 신라호텔의 예

② 브랜드 인지도

서비스고객은 서비스 상품을 구매할 때 자주 들어본 적이 있거나 자신이 익히 알고 있는 브랜드를 우선적으로 고려한다. 서비스 브랜드의 친숙도 만으로 고객의 호의적인 반응을 발생시킬 수 있는 것이다. 서비스 브랜드 인지도란 고객이 특정 서비스브랜드를 알아보거나 그 브랜드 명을 쉽게 떠올릴 수 있는 능력을 말한다. 서비스고객은 특정 브랜드를 자주 보거나, 듣거나, 그 브랜드에 대해 생각하는 등 브랜드 관련 경험들이 축적됨에 따라 브랜드를 기억 속에 저장하고 쉽게 인출할 수 있게 된다.

서비스 고객의 브랜드 인지를 하기 위해서는 브랜드 회상과 재인의 과정을 통해서 브랜드를 인지하게 된다. 브랜드 인지를 지각하는 데는 브랜드 회상과 브랜드 재인으로 나누게 되는데, 이에 대한 보다 상세한 내용은 다음과 같다.

1) 브랜드 회상

브랜드 회상(brand recall)은 특정 구매상황에 처한 소비자가 특정 브랜드를 기억으로부터 인출할 수 있는 능력을 말한다. 서비스 브랜드 회상은 서비스 범주에 대한 욕구가 발생할 경우 이를 해결해 줄 브랜드를 떠올리는 기억 인출 과정을 통해 이루어진다. 소비자는 평소에 알고 지내던 서비스 브랜드를 필요할 때 그 브랜드를 더 잘 기억해 낼 수 있는 기억인출 과정을 거치게 된다. 따라서 소비자는 인지도가 높은 서비스 브랜드를 회상할 가능성이 높아진다. 또한 구매결정과정에서 떠올리게 되는 고려 상표군(브랜드들 중에서 먼저 떠오르는 상표들의 집합)으로 회상된 브랜드는 타 브랜드보다 선택확률이 현저하게 높아지게 된다.

브랜드 회상은 계획적 구매에 있어 핵심적인 요인이라 할 수 있다.

2) 브랜드 재인

브랜드 재인(brand recognition)은 어떠한 단서가 제시되었을 때 소비자가 해당 브랜드를 알아보고 확인할 수 있는 능력을 의미한다. 서비스 브랜드는 고객이 쉽게 브랜드를 알아볼 수 있도록 시각적, 청각적인 수단을 활용하여 소비자의 마음속에 브랜드를 각인시켜 브랜드 인지도를 높이는 것이 중요하다.

브랜드 재인은 서비스 상품에 대한 정보가 주어질 때 고객이 어떠한 상품 정보에 주의를 기울이는가에 중요하게 관여한다. 서비스 고객은 인지도가 높은 브랜드에 선택적으로 주의를 기울이고 관심을 가지게 된다.

예를 들어 영화나 드라마의 주인공이 사용하는 제품이나 서비스 그리고 상표 등의 노출을 하게 되는데, 이를 간접광고(PPL: Product Placement)라고 한다. 소비자는 드라마 속에 노출되는 제품, 서비스, 상표등의 브랜드를 보게 되면 드라마나 주인공을 떠올리게 되면서 소비자의 머릿속에 재인될 가능성이 더욱 높아지는 효과를 나타낸다.

서비스 브랜드 인지도를 높이는 방법은 다음과 같이 정리할 수 있다.

① 브랜드 회상 : 브랜드 명, 제품정보가 소리의 형태로 기억될 수 있도록 한다.

② 브랜드 재인 : 시각적 정보를 제품정보와 함께 제공된다.

③ 반복광고 : 기업은 브랜드 인지도를 높이기 위해 광고를 반복적으로 실시하되 어떻게 하면 소비자가 광고에 싫증을 내지 않도록 할 것인가에 대해 고심한다. 이를 위해 동일한 제품 메시지를 반복적으로 광고하되 광고실행방법을 적절히 변형시킴으로써 광고효과의 감퇴현상을 방지한다.

④ 구매시점에 자사 브랜드에 대한 기억을 쉽게 떠올릴 수 있는 암시 또는 단서를 제공한다.

3 브랜드 이미지

브랜드 이미지(brand image)는 소비자의 기억 속에 저장된 브랜드 연상이 반영된 집합체 즉, 소비자가 그 브랜드에 대하여 갖는 전체적인 인상을 말한다. 기업은 브랜드 이미지를 기업이 원하는 방향으로 소비자들의 기억 속에 정립할 수 있도록 하는 도구이다. 이는 고객의 기억 속에 저장되어 있는 다양한 브랜드 관련 연상들과 그에 대한 감정반응의 결합으로 형성된다.

브랜드 연상(brand association)은 브랜드와 관련하여 소비자의 머릿속에 떠오르는 여

러 가지 생각들을 말한다. 긍정적인 브랜드 이미지를 구축하기 위해서는 소비자들에게 좋은 인식을 심어주어야 하고, 좋은 서비스를 제공하기 위해 노력하면서 경쟁 브랜드와 차별화되는 독특한 연상들이 브랜드 노드에 연결되어 있어야 한다.

④ 브랜드 신뢰

브랜드 신뢰(brand trust)는 강력한 서비스 브랜드를 만들고 지속하는데 없어서는 안되는 것이 고객의 마음속에 깊숙이 새겨진 것이다.

브랜드 신뢰에는 크게 능력 차원(ability)과 선의 차원(benevolence), 그리고 성실 차원(sincerity)으로 나누게 되는데, 내용은 다음과 같다.

첫째, 능력(ability) 신뢰는 서비스 기업의 전문성과 혁신성을 기반으로 하는 것으로 품질적인 것이다. 고객의 신뢰를 받는 서비스 기업은 전문적인 서비스 품질관리 시스템을 통해 질 높고 효율적이며 선도적인 서비스를 제공하는 기업이다. 이러한 기업은 고객이 서비스를 구매할 때 일정 수준을 기대할 수 있도록 서비스 품질의 일관성을 보장하게 된다.

둘째, 선의(benevolence) 신뢰는 고객에 대한 관심과 배려에 관한 것이다. 기업과 종사원이 전사적으로 고객지향적인 태도를 보여주게 됨으로써 고객들로부터 신뢰를 확보할 수 있다. 서비스 기업은 고객을 우선적으로 배려하고 고객의 감정에 공감대를 형성하며, 고객의 편에 서서 문제를 해결하려는 태도로 선의신뢰를 구축시켜 나가야 한다.

셋째, 성실(sincerity) 신뢰는 서비스 기업의 정직성과 투명성, 그리고 고객과의 약속을 지키기 위해 노력하는 성실한 자세를 의미한다. 아무리 사소한 일이라도 고객 서비스에 대해 불성실한 태도를 보이거나 고객과의 약속을 제대로 이행하지 않으면 소비자는 해당 업체에 대해 신뢰를 잃게 된다.

서비스 브랜드가 성공하기 위해서는 브랜드 담당자가 이행해야 할 6가지 단계로 나누게 되는데 그 내용은 다음과 같다.

제1단계 　고객이 경험하는 서비스 전체에 대해 책임을 진다.

　고객은 한 번의 서비스를 받기 위해 조직의 다양한 부서와 접촉한다. 따라서 브랜드 관리는 기존의 마케팅 기능에서 벗어나 인력과 자산, 정보시스템, 고객 서비스 관리 등의 분야에 까지 미칠 수 있어야 한다. 실제 성공한 서비스 기업들은 이러한 기능에 대한 책임을 조직 내에서 가장 중요하게 여기고 있다.

제2단계 　회사의 제반 시설과 종사원들이 브랜드의 가치를 높이도록 한다.

　점포, 항공기, 웹 사이트 등의 브랜드 환경과 그 안에서 일하는 직원들은 소비자에 대한 브랜드 약속의 실천 정도를 결정하는 중요한 요소가 된다. 디자인이 잘 된 서비스 환경은 서비스 제공을 원활하게 하고 고객에게 브랜드에 대한 확실한 시각 이미지를 남길 수 있다.

제3단계 　진실의 순간을 관리하기 위한 유연성을 기른다.

　기업은 모든 고객 접점을 세밀하게 살펴보고 어느 부분이 가장 민감한지를 파악해야 한다. 그런 뒤 서비스의 형식, 정보 시스템, 인사정책 등이 이와 같은 고객접점 순간을 무리 없이 처리할 만큼 유연성을 갖추었는지 확인해야 한다.

제4단계 　고객정보를 활용해 서비스를 개선한다.

　서비스 브랜드는 고객정보를 통해 저렴하면서도 고객의 요구에 맞는 맞춤 서비스를 개발하고 차별화된 서비스를 제공해야 한다.

제5단계 　세분화된 브랜드 전략을 개발한다.

　고객 수익성과 세부 정보의 유용성을 고려해 최우수 고객을 유치하고 이들에게 서비스를 제공하는 기술을 터득한다. 동시에 나머지 고객들과도 좋은 관계를 유지하는 방법을 놓치지 않는다. 교차판매, 상향판매, 거래규모 증가, 채널사용 개선 등 고객의 만족을 증가시키는 여러 요인들을 이해하고 이를 운영하는 세분화된 전략을 개발한다.

제6단계 　강력한 서비스 브랜드는 고객정보와 현재의 고객관계를 활용해 새로운 사업분야로 진출해 경쟁우위를 창출해 낸다.

CHAPTER 13

서비스
마케팅 전략

서비스 마케팅은 서비스의 특성에 맞추어 상품 서비스를 설계하고 이를 표적 고객들에게 다양한 방법을 활용하여 상품과 서비스 내용을 정확하게 전달하는 것이다.

이러한 결과로서 고객들은 서비스가 제공되는 물리적 환경에서 상품과 서비스를 제공받고 그에 대한 대가를 서비스 기업에게 지불하는 것이다. 이러한 전반적인 과정과 활동들을 통틀어 서비스 마케팅으로 정의된다.

좋은 서비스라고 하면 부드러운 서비스 유형인 서비스를 생각하기 쉽다. 물론 고객을 편안하게 하고 고객의 요구와 눈높이를 맞추는 것은 서비스 산업에서 놓치지 말아야 할 중요한 요소이다. 하지만 그보다 더 중요한 것은 고객이 경쟁사와 차별화된 느낌을 받을 수 있는 구체적인 서비스를 제공해야 한다.

서비스는 본질적으로 형체를 지니고 있지 않다. 볼 수도 없고, 만질 수도 없다. 그렇기 때문에 고객은 구매 전에 서비스의 효용을 정확히 알 수 없다. 단지 여러 가지 정황으로 미루어 효용을 추정할 수 있을 뿐이다.

서비스를 볼 수 있게 하고, 만질 수 있게 만든다면 고객에게 더 매력적으로 보일 수 있다. 이러한 서비스를 고객이 선택하게 하여 부담하게 되는 불확실성을 감소시킴으로써 서비스 실패를 예방할 수 있다. 그러면 어떻게 하면 서비스가 유형제품처럼 구체성을 지니게 할 수 있을까?

이에 대한 상세한 내용은 다음과 같이 설명할 수 있다.

1 눈에 보이는 장치의 도입 및 강화

허름한 호텔의 종사원에게 근처 지리를 물으면 말로 대답하지만, 최고급 호텔의 종사원은 지도와 펜을 꺼내서 알기 쉽게 표시해서 건네준다. 이런 차이는 본질적인 서비스의 품질과는 관련이 없지만, 고객이 체감하는 서비스의 품질에는 적지 않은 영향을 미치게 된다. 실질적으로 고객들은 서비스 기업이나 종사원에게 크고 중요한 요소들에 대해서는 많은 요구를 하지 않는다. 왜냐하면 고객이 기대한 만큼 충분히 제공되기 마련이다. 하지만 종사원이 고객에게 보여주는 아주 작고 사소한 말 한마디, 행동 하나하나에는 매우 민감하게 반응하게 되며 대부분의 고객은 이에 공감하게 된다. 따라서 고객에게 서비스를 제공하는 기업이나 종사원은 고객이 사소하게 생각하는 요소들을 강조할 수 있는 장치를 도입하고 강화해야 한다.

② 서비스를 측정 가능한 형태로 제시

단순히 빨리 배달해 주겠다는 피자 가게보다는 도미노 피자처럼 30분 내에 배달이 되지 않으면 돈을 받지 않겠다는 것이 훨씬 더 구체적이다. 그리고 그저 싸게 팔겠다는 광고보다는 월마트의 365일 최저 저가제도(Everyday Low Price)나 이마트의 최저 가격 보상제가 더 구체적이고 효과적이다.

③ 대표적 서비스의 집중 부각

오래전 서방 세계에서 처음으로 팬더를 들여온 샌디에이고 동물원은 공원의 모든 시설과 서비스를 팬더라는 테마에 맞췄다. 그 결과 관람객들은 동물원을 곧 팬더와 동일시하게 되었고, 동물원의 이미지도 팬더라는 귀한 동물만큼이나 높아졌다.

서비스 마케팅은 소비자들의 라이프스타일의 변화와 욕구의 증가로 인하여 새로운 서비스 경쟁의 형태로 변화하고 있다. 소비자들의 서비스 요구조건의 패러다임이 변하게 되면서 예전과는 확연하게 구분되는 서비스를 필요로 하고 있다.

국내 서비스 부문의 고용이 전체 고용의 많은 부분을 차지하게 되면서 서비스 산업의 시장이 폭발적으로 성장하고 있다. 따라서 서비스 시장이 급속하게 성장하고 그에 대한 경제 기여도가 커짐에 따라 서비스 기업들의 모든 문제에 대해서 소비자들의 관심은 증가할 수밖에 없다.

고객 서비스를 중요시하는 현대에 성공하는 기업을, 고객의 필요와 욕구를 먼저

파악하고 충족시켜 주는 기업을 선호하고 있다. 서비스 마케팅의 정의는 서비스 제공을 통해서 고객의 필요와 욕구를 충족시켜 주면서 교환을 활성화시켜서 고객을 창출하고 유지하는 과정이라고 볼 수 있다. 지금처럼 제품의 질은 품질화되어 있는 상황에서 경쟁에서 이기기 위해서는 서비스를 차별화해야 하는 것이다. 서비스의 가치를 높이기 위해서는 다음과 같은 여러 가지 유형적인 요소가 뒷받침되어야 한다.

첫째, 경쟁에서 살아남기 위해 고품질의 서비스를 제공할 수 있어야 한다.

주요한 상품만을 위주로 하여 판매하기보다는 주 상품과 관련된 부수적인 상품과 서비스를 제공하여 주 상품이 더욱 빛날 수 있는 요소를 개발해야 한다.

둘째, 최근 들어 서비스에 대한 규제가 완화됨에 따라 고객의 입장을 고려한 마케팅 활동을 해야 할 필요가 있다. 고객들에게 자사의 서비스를 효율적으로 포지션하고, 고품질의 서비스를 제공하기 위해 그들을 이해하고 세분화할 수 있는 방안을 강화해야 한다. 서비스에 대한 규제가 완화 또는 해소되는 분야의 기업이나 전문적인 서비스 기업들에게는 특히 중요하다. 예를 들어, 항공사와 같이 기업 활동을 하는 데 있어서 여러 가지 규제에 묶여 있었지만, 이러한 규제가 점차 완화됨에 따라 더욱 복잡하고, 고객의 입장을 근거로 하여 경쟁 상황에 잘 부합할 수 있는 마케팅을 펼칠 수 있게 되는 것이다.

셋째, 정보기술의 발달로 인해 이전에 존재하지 않았던 새로운 콘셉트의 서비스를 제공해야 한다. 새로운 서비스가 등장하게 되면 기업은 고객에게 어떠한 서비스를 어떻게 이용할 것인지에 대한 정보도 함께 제공해 주어야 한다. 새로운 콘셉트의 서비스를 효율적으로 마케팅하여야 하며, 기존 고객의 지속적인 유지와 신규고객 창출에 기여할 수 있는 방안을 마련하여야 한다.

① 서비스 마케팅은 다음과 같은 활동이 이루어져야 한다.

서비스 마케팅의 첫 번째 활동은 고객을 이해하는 것이다.

고객의 요구와 필요를 완전히 이해해야만 한다. 훌륭한 기업은 그들의 고객에게서 듣고 배워서 고객에게 서비스하는 방법을 향상 시킨다. 호텔과 레스토랑의 고객들은 기회가 있을 때 행동하는 것이 중요하다. 실제로 서비스와 시설에 대한 많은 새로운 아이디어가 고객의 의견으로부터 비롯되는 경우가 많다.

② 두 번째 활동은 고객에게 제공된 상품과 서비스의 개발이다.

매년 새로운 타입의 상품과 서비스 믹스가 개발되어 경쟁시장에서 공개되고 있다. 메리엇 호텔의 Courtyard, Holiday Corporation의 Hampton Inns 그리고 라마다 르네상스 같은 숙박 시설의 선택의 폭을 넓히기 위해 다양한 타입의 개발은 잠재고객에게 제공될 수 있는 선택 개발의 표본이다.

③ 세 번째 활동은 개발된 제품- 서비스 믹스의 판매촉진, 광고 그리고 판매 활동을 포함한다.

마케팅 활동이 성공하기 위해서는 무한한 창의성과 혁신이 필요하며, 광고매체는 자신의 메시지로 고객에게 접근하여 효과를 높여야 한다. 마케팅 활동으로 인해 서비스 기업이 바라는 효과는 제품- 서비스 믹스의 구매이며 이에 대한 결정적인 역할은 인적 판매이다. 호텔 객실과 레스토랑의 수익은 고객과 서비스 종사원에 의한 접점에서 결정된다.

④ 네 번째 활동은 만족할 만한 정도의 수익이 창출되어야 한다.

비영리사업을 포함한 모든 사업은 판매와 이윤에 그 목표를 달성하는 것이 성공적이라 할 수 있다.

2 서비스 경쟁 전략

서비스 조직은 다른 산업에 비해 더욱 마케팅 지향적이어야 하지만 그렇지 못한 경우가 많다. 그 기능에 대해서도 이해도가 적은 것으로 알려져 있는 것이 사실이다. 따라서 서비스 기업의 마케팅 활동은 서비스의 특성과 서비스 조직의 상황적 특성에 기인하여 그에 대한 원인을 분석하고 소홀하게 여겨왔던 점들을 파악해야 한다.

마이클 포터는 사업부 수준에서 사용할 수 있는 전략적 대안으로, 기업이 특정한 시장이나 산업에서 경쟁우위를 얻기 위해 활용할 수 있는 전략을 제시하고 있다. 경

쟁우위의 원천과 시장공략 방식에 따라 크게 3가지로 구분된다.

🖳 **그림 13-1**　경쟁우위 전략

첫째, 원가우위 전략(cost leadership strategy)

기업이 산업 내에서 최저원가 생산자가 되려는 사업전략, 경쟁기업에 비해 동일한 제품을 더 낮은 가격에 공급할 수 있으며 산업이 성숙기가 되어 가격경쟁이 시작되어도 잘 견딜 수 있게 된다. 예로는 저가 항공사나 대형 마트 등이 있다.

둘째, 차별화 전략(differentiation strategy)

기업이 소비자들에 의해 널리 평가된 독특한 제품을 제공하는 사업전략, 차별화의 대가로 기업은 고객에게 프리미엄 가격을 요구할 수 있게 된다.

벤츠나 애플, 스타벅스 등의 예를 들 수 있다.

셋째, 집중화 전략(focus strategy)

기업이 틈새시장에서 원가우위나 차별화를 추구하는 사업전략, 특정 시장에만 집중, 원가집중화와 차별적 집중화로 나누게 된다. 포르쉐나 고디바 초콜릿 등의 예를 들 수 있다.

그 외의 전략으로 어정쩡한 상황과 Best cost provider 전략을 들 수 있다.

어정쩡한 상황(stuck in the middle)은 포터가 경쟁우위 전략 채택시 가장 경계한 상황이며 둘 이상의 전략을 동시에 추구하다 상호 모순으로 어느 하나도 제대로 달성하지 못하게 되는 상황이다. 모텔 6 등의 예를 들 수 있다.

Best cost provider 전략은 원가와 집중화 전략 모두를 아우르는 새로운 전략 유형이다. 원가우위 전략 기업보다 차별화된 제품 특징, 차별화 전략 기업보다 낮은 원가 경쟁력으로 소비자들의 가격 대비 가치를 극대화하는 전략이다. 일본의 Lexus나 지오다노 같은 브랜드들이 추구하는 전략이다.

1 서비스 경쟁 전략의 기본 유형

1) 원가효율성 전략

박리다매, 속도의 효율성 극대화, 서비스의 표준화

2) 개별화 전략

고객에게 다양한 욕구에 상응하는 맞춤 서비스

3) 서비스 품질

고객에게 고품질의 이미지 부각
- 기능별 품질 : **과정 측면**(예 응답성, 보증, 공감성)
- 기술적 품질 : **결과 측면**(예 서비스 결과, 유형성, 신뢰성)

2 경쟁 전략의 선택 - 서비스 프로세스 관점

- 서비스 프로세스 = 복잡성 + 다양성
- 복잡성 : 프로세스를 구성하는 단계와 절차, 서비스 수행시 요구되는 단계의 수
- 다양성 : 프로세스상 각 단계별 절차의 범위 및 가변성, 서비스 프로세스 단계에서 허용되는 자유도

표 13-1　서비스 프로세스 전략

구 분		복 잡 성	
		높다	낮다
다양성	높다	개별화 전략	기능적 서비스 품질 전략
	낮다	기술적 서비스 품질 전략	원가효율성 전략

1) 원가효율성 전략

- 운영목표 : 효율성 극대화와 생산성 극대화
- 입지와 배치 : 고객접촉 부분은 고객에게 편리한 곳, 지원 부분은 임대비 저렴한 곳
- 직무설계 : 절차의 표준화, 고객의 셀프 서비스, 종사원의 직무순화 교육

2) 개별화 전략

- 운영목표 : 고객의 상이한 니즈에 부합하는 서비스 제공
- 입지와 배치 : 고객의 중요성 고려, 고객과의 논의 공간 확보
- 직무설계 : 고객 지향적 경영 마인드, DB의 활용, 커뮤니케이션 능력 개발

3) 서비스 품질 전략

- 운영목표 : 기능적 품질과 기술적 품질을 고려
- 입지와 배치 : 고급이미지 지역에 고객접촉지점 입지, 고객 지향적 배치
- 직무설계 : 직무 전문화와 분업

3 서비스 마케팅의 삼각형

서비스 마케팅의 삼각형은 서비스 기업이 성공하기 위해 수행해야 할 세 가지 유형의 마케팅으로서 서비스 기업이 고객들을 향해 약속을 하고 이를 지키는 것과 관

련된 마케팅활동을 말한다.

<그림 13-2>에서 삼각형의 오른쪽은 기업이 고객의 기대를 설정하고 고객에게 제공할 것을 약속하는 것과 관련된 외부마케팅(external marketing)이다. 서비스가 제공되기 전에 고객과 커뮤니케이션하는 것은 모두 외부마케팅 활동으로 간주할 수 있다. 서비스 기업에서는 광고나 판매촉진, 판매, 홍보 등의 전통적인 커뮤니케이션하는 요소들이 있다.

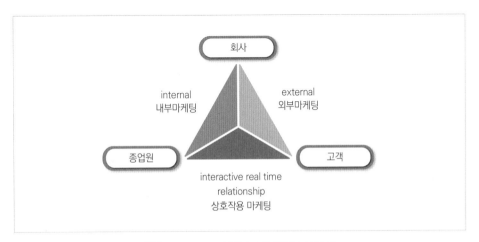

🎹 **그림 13-2** 서비스 마케팅의 삼각형

삼각형의 아래쪽은 서비스를 제공하는 종사원과 고객간의 상호작용 마케팅 (interactive marketing) 또는 접점 마케팅(realtime marketing)이다.

서비스 기업의 종사원들은 고객과 직접 접촉하여 상호작용하는 과정을 통해 서비스를 제공한다. 이때 외부마케팅을 통해 고객들에게 약속된 서비스와 상호작용 마케팅을 통해 실제로 제공되는 서비스를 연계하여 일치시키는 일은 매우 중요하다. 고객들에게 약속한 서비스가 그대로 지켜지지 않으면 외부마케팅은 물론 서비스 브랜드에 치명적인 손해를 끼칠 수 있다.

삼각형의 왼쪽은 종사원이 고객들과의 약속을 지킬 수 있게 해주는 내부마케팅 (internal marketing)이다. 즉 내부마케팅은 기업이 고객과의 약속을 지킬 수 있도록 종사원을 교육하고, 동기 부여하며 보상하는 일련의 활동을 말한다.

만일 종사원들이 고객과의 약속을 이행할 의지나 능력이 없다면 그 기업은 약속을 지킬 수 없게 되면서, 결국 서비스 마케팅의 삼각형은 무너지게 되는 것이다.

내부마케팅은 종사원 만족과 고객 만족이 서로 밀접하게 연결되어 있다는 가정에 기초하고 있다.

서비스 마케팅 삼각형의 3면이 모두 서비스 마케팅에 있어서 매우 중요하며, 3면 중 어느 한 부분이라도 소홀하거나 미흡하다면 성공적인 서비스 마케팅을 수행할 수 없다는 것을 의미한다. 따라서 외부마케팅과 내부마케팅 및 상호작용 마케팅을 균형 있게 유지하는 것은 서비스 마케팅의 성패를 좌우하는데 있어서 매우 중요하다.

Case Study 매뉴얼대로 했는데 – 고객은 시큰둥, CEO는 갸우뚱

최근 매뉴얼이란 단어에 대한 관심이 높아졌다. 예컨대 위험물질 사고대응 매뉴얼이라든지, 자연 재난대응 매뉴얼이라든지 사회 전반에서 매뉴얼이란 단어가 자주 거론되는 요즘이다. 이런 매뉴얼은 기업 경영에서도 중요한 요소이다.

담당자가 바뀌어도, 신입사원이 들어오더라도 매뉴얼만 있다면 단속(斷續) 없는 업무 진행이 가능하기 때문이다.

매뉴얼이 과연 최선일까?

2년 전 일본 대지진 사태에 대한 일본 정부와 국민의 반응을 보자. 당시 일본 국민의 의연한 대처와 달리 정부의 대응은 엉망이었다. 구호 및 재해 복구시스템이 제대로 작동하지 않았다는 평가가 지배적이다.

'매뉴얼의 나라'라 불리는 일본에서 도대체 왜 이런 일이 발생한 것일까? 전문가들은 이를 과도하게 매뉴얼화된 관료제의 폐해가 그대로 드러난 결과라고 지적한다. 매뉴얼에서 벗어나는 상황이 발생하면 적절한 대응을 할 수 없기 때문이라는 것이다.

기계적인 매뉴얼은 고객에 감동 못 준다.

고급 백화점이나 호텔을 가면 마주치는 직원들로부터 인사를 받는다. 하지만 안타깝게도 그들의 인사들이 우리에게 주는 울림은 거의 없다. 무미건조한 기계음처럼 우리의 귓가를 스쳐 지나갈 뿐이다. 하지만 그 직원들은 주어진 매뉴얼과 지침에 따라 본인의 임무를 제대로 수행하고 있는 상황, 어디서부터 잘못된 것일까?

현대사회와 서비스 경영

크게 두 가지 이유가 있다. 첫째는 매뉴얼에 너무 의존하다 보니 매뉴얼에 없는 상황에 대해서는 대처가 안 된다는 것이다. 매뉴얼이라는 것이 다양한 경우의 수를 가정하여 작성한다고는 하지만 요즘같이 복잡다단한 세상에서 벌어지는 모든 일을 아우를 수는 없는 것이다. 발생가능성이 높은 상황 위주로 대처요령을 만들고 거기에 전적으로 의존하다 보니 일본 대지진 사태 때처럼 전혀 예상하지 못했던 상황에서는 매뉴얼의 효용이 급격히 떨어지게 된다.

둘째는 기계적인 교육과 타성에 젖은 학습 때문이다. 전략적 기획과 판단을 통해 고심해서 만들어놓은 매뉴얼. 그러나 그에 대한 교육이 직원들의 마음을 울리지 못하고 형식적으로 이루어지는 것이 문제다. 그러다 보니 교육을 받더라도 그 취지와 의미를 제대로 이해할 겨를도 없이 매뉴얼에 적힌 대로 흉내내기에 급급하다. 이런 고객응대가 고객의 영혼을 감동시킬 수 있을지는 만무하다.

기업 문화는 가장 강력한 경쟁력

창립 10년만에 매출 1조원을 달성한 미국의 온라인 신발 쇼핑몰 자포스는 '기업 문화야말로 가장 강력한 브랜드'라는 사실을 웅변하는 기업이다.

자포스 콜센터에는 고객응대 매뉴얼이 없다. 통화시간의 제한도 없다. '고객을 감동시키는 일이라면 무엇이든 해도 좋다'라는 권한을 부여받은 직원들은, 고객들에게 결코 잊을 수 없는 감동적인 서비스를 제공하기 위해 저마다의 창의력을 발휘한다. 신발을 파는 게 아니라 서비스를 판다며 스스로 '서비스 컴퍼니'를 자처하는 회사이다. 자포스는 이런 기업 문화를 통해 고객에게 가치 있는 체험을 제공한다. 자포스 콜센터의 불이 24시간 켜져 있는 이유는 매뉴얼 때문이 아니라 이런 기업 문화 때문이다.

결국, 기업의 경쟁력은 '문화'이다. 조직 구성원의 DNA에 조직이 추구하는 방향과 이념, 철학 등이 정확하게 이식될 때, 그 기업의 문화는 하나의 행동지침으로 작용한다. 기업이 지향하는 가치에 대해 구성원들이 뼛속 깊이 공감하고 동의한다면 나머진 저절로 된다. '고객들과 대화할 때는 이렇게 커뮤니케이션하라'란 구구절절한 매뉴얼과 스크립트가 필요 없는 이유다. '상하동욕자승(上下同欲者勝)'은 리더와 직원을 막론하고 같은 곳을 바라보는 조직이 승리한다는 뜻이다. 승리하는 조직의 필요충분조건은 조직원들의 마음을 한 곳으로 담아내는 핵심가치와 기업 문화이다.

(자료: 조선일보 2013. 12. 17)

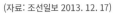

3 서비스 마케팅 믹스

마케팅 목표를 달성하기 위하여 이용할 수 있는 수단들의 묶음을 마케팅 믹스라고 하는 것처럼 서비스 마케팅 목표(매출액 증대, 이윤 증대, 고객만족도 제고 등)를 달성하기 위하여 이용할 수 있는 수단들의 묶음을 서비스 마케팅 믹스라고 한다. 마케팅 믹스는 통산 4P(product, price, place, promotion)로 정하고 있지만, 서비스 마케팅 믹스는 서비스 재화의 특성상 3P(process, physical evidence, people)를 더해 확장된 서비스 마케팅 믹스(7P)로 구분하고 있다.

1 상품(Product)

서비스 상품이란 고객들에게 가치를 창출할 수 있는 모든 서비스 수행의 요소들을 말한다. 서비스 상품은 눈에 보이지 않기 때문에 이를 고객들에게 가시적으로 보여줄 수 있도록 하는 것이 대단히 중요하다. 따라서 철저한 품질관리와 고객만족을 통한 브랜드 이미지를 제고시켜 소비자들에게 서비스 상품구매에 따른 불안감을 줄여 주어야 하고, 서비스 품질보증제도 등의 도입을 통해서 서비스 품질을 가시적으로 확인시켜 주는 것도 필요하다.

서비스 믹스의 상품 전략은 주로 상품의 구성, 신규 상품 개발, 기존 상품의 관리 등이 있다. 국내 브랜드 호텔의 대명사인 신라 호텔은 서울의 중심부에 위치하면서도 거대한 녹지대를 형성하고 있으며, 한국의 전통성을 강조하여 외국 비즈니스 고객의 접대 및 회의 장소로 주로 이용되고 있다.

품질관리를 위해서 고객의 욕구를 잘 파악하여 원 스톱(one-stop)으로 해결할 수 있는 전문 서비스를 도입하였다. 또한 브랜드 전략 측면에서 새로운 CI(Corporate Identity) 구축과 함께 브랜드 이미지 제고를 위해서 기존의 인터넷뿐만 아니라 nobles 등의 고급 잡지 및 스폰서 활동을 통해서 신라 호텔의 브랜드를 홍보하고 있다.

현대산업 서비스 경영

⏱ **표 13-2** 산업 형태에 따른 상품구분

구분 산업형태	핵심 요소	부가 요소
제품과 서비스 제공	제품 + 서비스	
서비스 제공	주요 서비스 + 보조 서비스	

2 가격(Price)

가격이란 서비스를 구매하거나 소비하면서 고객들이 지불하는 돈, 시간, 기타 노력 등을 말한다. 유형 재화의 경우에는 가격이라는 비교적 통일된 명칭이 사용되지만, 서비스의 경우에는 다양한 명칭(요금, 입장료, 등록금, 이자, 진료비 등)으로 불린다. 이러한 서비스의 경우에는 원가요소를 객관적으로 정확히 산정할 수 없는 경우가 많기 때문에 가격결정 메커니즘이 매우 주관적이고 어렵다.

소비자의 관점에서 중요한 가격개념은 준거가격(reference price)이다. 준거가격은 소비자가 제품의 실제가격을 평가하기 위해서 그 기준을 삼는 가격을 통칭하는 것이다.

3 유통(Place)

유통은 고객들에게 언제, 어디서, 어떻게 서비스를 전달할 것인지에 관한 것이다. 서비스는 보관하거나 저장이 불가능하기 때문에 서비스를 전달하는 장소나 입지(location)가 매우 중요하게 여겨진다. 병원과 학교 그리고 백화점 같은 경우 서비스를 제공받는 고객들이 접근하기 편리한 곳에 위치하는 것이 경로관리의 핵심이다. 유통경로는 보통 마케팅 채널이라고 하기도 한다. 채널 구성원으로는 보통 제조업의 경우, 제조업자, 중간상(도소매상), 구매자가 포함되어 있다.

서비스는 무형적이고 소멸성이 강하기 때문에 서비스 제공자로부터 소비자에게

직접 판매되는 유통경로를 가진다. 신라 호텔과 리츠 칼튼 호텔은 대부분의 유통을 직접적으로 관리하고 있다.

간접 유통경로는 다음과 같다.

첫째, 항공사와의 장기 전략 결연(long-term strategic marriage) 방식이 있다. 항공사와의 제휴가 아니라 장기적으로 전략적인 결연관계는 쌍방의 지속적인 관계가 유지됨은 물론 쌍방의 노력으로 공동이익이 생겼을 때 배분되는 이익금 수준도 높기 때문에 상승효과를 가져오는 소위 시너지 효과(Synergy effect)도 기대할 수 있다. 항공사와 제휴를 맺고 있는 호텔의 이미지도 우호적으로 더욱 강화될 수 있다.

둘째, 여행사와의 긴밀한 관계 형성(파트너십)이다. 여행사와의 긴밀한 관계로 인해서 VIP 고객 확보, 계절적 판매주기의 취약성 완화 등을 달성할 수 있다.

유통채널을 효과적이고 효율적으로 수행하기 위해서 기업은 다양한 유통경로 전략을 설계하여야 하고, 아웃소싱(outsourcing) 기업을 활용하기도 한다.

4 촉진(Promotion)

촉진이란 서비스 기업이 고객에게 특정 서비스 상품을 알리고 선호도를 높이기 위한 모든 커뮤니케이션 활동을 말한다. 서비스의 촉진활동은 무형성을 전제로 이루어지기 때문에 서비스를 직접적으로 보여줄 수 없고 서비스를 소비함으로써 얻게 되는 혜택이나 결과를 강조하는 촉진활동을 하게 된다. 또한 물리적 차별화가 불가능하기 때문에 심리적 차별화를 통해 포지셔닝 활동을 전개하게 된다.

통합적 마케팅 커뮤니케이션(IMC: Integrated Marketing Communication)은 고객들에게 자사의 상품을 알리고 선택하게 하려는 것이다. 기업의 통합적인 마케팅 프로그램은 기업이 마케팅 목표 달성을 위해 사용하는 홍보, 광고, 인적 판매, 판매촉진 등의 조합으로 구성되어 있다.

최근에는 트위터, 페이스북 등을 활용한 SNS 마케팅 커뮤니케이션 전략도 등장하고 있다. 서비스업에 종사하고 있는 사람들은 이러한 다양한 마케팅 커뮤니케이션 채널에 대해 관심을 가지고 활용할 수 있어야 한다.

신라 호텔은 고객의 70% 이상이 외국인이라는 점을 감안하여 해외 유명잡지에 광고를 하고 있으며, 항공사 마일리지 프로그램을 도입하여 공동마케팅을 추구하고 있다.

5 과정(Process)

서비스는 하나의 과정을 통해 생산되고 소비자에게 전달된다. 따라서 서비스의 효율성을 높이고 고객만족을 증대하기 위한 서비스 생산 및 전달시스템 설계가 중요하다. 아울러 고객이 생산 과정에 참여하기 때문에 적정한 서비스 전달 단계의 수와 고객들의 참여 수준을 결정하는 것이 중요하다. 고객들이 서비스 품질을 느끼게 되는 서비스 접점관리(service encounter)가 강조된다.

리츠 칼튼 호텔의 3단계 서비스는 황금표준의 일부로서 모든 서비스의 기본이 된다.

제1단계   따뜻하고 진실된 마음으로 고객을 맞이하며 되도록 고객의 성함을 사용한다. 모든 서비스를 제공함에 있어서 마음에서 우러나오는 진실된 서비스를 제공하며, 고객의 성함을 부름으로써 상대에게 친근감을 느낄 수 있도록 하여 유대감을 형성하려는 것이다.

제2단계   고객이 원하는 바를 미리 예측하고 부응한다. 고객이 지적하거나 불편을 느끼는 잘못된 서비스를 시정하기보다는 미리 고객에 대한 정보를 입수하여 그에 맞는 서비스를 제공함으로써 고객의 가치를 높이고 절대만족을 추구하려는 의지이다.

제3단계   따뜻한 작별인사로 고객에게 감사를 드리며 되도록 고객의 성함을 사용한다. 고객이 떠날 때도 서비스가 끝난 것이 아니다. 계속 지속된다는 서비스의 지속성을 보여준다. 이러한 지속성은 고객으로 하여금 다시 찾게 하는

동기를 부여하게 된다. 그리고 이러한 고객들은 영원한 리츠 칼튼의 고객이 된다.

리츠 칼튼 호텔은 모든 고객에게 규격화된 획일적 서비스를 제공하는 것이 아니라, 고도로 차별화된 개별적 서비스(personalized service)를 제공한다.

6 물리적 증거(Physical evidence)

서비스는 눈에 보이지 않기 때문에 물리적 증거를 통해 서비스 기업과 그 기업이 제공하는 서비스 품질을 고객들에게 전하려 한다. 물리적 증거는 실내온도, 조명, 소음, 색상 등과 같은 주변적 요소(ambient elements)와 서비스 매장의 공간적 배치와 기능성, 그리고 표지판, 상징물과 조형물 등을 포함한다.

이러한 물리적 증거는 고객과 종사원들의 인지적, 정서적, 심리적 반응을 불러일으키게 되며, 결과적으로 외적 행동에 영향을 미치게 된다.

신라 호텔의 CI 및 디자인 콘셉트는 신라 호텔이 지향하는 세계 최고의 명문호텔로서의 세련된 멋과 강한 느낌을 줄 수 있도록 표현하고 있다. 또한 한국적 이미지를 구축하기 위해 한복을 입고 한국적인 서비스를 도입하여 실시하고 있다.

리츠 칼튼 호텔은 18세기 베르사유 궁전양식을 본떠 만든 고급스러운 외관과 인테리어, 가구, 집기, 소품 등 고급 브랜드 또는 일류제품으로 구성하였다.

7 사람(People)

서비스는 종사원의 행위를 통해 고객들에게 전달되기 때문에 종사원들은 서비스의 생산자이자 전달자이다. 대부분의 성공적인 서비스 기업들은 인적 자원에 대한 중요성을 인식하고 이들에 대한 교육훈련을 끊임없이 강조하고 있다.

최근에 많은 기업들이 서비스 품질을 일정하게 유지하고 생산성을 증대하기 위해 자동화된 설비를 통해 인적 역할을 대신하고 있지만 이러한 노력이 고객만족이라는 목표와 충돌을 일으키지 않는지 면밀히 검토해야 한다.

신라 호텔의 경우 수준 높은 종사원을 유지하는 것을 중요한 인적 자원 관리 정책으로 삼고 있다. 즉, 서비스의 질이 낮고 고르지 않은 일용직 아르바이트(part time)를 사용하지 않고 전문적인 서비스 교육을 시켜 채용하고 있다. 또한 모든 사원을 대상으로 정기적이고 철저한 교육을 실시하여 서비스 정신과 자질을 강조한다.

8 서비스 마케팅 믹스 전략

1) 서비스 참여자 전략

서비스 참여자란 서비스가 유통되는 과정에 참가하여 특정한 역할을 하는 사람이다. 서비스 참여자는 모든 종사원뿐만 아니라 고객 모두를 포함하고 있다. 서비스는 본질적으로 생산과 소비가 동시에 이루어지는 특성을 가지고 있기 때문에 서비스 제공자와 고객 모두가 생산에 참여하여 상호 작용에 의해 서비스 유통이 이루어진다.

레스토랑의 경우 고객을 안내하는 직원부터 주방에서 요리하는 주방 직원에 이르기까지 모두가 마케팅 요원이 된다. 레스토랑을 방문하는 모든 고객은 이들의 행동을 서비스 행위로 간주하게 되면서 서비스 질을 평가하는 중요한 요소가 된다.

2) 서비스 환경

환경이란 서비스가 이루어지는 장소와 서비스 커뮤니케이션 및 서비스상품의 창출을 위해 존재하는 모든 유형물로서 서비스상품이 생산되고 판매되는 장소의 환경을 말한다. 서비스 생산에는 반드시 필요한 장비나 기구·설비·시설 등 유형물이 있게 마련이다. 소비자들은 이러한 과업환경을 보거나 이용하여 서비스를 구매하기 때문이다. 이는 곧 서비스의 구매동기가 되며, 서비스 질의 평가 기준이 된다.

레스토랑의 과업환경은 건물, 실내장식, 주방 설비, 조명, 테이블 등 유형적인 근거가 되는 환경을 의미하며, 이는 서비스의 개념 정립에 매우 중요한 역할을 한다.

따라서 한식, 양식, 중식 등이나 취급하는 메뉴나 이용 고객에 따라 과업환경은 서비스의 성격에 맞게 설계 및 배치되어야 한다. 서비스 내용을 부각시킬 수 있는 과업

환경인 차별화 전략은 마케팅 믹스의 한 수단으로서 중요시되고 있다.

3) 서비스상품의 과정전략

고객이 서비스 창출 활동에 참여하여 서비스를 전달받는 과정에 관련된 것으로서 서비스의 질과 고객의 욕구충족, 만족 수준에 영향을 미친다.

예를 들어, 레스토랑에서 직원의 안내를 받아 좌석에 앉는 것에서부터 음식 준비, 서비스와 계산 그리고 장소를 떠날 때까지 종사원의 유형과 무형의 서비스는 고객의 욕구충족에 많은 영향을 미치게 된다. 따라서 소비자의 욕구충족에 바탕을 둔 서비스를 설계하기 위해서는 서비스의 생산과정과 전달방법의 설계를 완벽하게 구성해야 한다.

서비스 흐름이 원활하게 이루어지도록 하기 위해서는 종사원의 체계적인 직무분석, 전체적인 서비스의 생산과정에 대한 통제가 필요하다. 생산과정을 통한 서비스 질의 흐름이 곧 고객 만족으로 이어지게 되면서 서비스 질의 평가 기준이 설정되는 것이다. 따라서 마케팅 믹스에서 생산과정은 마지막 단계로서 생산자에서 소비자의 손으로 인도되는 중요한 과정이라 할 수 있다.

4 시장 세분화 전략

1 시장 세분화의 개념

다양한 서비스 기업들이 다양한 개성과 라이프스타일, 그리고 구매습관을 가지고 있는 소비자들을 모두 만족시킬 수 없는 것이 현실이다. 또한 기업의 능력과 마케팅 등의 한계로 인해서 각 세분시장에 맞는 서비스를 제공할 수 있는 기업은 사실상 드물다. 이러한 치열한 경쟁이 존재하는 전체 시장에서 경쟁을 하기보다는 각각의 기업이 잘할 수 있는 시장이나 자기의 능력에 적합한 세분시장을 개척하여 집중적으로 투자하는 것이 성공의 지름길이다.

소비자 개개인의 욕구는 다양하게 분포되어 있지만 기업의 특정한 제품이나 서비스에 대한 태도, 애정, 구매의도 등에 많은 관심을 가지고 있는 소비자집단이 존재하고 있다. 유사한 성향의 성격을 가지고 있는 소비자들을 다른 성향의 성격을 가지고 있는 소비자들과 분리하여 하나의 집단으로 세분화하는 과정을 시장 세분화(market segmentation)라고 한다.

시장 세분화는 유사한 성향의 소비자들을 집단별(segmentation)로 전체 시장으로 나누고, 기업의 목적달성에 적합한 소비자들을 선택 또는 표적화(targeting)하여, 선택된 표적시장에서 차별적인 경쟁우위를 유지하여 자사 상품이나 서비스를 적절하게 위치시키는(positioning) STP 전략이다.

2 시장 세분화의 분류 기준

시장을 세분화하는 분류 기준은 주로 4가지 변수로 나누게 된다.
인구통계학적 변수, 지리적 변수, 심리분석적 변수, 그리고 행동적 변수이다.

1) 인구통계학적 변수

인구통계학적 기준은 연령, 성, 가족 수, 소득, 직업, 주거지역, 학벌, 종교 등에 의해서 세분화하게 된다. 주거지역에 따라 서비스에 대한 소비의 형태와 가격의 차별화를 두게 되며, 연령, 소득, 직업 등에 따라서 서비스의 형태와 수준이 결정된다.

2) 지리적 변수

지리적 변수에 따른 세분화는 기준 중에서도 가장 손쉬운 방법으로서 마케팅 비용이 적게 들고 서비스도 쉬운 방법으로 진행할 수 있기 때문에 많은 기업들이 활용하고 있다. 지리적 세분화는 거주지역, 도시의 크기, 인구의 밀도 등에 의하여 이용된다.

3) 심리분석적 변수

심리분석적 변수는 소비자들의 라이프스타일이나 개성 등의 심리적인 부분들을 이용하여 시장을 세분화하는 방법이다. 눈에 보이지 않는 소비자들의 심리를 이용하게 되므로 생활 스타일과 개인 간의 차이가 발생하게 되므로 이러한 요인들을 고려하여 시장을 세분화해야 한다.

심리적 변수는 동일한 집단에 속해 있다고 하더라도 소비자의 특성에 따라 다른 양상을 보이게 되는 경우가 발생하게 되므로 이에 유의하여 세분화할 필요성이 있다.

4) 행동적 변수

행동적 변수는 소비자가 서비스를 구매했을 경우 그것으로부터 얼마나 많은 편익(benefit)을 얻을 수 있는가를 기준으로 하여 시장을 세분화한다. 소비자가 추구하는 편익의 다양성은 구매행동을 하는 데 있어서 많은 영향을 미치게 되기 때문이다.

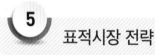

5 표적시장 전략

1 표적시장의 의의

표적시장을 설정하기 위해서는 시장의 규모, 향후 시장의 성장률과 매력성 그리고 기업의 목적과 자원들을 고려해야 한다.

적절한 규모와 성장률을 가지고 있다고 하더라도 반드시 기업이 목표로 하는 수익을 달성할 수 있는 것은 아니다. 왜냐하면 그 시장의 매력성을 결정하는 가장 핵심적인 요인은 시장에 존재하는 경쟁요인이기 때문이다.

세분시장의 형성이 적절한 규모와 성장률이 있고, 매력적이라도 기업의 목표와 자원에 적합하지 않으면 안 된다. 또한 기업이 경쟁시장에서 핵심적인 강점을 가지고

현대산업 서비스 경영

있지 못하다면 그 시장에 절대로 진입해서는 안 된다.

❷ 표적시장의 선정

기업은 각 세분시장을 철저하게 파악한 후 어떠한 세분시장에 진출할 것인가를 결정해야 한다. 표적시장은 기업이 진출하려는 소비자들이 동일한 욕구와 특성을 지니고 있는 집단을 말한다.

기업은 표적시장 마케팅을 실시하기 위해 다음과 같이 세 가지 전략으로 설명할 수 있다.

그림 13-3 표적시장 마케팅 전략

1) 비차별화 마케팅

소비자들의 욕구와 필요가 동일하다고 보고 하나의 제품으로 전체 시장을 공략하는 전략이다. 이 전략을 구사하는 기업은 소비자들 간의 차이보다는 공통점에 중점을 두게 되며, 다수의 구매자에게 소구하기 위해서 하나의 상품과 하나의 프로그램으로 시장을 공략하는 것이다.

비차별화 마케팅의 장점은 규모의 경제를 실현함으로써 비용을 절감하는 데 있다. 또한 일정한 광고매체를 자주 이용함으로써 매체비용의 할인혜택도 받을 수 있다. 세분화된 시장에 대한 조사나 계획수립을 별도로 하지 않아도 되기 때문에 이와 관련된 비용을 절감할 수 있다. 따라서 기업은 대량유통과 대량광고 방식을 취하게 되면서 고객들의 마음속에 우수한 자사 제품의 이미지를 심어주게 된다.

2) 차별화 마케팅

기업이 여러 개의 표적시장을 선정하여 각각의 세분화된 시장에 적합한 서비스와 마케팅 프로그램을 개발하여 제공하는 전략이다.

차별화 마케팅은 비차별적인 마케팅보다 높은 매출과 이익을 올리는 것을 가능하게 해준다. 장점은 서로 다른 소비자들의 욕구에 맞추어 여러 가지 서비스를 다양한 가격과 형태로 제공하고, 복수의 경로를 사용하여 다양화한 판매촉진을 실시하기 때문에 보다 많은 소비자들을 고객으로부터 확보하게 한다.

3) 집중화 마케팅

기업의 자원이 제한되어 있을 경우에 주로 사용되는 방법으로 큰 시장에서의 작은 시장점유율을 누리기보다는 하나 또는 소수의 작은 시장에서 높은 시장 점유율을 올리기 위한 것이다.

기업은 집중화 마케팅을 통해서 특정 세분시장에서 강력한 시장지위를 차지할 수 있다. 이유는 집중화를 통해서 특정 세분시장의 욕구와 필요를 경쟁사보다 더 잘 알 수 있으며, 소비자들에게 이미 인지된 브랜드 이미지로 강력한 포지셔닝을 유지할 수 있기 때문이다.

경우에 따라서 동일한 시장에 보다 큰 경쟁자가 진입할 수도 있기 때문에 높은 위험이 따를 수도 있다. 따라서 다수의 기업들은 하나의 시장을 선택하여 집중적인 마케팅 전략을 펼치기보다는 복수의 세분화된 시장에 접근하는 것을 선호한다.

6 서비스 포지셔닝 전략

포지셔닝이란 경쟁우위의 달성을 목적으로 경쟁자의 제품과 다르게 인식되도록 마케팅 믹스를 사용하여 고객의 마음속에 제품의 정확한 위치를 심어주는 과정을 의미한다. 서비스 기업의 포지셔닝 전략은 제품의 포지셔닝 전략과 마찬가지로, 시장 세분화를 기초로 하여 얻은 전략적 위치를 계획하는 것이다. 이는 시장에서 차별적 위치를 차지하여 고객욕구를 충족시키는 서비스를 표적시장에 제공하는 것이라고 할 수 있다. 시장에서 브랜드나 기업의 위치를 명확하게 하는 작업 및 전략을 말한다. 또한 이미 확립된 상품이나 기업의 이미지 포지션을 변경시키는 전략을 '리포지셔닝'이라 한다.

이는 시장에서 차별적 위치를 차지하여 고객 욕구를 충족시키는 서비스를 표적시장에 제공하는 것이라고 정의할 수 있다.

1 서비스 포지셔닝 전략의 개념

포지셔닝은 '시장 내 소비자들의 마음에 자사의 상표나 브랜드 등을 자리매김'하는 의미를 가지고 있다. 즉, 상품이나 서비스를 구매하려고 할 때 소비자들의 머릿속에 상품이나 서비스의 위치나 수준을 인지해 주는 것이다. 상품이나 서비스의 위치는 소비자들이 그것을 어떻게 인식하고 있는가를 알려주는 것이며, 수준은 그것이 일반적인 수준에 있는지, 고급의 수준에 있는지를 인지할 수 있도록 하는 역할을 하게 된다. 따라서 소비자들은 이러한 속성들을 경쟁상품과 서비스를 비교평가하여 적절한 것을 구매할 수 있도록 한다.

서비스 기업의 포지셔닝 전략은 시장에서 차별적 위치를 차지하여 고객 욕구를 충족시키는 서비스를 표적시장에 제공하는 것이다. 표적시장 내 고객에 대한 기업의 의사표현으로 자신의 상표가 어떤 모습으로 고객들에게 인식되어야 할 것인가를 결정하는 전략이다.

서비스 마케팅에서 포지셔닝의 결과로서 '서비스 콘셉트'를 나타내고 있는데 이는 매우 중요한 의미를 가지고 있다. 서비스 콘셉트란 기업이 고객에게 제공한 서비스에 대한 약속으로서 고객을 위해 무엇을 어떻게 하겠다고 하는 의사표현이다.

서비스 포지셔닝은 제품 포지셔닝과 방법면에서는 동일하게 보이지만, 서비스 포지셔닝은 대상 자체가 프로세스로서 실제적인 측면을 보유하지 못하고 그 품질의 평가에 있어서도 서비스 제공자들의 역할이 크다고 할 수 있다. 또한 서비스 생산 과정에 참여하는 고객들의 존재가 중요한 역할을 하기 때문에 포지셔닝 전략 수립에 있어서 제품의 포지셔닝 전략과는 다르게 접근해야 한다.

시장에서 기업의 포지셔닝 전략은 시장의 세분화를 기초로 정해진 표적시장 내에 소비자들의 마음에 시장분석, 소비자분석, 경쟁분석 등 차별적 위치를 차지하여 고객 욕구를 잘 충족시키는 서비스를 표적시장에 제공하는 것이다.

궁극적으로 포지셔닝이란 상품과 서비스를 차별화하는 것이며, 조직과 표적시장에 적합하도록 이것을 유효적절하게 활용하는 것을 말한다.

서비스는 시장 내 소비자에 의해 서비스 자체가 갖는 결과적인 측면인 '기술적 품질(technical quality)'과 전달되는 과정에서 인식되는 '기능적 품질(functional quality)'을 함께 보유하게 된다. 따라서 서비스 포지셔닝은 두 가지의 품질에 의해 평가되기 때문에 포지셔닝 전략을 수립할 경우 시장 내 소비자들이 어떤 기준을 가지고 서비스 품질을 평가하고 있는지, 그 기준들의 상대적 중요도는 무엇인가를 찾아 이를 기초로 시장에서의 위치를 정해야 한다.

서비스 포지셔닝의 원칙은 다음과 같다.

첫째, 서비스 포지셔닝은 고객의 마음속에서 하나의 위치를 가져야 한다.

둘째, 그 위치는 단순하고 일관된 메시지를 제공하며 독특해야 한다.

셋째, 경쟁사와 자사를 구별(brand concept)할 수 있는 특별한 무엇인가를 가지고 있어야 한다.

넷째, 하나의 기업이 모든 고객에게 모든 것을 만족시켜 줄 수 없다는 것을 깨달아야 한다.

② 서비스 포지셔닝의 중요성

서비스 포지셔닝은 기존의 서비스를 유지하거나 재 포지셔닝하는 것뿐만 아니라 새로운 이미지의 창조에도 유용한 방법이다. 서비스 포지셔닝이 중요한 이유는 기업의 이미지가 서비스 포지셔닝을 통해 고객의 마음속에 자리 잡게 되기 때문이다.

서비스의 수준은 기업마다 각각 다르게 제공되고 고객은 시간이 경과함에 따라 어느 기업이 어느 수준의 서비스를 제공하는지를 고려하여 선택하게 된다. 따라서 고객은 저가에 제공되는 서비스와 고가에 제공되는 서비스 중 선호하는 서비스를 선택하는 것이 중요하며, 서비스 제공자는 서비스 수준면에서 고객의 마음속에 잊혀지지 않도록 포지셔닝 해야 한다.

서비스 제공 수준에서 유의해야 할 점은 서비스의 품질과 우수성, 고객지향과 같은 용어 때문에 모든 세분 시장이 최고 수준의 서비스를 원한다고 생각해서는 안 된다. 따라서 서비스 마케터는 각 세분시장이 기대하는 서비스의 유형과 수준을 결정해야 하는 역할을 가장 중요하게 생각해야 한다.

서비스 포지셔닝은 새로운 서비스의 이미지를 구축하거나 현재의 이미지를 유지하고 새로운 이미지 창조를 유용하고 강화하는 데 중요한 역할을 수행한다. 포지셔닝이 중요한 점은 다음과 같다.

첫째, 전략적인 관점에서 적절하게 소비자의 인식에 인지된 포지셔닝 상품과 서비스는 기업의 모방을 방지하여 차별화의 이득을 보장해 주는 수단이 된다. 즉, 소비자의 뇌리에 자리 잡은 상품과 서비스는 경쟁자의 그것과 확연히 다르다고 인식하게 되면서 그 성과는 더욱 커지게 되고 장기간에 걸쳐서 유지된다.

시장에 새롭게 진입하는 상품과 서비스는 기존 선도기업과는 별도의 포지셔닝을 가지게 되면서 선도기업과의 직접적인 경쟁을 피할 수 있게 된다.

둘째, 기업의 이미지가 서비스 포지셔닝을 통해 고객의 마음속에 자리 잡게 된다. 또한 새로운 서비스 이미지를 창조하고 기존의 이미지를 유지, 강화하며, 재포지셔닝을 통해 기존 이미지를 변화시킨다는 의미에 있어서 매우 중요하다.

셋째, 시장에서 기존에 포지션된 상품과 서비스는 시장 내에서 강력한 위치를 확

고히 한다. 구매력이 강화되고 지속적으로 변화되고 있는 소비자들의 욕구와 필요를 충족시키기 위해 혁신적인 상품과 서비스를 제공하기 위해 노력하기 때문이다.

서비스 기업은 그 품질을 평가하는 것을 표준화하기 어렵고 주관적인 평가가 높기 때문에 경쟁기업에서 제공하기 어렵거나 제공하고 있지 않은 차별적인 것을 개발하는 것이 중요하다. 서비스 포지셔닝은 특정 기업의 현재 위치와 향후 지향해야 할 위치 그리고 이러한 위치 이동을 성공시키기 위해 주력해야 할 상품과 서비스를 찾는 것이 유용한 전략적인 도구가 된다.

③ 서비스의 시장 세분화

서비스 제공 수준은 기업마다 각기 다르고 고객은 시간이 경과함에 따라 어느 기업이 어느 수준의 서비스를 제공하는지 파악할 수 있다. 따라서 지속적으로 수행되는 핵심적인 서비스 또는 보충적 서비스를 원하는 고객들은 이러한 서비스를 제공하는 업체를 이용할 것이고, 저가에 관심이 많은 고객들은 저가의 서비스를 제공하는 업체를 이용하게 된다. 즉, 서비스 제공자는 서비스 수준면에서 고객의 마음 속에서 잊혀지지 않도록 포지셔닝해야 하는 것이다.

서비스 제공 수준에서 유의할 점은 서비스 품질과 우수성, 고객 지향과 같은 용어 때문에 모든 세분시장이 최고 수준의 서비스를 원한다고 보아서는 안 된다. 결국 서비스 마케터는 각 세분시장이 기대하는 서비스의 유형과 수준을 결정해야 한다.

Case Study 호텔시설 및 서비스 수준에 따른 시장 세분화

현재 수많은 기업들이 제품 및 서비스 판매 분야에서 특정 목표시장을 선점하기 위한 마케팅 수단으로 시장 세분화 전략을 활용하고 있다. 물론 호텔업도 예외는 아니다. 호텔상품의 시장 세분화란, 이질적인 기호와 지불의사 욕구를 지닌 잠재고객군을 공통적 특징에 따라 동질의 하위시장으로 그룹핑(grouping) 하는 과정이다.

현대산업 서비스 경영

이때 분류 기준으로는 가격, 객실규모, 부대시설 제공범위, 서비스 수준에 따라 풀 서비스 호텔(full service)과 제한된 서비스 호텔(selected service)로 구분할 수 있다. 우선 풀 서비스 호텔은 글로벌 대도시 중심부와 유명 관광지에 입지한 연면적 2만평 내외의 대규모 호텔이다.

5성급 호텔에 준하는 초호화 객실은 물론이고, 최고급 F&B, 면세점, 연회장, 회의장, 멤버십 전용 피트니스 및 수영장 등 고객이 기대하는 수준 이상의 다양한 부대시설을 제공한다. 주로 High-end user, 고위간부(VVIP), MICE 관광객 등 최상류층을 대상으로 하며, Luxury(최상급), Deluxe(상급)류의 특1, 2급 호텔이 이에 해당된다. 대표적인 사례로는 Marriott, Four Season, Park Hyatt, Grand Hilton, Sheraton, Conrad 등 인터내셔널(International) 브랜드가 있다.

이에 반해 제한된 서비스 호텔은 비즈니스 중심지와 산업단지 보유도시에 인접한 연면적 1만평 미만의 중·소규모 호텔이다. 대로변에 접하여 가시성이 좋아야 하지만, 높은 토지대로는 수익성 확보가 어렵기 때문에 이면부 입지를 선호한다.

호텔시설 및 서비스 수준에 따른 시장 세분화

Segment	Class	Brand	Location	Area	Room	Additional Facilities	Target
Luxury	5성급	파크하얏트, 콘래드, 포시즌	Global 비즈니스 중심지, 쇼핑메카/한류관광지	2만평 이상	15평 이상	최고급 F&B 수영장 & 피트니스(M), 면세점, 웨딩홀, 컨벤션, 연회장	고위간부, 임직원, VVIP(최상류층) High-end user
Deluxe	4성급	인터콘티넨탈, 웨스턴조선, 신라호텔	국가별 대도시 중심지, 도심전면	1~2만평	10~15평	다수의 F&B, 스파 & 피트니스, 컨벤션, 연회장	Local High-end, VIP, MICE
Upper-mid	3성급	코트야드, 롯데시티, 신라스테이	비즈니스 중심지/관광지, 지방대도시 중심지, 도심전면, 이면부	5~7 천평	8~10평	소수의 F&B, 연회장 & 피트니스, 소규모 회의실, 비즈니스 센터	비즈니스, Tourist, 개인관광(FIT), 단체관광객(기업), MICE
Midscale	2성급	베스트웨스턴, 라마다, 머큐어		3~5 천평	6~8평		
Economy	1성급	이비스, 토요코인(일본), 홈인(중국), 베니키아(한국), 기타	지방중소도시 중심지, 주요 산업단지 보유도시, 이면부 활용가능	3 천평	4~6평	조식 Lounge, 소규모 회의실, 인터넷 존(zone), 코인세탁룸, 편의점	비즈니스(저가), 단체관광객(저가), Extendd stay, 내국인(가족, 친구)

자료: Business Hotel Developer(2013)

기본적으로 5평 미만의 객실과 조식이 가능한 F&B, 간단한 사무작업을 볼 수 있는 비즈니스 코너, 편의점, 코인 세탁룸 등 최소한의 부대시설을 유지함으로써, 비교적 동선구조 및 공간구성이 간결한 특성을 지니고 있다.

주로 비즈니스 출장객, 개인 FIT, 인바운드 단체, 장기 체류자 등 중저가 여행객을 대상으로 하는 Upper-mid(중상급), Midscale(중급), Economy(저급)류의 호텔이다.

제한된 서비스를 채택하고 있는 사례로는 Best Western, Ramada Inn, Ibis, Days Inn, Super 8, Hotel Formule 1, Home Inn, Toyoko Inn, Benikea 등 로컬(local) 브랜드가 있으며, 대표적으로 중저가 비즈니스 호텔이 바로 이 범주에 해당된다.

실제로 중저가 비즈니스 호텔은 특급호텔보다 저렴하며, 모텔보다는 편리하고 안락하길 바라는 소비자의 니즈에서 나온 대표적인 칩시크(Cheap Chic) 상품이다.

즉, 고급시장에서의 특급호텔과 저가시장인 숙박업소(여관, 모텔) 사이의 새로운 틈새상품인 것이다. 이는 고급과 저가시장으로 양분화되어 가던 기존시장에 합리적인 가격과 쾌적한 환경제공을 강점으로, 중간영역인 중저가 시장에 포지셔닝(positioning)함으로써 대중화 반열에 올라섰다.

더욱이 반복되는 불황과 낮은 경제 성장률은 비즈니스 호텔이 성장할 수 있는 원동력이 되고 있으며, 선택권 확대로 인한 고객층이 많아지면서 기존시장을 빠르게 잠식하고 있다.

이로 인하여, 국내 호텔시장은 크게 고급호텔(5~7성급), 일반특급호텔(4성급, 부티크 호텔), 비즈니스호텔(1~3등급) 등으로 재편되고 있다. 이중 고급호텔 시장은 표준객실 면적 34.0~48.0m², 부대시설 7~10개로 크고 다양한 반면, 비즈니스호텔 시장은 객실면적 12.2~29.7m², 부대시설 3~5개로 양과 질적인 측면에서 수준 차이가 드러났다.

대체로 1급 이하보다는 특1, 2급에 가까울수록 객실규모가 증가하고 부대시설의 서비스 수준이 높아져, 가격 또한 고가에 근접함을 알 수 있다. 이러한 사실은 호텔시장 포지셔닝을 위한 분류 기준으로 객실규모와 부대시설 수준 그리고 가격 등이 중요한 요인이 될 수 있음을 보여준다.

이처럼 글로벌 체인기업의 경쟁 브랜드와의 비교를 통한 포지셔닝 맵은 하위시장별 세부 특성을 파악하고, 현 비즈니스호텔의 위치를 파악하는 데 유용한 자료가 되고 있다.

(자료: Hotel & Restaurant 2014. 3월호)

4 서비스 포지셔닝 방법

1) 서비스 포지셔닝 요소

서비스는 서비스 속성, 용도, 가격대 품질, 서비스 등급, 서비스 이용자, 경쟁자 등의 6가지 요소에 의해 포지셔닝된다.

① 서비스 속성 : 가장 서비스를 잘하는 것의 관점에서의 포지셔닝이며, 다른 업체와 차별화된 서비스 속성으로 포지셔닝하는 것이 가장 일반적인 방법이다.

예를 들어, 도미노 피자는 주문 후 30분 내에 배달되지 않으면 공짜라는 서비스를 포지셔닝하면서 신속한 배달의 서비스 속성을 강조하였다.

② 서비스 용도 : 서비스를 제공하는 궁극적인 용도가 무엇인지를 강조하여 포지셔닝하는 방법이다.

③ 가격대 품질 : 최고의 품질로 서비스를 포지셔닝하거나 가장 저렴한 가격으로 포지셔닝하는 방법이다. 전형적인 사례로서 호텔의 경우를 살펴보면, 호텔은 여러 종류의 객실과 가격대로 구별할 수 있다. 또한 객실의 등급과 가격에 따라 제공되는 오락시설(amenity)과 서비스에 많은 차이를 두게 된다. 이에 따라 서비스 수준과 가격이 결정된다.

④ 서비스 등급 : 이는 서비스 등급이 높기 때문에 높은 가격을 매길 수 있다는 측면을 강조하는 방법이다. 우리나라에는 5등급의 호텔을 구분하고 있는데, 각 등급에 따라 서비스와 가격을 달리하여 제공하게 된다.

⑤ 서비스 이용자 : 서비스를 이용하는 고객들의 특성에 따라서 서비스를 포지셔닝하는 방법이다.

　　예 비즈니스맨 전용 호텔, 여성 전용 사우나, 신용카드사의 프리미엄 카드, 백화점의 여성 전용 주차장

⑥ 경쟁자 : 경쟁자와 비교해 자사의 서비스가 더 나은 점이나 차별화된 점을 부각시켜 포지셔닝하는 방법이다. 미국의 렌터카 회사인 AVIS는 현실적으로 Hertz가 업계 1위의 렌터카 회사임을 솔직히 인정하는 대신 "We're No.2"라는 슬로건을 내걸고 업계 2위임을 인정하면서 1위가 되기 위해 Hertz보다 훨씬 더 열심히 노력하겠다는 콘셉트를 개발하여 성공적으로 포지셔닝하였다.

2) 서비스 품질 차원에 의한 포지셔닝

① 신뢰성(Reliability) : 서비스 품질에 대한 보장과 직원들의 행동, 응대방법 등 모든 것이 서비스에 대한 신뢰를 느끼는 요소들이다. 특히, 금융이나 텔레커뮤니케이션, 항공 등의 기업들은 신뢰성이 무엇보다도 당연하고 안전한 요소로 인식된다.

② 응답성(Responsiveness) : 어떤 서비스 기업의 경우 "우리는 매순간 신속하게 고객

을 도울 준비가 되어 있습니다."라는 슬로건을 내걸고 있다. 이는 언제 어디서나 고객이 원하는 곳을 찾아가는 서비스가 서비스 기업의 모토(motto)가 되어 가고 있다.

③ 확신성(Assurance) : 확신성은 서비스 제공에 있어서 신뢰와 보증이 중요한 업종에 포지셔닝할 때 더욱 효과적이다. 즉, 보험이나 건강 관련 서비스 업종에서는 가장 필수적인 요소가 아닐 수 없다.

④ 공감성(Empathy) : 고객의 개별적 욕구에 관심을 두는 공감성은 주로 여행사나 항공사 등에서 포지셔닝을 많이 하고 있는 요소이다. 즉, 고객과의 친밀한 모습을 담아 공감성을 유도하는 방법을 쓰는 것이 예이다.

⑤ 유형성(Tangibles) : 유형성은 좀처럼 할인 정책을 쓰지 않는 서비스 업종에서 유용하다. 특히 리조트, 호텔, 레스토랑, 소매업체 등에서 포지셔닝할 때 이용하는데 다양한 부분에서의 부대 서비스를 제공함으로써 서비스의 유형성을 높여줄 수 있다.

3) 서비스 증거에 의한 포지셔닝

서비스 증거(Service evidence)는 사람(people), 물리적 증거(physical evidence), 프로세스(process)로 분류하게 되는데, 보통 서비스는 무형적이기 때문에 이를 유형화시키는 것이 서비스의 포지션을 창조하고 강화하는 데 매우 중요한 역할을 할 수 있다.

① 사람(people) : 서비스 접점에서의 종사원들과 서비스 업장 내에 있는 다른 고객들을 의미한다. 이들이 어떻게 보이고 어떻게 행동하는가는 고객의 인식에 영향을 미친다. 대부분의 서비스 업종에서는 종사원의 복장에 신뢰성과 일관성을 주어 포지셔닝에 활용하기도 한다. 서비스 포지션을 형성하는 데 있어 유니폼에 의해서도 커뮤니케이션의 역할을 수행한다고 할 수 있다.

② 물리적 증거(physical evidence) : 일반적으로 물리적 증거는 어떤 이미지로 포지셔닝을 한다기보다는 서비스에 대한 이미지를 더 공고하게 해주는 역할을 한다. 중요한 것은 물리적 증거들(광고, 명함, 가격, 서비스가 전달되는 물리적 환경 그리고 보증 등)의 모든 유형적인 커뮤니케이션은 고객의 마음에 각인될 수 있도록 일관성을

현대산업 서비스 경영

가져야 한다.

③ 프로세스(process) : 프로세스는 서비스 활동의 흐름, 프로세스 단계, 프로세스의 유연성을 말하며, 서비스 프로세스는 복잡성과 다양성이라는 2가지 차원으로 정의될 수 있다. 즉, 서비스 업장에 들어서서 서비스를 받고 가격을 지불하고 고객이 나갈 때까지의 모든 프로세스에서 적절하게 복잡성과 다양성을 이용하게 된다.

5 포지셔닝 맵

포지셔닝 맵은 서비스에 대한 소비자의 지각도(perceptual map)로서 서비스의 속성에 대해 경쟁 서비스와 비교해서 두 가지의 주요한 구매기준을 놓고 비교했을 때 소비자가 어떻게 인식하고 있는가를 나타낸 심리적인 좌표이다.

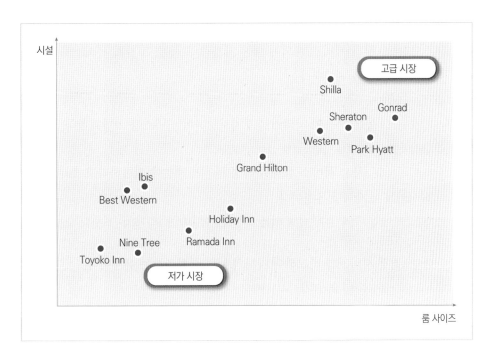

🎐 그림 13-4　호텔 포지셔닝 맵

403

상세하게 포지셔닝 맵을 작성함으로써 자사 서비스의 위치뿐만 아니라 각 하위 세분시장별 위치까지도 규명할 수 있다.

제품이나 서비스는 소비자에게 가장 중요하다고 생각되는 두 가지 속성을 이용한 이 차원 포지셔닝 맵이 사용된다. 이에 사용되는 속성은 주로 객관성을 가지고 있는 속성(주차 공간, 객실, 연회장 등) 그리고 주관적인 속성(서비스, 친절, 친밀도 등)이 있다.

6 포지셔닝 전략의 유형

일반적인 서비스 포지셔닝의 유형은 서비스의 속성, 용도, 품질, 등급, 사용자 그리고 경쟁자로 구분하게 된다.

① 서비스 속성 : 서비스 기업의 장점에 초점을 맞추게 된다.

　예 철분강화우유, 소화 잘되는 우유, 저지방/ 무지방 우유 등

② 서비스 용도 : 서비스의 사용 및 적용에 맞추게 된다.

　예 패밀리 레스토랑 – 가족 모임

③ 가격대 품질 : 부가 서비스 제외에 의한 저가격, 고품질, 고가격 서비스로 차별화된 가격과 품질을 제공한다.

　예 항공기 좌석의 Economy – Business class – First class

④ 서비스 등급 : 높은 등급의 서비스로 포지셔닝하여 서비스를 차별화한다.

　예 5성급 호텔 – 4성급 호텔 – 3성급 호텔 – 2성급 호텔 등

⑤ 서비스 사용자 : 자사 서비스 상품이 특정 사용자 계층에 적합하다고 소비자에게 인식시키는 포지셔닝 유형이다.

　예 패밀리 레스토랑 – 가족, 친구, 연인에 적합한 식사장소로 인식시키게 된다. 하지만 비즈니스 모임에는 적합하지는 않음을 인지하게 된다.

⑥ 경쟁자 : 경쟁 서비스와 비교하여 자사의 편익을 강조하는 유형이다.

　예 비교 광고 – 후발주자가 유리(펩시 – 코크/ 헤지스 – 빈폴)

이에 더하여 서비스 기업은 소비자, 경쟁적, 리포지셔닝의 전략 등을 추가하여 다양한 포지셔닝 전략을 전개할 필요가 있다. 그 내용은 다음과 같다.

1) 소비자 포지셔닝 전략(consumer positioning strategy)

소비자 포지셔닝 전략은 제품과 혜택을 직접적으로 연관시켜서 시장우위를 확보하기 위한 전략이다. 소비자는 서비스 구매시 다양한 속성들의 차별적 인식을 기초로 각 선택 대안들을 평가하고 선택하게 된다.

2) 경쟁적 포지셔닝 전략(competitive positioning strategy)

경쟁을 준거점으로 소비자 마음속에 경쟁제품과 상이한 제품광고에서 경쟁자를 지명함으로써, 소비자가 자사와 경쟁기업의 제품을 비교해 자사의 제품이 경쟁기업의 대안이 될 수 있다는 것을 암시하게 된다. 이로 인하여 소비자들의 마음속에 자사의 제품을 자리매김하는 것이다.

3) 리포지셔닝 전략(repositioning strategy)

리포지셔닝 전략은 기존의 포지션이 성공적이지 못하거나 최상의 위치를 점유하지 못했을 때, 기존의 포지션에 경쟁기업이 너무 많거나 강력한 경쟁자가 있을 때 시장의 새로운 기회를 발견하게 되면 수행하게 된다.

7 서비스 기업의 물리적 환경

1 물리적 환경의 개념

물리적 환경은 서비스 기업의 무형적 상품을 유형화시키는 유형적 단서로서, 서비스 상품을 차별화시키는 마케팅 도구로서 이해되고 있다. 서비스는 무형성이 강하기 때문에 소비자들은 구매 전 서비스를 인지하거나 구매 후 만족을 평가할 때 가시적인 물리적 환경에 의존하는 경우가 많다.

물리적 환경은 고객의 구매, 서비스 경험 등에 대한 만족에 잠재적으로 영향을 미

치게 되는 외부적인 건물의 외형, 내부 인테리어, 밝기, 향기, 온도, 공간 등과 같은 요인으로 때로는 제품 그 자체보다 구매결정과 태도 및 이미지 형성에 직접적인 영향을 미치게 되는 요소이다.

서비스는 무형적이고 보통 구매 전에 사용이 불가능하므로 소비자는 서비스 구매 시 자신이 받을 서비스가 무엇인지에 대해 알 수 있는 유형적 단서를 찾게 되는데 이 중 소비자가 자신이 받을 서비스의 수준에 대해 그 내용을 추론함에 있어 아주 중요한 역할을 수행하는 것이 바로 물리적 환경이다.

물리적 환경은 외부 환경과 내부 환경으로 나누게 되는데, 외부의 물리적 환경은 신규고객을 끌어들이기 위해서 중요하며, 시설의 외형이나 주변 환경 등의 외부 환경은 서비스 기업의 차별화된 이미지를 확립하는 데 결정적인 역할을 하게 된다.

내부 환경은 내부 벽의 색상이나 장식 의자, 책상 등의 가구, 서비스 생산에 필요한 시설물 등으로 구성된다. 이와 같이 물리적 환경은 고객과 종사원의 만족과 생산성에 직결되기도 한다.

무형적인 특성을 가지고 있는 서비스는 소비자들이 서비스를 구매하기 전 구매선택을 하게 되거나 구매 후 만족을 평가할 때 가시적인 물리적 환경에 의해 이루어지는 경우가 많다. 따라서 소비자들에게 유형적인 단서를 최대한 제공하여 서비스 구매에 대한 불안감을 해소시켜야 하며, 소비자의 요구에 적절한 물리적 환경을 제공함으로써 구매 후 평가에 좋은 영향을 미칠 수 있도록 유도하는 것이 중요하다.

물리적 환경은 서비스가 창출되고, 기업과 소비자 사이에 상호작용이 발생하는 물적 서비스 환경을 지칭하며, 서비스 수행 또는 소비를 용이하게 하는 유형재라고 할 수 있기 때문에 이를 반영하여 효율적인 물리적 환경을 만들어 제공하는 것이 중요하다고 할 수 있다.

서비스 기업에서의 물리적 환경은 고객의 서비스 지각과 만족, 평가에 많은 영향을 미치기 때문에 기업의 입장에서 중요한 전략이라고 할 수 있다.

❷ 물리적 환경의 중요성

물리적 환경은 소비자들의 구매를 증가시키는 디자인의 노력이고, 구매결정에 가장 많은 영향을 미치게 하는 중요한 요소라고 할 수 있다.

서비스를 구매하는 소비자는 기업의 환경 내에서 서비스를 소비하기 때문에 서비스 기업의 물리적 환경은 매우 중요한 영향력을 가지고 있다. 즉, 서비스의 물리적 환경은 서비스나 품질에 대한 정보적 단서를 제공해 주는 커뮤니케이션의 역할을 하게 되어 소비자의 이해와 의사결정을 하는 데 중요한 역할을 하고 있다.

서비스는 서비스 접점에 의해 특징지어지기 때문에 판매가 이루어지는 현장에서 독특한 물리적 환경 연출을 통해, 소비자에게 긍정적 감정에 소구하는 것은 소비자의 구매경험을 즐겁게 하여 긍정적 행동결과에 영향을 미치게 하는 것이다.

서비스 기업의 소비자들은 구매 전에 그 기업의 능력과 질을 시사해주는 단서를 탐색하게 되는데, 물리적 환경이 그러한 단서를 많이 가지고 있으며 기업의 이미지나 목적을 알려주는 수단이 되기도 한다.

서비스의 물리적 환경 내에 있는 여러 가지 요소들인 분위기, 향기, 인테리어 등으로 인하여 고객의 감성을 자극하는 데 충분한 도움을 제공하게 되어 소비자는 상품 자체보다는 물리적 환경에 의해 구매결정을 하는 데 더 큰 영향을 미치게 되기도 한다.

③ 물리적 환경의 구성요소

서비스의 물리적 환경은 종사원과 소비자의 행위를 강화하기 위해서 서비스 제공자가 설계하고 통제할 수 있도록 구체적이고 유형적인 요인들로 구성되어 있다.

구성요소는 주변 요소(ambient factor), 디자인 요소(design factor), 사회적 요소(social factor)로 구분된다.

주변 요소는 조명이나 실내온도 등으로 즉각적으로 인지할 수 없는 배경적 조건으로서 부족하거나 불쾌한 경우에만 주의를 끄는 것이다. 이러한 요소는 당연히 갖추어야 할 필수적인 요소로 간주되어지기 때문에 소비자는 주변 요소에 대해서는 회피하게 되는 경우가 많다.

디자인 요소는 색상, 건축미 등의 시각적 즐거움과 관련된 미적 요소와 레이아웃, 안정성 등으로, 주변 요소에 비해 소비자가 분명히 인지할 수 있는 가시적 요소로 이

루어진다. 서비스에 대한 긍정적인 시각을 형성하고 서비스 물리적 환경에의 접근 행동을 자극할 수 있으며 주변 요소에 비해 보다 큰 영향력을 가지게 된다.

사회적 요소는 물리적 환경의 인적 구성요소인 소비자와 판매 종사원을 의미한다. 다시 말하면 소비자와 관련된 현상은 점포 내부의 혼잡도 수준과 다른 소비자들로부터 기인하는 소란함 및 방해 등이며, 판매원과 종사원에 관련하여 숫자, 외모 그리고 행동 등이 포함된다. 그들의 행동은 물리적 환경에의 고객 접근 행동이나 회피 행동을 유도할 수 있다.

물리적 환경은 환경 내에서 활동하는 사람의 성과를 돕는 역할로서 편의를 제공하게 된다. 특히 점포의 입지, 교통 접근성, 주차장, 부대시설 등의 편리한 이용은 소비자들에게 더욱 호의적인 태도를 형성하게 한다.

온도, 조명, 인테리어, 디자인, 시설 배치 등 서비스의 시설은 방문고객의 체류시간, 연장과 재방문의사에 직접적인 영향을 미치게 되는 요인들이다.

8 고객 관점의 서비스 상품개발

1 고객관점

고객관점(customer orientation)이란 서비스 기업이 상품이나 서비스를 개발할 때 상품이나 서비스를 기획하고 개발해서 고객이 사용하기 좋고 편리하게 제공하는 것을 말한다. 서비스 상품이 고객의 선택을 받지 못하고 빠른 시간 내에 시장에서 퇴출되는 이유는 기업이나 경쟁자를 고려한 관점에서 상품이나 서비스를 개발하기 때문이다. 하지만 철저하게 고객의 입장에서 생각하고 연구하고 개발하는 서비스 상품은 절대로 고객의 외면을 받지 않는다.

실제적으로 삼성전자 스마트 폰의 갤럭시 S6의 경우 고객의 관점을 고려하지 않고 제품을 만들었기 때문에 실패하였다. 이유는 갤럭시 S5에서는 방수와 방진 기능으로 많은 인기를 얻었으나 갤럭시 S6에서는 이러한 기능을 모두 빼면서 소비자들에게서 철저하게 외면을 받아 실패하였다. 이후 갤럭시 S7에는 방수, 방진 기능은 물론 카메라의 선명도, 배터리 수명의 연장 등 고객들의 불평과 불만 사항들을 전격적으로 수용하여 적용시킴으로써 한국은 물론 세계시장에서도 대성공을 거두게 되었다.

이러한 성공 뒤에는 적극적으로 고객의 소리를 청취하였고 이를 새로운 제품에 다시 적용하였다는 것이다. 소비자의 진심어린 충고와 쓴 소리는 기업에 성공을 보장해 줄 수 있는 핵심요소라 할 수 있다.

고객을 무시하고 고객의 진정한 의견을 반영하지 않는 기업은 결코 고객의 선택을 받을 수 없다는 것을 깨달아야 한다.

② 고객의 기대를 넘어서야 한다.

지금의 고객은 옛날처럼 호락호락한 고객이 아니다. 고등교육을 받았으며 국내뿐만 아니라 해외의 최고급 서비스를 경험한 고객들이 넘쳐날 정도로 많고 영리하다.

서비스를 제공하는 기업들은 이러한 점을 고려하여 서비스를 개발해야 한다. 또한 서비스를 개발할 때는 고객이 원하는 서비스에 맞춰서 하기 보다는 항상 고객이 기대하지 못했던 서비스 제공과 고객 기대 이상의 서비스를 제공해야 한다.

고객이 바라는 서비스는 거창하고 화려한 서비스를 원하는 것이 아니다. 사소하지만 정(情)이 있고 고객을 배려하는 말 한마디, 밝은 미소 그리고 사소한 행동 하나에 만족하고 감동하는 서비스를 원하고 있다.

③ 서비스 상품은 독특하고 창의적이어야 한다.

서비스 상품은 특허로서 보호받을 수 있는 유형적인 것이 아니기 때문에 경쟁기업에서 제공하지 못하는 차별화되는 서비스를 제공하여야 한다.

자사의 서비스 종사원만이 가지고 있는 역량, 스킬, 서비스 제공 방법 등을 가지고 있어야 한다. 서비스 상품의 개발은 무궁무진하기 때문에 자사만이 제공할 수 있는 독특한 서비스와 창의적인 서비스를 개발해야 한다. 고객은 결코 배반하지 않는다.

CHAPTER **14**

환대산업의
4차산업 혁명

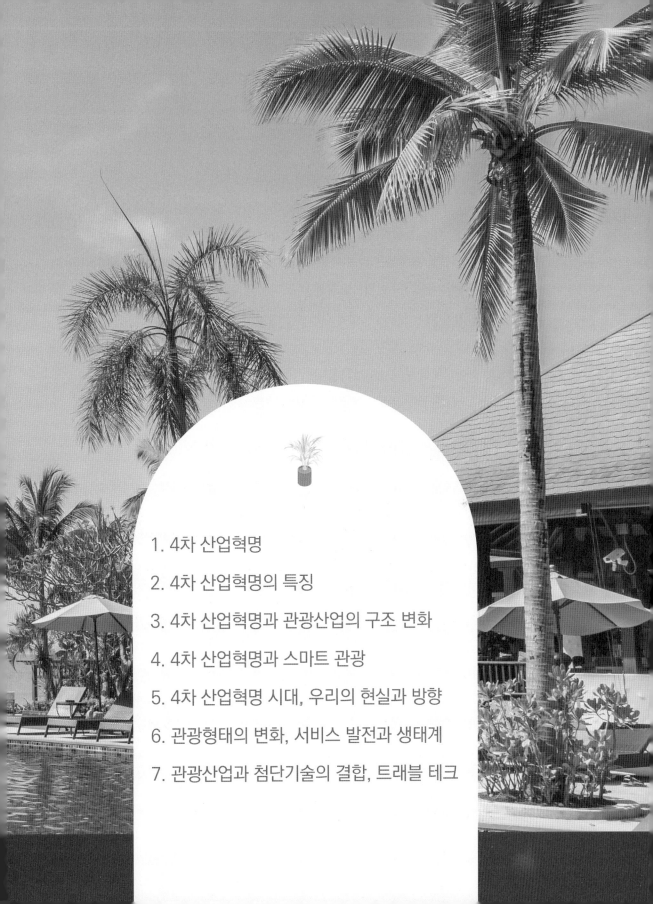

4차 산업혁명은 초연결과 초지능 특징을 갖으며 기존 산업혁명에 비해 더 광범위한 여향력을 끼치고 있다. ICT가 기존 산업과 서비스에 융합되어 모든 제품과 서비스를 네트워크로 연결하는 것이 가능해졌으며, 이는 지능화된 단계로서 컴퓨터와 인터넷으로 대표되는 3차 산업혁명에서 한 단계 진화하였다.

4차 산업혁명의 핵심인 ICT에 대한 의존도가 높아지면서 이에 따라 산업구조와 비즈니스 운영방식이 변화하고 있다.

4차 산업혁명의 키워드인 ICT를 좀 더 자세히 들여다보면 지능과 정보가 융합된 '지능정보기술'이 핵심이다. 예를 들어 AI와 같은 지능형 기술과 빅데이터, IoT, 클라우드를 기반으로 한 정보가 결합되어 진화된 기술을 의미하는 것이다. 이러한 이유로 4차 산업혁명을 제2차 정보혁명이라 부르기도 한다.

4차 산업혁명에 대한 준비로 각계가 분주하다. 세계경제포럼에서 클라우스 슈밥이 4차 산업혁명 시대의 도래를 선언한 이후, 이 화두는 국제사회의 핵심주제로 자리 잡으면서 산업 및 경제 분야를 중심으로 급속도로 확산되고 있다.

4차 산업혁명은 미래사회에서 소셜 미디어와 사물인터넷이 인류의 일상을 모니터링하게 되며, 이로 인하여 빅 데이터와 인공지능 중심의 새로운 시대가 오게 될 것이라는 주장이다. 속도와 범위, 시스템에 미치는 파급력 면에서 혁명적인 변화가 이루어질 것으로 전망된다. 반면 4차 산업혁명에 대한 비판적인 입장도 존재한다. 컴퓨터 및 인터넷 기반의 3차 산업혁명과 비교했을 때 경계가 모호하며 실체가 불분명하다는 시각이다. 기존의 산업혁명은 혁신적인 변화의 과정을 경험한 후에 명명되었으나, 4차 산업혁명은 기술변화의 진화 현상을 선제적으로 정의하고 있는 상황에서 발생하는 혼란일 수도 있다. 분명한 것은 미래사회에 예견되고 있는 기술변화가 우리의 일상뿐만 아니라 사회, 경제 전반에 걸쳐서 혁신적인 변화를 가져올 것이라는 점이다.

2 4차 산업혁명의 특징

산업혁명의 발전 단계를 기준으로 보면, 증기기관으로 대표되는 1차 산업혁명과 전기를 활용하여 산업구조의 변혁을 일으킨 2차 산업혁명이 인간의 육체노동을 보완하는 데 기여 했고 3, 4차 산업혁명은 인간의 두뇌 기능을 보완하는 방향으로 진화하였다.

컴퓨터 및 인터넷 기반의 3차 산업혁명과 비교하면 4차 산업혁명의 핵심 키워드는 센서, 사물인터넷, 인공지능으로 압축된다. 특히, 4차 산업혁명의 특징은 지능화된 기계가 고도의 자동성·연결성을 바탕으로 경제 전반의 파괴적 혁신을 촉발하는 현상을 의미한다.

이를 데이터 처리 과정을 기준으로 설명하면 첫째, 센서는 소비자의 주요 정보를 디지털 정보로 전환하고, 둘째, 사물인터넷은 포착된 디지털 정보를 무선통신으로 전달한다. 셋째, 인공지능은 집계된 대량 정보를 실시간으로 분석하여 수요자의 패턴을 추출한다. 이러한 과정을 통해서 정보처리 과정에서 발생한 기존의 한계를 극복하고 활용 영역을 획기적으로 확장할 수 있게 되는 것이다. 최근에 등장한 O2O(Online to Offline: 온라인과 오프라인이 일치하는 현상)도 이를 지칭하는 개념이다.

1 4차 산업혁명의 5가지 핵심기술

1) 인공지능

인공지능은 컴퓨터가 사람처럼 생각하고 판단하고 행동하도록 만드는 기술이다.

컴퓨터는 스스로 학습을 해서 어떠한 문제에 대한 답을 스스로 찾아낼 수 있도록 프로그램을 입력하기 때문이다. 컴퓨터가 스스로 학습하는 기능을 딥러닝이라고 하는데, 컴퓨터에 수많은 데이터를 넣어주면 컴퓨터가 데이터를 스스로 분류·분석하여 어떠한 답을 도출해내는 기술이다.

2) 빅데이터

빅데이터는 수많은 데이터를 가지고 있다는 것을 말한다. 빅데이터는 3차 산업혁명의 결과로 엄청한 데이터가 있었지만, 데이터를 처리할 만한 컴퓨터 성능이 뒷받침되지 못해 무용지물이었다. 이후, 슈퍼 컴퓨터가 등장하면서 컴퓨터가 스스로 딥러닝하면서 아주 중요한 자원이 되었다. 현재의 많은 기업이나 공공기관 등이 빅데이터를 마케팅에 활용하여 고객들을 분석하기도 한다. 또한 공공기관 역시 빅데이터를 활용하여 다양한 정책 등을 만들기도 한다.

3) 사물인터넷

사물인터넷은 영어로 Internet of Things(IoT)로 표시하고 있다. 예전에는 인터넷이 사람과 사람을 연결해 주었는데 사람과 사물을 연결해주는 기술로 확장된 것이 사물인터넷이다. 스마트폰에서 집안의 가전기기들을 제어할 수 있는 기술은 대표적인 사물인터넷 사용의 예라고 할 수 있다. 앞으로는 기술의 발전에 따라 다양한 사물인터넷으로 사용할 수 있을 것이다.

4) 융합기술

융합기술은 서로 다른 분야의 기술이나 정보가 융합되는 것을 말한다. 과거에는 기술과 기술을 단순한 융합이었다면, 지금은 기술, 정보, 인간이 융합뿐만 아니라 현실과 가상의 융합도 이루어지고 있다. 예를 들면, 의학계에서 나노기술을 이용하여 인체를 치료하는데 기술을 접목시키는 것 등이다.

5) 블록체인

블록체인은 공공거래장부로도 일컬어 진다. 블록체인이 적용된 것이 비트코인이다. 비트코인은 지폐와 달리 컴퓨터에 데이터로만 존재하는 전자화폐, 가상화폐이다.

컴퓨터상의 거래장부에 거래내역을 적은 후에 거래정보를 공유하는 것이다. 이렇게 주고받는 거래정보를 블록이라고 한다. 따라서 블록과 블록들이 체인처럼 연결되기 때문에 블록체인이라 한다. 블록체인은 모든 사용자 간의 거래정보를 공유하기 때문에 정보를 숨겨둘 필요가 없어서 정보 보호를 위한 경비를 지출할 필요가 없기 때문에 많은 나라에서 도입하고 있다.

3 4차 산업혁명과 관광산업의 구조 변화

4차 산업혁명의 핵심이 센서, 사물인터넷, 인공지능을 기반으로 한 기술변화라는 점에서 관광산업에 미칠 파급력은 어느 분야보다 클 것으로 전망된다. 이미 관광산업의 영역에서 4차 산업혁명은 현재진행형이라고 해도 과언이 아닐 정도로, 최근 진행되는 기술변화의 속도는 놀라울 정도이다. 관광 분야에서 이루어지고 있는 주요 변화는 플랫폼 경제, 사물인터넷, 빅 데이터, 자동화를 꼽을 수 있는데 이와 관련한 사례는 다음과 같다.

첫째, 플랫폼 경제를 기반으로 한 변화이다.

대표적인 사례가 2008년 8월에 시작된 세계 최대의 숙박 공유 서비스인 '에어비앤비'를 비롯한 교통서비스 '우버', 세계적인 여행사이트인 '트립 어드바이저' 등이다. 대표적인 플랫폼 기업에 해당하는 이들은 자동성과 연결성을 기반으로 비즈니스 모델을 확장하고 있다. 예를 들면, 미국의 전문 IT 기업은 '에어비앤비'와 같은 숙박 공유 업체를 위한 '호스트봇(Hostbot)'을 개발했다. 이는 집주인이 앱을 다운로드하고 손님들로부터 가장 자주 받는 질문에 대한 답변을 미리 설정해놓으면 챗봇(chatbot·채팅로봇)이 숙박객의 질문에 자동 답변을 제공하는 시스템이다. 또 다른 사례로 세계 최대의 여행 리뷰 사이트인 '트립 어드바이저'는 중국의 최대 차량공유 서비스 '디디추싱'과 파트너십을 체결하고 향후 호텔+차량, 관광지+차량 서비스로 영역을 확장할 계획이다. 트립 어드바이저 앱에서는 디디추싱 등록 차량을 호출하고, 디디추싱 앱에서는 트립 어드바이저가 제공한 목적지 정보 검색이 가능하도록 기능을 보완할

방침이다. 유명 관광지와 호텔 등에 디디추싱 전용 정류장인 '디디 스테이션'도 세울 계획이다. 이처럼 플랫폼 경제를 기반으로 한 기업 간 업무제휴가 확대되면서, 관광 상품 및 서비스의 유통 구조가 혁신적으로 변화하고 있다.

둘째, 센서를 기반으로 한 사물인터넷의 도입이다.

관광객이 밀집하는 북촌 한옥마을에서 주차 문제를 해결해주는 '파킹 플렉스'는 앱을 통해 주차 공간을 서로 공유하는 시스템이다. 주차장에 설치된 센서가 주차 가능 여부를 알려주어, 주차 공간 소유자는 자신이 이용하지 않는 시간에 공간을 제공할 수 있고 사용자는 현재 위치에서 실시간으로 주차가 가능한 곳을 파악해 편하게 주차할 수 있다. 세계 최초로 상용화된 IoT 기반 주차 공간 서비스는 주차 공간 소유자와 운전자 모두 윈윈할 수 있는 사물인터넷 기반의 서비스이다.

셋째, 빅데이터를 기반으로 한 관광패턴 분석이다.

빅데이터를 통한 분석은 관광분야에서 다양한 영역으로 확장되고 있는 단계이다. 방한 인 바운드의 제1시장인 중국 관광객의 소비패턴을 파악하기 위해서 신용카드 사용 현황 분석에 빅 데이터가 활용되고 있다. 이외에도 검색 엔진의 관광 정보 검색 패턴을 분석하여 지역별, 성별, 연령별로 관광목적지에 대한 선호도를 파악할 수 있다. 관광분야에서 빅 데이터 분석은 관광패턴을 분석하는 단계이나, 주문형 경제(On-demand economy) 기반의 맞춤형 서비스를 제공하는 단계로 진화하기 위해서는 인공지능 등 다양한 기술과 융합한 방법론의 개발이 요구되고 있다.

넷째, 인공지능과 로봇을 기반으로 한 자동화이다.

이 분야는 앞에서 언급한 기술에 비해서 선도적인 변화가 진행되고 있지는 않으나, 노동시장에 미치는 영향이 크다는 점에서 대응책 마련이 필요한 이슈로 인식되고 있다. 2016년 세계경제포럼은 2020년까지 인공지능과 로봇의 영향에 의해 약 510만 개의 일자리가 감소할 것으로 예상했다. 2016년 한국고용정보원에서 실시한 조사에 따르면, 인공지능과 첨단기술 때문에 자신이 종사하는 직업에서 일자리가 줄어들 것이라고 응답한 비율은 44.7%로 나타났다. 4차 산업혁명 시대에 노동시장의 변화가 핵심적인 화두로 다뤄질 것으로 전망되는 상황에서 고용 관계의 다양성 및 유연성 확보를 위한 대책 마련이 요구된다.

환대산업이 직면한 현실은 ICT(Information and Communiation Technology)기술을 기반으로 한 글로벌 플랫폼업체들이 환대산업의 패러다임의 변화를 이끌고 있다.

구글은 검색서비스와 지도서비스, 호텔예약 서비스를 융합시켰고, 에어비엔비는 공유경제 차원의 수요자와 공급자를 연결하는 플랫폼으로 호텔기업의 경쟁력을 약화시키고 있다. 호텔산업이 위기를 극복하고 경쟁력을 확보하기 위해서는 다양한 비즈니스 모델들을 검토하고 4차 산업과 관련된 하이테크 서비스를 적극적으로 수용해야 한다.

일본의 헨나 호텔에서는 세계최초로 인공지능 로봇이 호텔종사원의 역할을 일부 담당하는 시스템으로 운영하고 있으며, 국내에서도 LG전자와 워커힐 호텔이 인공지능 및 로봇호텔의 건설에 속도를 내고 있다.

하이테크 서비스는 기술적 발전으로 인한 인적 서비스의 대체가 아닌 고객의 참여기회 확대와 커뮤니케이션 기술의 발전으로 개별 맞춤화 서비스를 제공하고 이 과정에서 인적자원의 노동력 가치를 극대화할 수 있는 효율적인 시스템을 제공하는 것이다. 그러므로 고객에게 최상의 서비스를 제공하는 호텔기업은 오히려 내부고객의 역할이 더욱 중요해지게 된다.

환대산업에 있어서 하이테크 서비스를 효율적으로 활용하기 위해서는 내부고객의 기술수용 능력을 높이고 맞춤화된 고객데이터 관리와 최적화된 서비스를 고객에게 제공할 수 있는 전략을 실행해 나가는 것이 중요하다. 따라서 기술을 바탕으로 한 고객정보 활용과 사람만이 할 수 있는 공감, 진정성 등 감성역량을 통해 고객과의 지속적 관계를 유지·발전 시켜나가기 위한 종합적인 전략수립이 필요하다.

Case Study 4차 산업혁명과 테마파크

1. 4차 산업혁명과 테마파크

4차 산업혁명이란 로봇이나 인공지능(AI)을 통해 실제와 가상이 통합돼 사물을 자동적, 지능적으로 제어할 수 있는 차세대 산업혁명을 말한다. 4차 산업의 발전속도는 점차 가속화되어 가고 있다. 다양한 산업분야에 관련 기술들이 발 빠르게 적용되고, 현재 성과가 없더라도 제반 환경이 서서히 구축되며 기존의 기술을 대체하는 과정에 있다. 테마파크에도 예외는 아니며, 그중 VR, AR을 적용한 콘텐츠의 출시가 눈에 띈다. 해외의 다양한 나라 역시 이미 기술들을 테마파크에 적용시키고 있다.

테마파크가 이러한 기술을 도입하는 데는 2가지 형태로 볼 수 있다.

첫 번째는 IOT기술을 시스템이나 이벤트에 도입하는 것이고, 다른 하나는 놀이기구 자체에 직접적으로 도입하는 것이다. 4차 산업혁명의 도입을 IOT기술과 테마파크, 4차 산업혁명의 기술을 이용한 테마파크로 국내·외 테마파크가 4차산업에 어떻게 대응하고 있는지 알아보자.

① IOT기술과 테마파크

· 에버랜드 커넥트 태그 이벤트

커넥트 태그는 위치 파악기능이 들어간 사물인터넷(IoT)제품이다. 자녀가 목걸이 형태로 몸에 지니고 있으면 부모는 스마트폰을 통해 아이의 위치를 실시간으로 파악할 수 있다. 또 여행용 가방이나 중요한 소지품에 함께 넣을 수 있어 분실위험을 줄일 수 있다. 커넥트 태그는 삼성전자가 미국 샌프란시스코에서 열린 '삼성 개발자 콘퍼런스 2017'에서 처음 선보인 제품으로, KT통신망과 GPS, WPS(와이파이 기반 위치 측위)연동해 작동하는 것이 특징 중에 하나이다.

· 디즈니랜드 매직밴드

매직밴드는 IoT기술이 적용된 디지털 팔찌로 2013년에 도입되었으며, 테마파크와 디즈니 리조트 호텔에서 일종의 여권처럼 쓰인다. 매직밴드는 무선인식(FRID)칩이 내장된 플라스틱 팔찌로써 테마파크에 입장하고, 놀이기구 탑승 시 체크인을 하며, 포토패스(Photo Pass, 테마파크 내 각종 시설에서 디즈니 직원이 찍어준 사진과 동영상을 제공하는 서비스)의 사진을 확인하고, 디즈니 리조트 호텔 객실의 키로 사용할 수도 있다. 또 디즈니는 올랜도공항에서 월트 디즈니월드까지 이동하는 교통편 '매지컬 익스프레스(Magical Expresss)'를 고객에게 무료로 제공하는데, 매직밴드를 착용한 고객은 곧바로 탑승해 이동할 수 있다. 매직밴드는 디즈니 리조트 호텔 투숙객 또는 연간회원(Annual Passholder)프로그램에 가입한 고객에게만 무료로 제공되며, 일반 테마파크 입장객에게는 제공되지 않는다.

보유한 매직밴드는 다음 방문 시에도 재사용이 가능하며, 분실한 경우에는 고객센터에서 즉시 비활성화 시킬 수 있다. 매직밴드의 가장 중요한 특징 중 하나는 디즈니 리조트 호텔 투숙객의 경우 매직밴드에 신용카드를 연동해 테마파크와 호텔에서 간편하게 결제를 할 수 있다는 점이다. 또한 동반자

중 한 사람에게 결재가 취합하도록 하거나 자녀의 결재를 제한하거나 보안강화를 위해 비밀번호를
등록해 이용할 수도 있다.

이러한 테마파크의 IoT기술은 고객 전체의 동선을 추적해 고객들이 어느 공간을 주로 방문하고 얼마
나 머무는지 등의 트래픽 데이터를 수집하고 이를 비즈니스 개선에 활용할 수 있다는 점에서 큰 유용
성을 가진다고 할 수 있다. 특히 특정 장소를 방문한 고객에게 맞춤 정보나 프로모션을 제공하거나,
대기시간이 길 경우 효과적으로 고객을 분산시킬 수 있는 방법을 찾고, 신규 시설물 배치 및 마케팅·
프로모션 계획 수립에도 활용할 수 있다는 장점을 가졌다.

② 4차 산업혁명의 기술을 이용한 테마파크

· 버추얼 아일랜드 미니

센텀시티 신세계백화점 '버추얼 아일랜드 미니'는 총 네 가지 VR 어트랙션을 제공한다. M2 중기관총
을 닮은d 거치형 커트롤러를 이용한 컨슈팅 게임 '랩터 헌터'와 수상스키를 즐길 수 있는 '워터 바이
크', 최대 4인까지 탑승해 광산을 탐험하는 롤러코스터 형태의 '골드 러쉬'와 VR 시네마 어트랙션인
'화이트래빗' 등을 운영중이다.

· 에버랜드

에버랜드는 SK텔레콤과 손잡고 문을 연 5세대 이
동통신 체험존 '헌티드 하우스'를 운영하며 4차 산
업 기술을 조금씩 적용하기 위해 노력하고 있다. 헌
티드 하우스는 이용객들이 가상현실(VR)고글을 끼
고 놀이기구에 앉으며, 빗자루를 타고 공중을 나는
체험, 날아오는 호박을 깨는 체험 등 7개의 체험을

영화 특수 효과와 같은 실감형 미디어 기술로 접할 수 있는 공간이다.

2017년부터 '우주관람차 VR'로 새로 단장해 오픈했다. 실제 우주관람차가 움직이지는 않지만, 이용
자는 우주관람차에 탑승한 후 기어VR을 통해 공중에서만 볼 수 있는 에버랜드의 경관을 약 3분간
체험할 수 있다.

에버랜드는 이 밖에도 4D 시뮬레이션 의자에 앉아 여러 가지 놀이기구를 탐험해 볼 수 있는 시설을
구축하겠다고 밝히며 4차 산업기술 적용에 대해 적극적인 태도를 보여주었다.

2. 식스플래그(VR 롤러코스터 경쟁적 출식)

미국의 대표적인 테마파크 기업인 식스플래그(Six
Flags)는 미국 여러 지역을 비롯해 캐나다, 멕시코,
중국, 아랍에미리트 연합 등 전 세계 20여 곳에서
테마파크를 운영하고 있다. 식스플래그는 특히 강
력한 스릴을 제공하는 롤러코스터로 유명하다.

식스플래그는 테마파크 선도기업으로서 디즈니와 마찬가지로 최신 기술 적용에 적극 나서고 있다. 식스플래그는 삼성전자와 제휴해 '삼성 기어VR'기반의 가상현실 롤러코스터 ' 더 뉴 레볼루션갤럭틱 어택(The New Revolution Attack)'을 선보인다.

이용자는 기어VR 헤드셋을 장착한 후 롤러코스터를 이용하게 된다. 롤러코스터가 출발한 초반에 이용자는 카메라를 통해 실제 주변 환경을 보게 되지만 얼마 뒤 화면이 가상현실로 바뀌기 시작하면서 거대한 소용돌이 웜홀(wormhole)을 만나게 된다. 이후 화면은 우주공간으로 바뀌고 우주선 조정석에 앉아 외계인과 전투를 하는 형태로 롤러코스터를 체험하게 된다. 3가지의 다른 체험 콘텐츠와 결말을 제공한다는 것도 흥미로운 점이다.

4 4차 산업혁명과 스마트 관광

4차 산업혁명기술은 단순히 하나의 기술로 존재하는 것이 아니다. 인공지능과 사물인터넷이 결합하여 서비스 환경에 접목되고 있고, 빅데이터와 로봇이 결합하여 맞춤화된 고객접점 서비스를 창출하고 있다.

2018년 기준 한국기업 중 11.4%가 클라우드, 빅데이터, 사물인터넷(IoT)등 4차 산업과 관련된 신기술을 개발하거나 활용하는 것으로 나타났다. 이로 인해 제조업 분야에서의 생산효율성의 증가뿐만 아니라 제조업의 서비스 기업화, 서비스 기업에서의 새로운 가치창출 등 모든 산업에서 매우 중요한 변화와 기회들이 만들어지고 있다.

인공지능 5G기술, 빅데이터, 사물인터넷, 자동화 로봇 등은 하나의 기술로서 작용하는 것이 아닌 상호 연결성을 바탕으로 모든 산업 환경을 스마트하게 변화시키고 있으며, 고객과 관련된 데이터뿐만 아니라 생산성 향상을 위해 활용할 수 있는 방대한 양의 데이터를 효과적으로 처리하고 일상생활에 적용시키고 있다.

결과적으로 초연결성, 초지능성의 특성을 가진 4차 산업과 관련된 하이테크는 물리공간과 가상공간 그리고 인간과 사물의 효율적 연결을 통해 초융합을 달성하고 각

개체와 전체가 함께 고도화되는 특징을 보여주고 있다.

서비스 혁명에서는 ICT가 중요한 역할을 수행하고 있다.

서비스와 ICT의 융합이 환대산업에 패러다임을 변화시키고 있다.

ICT는 고객정보에 대한 접근이나 고객 커뮤니케이션을 활성화시켜 서비스를 촉진하는 역할을 하면서 서비스를 확장하는 역할을 하고 있다.

ICT의 발전은 향상된 커뮤니케이션과 다양한 정보 흐름을 강화시키고 있다. 데이터의 저장공간은 저렴하면서도 확대되고 데이터의 처리 속도 또한 빨라지고 있다. 이러한 모든 요인들이 더 우수하고 개인화된 서비스를 촉진하게 되면서 고객관계를 더욱 가깝게 연결하고 있다. 이런 영향으로 개별고객의 수익성이 증가하고 서비스가 경제 내에서 차지하는 비중이 더욱 높아지게 됨으로써 서비스 혁명이 일어나고 있다.

1 관광형태의 변화

스마트 폰 기술과 보급의 획신 그리고 인터넷의 급속힌 발전으로 인하여 관광객들의 여행 형태는 개별관광이 대세가 되었다. 국내·외 관광객을 막론하고 소규모 가족 단위나 친구 또는 홀로 여행하는 비중이 지속적으로 증가하고 있다.

관광객들은 이제 여행사를 통해서 정보를 수집하지 않는다. 이는 인터넷 서비스 및 모바일의 발달로 다양한 숙박, 교통, 쇼핑 등 자신에게 맞는 여행정보를 보다 간편하게, 실시간으로 알 수 있기 때문이다. 여행을 준비하면서, 여행을 다니면서 스마트 폰을 활용해 다양한 정보를 찾고 비교하며 과거보다 현명한 선택을 할 수 있기 때문이다. 이러한 흐름에 맞춰 여행 서비스 역시 스마트 관광으로 발전하고 있다. 다양한 서비스를 하나로 연결하고, 개별관광객에게 맞는 서비스들을 원스톱으로 제공하는 체계를 갖추기 위해 정부뿐만 아니라 각 지자체에 적합한 기술들을 적용하여 관광지, 숙박, 맛집 등을 쉽게 검색하고 활용할 수 있는 앱을 개발하고 있다.

　4차 산업혁명의 도래와 스마트 도시의 등장, 글로벌 경제침체로 내수시장의 활성화가 중요해진 시점이다. 따라서 한국은 스마트 관광국가로 성장하기 위해서 스마트관광을 위한 서비스 생태계를 체계적으로 구축하고 이에 따른 플랫폼을 갖추어야 한다.

　관광객이 변화하고, 관광형태가 변하고 있다. 이런 추세에 발맞춰 관광서비스 역시 보다 똑똑하고, 창의적인 서비스가 내·외국인 관광객들에게 제공되어야 한다.

　다양하고 색다른 체험, 모바일을 통한 쉽고 간편한 결제 시스템, 주변 맛집 추천과 같은 맞춤형 서비스 등 4차 산업혁명 기술과의 융합을 통해 스마트 관광 생태계가 구축되어야 한다.

② 4차 산업혁명이 관광산업에 미치는 영향

　4차 산업혁명에는 AR(가상현실), VR(증강현실), 빅데이터 분석 그리고 AI 로봇기술 등이 있다. 4차 산업혁명이 관광산업에 미치는 영향은 다음과 같다.

　첫째, 여행을 보다 더 빠르고 편하게 할 수 있다.

　관광객은 인터넷과 모바일 폰을 이용하여 쉽게 정보를 얻을 수 있다. 가상현실을 통해, 고객은 현장방문 없이 시설을 둘러보고 예약할 수 있다.

　둘째, 인터넷 검색어나 SNS를 분석하여 고객의 니즈를 파악하는 빅데이터 분석기술이 이용될 수 있다. 또한 신용카드 이용내역을 분석하여 이벤트의 결과를 미리 알 수 있다.

　셋째, AI 로봇기술로 인해 호텔 종사자나 가이드 등 현재의 많은 업무를 대체하게 되면서, 관광산업에 있어 일자리가 감소 될 수 있다.

　4차 산업혁명 기술로 인해 다양한 변화에 대한 해결방안으로는, AI가 쉽게 대체할 수 없는 창조적인 영역을 관광분야에서 개발해야 한다. 그리고 발달된 기술을 지혜롭게 이용하게 된다면 오히려 관광산업을 발전시킬 수 있는 더 좋은 기회가 될 수 있을 것이다.

5 4차 산업혁명 시대, 우리의 현실과 방향

스위스의 유니언뱅크(UBS)가 발표한 '국가별 4차 산업혁명 적응 준비 순위'에서 한국은 조사대상 139개국 중 25위를 기록했다. 1위는 스위스, 2위는 싱가포르, 3위는 네덜란드였고, 우리나라는 아시아 국가 중에서 싱가포르(2위), 일본(12위), 대만(16위), 말레이시아(22위)보다 순위가 낮게 나타났다. 세부 항목별로는 기술 수준 23위, 교육시스템은 19위인 반면, 노동 유연성 83위로 경제 시스템 전환을 위한 유연성이 결여된 것으로 볼 수 있다.

4차 산업혁명 시대에 유연하게 대응하기 위해서는 기술 수준 측면에서 관광산업 생태계 확장 및 부가가치 제고를 위한 R&D 지원, 사물인터넷, 인공지능, 빅 데이터 기반의 관광 스타트업 및 글로벌 기업 육성을 위한 정책 프레임의 획기적인 변화가 요구된다. 또한 관광산업 노동시장의 유연성을 제고하기 위해서 4차 산업혁명으로 인한 일자리 변화가 예상되는 직종을 중심으로 신규 인력 수요와 재직자의 전직 수요에 대한 종합적인 대책이 마련될 필요가 있다. 새로운 테크놀로지가 이끌 미래를 위해 정부, 학계, 업계 모두 역량을 집중해야 할 때이다.

산업혁명의 발전 단계를 살펴보면 1차 산업혁명은 기계화였으며, 2차 산업혁명은 대량생산체제, 3차 산업혁명은 정보기술을 이용한 자동화 체제였습니다. 그리고 4차 산업혁명은 디지털 혁명으로 산업간 융합을 통해 창조된 새로운 결과물이라고 할 수 있다. 3차 산업혁명 때는 IT를 기반으로 한 지식정보의 사회로 정보확산과 무형의 지식이 빠르게 전달되고 공유되는 것이 중심이었다. 반면 4차 혁명의 주된 특징은 융합으로, 그 중심에는 정보통신기술을 활용한 사물들의 지능성(Intelligence)과 초연결성(Super connected)이 있습니다.

4차 산업혁명이 관광산업과 융합하여 어떤 변화를 이루어 내고 있을까?

관광산업은 다른 산업과의 융·복합이 용이하고 기술적으로 접목할 수 있는 여지가 넓다. 전문가들은 4차 산업혁명과 관광산업이 좋은 시너지 효과를 낼 것이라 기대한다.

　4차 산업혁명과 ICT 발달, 공유경제 등 시대적 변화에 따라 관광산업 영역은 기존의 전통적 범주에서 문화예술, 엔터테인먼트, 금융 등으로 한층 더 확대될 것이며, 신규업종도 활발하게 등장할 것이라 전망한다.

　지금까지 여행사가 관광객에게 숙박·음식·교통·체험·쇼핑 등을 매개하고 연결했지만, 앞으로는 그 자리를 플랫폼과 정보가 대신하며 VR·AR·MR을 활용한 관광안내, 숙박 리뷰 플랫폼, 소셜 다이닝 중개 플랫폼 등 신규 관광사업이 증가할 전망이다.

　4차 산업혁명의 핵심이 센서, 사물인터넷, 인공지능을 기반으로 한 기술변화라는 점에서 관광산업에 미칠 파급력은 어느 분야보다도 클 것이라 전망한다. 이미 관광산업 영역에서 4차 산업혁명은 현재진행형이라 해도 과언이 아닐 정도로 기술변화의 속도가 놀라운 수준으로 발전하고 있다.

관광형태의 변화, 서비스 발전과 생태계

❶ 4차 산업혁명시대의 관광산업 생태계

　오늘날 관광객들의 여행 형태는 개별관광이 대세이다. 단체 여행상품이 여전히 관광의 한 축을 담당하고는 있지만, 국내·외 관광객을 막론하고 소규모 가족단위 나 친구 또는 홀로 여행하는 비중이 지속적으로 증가하고 있다.

　이제 단순히 여행 정보를 제공하는 것만으로는 지속적인 성장이 어렵게 되었다.

　4차 산업혁명의 도래와 스마트 도시의 등장, 글로벌경제 침체로 내수시장의 활성화가 그 어느 때보다도 중요해진 이 시점에 한국이 스마트 관광국가로 성장하기 위해서는 스마트 관광을 위한 서비스 생태계를 체계적으로 구축하고 이에 따른 플랫폼을 갖추어야 한다.

⏱ **표 14-1**　4차 산업혁명과 관광산업의 변화

관광산업의 변화
초융합　이종 기술 및 산업 간 결합을 통해 신기술, 신시장 출현 공유경제 기반 교통, 숙박 등 개별 서비스 연계 영역에서 융합형 비즈니스 모델 등장
초지능　D&A(Data & Analytics)를 통한 관광객 패턴 변화 진단 플랫폼 연계를 통한 개별화된 맞춤형 여행 서비스 제공
초연결　사람, 사물 간의 유기적 연계를 통해 관광산업 생태계에서 플랫폼 경제가 새로운 가치 창출 기반으로 부상(에어비앤비, 우버 등) OTA(온라인 여행사)의 시장규모 확대 및 가치 성장

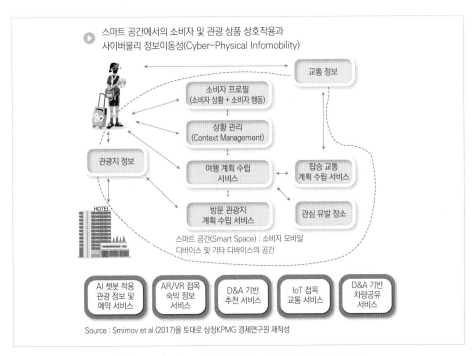

Source : Smimov et al (2017)을 토대로 삼정KPMG 경제연구원 재작성

🖥 **그림 14-1**　4차 산업혁명 시대의 관광산업 변화

　관광객이 변화하고 관광형태가 변하고 있다. 이런 추세에 발맞춰 관광 서비스 역시 보다 똑똑하고 창의적인 서비스가 내·외국인 관광객들에게 제공되어야 한다. 다양하고 색다른 체험, 모바일을 통한 쉽고 간편한 결제 시스템, 주변 맛집 추천과 같은 맞춤형 서비스 등 4차 산업혁명 기술과의 융합을 통해 스마트 관광 생태계가 구축되어야 한다.

인공지능(AI) 기반 관광산업의 미래

21C 글로벌 경제시대의 무한 성장산업에 있어, 인공지능을 기반으로 하는 4차 산업혁명이 관광산업에 미치는 영향에 관심이 모이고 있다. 특히 4차 산업혁명을 기반으로 구현되는 인공지능(AI), 사물인터넷(IoT), 정보통신기술(ICT) 등과 같은 최첨단 IT기술을 이용한 플랫폼의 변화가 관광부문과 융합해 어떻게 관광산업에 기여하며, 관광산업의 수익 창출에 얼마나 영향을 주고 있는지, 이러한 융·복합 산업이 새로운 일자리 창출과 경제효과를 가져올 것인가에 대해서도 많은 관심을 갖고 있다.

인터넷을 기반으로 한 정보통신기술은 관광부문과 융합해 공유경제를 근간으로 새로운 비즈니스인 세계 최대 숙박공유 서비스 에어비앤비를 비롯해 우버, 트립어드바이저 등을 탄생시켰듯이 이미 4차 산업혁명은 관광분야에 중요한 역할을 하고 있다. 이 모든 것은 인터넷이 없었다면 이루어지기 힘들었을 것이다.

특히, 4차 산업혁명을 기반으로 사물인터넷, 인공지능, 정보통신 기술을 이용한 플랫폼의 변화, 빅 데이터, 자동화는 아시아를 넘어 전 세계인이 환호하는 새로운 관광형태로서 4차 산업혁명의 중요성을 느낄 수 있다.

호스피탈리티 산업에 자리한 인공지능 호텔

이처럼 4차 산업혁명시대가 도래하면서 인공지능, 사물인터넷, 정보통신기술과 같은 최첨단 기술인 IT 인프라 등이 연계돼 관광 레저산업에 새로운 정보 창출과 시스템 구현 등으로 많은 영향을 제공할 것이다. 특히 호스피탈리티 산업에 있어 빅 데이터를 기반으로 점점 진화하는 인공지능 호텔은 업무의 효율성이 대두되면서 수익 창출에 큰 영향을 주고 있다.

우리나라는 인공지능(AI) 시스템을 도입해 운영되는 호텔이 있다. 키오스크를 통해 체크인도 할 수 있으며, 객실 안에서 정보통신기술(ICT), 사물인터넷(IoT) 및 빅 데이터를 기반으로 학습된 음성인식으로 객실 온도제어 및 조명, 음악, TV조절 및 호텔 내의 편의시설 정보 확인 검색 및 여러 가지 기능을 보유하고 있으며, 스마트 폰에 호텔 앱을 설치해 저장한 디지털 키로 객실을 이용할 수 있다.

앞으로는 인공지능 로봇을 기반으로 운영해 고객을 감동시킬 수 있는 미래의 호텔 역할을 기대해 볼 수 있는 좋은 기회가 될 것으로 보인다. 더 많은 빅 데이터를 통해 방문하는 고객에게 한국어, 영어, 일본어, 중국어 및 다국어로 이용시설 및 다양한 관광 정보를 새로운 경험 및 차별화된 서비스로 제공하면 관광객 유입에 도움이 돼 로봇 의존도가 높아질 것으로 예상된다. 증강현실(AR)이나 가상현실(VR)의 기술을 이용해 고객이 원하는 것을 사전에 인지하게 된다. 예약 전 관광 및 숙박 맛보기 체험과 인간과 컴퓨터 간 상호작용으로 고객에게 흥미와 편리성을 제공해 관광산업 수익창출에 기여할 것으로 전망되고 있다.

하지만 아직은 전반적으로 모든 시스템을 발휘하기까지는 미흡해 인공지능(AI)이 더 많은 빅 데이터 분석을 통해 일상 언어로 원활한 소통이 이루어져야 한다.

현대산업의 서비스 경영

대체인력을 넘어선 마케팅 수단

인공지능(AI) 시대에는 관광 및 호텔 비즈니스 패러다임도 바뀌게 될 것이 예상되고 있다. 인공지능(AI)이 가성비 혹은 실속을 매력으로 고객에게 흥미와 편의성 및 호기심을 자극하는 '새로운 경험 및 홍보 마케팅'이라는 마케팅 수단으로 활용하는데 기여할 것으로 본다.

인공지능(AI)호텔 경영자 입장에서는 가용 노동인력이 줄어 로봇 기술력을 활용한 인건비 절감 및 높은 가동률 유지로 수익 창출의 효율성이 극대화를 예상하지만, 호텔 서비스 산업에 있어 로봇이 아직은 인간이 할 수 있는 업무를 완전히 대처할 수는 없을 것으로 보인다. 다만 사람이 더 편리하고 효율적으로 일할 수 있도록 서로 보완하며 함께하고 즐길 수 있도록 하는 역할이 될 것으로 본다.

자료: 호텔 앤 레스토랑 2020. 4월호

7 관광산업과 첨단기술의 결합, 트래블 테크

트래블테크(Travel-Tech)는 여행을 뜻하는 트래블과 기술을 뜻하는 테크놀로지를 결합한 것으로, 기존의 OTA(Online Travel Agency)보나 발전된 ICT 어행서비스 이다. 드래블테크가 부상하게 되는 것은 여행 트렌드가 점차 개별관광, 개인 맞춤형 관광으로 변화하는 과정에서 기술혁신과 서비스 환경변화에 대한 관심이 높아지고 있다. 또한 경험을 중요하게 여기고, 디지털 환경에 익숙한 MZ세대가 트렌드 리딩 그룹으로 부상하게 된 것도 배경중의 하나로 꼽히고 있다.

국내·외 관광 기업들은 4차 산업혁명의 기반 기술을 관광 비즈니스에 접목시키고 있다. 관광산업에 적용되고 있는 트래블 테크(Travel-Tech)로는 D&A(Data & Analytics), IoT(사물인터넷), VR(가상현실) 및 AR(증강현실), 인공지능(AI), 로보틱스 등을 꼽을 수 있다.

D&A와 인공지능은 특히 예약이나 관광 정보 서비스에 적용된다. 관광 소비자 개인별 맞춤화된 소비패턴을 D&A를 통해 분석하고 관련 서비스를 추천하고 있으며, 구글의 트립스 앱이 적극적으로 이 분야를 개척하고 있다.

관광산업의 밸류 체인 중 숙박은 트래블 테크가 활발히 도입되는 분야 중 하나이다. 앰버서더 호텔 그룹은 투숙객이 객실을 IoT기반 플랫폼으로 제어할 수 있도록 사업을 추진 중이며, 메리어트 인터내셔널은 객실 내에서 소비자가 VR이 적용된 가상 투어를 경험할 수 있도록 하고 있다. 미국 힐튼이나 일본 헨나 호텔은 인공지능을 탑재한 로봇을 도입하여 컨시어지 서비스 등에 활용하고 있다.

① 트래블테크 기반의 관광산업 디지털 트랜스포메이션

관광산업 디지털 트렌스포메이션에는 <그림 14-2>과 같이 기계화, 전자화, 디지털화, 그리고 가상물리화로 구분할 수 있다.

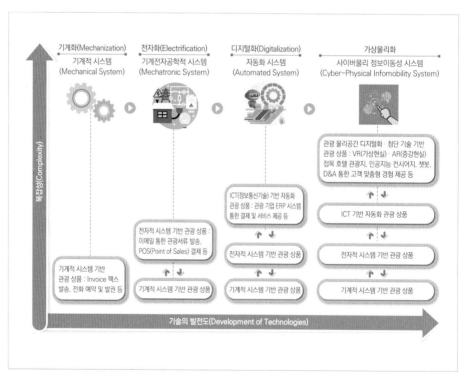

자료: 삼정 KPMG 경제연구원

🖳 그림 14-2   사이버물리 정보이동성시스템

기술의 발전에 따라 살펴보면, 기계화는 관광 인보인스(Invoice)를 팩스로 발송하는 등 기초단계의 기술이 접목되었다. 전자화는 이메일을 통한 관광서류 발송, 여행사 지점에서의 POS(Point Of Sale)활용 등을 가능하게 했다. 기술의 진보에 따른 디지털화 단계에서는 관광기업이 보다 연결된 시스템을 기반으로 ERP(전사적 자원관리) 등을 통한 결제 및 서비스 제공이 가능해졌다. 이후 4차 산업혁명시대가 도래하면서 관광산업은 가상물리화 되고 있다. 4차 산업혁명 기반 기술이 활용되며 트래블테크가 진일보 하였으며 이에 따라 관광산업의 초융합, 초지능, 초연결이 실현되고 있다.

관광산업의 가상물리화는 사이버물리 정보이동성(CPI: Cyber-Physical Infomobilityy)시스템을 기반으로 한다. 가령 제도업이 4차 산업혁명과 만나면서 사이버물리시스템(CPS) 기술 발전을 기반으로 스마트팩토리를 구현하듯이, 서비스업인 관광산업에서는 사이버물리 정보이동성에 따른 가상물리화가 활성화되고 있다.

관광산업의 가상물리화는 실제 물리공간과 가상공간에 투영하고 동기화하며, 공간의 한계를 극복하며 관광산업에 고부가가치를 더하는 것이다. 최근 소비자는 스마트폰 등 모바일 디바이스를 통해 자신의 손안에 스마트 공간을 만들어 관광상품과 상호작용을 하며 사이버물리 정보이동성의 이점을 활용할 수 있게 되었다.

글로벌 관광산업에서의 디지털 트랜스포메이션이 가속도를 내고 있는 시점에서, 전통적 관광상품으로는 더 이상 지속가능한 수익창출과 관광객 유입을 창출하는 것은 불가능해지게 된다. 따라서 전통적 비즈니스 모델을 지니고 있는 관광 기업들 내부에서는 위기의식이 더욱 가속화되고 있는 실정이다.

하지만 면밀히 살펴보면, 관광산업은 서비스 산업이므로 오히려 다른 산업과의 융복합이 용이하다. 타 산업과의 융복합을 통한 다양한 파생상품이 탄생할 수 있는 가능성을 지니고 있는 대표적 영역이 바로 관광산업이다. 기존 비즈니스 영역의 트랜스포메이션 외에도 경쟁력 제고를 위한 M&A, 타 산업의 기업과 제휴 등이 필요한 시점이다. 관광기업이 새로운 분야로 진출하며 새로운 먹거리를 찾아나서야 생존을 넘어 지속성장이 가능하게 될 것이다.

트래블 테크 활용은 효율성 증대와 비용 절감과 함께 기업의 혁신적 브랜드 구축 등의 효과를 거둘 수 있다. 이에 따라 향후 관광산업 전반에 트래블 테크의 도입이 더욱 활성화될 전망이다.

⏰ **표 14-2** 관광업계의 트래블테크 및 추진 현황

트래블테크 적용 부문		내용
예약 및 관광 정보	맞춤형 관광 정보 제공	• 구글 트립스는 D&A를 활용하여 구글 이용자의 개인별 히스토리를 토대로 관광 목적지 관련 정보 및 레스토랑 등을 맞춤형으로 추천
	관광 상품 구매 패턴 분석	• 익스피디아의 싱가포르 소재 랩(Lab)은 근전도 검사(EMG) 및 시선 추적기술(Eye Tracking)을 사용해 소비자가 어떠한 과정을 거쳐 관광 상품을 구매하는지 패턴 연구
	가상 여행 보조 서비스 제공	• 모바일 여행사 파나(Pana)는 인공지능 기능을 탑재한 가상 컨시어지 서비스를 활용하여 보다 효율적인 예약 방법으로 모바일 앱에서 응답 중이며 여행 가격 알림, 자동 체크인 등의 기능 추가 예정
숙박	VR 경험 객실 서비스	• 메리어트인터내셔널은 호텔 객실 내 엔터테인먼트 옵션으로 VR 룸서비스 제공. 르완다의 아이스크림 가게 및 칠레의 안데스 산맥 가상 투어 등이 해당 서비스로 있음
	IoT 기반 객실 제어 플랫폼	• 앰배서더호텔 그룹과 IoT 플랫폼 기업 인더코어(InThe Core)는 객실 자동화 솔루션에 IoT 기술을 접목한 호텔 전용 플랫폼 '스마트 스테이' 사업 추진 • 투숙객이 객실의 조명, 음악, 온도, 커튼&블라인드, 컨시어지 서비스 등을 스마트폰의 QR코드 스캔으로 제어
	인공지능 컨시어지	• 미국 힐튼호텔은 IBM 인공지능 왓슨을 탑재한 고객 안내 로봇 '코니'를 도입하여 관광객 응대를 위한 컨시어지 서비스에 활용
	음성인식 로봇	• 일본 헨나(Henn-Na) 호텔은 체크인, 짐 운송, 청소 등에 음성인식 기능과 인공지능이 탑재된 로봇을 사용
	챗봇 (Chatbot·채팅로봇)	• 미국의 애플리케이션 개발사 버너(Burner)는 공유숙박 업체를 위한 호스트봇(Hostbot)을 개발 • 집주인이 앱을 다운로드하고 공유숙박을 이용하는 손님으로부터 자주 받는 질문에 대한 답변을 미리 설정해놓으면 챗봇이 숙박객 질문에 자동 답변 가능

현대산업 서비스 경영

트래블테크 적용 부문		내용
교통	IoT 기반 주차 공간 시비스	• 국내 북촌 한옥마을은 주차 문제 해결을 위해 '파킹플렉스' 앱을 도입하여 주차 공간을 서로 공유하도록 함 • 주차장에 설치된 IoT 기반 센서가 주차 가능 여부를 알려줌 • 주차 공간 소유자는 자신이 이용하지 않는 시간에 공간 제공 가능. 일시적 주차를 원하는 사용자는 주차 가능 위치를 실시간 파악

| Source : 언론사 종합, World Economic Forum, 한국문화관광연구원 자료 재구성

References

강기두(2007), 서비스 마케팅, 삼영사.

강남국(2009), 혁신 고객서비스 경영. 학현사.

김영화(2004), 서비스 실패의 심각성이 고객의 회복공정성 지각, 감정반응 및 충성도에 미치는 영향. 관광학연구, 29(2), 383-402.

노장오(1994), 브랜드 마케팅. 서울:사계절

박영제(2014), 한국형 호텔 브랜드 자산 가치 구성 척도 개발. 계명대학교 대학원 박사학위논문.

박주희(2008), 신인적자원개발. 대학서림 p.132.

서유근(2008), 경영학원론, 다산출판사.

신철호, 하수경(2010), 도시브랜드 자산 가치 평가에 관한 연구. 한국경영학회 통합학술 발표 논문집, 1-11.

안광호, 한상만, 전성률(2009), 전략적 브랜드 관리. 경기: 학현사.

양 미(2007), 항공사 서비스 회복 연구, 경기대학교 박사학위논문.

오익근(2011), 지역 공동브랜드 구축전략. 서울: 진생미디어.

오익근, 이미경(2007), 지자체 슬로건의 평가와 관광홍보 수단으로서의 기대효과. 관광학연구, 31(6), 389-407.

우경진(2016). 환대산업 서비스 현황분석. 수원대학교 호텔관광학부.

이상규(2007), 국내 중저가 호텔의 경영전략 유형에 따른 경쟁력 강화방안이 경영성과에 미치는 영향. 세종대학교 대학원 박사학위논문.

이승환(2012), seri 경제 포커스, 스마트 시대, 소비자 불만을 신뢰로 바꾸는 비결.

이유재(2003), 서비스 마케팅. 학현사.

이인구, 김범성(2011), 글로벌 경쟁력 향상을 위한 호텔 서비스 마케팅 전략. 한몽경상연구, 22(3), 125-145.

이정학(2001), 서비스 경영. 기문사.

안운석, 장형섭(2007), 마케팅 이론과 사례.

에버랜드 서비스 리더십, 삼성에버랜드 서비스 아카데미 지음.

장태선(2003), 항공사 서비스 실패와 회복이 고객만족과 애호도에 미치는 영향. 동아대학교 대학원 박사학위논문.

장세진(2007), 글로벌경쟁시대의 경영전략, 박영사.

전효재, 김유민(2015). 키워드로 보는 2015 국내외 관광트렌드. 한국문화관광연구원.

정강옥(2001), 브랜드명과 심벌의 일치성, 제품지식을 중심으로 한 브랜딩에 대한 소비자 반응연구. 박사학위논문, 연세대학교 대학원.

정재영(2012). 스마트 시대의 라이프스타일 변화와 새로운 고객가치. LG경제연구원.

정현대(1999), 전략유형과 상황요인이 성과측정치의 선택에 미치는 영향. 계명대학교 대학원 박사학위논문.

조영선(2007), 공정성 지각을 통한 항공사 서비스 실패의 회복 후 만족과 전환의도에 관한 연구, 동국대학교 대학원 박사학위논문.

최봉(2006). 프로세스 혁신과 서비스 경쟁력. 삼성경제연구원.

최은실(2008), 소비자 집단분쟁 조정제도의 현황과 전망, 경쟁법연구, 제17권.

한수범(2012), 펀 마케팅, 보명. p.380.

Aaker, D. A., & Keller, K. L.(1990), Consumer evaluation of brand extentions, Journal of Marketing, Janunary.

Aaker, D. A.(1991), Managing brand equity: Capitalizing on the value of a brand name. NY. The Free Press.

Aaker, D. A.(1996), Measuring brand equity across products & markets. *California Management Review.* 38(3), 102-120.

Aaker, D. A.(1997), Dimensions of brand personality. *Journal of Marketing Research*, 34(Aug), 347-356.

A. Parasuraman, V. A. Zeothaml & L. L. Berry(1985). "A Conceptual Models of Service Quality and Its Implications for Future Research", Journal of Marketing, Vol. 49, Fall.

Bobbins, S. P.(1983), Organization theory: The structure and design of organizations. New Jersey. Englewood Cliffs, Prentice-Hall.

Bonner, P., & Nekon(1985), Product attribute and perceived quality, Foods in perceived quality, eds. Jacoby, J. & Olson, J. Lexington, Mass: Lexington Books.

Clark, G., Kaminski, P. F., & Rink, D. R.(1992), Consumer complaints: Advice on how companies should respond on an empirical study, The Journal of Service Marketing, 6(1), p.41-50.

Coates, N.(2009). Co-creation: New pathways to value. LSE Enterprise.

David, E., David, R., Schwandt, & Larry W. H.(1989). Difference between 'T' and 'D'. Personnel Administrator.

Douglas, T. H.(1976), Careers in organizations (Santa Monic, California: Goodyear Publishing & Van, J. Manen and Schein, E. H. (1977). Career development in Hackerman, J. R. & Suttle, J. L. : Improving life at work: Behavioral sciences approaches to organizational change (Santa Monica, California: Goodyear Publishing), p.341-355.

Fisher, J, E., Garrett, D. E., Arnold, M. J., & Ferris, M. E.(1999), Dissatisfied consumers who complain to the better Business bureau, Journal of consumer Marketing, 16(6), p.576-589.

Goodwin, C., & Ross, I.(1990), Consumer evaluation of responses to complaints: What's fair and why, Journal of consumer Marketing, 7(2), p.39-47.

Gronroos, G.(1984), A service quality model and its implication, Journal of Marketing, 18(4), p.36.

Hart, C. W. L.(1990), The profitable art of service recovery, Harvard Business Review, 68(4), 149-156.

Hart, C. W. L.(1998), The power of unconditional service guarantee, Harvard Business Review, 66(July/August) 54-62.

Hansen, S. W., Swan, J. E., & Power, T. L.(1996), Encouraging friendly complaint behavior in industrial markets. Industrial Marketing Management, 25, p. 271-281.

Hsieh, T. (2010). Zappos's CEO on going to Extremes for customers. Havard Business Review, July – August).

Hwang, J. H., Hwang, C. T., & Wu, H. S.(1996), National character and response to unsatisfactory hotel service. International Journal of Hospitality Management, 15(3), p.229-243.

Johnson, T.(1984). The myth of declining of brand loyalty. *Journal of Advertising Research, 24*(Feb. - Mar.), 9-17.

Kayaman, R., & Arasli, H.(2007), Customer-based brand equity: Evidence from the hotel industry. *Managing Service Quarterly*, 17(1), 92-109.

Keller, K. L.(1998), *Strategic brand management: Building, measuring and managing brand equity*. Upper Saddle River, NJ: Prentice-Hall.

Keaveney, Susan M.(1995), Customer switching behavior in service industiries: An exploratory study, Journal of Marketing, 59(Apr.), p.71-82.

Kim, C. W., & Lee, I. J.(1998), *Measuring a customer-based brand equity in a travel market. Proceeding in the 29th Travel and Tourism Research Association Annual Meeting, Fortworth*, Texas, USA.

Kotler, P.(1991), *Marketing management: Analysis, planning, and control. Englewood Cliffs*, NJ: Prentice-Hall.

Kotler, P.(1997), Marketing management, Prentice Hall, Upper Saddle River, NJ.

Kotler, P. & Amstrong, G.(1996), Principles of Marketing, 7th ed. p.290.

Lee, J., S., & Back, K. J.(2008). Attendee-based brand equity for a destination. Annals of Tourism Research, 34(2), 400-421.

Lilienthal, S., K.(1997), Service recovery in service contexts: An investigation of the veracity of the recovery paradox. Unpublished Doctoral Disseration, Ohio State University, p.27.

Lovelock, C. & Wirtz, J.(2010), Service Marketing, Pearson.

Mactoney, S.(2011. 9. 15), Flight of fantasy: For vacation, some fliers play airline, Wall Street Journal.

Parasuraman, A., Zeithaml, V. A. & Berry, L. L.(1985), "A Conceptual Models of Service Quality and Its Implications for Future Research", Journal of Marketing, Vol. 49, Fall.

Peter, F. Drucker(1963), The practices of management, Herper & Brothers Publishers. Asia Editions, 2nd printing, p.263.

Richard, G. Z.(1991), The basis of in-house skills training, HRMagazine. p.74-78.

Schendel, D. E., & Hofer, C. W.(1979), Strategic management: A new view of business policy and planning, Boston: Little Brown.

Selame, E., & Selame, J.(1998), The corporate image, Hoboten, NJ: John Wiley and Sons.

Schmitt, B., & Simonson, A.(1997), Marketing aesthetics. NY: The Free Press.

Shimp, A. A.(2000), Advertising promotion. NY: The Dryden Press.

Simon, J. C., & Sullivan, M. W.(1993), The measurement and determinants of brand equity: *A Financial Approach Marketing Science, 12(Winter)*, 28-52.

Vancil, R. F., & Lorange, R.(1975), Strategic planning in diversified companies, Harvard Business Review, 53(1), 81-90.

William F., Glueck (1978), Personnel: A doagnostic approach, Business Publications, Inc., p.151.

Writz, J.(1998), Development of a service guarantee model. Asia Pacific Journal of Management. Vol. 15, p. 51-75.

Writz, J., & Kim, D.(2001), Designing service guarantee is full satisfaction he best you can guarantee? Journal of Services Marketing, 15(4), p284.

Wyckoff. D., D.(1984), New tools for achieving service quality, The Cornell HRA Quarterly, 25(3), 89.

Zelthaml, V, A. & Bitner. M.(1996), Service marketing, Singapore: McGraw-Hill Book Co.

Zemke, R.(1991), Service recovery: A key to customer retention, Franchising World, May/June, p.32-34.

Index

현대산업의 서비스 경영

현대산업 서비스 경영

현대산업 서비스 경영

현대산업 서비스 경영

기타

현대산업
서비스 경영

저자소개

박영제

[학 력]
· 용인대학교 호텔관광경영학 학사
· 수원대학교 대학원 호텔관광경영학 석사
· 계명대학교 대학원 관광경영학 박사
· 미국, University of Nevada, Reno 대학원 과정

[경 력]
· 호텔 신라 서울 근무
· 부산 코모도 호텔 근무
· 호텔 신라 서울 서비스 교육센터 수료
· 한국국제대학교 산학 협력단 연구원
· 국립경상대학교 평생교육원 문화관광해설사 강사
현) 계명대학교 외래교수
    진주 보건대학교 외래교수
    (사)대한관광경영학회 이사
    (사)한국외식경영학회 이사

[저 서]
· 호텔경영론(한올 출판사)
· 문화관광여가론(한올 출판사)
· 문화관광정책론(한올 출판사)

[주요 논문]
· 「영화 또는 드라마속의 PPL이 호텔브랜드 이미지와 만
  족도에 관한 연구」
· 「한국형 호텔 브랜드 자산 가치 구성 척도 개발」
· 「간접광고에 노출된 호텔브랜드가 기업이미지와 고객
  선호도에 미치는 영향」
· 「간접광고가 호텔레스토랑 브랜드 이미지와 만족도에
  미치는 영향 연구」
· 「호텔마케팅 커뮤니케이션이 브랜드 인지도, 이미지,
  충성도에 미치는 영향」
· 「커피전문점의 문화마케팅활동 브랜드 이미지와 재 구
  매의도에 미치는 영향」
· 「피자전문점의 물리적 환경이 서비스품질과 행동의도
  에 미치는 영향」
· 「확장된 한국형 호텔 브랜드 자산 가치 구성 척도 개발」

우경진

[학 력]
· 한양대학교 학사
· 휴스턴 주립대 호텔경영학 석사
· 세종대학교 호텔관광경영학 박사

[경 력]
· 미국 라마다 노스이스트 호텔 근무
· 대우개발 기획실 과장, 서울& 경주 힐튼호텔 홍보실장
· 관광통역안내원 국가시험 영어 면접위원
· 문화관광부 축제평가전문위원
· 미국 네바다주립대학(UNLV) 교환교수
· 한국호텔관광학회 이사, 기업경영학회 사무총장 역임
· 호텔경영사, 호텔관리사 국가자격시험출제위원
· 한국관광공사 자문위원, 인천시 관광공사 설계자문위원
· 한국교직원공제회 경영평가위원
현) 수원대학교 호텔관광학부 교수 / 호텔관광대학원장

[저 서]
· 업그레이드 유어셀프(라이프 마케팅), 명진출판, 2002
· 엄마형리더십, 명진출판, 2004

김영호

[학 력]
· 경기대학교 관광경영학과(경영학사)
· 경기대학교 대학원 관광경영 전공(관광학 석사)
· 경기대학교 대학원 관광경영 전공(관광학 박사)
· 안양대학교 사회복지학과(사회복지학 석사)

[경 력]
· ㈜은마관광여행사, 신라관광여행사 근무
· 여행생각, ㈜기도여행사, ㈜롯데호텔 객실영업부 근무
· 백남관광개발㈜프레지던트호텔 영업부 근무
· 두산건설㈜서울호프 관광호텔 총지배인
· 삼부개발㈜글로리관광호텔 총지배인
현) 호원대학교 항공관광학부 교수(2004년~2021년 현재)
    문화체육관광부 관광전문자격증 심사위원(경기도지역)
    경기도 안산시 다문화 협의회 전문교육위원

[연구 논문]
· 관광호텔의 기업 이미지 전략에 관한 연구
· 호텔조직문화가 경영전략과 경영성과에 미치는 영향에
  관한 연구
· 호텔기업의 인터넷 홈페이지 비교분석에 관학 연구

환대산업 서비스 경영

초판 1쇄 발행   2015년 3월   7일
3판 1쇄 발행   2022년 2월 25일

저 자   박영제 · 우경진 · 김영호
펴낸이   임 순 재
펴낸곳   **(주)한올출판사**
등 록   제11-403호
주 소   서울시 마포구 모래내로 83(성산동 한올빌딩 3층)
전 화   (02) 376-4298(대표)
팩 스   (02) 302-8073
홈페이지   www.hanol.co.kr
e-메일   hanol@hanol.co.kr
ISBN   979-11-6647-185-8

한대산업
서비스 경영